O novo rosto
do catolicismo
brasileiro

Dados Internacionais de Catalogação na Publicação (CIP)
(Câmara Brasileira do Livro, SP, Brasil)

O novo rosto do catolicismo brasileiro : clero, leigos, religiosas e perfil dos padres novos / [organizador] Agenor Brighenti. – Petrópolis, RJ : Vozes, 2023.

Vários autores.
ISBN 978-65-5713-768-0

1. Clero – Vocação 2. Igreja Católica – Brasil – História 3. Igreja Católica – Clero – Formação – Brasil 4. Laicato – Igreja Católica – Brasil 5. Padres da Igreja I. Brighenti, Agenor.

22-128504 CDD-228.09

Índices para catálogo sistemático:
1. Igreja Católica : História 228.09

Eliete Marques da Silva – Bibliotecária – CRB-8/9380

AGENOR BRIGHENTI

Coautores
Alzirinha Rocha de Souza, Benedito Ferraro, Celso Pinto Carias, César Kuzma, Antônio Manzatto, João Décio Passos, Luís Carlos Susin, Manfredo Araújo de Oliveira, Manoel José de Godoy, Paulo Sérgio Gonçalves, Vítor Hugo Mendes

O novo rosto do catolicismo brasileiro

Clero, leigos, religiosas e perfil dos padres novos

EDITORA VOZES

Petrópolis

© 2023, Editora Vozes Ltda.
Rua Frei Luís, 100
25689-900 Petrópolis, RJ
www.vozes.com.br
Brasil

Todos os direitos reservados. Nenhuma parte desta obra poderá ser reproduzida ou transmitida por qualquer forma e/ou quaisquer meios (eletrônico ou mecânico, incluindo fotocópia e gravação) ou arquivada em qualquer sistema ou banco de dados sem permissão escrita da editora.

CONSELHO EDITORIAL

Diretor
Volney J. Berkenbrock

Editores
Aline dos Santos Carneiro
Edrian Josué Pasini
Marilac Loraine Oleniki
Welder Lancieri Marchini

Conselheiros
Elói Dionísio Piva
Francisco Morás
Gilberto Gonçalves Garcia
Ludovico Garmus
Teobaldo Heidemann

Secretário executivo
Leonardo A.R.T. dos Santos

Editoração: Maria da Conceição B. de Sousa
Diagramação: Raquel Nascimento
Revisão gráfica: Barbara Kreischer | Alessandra Karl
Capa: SGDesign

ISBN 978-65-5713-768-0

Este livro foi composto e impresso pela Editora Vozes Ltda.

SUMÁRIO

Introdução, 9
— Agenor Brighenti

Parte I – A visão dos católicos no Brasil sobre o mundo de hoje e o perfil dos "padres novos", 19

1 Situação, problemas e desafios do mundo de hoje, 25

O que está piorando no mundo de hoje?, 25

O que está melhorando no mundo de hoje?, 27

Quais os maiores problemas de nosso povo hoje?, 29

Quais os maiores desafios que o mundo nos coloca para a vivência da fé cristã?, 30

Analisando os dados levantados

Ver o mundo pelos olhos do *intellectus fidei* – Análise filosófico-teológica da visão de mundo de agentes católicos de pastoral, 31
— Paulo Sérgio Lopes Gonçalves

2 Valores, antivalores e realidades emergentes do mundo de hoje, 57

Quais os principais antivalores reinantes na sociedade atual?, 57

Quais são os principais valores que emanam na sociedade atual?, 59

Que novas realidades positivas estão emergindo no mundo de hoje?, 61

Que novas realidades são consideradas negativas no mundo de hoje?, 62

Analisando os dados levantados

Valores, situação do mundo de hoje e perfil dos "padres novos", 63
— Celso Pinto Carias

3 O posicionamento da Igreja frente ao mundo e como ela é vista pela sociedade, 77

Qual deve ser a posição da Igreja frente ao mundo de hoje?, 77

Como a sociedade em geral vê a Igreja hoje?, 79

Analisando os dados levantados

A Igreja e o mundo – Identidades e relações em processo de construção, 80
– João Décio Passos

Considerações finais relativas à visão de mundo

Lugar e função das religiões no contexto da Modernidade tardia, 99
– Manfredo de Oliveira

Parte II – A visão de Igreja dos católicos no Brasil e o perfil dos "padres novos", 129

1 Renovação do Vaticano II, tradição libertadora e perfil dos "padres novos", 135

A renovação do Vaticano II está avançando, estancada ou retrocedendo?, 135

A tradição latino-americana está avançando, estancada ou retrocedendo?, 137

Valoração da Teologia da Libertação, 138

Analisando os dados levantados

Os "padres novos" diante dos desafios da renovação do Vaticano II e da tradição libertadora, 139
– Vítor Hugo Mendes

2 A pastoral na renovação do Vaticano II e na tradição libertadora, 158

Que ações do "modelo de pastoral" dos anos de 1970/1980 já não respondem mais na ação da Igreja hoje?, 159

Que ações do "modelo de pastoral" dos anos de 1970/1980 continuam válidas na ação da Igreja hoje?, 161

Quais as maiores lacunas ou vazios na ação pastoral hoje?, 162

Como a ação da Igreja tem contribuído para uma sociedade mais justa e fraterna?, 164

Analisando os dados levantados

O modelo pastoral do Vaticano II e da tradição libertadora em retrocesso, 165
  – Agenor Brighenti

3 Perspectivas pastorais e mudanças na estrutura da Igreja, 183

Quais os serviços pastorais mais importantes a serem desenvolvidos hoje?, 184

Que novas frentes pastorais precisam ser abertas hoje?, 185

Que mudanças na estrutura da Igreja são mais urgentes hoje?, 187

Analisando os dados levantados

Modelos de Igreja a partir do perfil dos "padres novos", 187
  – Antônio Manzatto

Considerações finais relativas à visão de Igreja

Uma Igreja sinodal para superar o clericalismo, 205
  – César Kuzma

Parte III – A visão dos católicos no Brasil sobre os presbíteros e o perfil dos "padres novos", 219

1 Padres da renovação do Vaticano II e novidades dos "padres novos", 225

O que está superado do modelo de ministério dos presbíteros das décadas de 1970/1980?, 225

O que continua válido do modelo de ministério dos presbíteros das décadas 1970/1980?, 227

Quais as principais novidades que os "padres novos" trazem no exercício de seu ministério?, 228

O que não tem futuro no modo de os "padres novos" exercerem o ministério?, 229

Analisando os dados levantados

Exercício do ministério presbiteral e perfil dos "padres novos", 230
  – Benedito Ferraro

2 A vocação e a formação dos presbíteros, 255

Como está o processo de formação dos futuros presbíteros hoje, 255

O que parece motivar um jovem a ser padre hoje?, 257

O que parece desmotivar um jovem a ser padre hoje?, 258

Analisando os dados levantados

A formação presbiteral em questão – Das questões do presente à construção da eclesiologia do futuro, 259
– Alzirinha Rocha de Souza

3 Presbitério, veste clerical e perfil dos "padres novos", 274

Como está a vida e a relação do presbitério de sua diocese, entre seus membros e com o bispo?, 274

Como se vê os presbíteros em geral?, 276

Para cumprir sua missão, qual o modo mais adequado para um presbítero se vestir hoje?, 277

Analisando os dados levantados

Os "padres novos" frente aos paradigmas eclesiais, 278
– Manoel José de Godoy

Considerações finais relativas à vida e ao ministério dos presbíteros,

Padres novos e modos novos de ser profeta, pastor, sacerdote, 298
– Luiz Carlos Susin

Conclusão, 319
– Agenor Brighenti

Anexo, 325

Os autores, 339

INTRODUÇÃO

Agenor Brighenti

Este é um segundo livro que apresenta mais uma parte dos resultados de uma pesquisa de campo, levada a cabo em todo o território nacional, em busca do perfil dos "padres novos" no seio do catolicismo brasileiro e do mundo de hoje. O primeiro livro foi publicado em 2021, também pela Editora Vozes: *O novo rosto do clero – Perfil dos padres novos no Brasil*. Naquela obra estiveram em pauta: dados das amostras de duas perspectivas sociopastorais, às quais se alinham as categorias de agentes eclesiais consultados – a perspectiva *institucional/carismática* e a perspectiva *evangelização/libertação*; dados de cada categoria de agentes eclesiais das duas perspectivas juntas – presbíteros, leigos/as, jovens, seminaristas, religiosas; e dados dos presbíteros de cada uma das perspectivas em separado. Já esta nova obra apresenta e analisa dados de cada uma das categorias de agentes eclesiais consultados por perspectiva sociopastoral em separado, com foco nos dados relativos aos "padres novos", pois se está buscando caracterizar seu perfil no seio do catolicismo brasileiro.

Sobre as características da pesquisa e seu teor, informações completas estão expostas nos dois primeiros capítulos do primeiro livro, a saber: *A emergência de um sujeito incômodo no catolicismo brasileiro* (p. 17-31) e *O teor e as características da pesquisa* (p. 32-50). Entretanto, sobretudo para os que não tiveram acesso àquelas informações e para situar os leitores desta segunda obra na pesquisa, ainda de forma sucinta, vamos resumir aqui alguns elementos importantes a serem levados em conta, para uma compreensão adequada dos dados que serão apresentados e analisados aqui.

O objeto da pesquisa e o método utilizado

Comecemos pelo objeto da pesquisa – o perfil dos "padres novos" no Brasil. É do conhecimento geral que nas últimas décadas tem irrompido no seio do catolicismo brasileiro um novo perfil de presbíteros, comumente denominados "padres novos"[1]. Por suas práticas pastorais e comportamentos pessoais, eles têm promovido na esfera da experiência religiosa o deslocamento do profético para o terapêutico e do ético para o estético. Isso tem provocado tensões e entraves nos processos pastorais, tanto entre os presbíteros nas Igrejas Locais como em relação às religiosas e aos leigos e leigas nas Paróquias onde atuam. Constituem um sujeito incômodo, no sentido que faz pensar e também tomar posição. O novo perfil de presbíteros no catolicismo brasileiro não é um fenômeno a ser desqualificado ou desprezado. Ao contrário, ainda que em muito se vincule a posturas pré-conciliares e à denominada "pós-modernidade líquida", seu modo de ser e de agir questiona práticas eclesiais correntes, põe em xeque comportamentos costumeiros, desafiando um estudo para além de leituras ligeiras ou pragmáticas do fenômeno.

Optou-se por uma pesquisa de campo para entender melhor o fenômeno. Para isso, montou-se um projeto, levado a cabo pelo Prof. Agenor Brighenti, do Programa de Pós-Graduação em Teologia da PUCPR, com a colaboração de seus orientandos da graduação e da pós-graduação na coleta dos dados. Colaboração especial foi dada por Andréa Damacena Martins, através de dois estágios de pós-doutorado no Programa. Como pesquisadora de larga experiência acadêmica, também no CERIS, assegurou a qualidade e seriedade da pesquisa, tanto no levantamento dos dados como em seu processamento. As tabelas e gráficos foram um trabalho da especialista e pesquisadora na área da estatística Andréa Sacco.

Concretamente, foram consultados agentes eclesiais – presbíteros, leigos, leigas, jovens do sexo masculino e feminino, seminaristas e religiosas, em três dioceses de cada uma das cinco regiões do país, tomando-se como critério a representatividade do contexto sociocultural: uma diocese urbana, uma diocese com realidades urbanas e semiurbanas e uma diocese com maior extensão na área rural. Na Região Sul, foram consultados agentes eclesiais nas dioceses de Curitiba, Maringá e Apucarana; na Região Sudeste, nas dioceses do Rio de Janeiro, São João do Meriti, Duque de Caxias; na Região Cen-

---

1. A categoria aparecerá sempre entre aspas, pois "padres novos" não se restringe necessariamente ao fator cronológico, mas, sobretudo a uma perspectiva sociopastoral, que toma distância da renovação do Vaticano II e de sua "recepção criativa" na América Latina, em torno às Conferências de Medellín e Puebla.

tro-oeste, nas dioceses de Goiânia, Brasília e Luziânia; na Região Nordeste, nas dioceses de Salvador, Recife e Campina Grande; e na Região Norte, nas dioceses de Manaus, Ji-Paraná e Santarém.

O que se perguntou aos agentes eclesiais

Para a coleta dos dados, optou-se pela aplicação de um questionário a ser respondido por cada agente eclesial, composto de três partes e dez perguntas em cada parte, com dez alternativas de resposta e uma aberta. Cada um era convidado a indicar três alternativas em ordem de importância[2].

A Parte I do questionário aplicado buscou caracterizar o perfil dos "padres novos" com relação à visão sobre o mundo de hoje. Para isso, perguntou-se o que está piorando ou melhorando no mundo de hoje, quais os maiores problemas e desafios a enfrentar, quais os principais valores e antivalores reinantes, sobre novas realidades positivas e negativas emergentes, enfim, qual deve ser a posição da Igreja frente ao mundo de hoje e como a Igreja é vista pela sociedade.

A Parte II do questionário aplicado versava sobre a visão dos agentes eclesiais consultados sobre a Igreja e sua missão hoje. Para isso, perguntou-se se a renovação do Vaticano II está avançando, estancada ou retrocedendo; como avaliam a Teologia da Libertação; que ações do modelo de pastoral alinhado à renovação do Vaticano II continuam válidas ou já não respondem às necessidades de hoje; quais as maiores lacunas da ação pastoral na atualidade e que ações da Igreja têm contribuído para uma sociedade mais justa e fraterna.

Finalmente, a Parte III do questionário aplicado buscou caracterizar o perfil dos "padres novos" com relação ao exercício do ministério presbiteral na Igreja e no mundo de hoje. As perguntas desta parte versavam sobre o que está superado ou continua válido no modelo de ministério dos presbíteros das décadas de 1970/1980; quais as principais novidades que os "padres novos" trazem e o que não tem futuro no modo como eles exercem o ministério; como está o processo de formação dos futuros presbíteros e o que motiva ou desmotiva um jovem a ser padre hoje; como estão as relações entre os presbíteros na diocese e destes com o bispo; enfim, como veem os presbíteros em geral e qual o modo mais adequado de um padre se mostrar no desempenho de sua missão.

---

2. O questionário aplicado pode ser conferido no Anexo desta obra.

Duas perspectivas sociopastorais como chaves de leitura

Duas outras informações são ainda importantes para se situar em relação aos dados e sua análise nesta obra. Uma primeira delas diz respeito às duas perspectivas sociopastorais, que se constituíram em referencial no levantamento dos dados e, agora, também para sua interpretação. Como facilmente se pode constatar, o aumento da tensão nos processos pastorais de muitas Igrejas Locais configura-se especificamente pelas diferenças entre, pelo menos, duas perspectivas sociopastorais, que marcam a Igreja Católica no período pós-conciliar. De um lado, categorizaram-se entrevistados que se alinham à perspectiva que denominamos "evangelização/ libertação", à qual se vinculam os "padres das décadas de 1970/1980", normalmente em sintonia com a renovação do Concílio Vaticano II e com a tradição libertadora da Igreja na América Latina, em torno às Conferências de Medellín, Puebla, Santo Domingo e Aparecida. Pastoralmente, é comum identificá-los, entre outros, como padres alinhados à Teologia da Libertação, às comunidades eclesiais de base, à pastoral social e popular, à leitura popular da Bíblia e à memoria dos mártires das causas sociais, embora existam outras influências, intepretações e visões que os caracteriza. Nesta perspectiva, o viés – "evangelização" – se remete à renovação do Vaticano II, que faz a passagem da "sacramentalização" à "evangelização" enquanto presença e ação da Igreja inserida no mundo pluralista, a partir da centralidade da Palavra, o que põe em evidência a missionariedade de todo o Povo de Deus. Já o viés – "libertação" – desta perspectiva se remete à recepção do Vaticano II na Igreja da América Latina em torno a Medellín que, posteriormente, desenvolvida e ampliada por Puebla, Santo Domingo e Aparecida.

Ao lado dos "padres das décadas de 1970/1980", alinhados à perspectiva "evangelização/libertação", estão os "padres novos", alinhados à perspectiva denominada "institucional/carismática", que toma distância da renovação do Vaticano II e da tradição eclesial libertadora. Este segmento do clero alimenta uma tendência mais vinculada à observância da disciplina, preocupada com a doutrina da Igreja, assim como a dar respostas às necessidades imediatas das pessoas. Está mais voltado para questões intraeclesiais, à retomada da centralidade da Igreja no mundo, valoriza o papel e o poder dos presbíteros, enfim, os ritos e símbolos eclesiásticos. É um segmento que se distancia do modelo pastoral e eclesial proposto pela renovação do Vaticano II e a tradição libertadora latino-americana. Referenciais importantes para este segmento são os movimentos apostólicos e de espiritualidade, com especial alinhamento com a Renovação Carismática Católica (RCC). Nesta perspectiva, o viés "institucional" se remete à valorização da tradição e das normas, caindo-se em tradicionalismos e fundamentalismos, fator de atração dos que buscam referenciais seguros em meio à insegurança de critérios e valores, assim como proteção diante de um mundo que valoriza a autonomia, a subjetividade e a experiência. Já o viés "carismático" desta perspectiva, em lugar da objetividade da lei, prima pela subjetividade e na experiência religiosa, em lugar das normas, pela exuberância da estética e da emoção, fazendo o deslocamento da militância para a mística na esfera da subjetividade individual.

Como se poderá constatar na análise dos dados levantados, optou-se por inter-relacionar duas perspectivas sociopastorais como referencial de interpretação das semelhanças e diferenças entre os presbíteros e agentes eclesiais no conjunto do país, alinhados a visões de mundo e de Igreja distintas. Entre os "padres novos", alinhados à perspectiva "institucional/carismática", e os "padres das décadas de 1970/1980", alinhados à perspectiva "evangelização/libertação", há distinção de estilos e opções, construídas a partir de práticas, experiências e ações distintas, conforme modelos teológico-pastorais vigentes.

Características sociorreligiosas das amostras

Outra informação importante a se ter presente na leitura das respostas apresentadas à pesquisa diz respeito às características sociorreligiosas das amostras ou das cinco categorias de agentes que compõem seu perfil[3]: idade, escolaridade, gênero, cor/raça, região, posição na estrutura eclesial e perspectiva pastoral[4]. Estas características ainda não foram objeto de análise no primeiro livro e nem serão na presente obra, mas pelo menos as tenhamos presentes no contato com os dados levantados e sua análise. Esta é uma das tarefas pendentes para futuras publicações, já previstas.

---

3. O leitor deve levar em conta nesse item que o universo de representação de respostas aos dados sociorreligiosos corresponde a 85% de respostas válidas por ausência de informações na Região Sul que, como pioneira na pesquisa de campo, em seu momento, não se levou em conta a importância deste dado.

4. Vamos reproduzir, aqui, o que aparece no capítulo da primeira obra – *O teor e as características da pesquisa* (p. 44-48).

a) Idade

Tabela 1 Idade e categorias de amostras vinculadas à Igreja

	Visão da totalidade das amostras	Visão por perspectiva sociopastoral			Categorias de amostras vinculadas à Igreja				
		Institucional/ Carismática	Evangelização/ Libertação	Padres	Leigos(as)	Jovens	Semina-ristas	Reli-giosas
Base:	743	324	419	157	210	127	122	126
18-24 anos	12,1%	13,9%	10,7%		1,7%	50,8%	20,5%	
25-35 anos	22,0%	30,7%	15,5%	13,0%	12,2%	42,4%	46,5%	5,6%
36-45 anos	15,8%	17,6%	14,3%	19,1%	20,9%		15,0%	18,7%
46-55 anos	22,8%	15,8%	28,2%	37,7%	40,4%			13,1%
56-65 anos	9,1%	4,3%	12,9%	8,6%	17,0%			14,0%
Mais de 66 anos	3,2%	1,2%	4,5%	2,5%	3,5%			11,2%
Não responderam	15,0%	16,4%	13,8%	19,1%	4,3%	6,8%	18,1%	37,4%
Total	100,0%	100,0%	100,0%	100,0%	100,0%	100,0%	100,0%	100,0%

A base total dos dados demonstra que a faixa etária entre 46-55 anos representa 22,8% dos informantes e 22% estão entre 25-35 anos. Interessante constatar também que os alinhados à perspectiva "institucional/carismática" são mais jovens do que aqueles que se alinham à perspectiva "evangelização/libertação". A título de ilustração: 30,7% dos "padres novos" da primeira perspectiva têm entre 25-35 anos, enquanto que somente 15,5% dos presbíteros da segunda perspectiva declaram ter uma idade que se situa nessa mesma faixa. Observando o tipo de vinculação à Igreja, se constata que 37,7% dos presbíteros e 40,4% dos leigos(as) têm entre 46-55 anos. Já 19,1% dos presbíteros e 20,9% dos leigos(as) declaram ter entre 36-45 anos. Entre os jovens, metade deles – 50,8% da amostra – tem abaixo de 24 anos e 46,5% dos seminaristas encontram-se na faixa entre 25-35 anos. As religiosas entrevistadas têm entre 36-46 anos de idade.

Em resumo, duas faixas etárias são representativas do perfil dos entrevistados: entre 46-55 anos e 25-35 anos para baixo. O conjunto da pesquisa revela, portanto, um público jovem e adulto entrevistado.

Na Região Sudeste, 36,9% dos entrevistados tem entre 46-55 anos. Na Região Centro-Oeste, 30,8% das respostas corresponde a jovens entre 18-24 anos, seguidos por 22,4% que têm entre 25-35 anos e 23,8% que assinalam ter entre 36-45 anos. Trata-se de um número de informantes mais jovens do que na Região Sudeste. Dos informantes da Região Nordeste, 38,3% tem entre 25-35 anos, seguidos por 19,4% que têm entre 46-55 anos. Na Região Norte, 22,5% está na faixa entre 18-24 anos e 22,1% têm entre 25-35 anos, seguidos de 24% que assinalam ter idade entre 36-45 anos.

b) Idade e escolaridade

Tabela 2 Região e grau de escolaridade dos entrevistados por idade

	Visão da totalidade das amostras	Regiões do país					Escolaridade		
		Sul	Sudeste	Centro-oeste	Nordeste	Norte	Ensino Superior	Mestrado/ Doutorado	Até o Ensino Médio
Base:	743	156	65	143	175	204	400	58	133
18-24 anos	12,1%		13,8%	30,8%	6,9%	22,5%	9,5%	6,4%	33,6%
25-35 anos	22,0%		18,5%	22,4%	38,3%	22,1%	31,1%	12,8%	14,8%
36-45 anos	15,8%		15,4%	23,8%	19,4%	24,0%	17,6%	20,5%	20,3%
46-55 anos	22,8%		36,9%	11,9%	16,6%	22,1%	27,4%	29,5%	20,3%
56-65 anos	9,1%		10,8%	4,9%	13,7%	5,4%	9,5%	20,5%	8,6%
Mais de 66 anos	3,2%		3,1%	3,5%	4,6%	3,9%	3,2%	10,3%	0,8%
Não responderam	15,0%	100,0%	1,5%	2,8%	0,6%		1,6%		1,6%
Total	100,0%		100,0%	100,0%	100,0%	100,0%	100,0%	100,0%	100,0%

Quanto ao nível educacional, 29,5% dos informantes entre as faixas de 46-55 anos declaram que concluíram mestrado ou doutorado. O mesmo nível educacional é apontado por 20,5% pertencentes às faixas etárias de 36-45 anos e 20,3% para os que estão entre 56-65 anos. Em resumo, 31,1% dos que estão nas faixas entre 25-35 anos têm formação de nível superior. Esse nível de escolaridade é de 27,4% para os que estão na faixa de 46-55 anos. Já 33,6% representantes dos mais jovens, entre 18-24 anos, possuem o Ensino Médio. Esses dados, portanto, apontam que o grau de escolaridade do universo pesquisado é bastante elevado, constituindo um perfil claro de formadores de opinião.

Só para se fazer comparação breve com a população brasileira, o IBGE aponta pela Pesquisa Nacional por Amostra de Domicílio (2018) que 53,8% dos brasileiros com 25 anos ou mais de idade não concluíram o Ensino Médio, o que é considerada como formação básica de um cidadão. A maior parte – 33,1% – não terminou o Ensino Fundamental; outros 6,9% não têm instrução alguma; 8,1% têm o fundamental completo e 4,5% têm o Ensino Médio incompleto.

Analisando pelo recorte de gênero, perspectiva teológico-pastoral e tipo de vinculação dos entrevistados à Igreja[5], identificamos que é fortemente significativa a predominância masculina – 62,2% da base total, o que se

---

5. Utilizamos o conceito de gênero na sua forma tradicional – ou seja, equivalente ao sinônimo de sexo – no qual distinguimos o sexo masculino do feminino. Essa classificação binária é ainda muito usada em levantamentos estatísticos. Sabemos, apoiados em estudos no campo das ciências sociais, que gênero pode ser compreendido de uma maneira mais ampla, pois se trata de uma categoria construída socialmente e, por isso, envolve padrões histórico-culturais atribuídos aos homens e mulheres, não podendo se restringir à noção tradicional biológica.

explica pela natureza do estudo, voltada para os presbíteros. Entretanto, mesmo assim, contamos com 35,8% de respostas femininas. Dentre elas, 39,4% representam opiniões de pessoas alinhadas à perspectiva dos "presbíteros das décadas de 1970/1980" (evangelização/libertação) e, por sua vez, 31% das mulheres entrevistadas estão alinhadas à perspectiva dos "padres novos" (institucional/carismática). Tendo presente as diferentes categorias de pessoas na estrutura eclesial, entre as mulheres, 56,8% são leigas e 81,0% são religiosas ou de vida consagrada. Entre os jovens predomina a representação masculina.

c) Gênero, perspectiva sociopastoral e vínculo com a Igreja

Tabela 3 Identificação de gênero

	Visão da totalidade das amostras	Visão por perspectiva sociopastoral		Visão por categoria de agentes das duas perspectivas juntas				
		Institucional/ Carismática	Evangelização/ Libertação	Padres	Leigos(as)	Jovens	Seminaristas	Religiosas
Base:	743	324	419	157	210	127	122	126
Masculino	62,2%	66,6%	58,7%	100,0%	42,8%	52,5%	100,0%	
Feminino	35,8%	31,0%	39,4%		56,8%	35,6%		
Não responderam	2,1%	2,5%	1,9%		0,4%	11,9%		100,0%
Total	100,0%	100,0%	100,0%	100,0%	100,0%	100,0%	100,0%	100,0%

d) Raça/cor, perspectiva pastoral e vinculação na estrutura da Igreja

Tabela 4 Identificação de cor/raça

	Visão da totalidade das amostras	Visão por perspectiva sociopastoral		Categorias de amostras vinculadas à Igreja				
		Institucional/ Carismática	Evangelização/ Libertação	Padres	Leigos(as)	Jovens	Seminaristas	Religiosas
Base:	743	324	419	157	210	127	122	126
Branca	33,4%	27,9%	37,7%	31,7%	46,1%	28,6%	29,4%	19,0%
Preta	15,7%	18,3%	13,6%	20,7%	12,3%	16,8%	15,9%	15,2%
Parda	32,2%	34,7%	30,5%	20,7%	36.8%	43,7%	35,7%	21,9%
Indígena	0,8%	0,3%	1,2%	0,6%	0,9%			1,9%
Asiática	0,0%							
Sem declaração	17,8%	18,9%	16,9%	20,2%	3,9%	10,9%	19,0%	41,9%
Total	100,0%	100,0%	100,0%	100,0%	100,0%	100,0%	100,0%	100,0%

Enquanto 37,7% dos entrevistados da "perspectiva dos presbíteros das décadas de 1970/1980" (evangelização/libertação) se declaram brancos, 34,7% dos entrevistados alinhados à perspectiva dos "padres novos" (institucional/carismática) identificam-se como pardos. A distribuição por raça/cor entre os diversos grupos eclesiais aponta que 31,7% dos presbíteros informantes e 46,1% dos leigos são brancos. Com relação aos jovens entrevistados, 43,7% têm cor parda, 35,7% dos seminaristas são pardos, assim como 21,9% das religiosas. Como se pode constatar, os negros e pardos somam 47,9% do total dos respondentes. Desse modo, em termos de raça/cor, o perfil que se destaca na pesquisa é o afrodescendente, especialmente entre jovens e seminaristas entrevistados.

A estrutura e o conteúdo deste segundo livro

Seguindo a ordem das questões elencadas no questionário aplicado na pesquisa de campo, tal como na obra anterior, o presente livro está estruturado em três partes: Parte I – A visão dos católicos no Brasil sobre o mundo de hoje; Parte II – A visão dos católicos no Brasil sobre a Igreja hoje; Parte III – A visão dos católicos no Brasil sobre os presbíteros. Em cada Parte, o relatório e a análise dos dados levantados pelas dez questões que a compõe estão nucleados em três blocos, em torno a temas afins. O relatório dos dados, a partir das tabelas apresentadas, foi elaborado por Agenor Brighenti. A análise esteve a cargo de conhecidos e competentes professores e pastoralistas da área das ciências sociais, da filosofia e da teologia, bem como das ciências da religião. Com exceção dos três textos que fazem uma análise global do conjunto dos dados de cada uma das três Partes, os demais nove textos de análise recolhem, em parte, o que cada um dos analistas elaborou em forma de artigo para o dossiê "Perfil dos padres novos no Brasil" – publicado na revista *Pistis & Praxis* (v. 3, n. 13, 2021), do Programa de Pós-Graduação da PUCPR.

Concretamente, na Parte I, que versa sobre a visão dos católicos no Brasil sobre a Igreja hoje, a partir do relatório dos dados levantados pelas dez questões que a compõe, a análise dos mesmos é feita por Paulo Sérgio Lopes Gonçalves, Celso Pinto Carias e João Décio Passos, concluindo com considerações relativas à visão de mundo em seu conjunto por Manfredo Araújo de Oliveira. Na Parte II, relativa à visão dos católicos no Brasil sobre a Igreja hoje, a análise dos dados apresentados é feita por Vítor Hugo Mendes, Agenor Brighenti e Antônio Manzatto, concluindo com considerações finais relativas ao conjunto dos dados por César Kuzma. Na Parte III, que se ocupa da visão dos católicos no Brasil sobre os presbíteros, a análise dos dados apresentados é feita por Benedito Ferraro, Alzirinha Rocha de Souza e Manoel José de Godoy, concluindo com considerações finais relativas ao conjunto dos dados desta parte por Luiz Carlos Susin.

PARTE I

A VISÃO DOS CATÓLICOS NO BRASIL SOBRE O MUNDO DE HOJE E O PERFIL DOS "PADRES NOVOS"

INTRODUZINDO...

A Parte I apresenta os dados coletados pelo primeiro bloco de perguntas do questionário aplicado na pesquisa de campo, relativo à visão dos entrevistados sobre o mundo de hoje, seguidos de uma análise com foco na caracterização do perfil dos "padres novos" no Brasil. O teor das perguntas do questionário deste bloco versa sobre o que está piorando e melhorando no mundo de hoje, quais os maiores problemas de nosso povo, os maiores desafios, os principais valores e antivalores reinantes e que realidades positivas e negativas se fazem presentes no contexto atual. O primeiro bloco de questões termina perguntando qual deve ser a posição da Igreja frente ao mundo e como a sociedade em geral vê a Igreja hoje.

A finalidade desse primeiro bloco de perguntas é identificar a visão dos "padres novos" sobre o mundo de hoje, situando-os em relação às demais categorias de agentes eclesiais consultados (leigos/as, jovens, seminaristas, religiosas) de cada uma das perspectivas sociopastorais – a perspectiva "institucional/carismática", à qual eles se alinham, e a perspectiva "evangelização/libertação", à qual se alinham os "padres das décadas de 1970/1980".

A visão de mundo é determinante para a caracterização do perfil dos "padres novos", ao lado da visão de Igreja e do próprio ministério, os três referenciais básicos eleitos para esta pesquisa. Não é o mundo que está na Igreja, é a Igreja que está no mundo. O mundo é constitutivo da Igreja. O que acontece nele impacta diretamente sobre a Igreja e seus membros. Buscar situar-se fora do mundo é continuar nele de forma alienada. O Concílio Vaticano II superou a postura de *fuga mundi* do período de Cristandade, estabelecendo uma nova relação entre Igreja e mundo, nem sobre o mundo, nem sob, mas precisamente em seu seio, em uma postura de diálogo e serviço. As Escrituras já se perguntam sobre a importância da autoridade civil e o modo como os cristãos deveriam se relacionar com ela. Na época patrística e medieval, aborda-se a relação em termos de *sacerdotium et imperium*, entre Igreja e Estado. Na Idade Moderna, com a emancipação da razão e a autonomia do temporal frente à Igreja, a questão é colocada em termos de relações entre revelação (fé) e ciências (razão). Hoje, o mundo considerado e experimentado como história única e total da humanidade, fundado em si mesmo, com muitas religiões não cristãs, povoado por uma sociedade pluralista, levanta novos desafios na relação Igreja-Mundo, tal como se poderá constatar nos dados levantados pela pesquisa.

Antes de entrar em contato com os dados da pesquisa, algumas observações de caráter técnico são importantes ter presente para a compreensão dos resultados. No questionário aplicado, nas três Partes, em cada uma das dez perguntas, os agentes eclesiais consultados foram convidados a indicar como resposta, três alternativas em ordem de importância dentre dez apresentadas e uma aberta. Dado o grande volume de dados levantados, neste relatório e em sua análise, nos limitaremos à resposta relativa à alternativa indicada em primeira opção. Indicar-se-á o que aparece em primeiro lugar e, secundariamente, quando constitui algo significativo, também o que é nomeado em segundo lugar, mas sempre em relação à primeira opção.

Os dados são aqui apresentados em tabelas. Na primeira coluna, aparece os dados da totalidade das amostras ou categorias de agentes eclesiais consultados das duas perspectivas juntas, mas que não os levaremos em conta neste relatório, pois já foi objeto de análise no primeiro livro. Na sequência, aparecem os dados relativos a cada uma das cinco categorias de agentes eclesiais consultados (padres, leigos/as, jovens, seminaristas e religiosas), por perspectiva, objeto da análise, aqui.

Dado que o objeto central da pesquisa é a busca do perfil dos "padres novos" no Brasil, os dados das categorias de agentes eclesiais consultados da perspectiva "institucional/carismática", à qual eles se alinham os "padres novos", serão lidos sempre em relação aos dados das categorias de amostras da perspectiva "evangelização/libertação", à qual se alinham os "padres das décadas de 1970/1980". Com isso, se está focando no perfil dos "padres novos" em relação às demais categorias de agentes eclesiais de cada uma das duas perspectivas sociopastorais em questão.

Concretamente, os dados levantados pelas dez perguntas do questionário relativas à Parte I serão apresentados em três blocos. O primeiro – *Situação, problemas e desafios do mundo de hoje,* é composto pelas perguntas: O que está piorando no mundo de hoje? O que está melhorando no mundo de hoje? Quais os maiores problemas de nosso povo, hoje? Quais os maiores desafios que o mundo nos coloca para a vivência da fé cristã? Após o relatório dos dados levantados por estas perguntas, vem a análise de Paulo Sérgio Lopes Gonçalves. O segundo bloco – *Valores, antivalores e realidades emergentes do mundo de hoje*, é composto pelas perguntas: Quais os principais antivalores reinantes na sociedade atual? Quais os principais valores que emanam na sociedade atual? Que novas realidades positivas estão emergindo no mundo de hoje? Que novas realidades são consideradas negativas no mundo de hoje? Após o relatório dos dados, vem a análise de Celso Pinto Carias. O terceiro bloco – *O posicionamento da Igreja frente ao mundo e como ela é vista pela sociedade,* é composto pelas perguntas: Qual deve ser a posição da Igreja frente ao mundo de hoje? Como a sociedade em geral vê a Igreja, hoje? Após o relatório dos dados levantados por estas perguntas, vem a análise de João Décio Passos.

Fechando a análise dos dados da Parte I, estão as *Considerações finais relativas à visão de mundo,* feitas por Manfredo Araújo de Oliveira, sob o título – *Lugar e função das religiões no contexto da modernidade tardia.*

1
SITUAÇÃO, PROBLEMAS E DESAFIOS DO MUNDO DE HOJE

Em busca do perfil dos "padres novos" no Brasil, com relação à visão do mundo de hoje, as quatro primeiras questões do primeiro bloco de perguntas do questionário aplicado na pesquisa de campo dizem respeito ao que está piorando e melhorando no mundo de hoje, assim como quais são os maiores problemas e desafios na atualidade.

Questão 1 O que está piorando no mundo de hoje?

1ª citação	Total	Perspectiva institucional/carismática					Perspectiva evangelização/libertação				
		Padres	Leigos	Jovens	Semina-ristas	Reli-giosas	Padres	Leigos	Jovens	Semina-ristas	Reli-giosas
Base:	743	61	83	45	70	45	96	127	44	52	81
O distanciamento da religião e dos valores cristãos por parte das pessoas	25,6%	19,4%	29,5%	24,5%	43,6%	38,2%	17,9%	30,5%	18,6%	13,0%	16,7%
A agressão à natureza e a situação do planeta	16,0%	9,0%	42,6%	1,9%	9,0%	14,7%	13,7%	12,1%	10,8%	17,4%	22,2%
A crise de sentido da vida e o vazio existencial	11,1%	20,9%	3,5%	11,3%	11,5%	8,8%	12,6%	10,7%	0,0%	19,6%	13,9%
O crescimento do relativismo, a falta de ética, de limites	10,8%	16,4%	6,5%	5,7%	17,9%	5,9%	8,4%	9,4%	9,5%	15,2%	6,9%
O aumento do individualismo e a fragmentação do tecido social	10,5%	28,4%	3,0%	5,7%	1,3%	14,7%	20,0%	9,2%	3,9%	6,5%	15,3%
As condições de vida dos mais pobres, migrantes, favelados	8,0%	1,5%	7,4%	3,8%	7,7%	2,9%	16,8%	9,9%	3,9%	13,0%	8,3%
A corrupção e o desleixo como o bem comum	7,3%	3,0%	1,0%	30,2%	6,4%	8,8%	4,2%	8,6%	10,8%	0,0%	5,6%
O crescimento do materialismo e do consumismo	4,4%	0,0%	4,0%	1,9%	2,6%	0,0%	4,2%	8,1%	17,4%	0,0%	4,2%
A tendência à legalização do aborto, da eutanásia, de uniões homossexuais	3,3%	0,0%	1,5%	11,3%	0,0%	2,9%	0,0%	0,7%	12,6%	13,0%	2,8%
A política, os partidos e os políticos	2,4%	1,5%	1,0%	0,0%	0,0%	2,9%	2,1%	0,7%	12,5%	2,2%	4,2%
Outro	0,0%	0,0%	0,0%	0,0%	0,0%	0,0%	0,0%	0,0%	0,0%	0,0%	0,0%
Não responderam	0,5%	0,0%	0,0%	3,8%	0,0%	0,0%	0,0%	0,0%	0,0%	0,0%	0,0%
Total	100,0%	100,0%	100,0%	100,0%	100,0%	100,0%	100,0%	100,0%	100,0%	100,0%	100,0%

Com relação ao que está piorando no mundo de hoje, há uma dispersão na incidência das respostas. A maior convergência entre as categorias de agentes eclesiais consultados está no *distanciamento da religião e dos valores cristãos por parte das pessoas,* apontado pelos seminaristas (43,3%) e as religiosas (38,25) da perspectiva "institucional/carismática" e pelos leigos/as (30,5%) e jovens (18,6%) da perspectiva "evangelização/libertação". Esta alternativa é reforçada pela nomeação em segundo lugar pelos leigos/as e jovens (24,5%) da perspectiva "institucional/carismática" e pelos padres (17,9%) e religiosas (16,7%) da perspectiva "evangelização/libertação". Por sua vez, os padres convergem em apontar em primeira opção *o aumento do individualismo, a fragmentação do tecido social* – os "padres novos" (28,4%) e os "padres das décadas de 1970/1980" (20,0%). Nomeiam *a agressão à natureza e a situação do planeta* os leigos/as da perspectiva "institucional/carismática" (42,6%) e as religiosas da perspectiva "evangelização/libertação" (22,2%). A *crise de sentido da vida e o vazio existencial* é nomeada apenas pelos seminaristas da perspectiva "evangelização/libertação" (19,6%) e *a corrupção e o desleixo com o bem comum* é indicada apenas pelos jovens (30,2%) da perspectiva "institucional/carismática".

Chama a atenção que *as condições de vida dos mais pobres, migrantes e favelados* não aparecem em primeira opção para nenhuma das categorias de pessoas consultadas das duas perspectivas sociopastorais, a não ser para os padres da perspectiva "evangelização/libertação" em terceira opção. Da mesma forma que *a política, os partidos e os políticos,* nas três primeiras opções, ninguém acha que está piorando. A maior preocupação dos padres é com as condições para uma vida comunitária, enquanto que o distanciamento da religião é a maior preocupação dos seminaristas e religiosas da perspectiva "institucional/carismática" e dos leigos/as e jovens da perspectiva "evangelização/libertação". Também chama a atenção a falta de sensibilidade ecológica dos padres em contraste com os leigos/as da perspectiva "institucional/carismática" e as religiosas da perspectiva "evangelização/libertação" que a colocam em primeiro lugar; para os padres ela aparece em quinto e terceiro lugar, respectivamente.

Em resumo, com relação ao que está piorando no mundo de hoje, vemos os "padres novos" preocupados, em ordem de importância, com o aumento do individualismo, a crise de sentido, o distanciamento da religião e o crescimento do relativismo. As questões sociais ficam distantes ou ausentes.

Questão 2 O que está melhorando no mundo de hoje?

1ª citação	Total	Perspectiva institucional/carismática					Perspectiva evangelização/libertação				
		Padres	Leigos	Jovens	Semina-ristas	Reli-giosas	Padres	Leigos	Jovens	Semina-ristas	Reli-giosas
Base:	743	61	83	45	70	45	96	127	44	52	81
Mais espaço para a liberdade pessoal, a subjetividade, menos controle social	21,6%	13,6%	30,8%	3,9%	18,8%	24,2%	23,7%	32,5%	21,6%	20,0%	13,7%
O acesso da população à internet, telefone celular	16,9%	16,7%	12,3%	9,9%	33,8%	21,2%	12,4%	14,8%	17,2%	26,7%	12,3%
A preocupação e o cuidado com a ecologia	13,9%	19,7%	6,7%	31,4%	6,3%	15,2%	13,4%	14,4%	7,9%	13,3%	20,5%
O acesso à educação, moradia, saúde, trabalho	12,5%	28,8%	6,2%	4,0%	18,8%	18,2%	9,3%	8,3%	7,9%	20,0%	9,6%
A volta da religião, às tradições, aos valores cristãos	9,2%	3,0%	24,6%	9,7%	3,8%	3,0%	7,2%	13,3%	0,0%	2,2%	5,5%
A busca de um outro mundo possível	8,2%	10,6%	3,1%	5,8%	5,3%	3,0%	18,6%	7,0%	4,0%	6,7%	9,6%
O fortalecimento da sociedade civil	4,9%	4,5%	3,1%	5,9%	1,3%	3,0%	11,3%	5,0%	0,0%	2,2%	8,2%
Mais conforto e bem-estar para as pessoas	4,0%	1,5%	2,6%	9,7%	1,3%	9,1%	0,0%	0,7%	16,1%	4,4%	6,8%
A ascensão de governos populares na América Latina	3,8%	1,5%	9,2%	2,0%	0,0%	0,0%	2,1%	1,4%	15,2%	4,4%	9,6%
Menos preconceitos e mais liberdade no campo da sexualidade	2,6%	0,0%	1,5%	11,9%	2,5%	3,0%	0,0%	2,7%	5,7%	0,0%	1,4%
Outro	0,6%	0,0%	0,0%	0,0%	0,0%	0,0%	1,0%	0,0%	4,3%	0,0%	0,0%
Não responderam	1,8%	0,0%	0,0%	5,8%	7,5%	0,0%	1,0%	0,0%	0,0%	0,0%	2,7%
Total	100,0%	100,0%	100,0%	100,0%	100,0%	100,0%	100,0%	100,0%	100,0%	100,0%	100,0%

Com relação ao que está melhorando no mundo de hoje, somente os "padres novos" nomeiam em primeiro lugar *o acesso à educação, moradia, saúde, trabalho* (28,8%), o que também aparece em segundo lugar para os seminaristas (18,8%) e em terceiro para as religiosas (18,2%) da perspectiva "institucional/carismática", assim como em segundo lugar para os seminaristas (20,0%) da perspectiva "evangelização/libertação". O maior destaque para os agentes eclesiais das duas perspectivas teológico-pastorais é dado *mais espaço para a liberdade pessoal, subjetividade, menos controle social:* em primeiro lugar para leigos/as (30,8%) e religiosas (24,2%) da perspectiva "institucional/carismática", assim como para padres (23,7%), leigos/as (32,5%) e jovens (21,6%) da perspectiva "evangelização/libertação" (nos "padres novos" aparece em quarto lugar). Chama a atenção que *o acesso da população à internet, telefone celular* aparece em primeiro lugar somente para os seminaristas e das duas perspectivas – "institucional/carismática" (33,8%) e "evangelização/libertação" (26,7%). Confirmando o que foi expressado na questão anterior, *a preocupação e o cuidado com a ecologia* aparecem em primeiro lugar somente para os jovens (31,4%) da perspectiva "institucional/carismática" e para as religiosas (20,5%) da perspectiva "evangelização/libertação".

Interessante notar que o *fortalecimento da sociedade civil, mais conforto e bem-estar para as pessoas,* assim como *menos preconceitos e maior liberdade no campo da sexualidade,* não estão melhorando para os agentes eclesiais consultados. A *ascensão de governos populares na América Latina* em décadas recentes é reconhecida como melhoria somente pelos jovens (15,2%) da perspectiva "evangelização/libertação" e ainda em quarto lugar. Também chama a atenção que *a volta da religião, às tradições e aos valores cristãos* seja nomeada somente pelos leigos/as (24,6%) da perspectiva "institucional/carismática", em segundo lugar. Somente os padres da perspectiva "evangelização/libertação" (18,6) nomeiam *a busca de outro mundo possível.*

Com relação aos "padres novos", chama a atenção que deem destaque ao *acesso à educação, moradia, saúde, trabalho,* bem como ao *acesso da população à internet, telefone celular,* enquanto que os "padres das décadas de 1970/1980", diferente destes, destaquem *a busca de outro mundo possível* e o *fortalecimento da sociedade civil.* Também é curioso que os "padres das décadas de 1970/1980" coloquem em primeiro lugar *mais espaço para a liberdade pessoal, subjetividade, menos controle social,* enquanto que os "padres novos" nomeiem esta alternativa em quarto lugar, quando na realidade eles parecem mostrar o contrário.

Quanto aos maiores problemas de nosso povo, hoje, há uma dispersão nas respostas. Os "padres novos" nomeiam, em primeiro lugar, *o isolamento, a solidão, o egoísmo e o individualismo* (27,9%), seguidos dos leigos/as (18,85) da mesma perspectiva, assim como os padres (23,2%), seminaristas (29,2%) e as religiosas (23,9%) da perspectiva "evangelização/libertação". Ainda em primeiro lugar, é nomeado *o consumismo, o materialismo, a perda dos valores familiares e culturais* pelas religiosas (36,4%) da perspectiva "institucional/carismática", assim como pelos leigos/as (22,8%) e as religiosas (23,9%) da perspectiva "evangelização/ libertação". Já *falta de Deus, de fé, de religião, o distanciamento da Igreja, da comunidade* é nomeada em primeiro lugar pelos jovens (38,0%) e os seminaristas (30,4) da perspectiva "institucional/carismática" e pelos jovens (27,7%) da perspectiva "evangelização/libertação". São todos problemas de cunho mais existencial e voltados para preocupações internas da Igreja.

Questão 3 Quais os maiores problemas do nosso povo hoje?

1ª citação	Total	Perspectiva institucional/carismática					Perspectiva evangelização/libertação				
		Padres	Leigos	Jovens	Semina-ristas	Reli-giosas	Padres	Leigos	Jovens	Semina-ristas	Reli-giosas
Base:	743	61	83	45	70	45	96	127	44	52	81
O isolamento, cada um por si, a solidão, o egoísmo e o individualismo	20,9%	27,9%	18,8%	21,8%	11,4%	27,3%	23,2%	20,6%	7,3%	29,2%	23,9%
O consumismo, o materialismo, a perda dos valores familiares e culturais	18,7%	22,1%	18,5%	3,9%	15,2%	36,4%	20,0%	22,8%	15,1%	8,3%	23,9%
A falta de Deus, de fé, de religião, o distanciamento da Igreja, da comunidade	17,4%	8,8%	16,5%	38,0%	30,4%	18,2%	12,6%	10,3%	27,7%	16,7%	9,9%
A violência, a pobreza, a falta de acesso à saúde e à educação	14,8%	8,8%	19,9%	9,6%	10,1%	6,1%	16,8%	20,0%	16,4%	16,7%	11,3%
O sistema capitalista, os interesses das grandes empresas e dos países ricos	7,9%	4,4%	7,4%	11,5%	6,3%	0,0%	11,6%	6,8%	15,2%	10,4%	9,9%
A corrupção da classe política e no poder judiciário	7,2%	0,0%	6,6%	9,4%	10,1%	3,0%	4,2%	9,1%	16,4%	6,3%	4,2%
A desintegração da família, separações, uniões livres	6,9%	16,2%	3,1%	0,0%	11,4%	6,1%	5,3%	6,3%	0,0%	8,3%	11,3%
A falta de oportunidade de trabalho, especialmente para os jovens	3,1%	7,4%	9,2%	3,9%	1,3%	0,0%	2,1%	0,0%	1,7%	2,1%	2,8%
O narcotráfico, as drogas	2,0%	4,4%	0,0%	0,0%	2,5%	0,0%	3,2%	2,8%	0,0%	2,1%	1,4%
O endividamento interno e externo e também as dificuldades dos países pobres	0,4%	0,0%	0,0%	0,0%	1,3%	3,0%	0,0%	0,0%	0,0%	0,0%	1,4%
Outro	0,0%	0,0%	0,0%	0,0%	0,0%	0,0%	0,0%	0,0%	0,0%	0,0%	0,0%
Não responderam	0,8%	0,0%	0,0%	1,9%	0,0%	0,0%	1,1%	1,4%	0,0%	0,0%	0,0%
Total	100,0%	100,0%	100,0%	100,0%	100,0%	100,0%	100,0%	100,0%	100,0%	100,0%	100,0%

Chama a atenção que problema como *a violência, pobreza, falta de acesso à saúde* e *educa*ção, um drama para grande parte da população apareça só em segundo lugar – nos leigos/as (19,9%) da perspectiva "institucional/carismática" e nos jovens (16,4%) e seminaristas (16,7%) da perspectiva "evangelização/libertação", assim como em terceiro lugar para padres (16,8%), leigos/as (20,0%) e religiosas (11,3%) desta perspectiva. O *sistema capitalista e os interesses de empresas /países ricos* têm certa importância somente para os jovens da perspectiva "institucional/carismática" (11,5%) e para os jovens da perspectiva "evangelização/libertação" (15,2%). A *corrupção da classe política e no judiciário* é nomeada em segundo lugar somente pelos jovens (16,4%) da perspectiva "evangelização/libertação". Problemas de nosso povo como *a falta de trabalho, especialmente para os jovens*, assim como *o narcotráfico e as drogas*, *o endividamento dos países pobres*, praticamente não se dá importância.

É notória a perda de sensibilidade social por parte dos católicos no Brasil. Especialmente os "padres novos" estão voltados para as questões mais existenciais e internas da Igreja, distantes do social, na medida em que nomeiam os três maiores problemas em ordem de importância *o isolamento, a solidão, o egoísmo e o individualismo, o consumismo, o materialismo, a perda dos valores familiares e culturais e a desintegração da família, separações, uniões livres.* Os "padres das décadas de 1970/1980" não estão muito distantes disso, apenas colocando em terceiro lugar *a violência, pobreza, falta de acesso à saúde e educação.*

Questão 4 Quais os maiores desafios que o mundo nos coloca para a vivência da fé cristã?

1ª citação	Total	Perspectiva institucional/carismática					Perspectiva evangelização/libertação				
		Padres	Leigos	Jovens	Semina-ristas	Reli-giosas	Padres	Leigos	Jovens	Semina-ristas	Reli-giosas
Base:	743	61	83	45	70	45	96	127	44	52	81
Viver comunitariamente diante de tanto individualismo e egoísmo	26,1%	50,7%	10,7%	10,1%	15,2%	28,6%	40,0%	29,6%	7,9%	23,9%	40,3%
Conservar a fé e os valores cristãos	24,6%	16,4%	36,0%	59,2%	29,1%	25,7%	9,5%	22,7%	33,5%	26,1%	2,8%
A desintegração da família e as consequências na educação dos filhos	11,2%	10,4%	8,6%	0,0%	24,1%	5,7%	8,4%	8,5%	11,1%	13,0%	18,1%
A influência dos meios de comunicação social, maior do que a família e a escola	9,4%	7,5%	7,6%	6,0%	5,1%	11,4%	11,6%	11,2%	9,3%	13,0%	13,9%
Manter a moral familiar e ser exemplo para os filhos	7,7%	4,5%	13,3%	12,4%	10,1%	5,7%	5,3%	11,7%	0,0%	2,2%	2,8%
A vigência do sistema liberal-capitalista, o consumismo e o hedonismo	6,3%	1,5%	7,7%	2,1%	3,8%	2,9%	10,5%	4,2%	17,4%	17,4%	4,2%
A tentação de uma vida cômoda, confortável, de muita liberdade pessoal	4,6%	0,0%	2,5%	0,0%	8,9%	8,6%	1,1%	5,7%	6,1%	2,2%	8,3%
Haver jovens que queiram viver a fé, ser padres ou abraçar a vida religiosa	3,8%	1,5%	7,1%	4,1%	3,8%	8,6%	1,1%	4,2%	4,0%	2,2%	2,8%
A oferta de grande número de opções religiosas, num mercado religioso	2,8%	7,5%	0,0%	2,0%	0,0%	0,0%	11,6%	1,4%	0,0%	0,0%	1,4%
O distanciamento dos jovens da Igreja e dos valores cristãos	2,5%	0,0%	5,0%	2,1%	0,0%	2,9%	0,0%	0,0%	8,9%	0,0%	5,6%
Outro	0,4%	0,0%	1,5%	0,0%	0,0%	0,0%	1,1%	0,0%	0,0%	0,0%	0,0%
Não responderam	0,6%	0,0%	0,0%	2,1%	0,0%	0,0%	0,0%	0,7%	1,8%	0,0%	0,0%
Total	100,0%	100,0%	100,0%	100,0%	100,0%	100,0%	100,0%	100,0%	100,0%	100,0%	100,0%

Com relação aos maiores desafios que o mundo nos coloca para a vivência da fé cristã, também há certa dispersão nas respostas. Os "padres novos" indicam em primeiro lugar *viver comunitariamente, diante de tanto individualismo e egoísmo* (50,7%), seguidos das religiosas de sua perspectiva (28,6%). Esta alternativa também é nomeada em primeiro lugar pelos padres (40,0%), leigos/as (29,6%) e religiosas (40,3) da perspectiva "evangelização/libertação".

Já *conservar a fé e os valores cristãos* é o desafio nomeado em primeiro lugar pelos leigos/as (36,0%) e jovens (59,2%) da perspectiva "institucional/carismática", assim como pelos jovens (59,2%) e os seminaristas (26,1%) da perspectiva "evangelização/libertação". Esta alternativa é reforçada, nomeada em segundo lugar, pelos "padres novos" (16,4%) e religiosas (25,7%) da mesma perspectiva, assim como pelos os leigos/as (22,7%) da perspectiva "evangelização/libertação".

Os "padres das décadas de 1970/1980" colocam em segundo lugar *a influência dos meios de comunicação maior do que família e escola* (11,6%). Por sua vez, *a vigência do sistema liberal capitalista, o consumismo e o hedonismo* é nomeada entre as primeiras opções somente por agentes da perspectiva "evangelização/libertação" – os jovens (17,4%) em segundo lugar, e os padres (10,5%) e seminaristas (17,4%) em terceiro lugar. *O distanciamento dos jovens da Igreja* é visto como um desafio somente para os jovens da perspectiva "evangelização/libertação", em quarto lugar (8,9%), da mesma forma que *a oferta de grande quantidade de opções religiosas, mercado religioso*, é nomeada somente pelos "padres novos", ainda em quarto lugar (7,5%).

Em resumo, também com relação aos maiores desafios que o mundo nos coloca para viver a fé cristã, os "padres novos" se remetem a questões que afetam mais a instituição eclesial – *viver comunitariamente diante o individualismo e egoísmo, conservar a fé e os valores cristãos* e *a desintegração da família e a educação dos filhos*. Os "padres das décadas de 1970/1980" só diferem em relação ao terceiro lugar, nomeando *a influência dos meios de comunicação maior do que família e escola*. Não se faz uma ligação destes desafios com questões mais de fundo e estruturais como a vigência do sistema liberal capitalista, que fragmenta o tecido social e eclesial pela competição e o individualismo.

Analisando os dados levantados

VER O MUNDO PELOS OLHOS DO
INTELLECTUS FIDEI

Análise filosófico-teológica da visão de mundo de agentes católicos de pastoral

Paulo Sérgio Lopes Gonçalves

1 Status quaestionis

Objetiva-se neste artigo analisar filosófica e teologicamente a "visão de mundo" de "agentes católicos de pastoral" acerca dos desafios da realidade atual. Justifica-se esse objetivo pela pertinência e pela relevância epistemológica da concepção de "visão de mundo", correspondente às convicções pessoais, constituídas mediante sensibilidade, educação de consciência, intuição e argumentação teóricas, presentes no exercício pastoral desses agentes. Trata-se então de analisar como "agentes católicos de pastoral", desde sua mundanidade, compreendem e interpretam o mundo que os circunda e o mundo das outras pessoas. Esses mundos entrelaçados constituem a "realidade real", cuja contemporaneidade espiritual desta época histórica se desenvolve em meio ao paradoxo de continuidade e ruptura com a Modernidade e de *mescolanza* – mistura – com a Pré-modernidade, denominado "Pós-modernidade". Nesse sentido, a própria categoria "agentes católicos de pastoral" já é uma "realidade real" e possui uma "visão de mundo" própria, mas necessita de ser compreendida como uma "visão de mundo" que pode ser mais "real", propiciando que a ação pastoral seja exercitada honrando a "realidade real", na qual encontra o seu próprio sentido. Essa "visão de mundo" mais "real" é efetivada pelo *intellectus fidei*, encontrado na experiência da revelação de Deus que se autocomunica com os seres humanos, interpelando-os ao encontro de comunhão amorosa, cujo ápice está plena e definitivamente presente em Jesus Cristo, verdadeiramente Deus e homem.

Em função de que a categoria "visão de mundo" possui conotação filosófica e de que o exercício pastoral possui fundamentação intelectual na fé, a análise a ser efetivada há de ter um cunho filosófico-teológico. Evidencia-se, dessa forma, que a filosofia é *partner* da teologia à medida que possibilita compreender e interpretar a realidade humana em sua totalidade mundana, para que a teologia emerja como um complexo teórico da fé revelada, propiciando que entre em cena a máxima rahneriana (Karl Rahner): de que não há teologia sem antropologia, com fundamentação filosófica.

Para que o objetivo proposto seja alcançado, analisar-se-á filosoficamente o conceito de "visão de mundo" e a concepção de "visão de mundo" de "agentes católicos de pastoral" e como é possível ter uma "visão de mundo" "mais real" segundo o *intellectus fidei*, para que "os olhos" dos agentes visualizem melhor a "realidade real", objetivando uma maneira "mais real" para viver a pastoralidade da fé cristã.

2 "Visão de mundo"

A compreensão filosófico-teológica da "visão de mundo" de "agentes católicos de pastoral" acerca da realidade atual implica, antes de tudo, delinear teoricamente o que seja propriamente "visão de mundo". Emerge aqui a pluralidade de significados em que "visão de mundo" pode ser concebida como maneira própria de compreender o mundo como *cosmos* ou natureza, ou como forma de opinar sobre determinada situação ou assunto. Por vezes, mundo é concebido como realidade objetiva e, por conseguinte, "visão de mundo" passa a ser o modo como essa realidade é compreendida. No âmbito filosófico, Martin Heidegger expôs um processo histórico-filosófico de "visão de mundo" que se origina em Immanuel Kant à medida que a visão se identifica com a intuição e a contemplação do *mundus sensibilis*; imbui-se de conotação idealista ao se apresentar no romantismo de Schelling como uma ação da inteligência produtiva, consciente ou inconscientemente, para construir uma imagem de mundo. A noção de imagem de mundo repercute concretamente à medida que Hegel torna possível falar de diversas perspectivas de "visão de mundo": moral, política, religiosa, democrática, cristã. Desse modo, concebe-se a possibilidade de pensar a "visão de mundo" pluralisticamente, mas ainda é insuficiente para pensar o que realmente subjaz quando se vê o mundo. Por isso, Heidegger compreende que a "visão de mundo" é tomada de posição realizada por convicção própria e que a assumimos como nossa, tornando-se a força fundamental que movimenta nossa existência e o nosso agir no mundo (HEIDEGGER, 2008a, p. 245-251). Em perspectiva semelhante, Edith Stein afirma que se trata de uma visão do todo que tem o ente humano ou ainda é uma visão correspondente a uma imagem de mundo completa, que exige ver o todo do mundo a ser visto (STEIN, 2019, p. 143-147).

Ao considerar que "visão de mundo" é o olhar para o todo do mundo, enquanto é nossa postura de colocarmo-nos no mundo, então devemos compreender o que seja mundo. E, mais uma vez, a perspectiva heideggeriana nos ajuda, principalmente em sua análise fenomenológica da vida religiosa, ao compreender o mundo em sua tripartição crucial, concebida como mundo de si – *Selbstwelt* –, mundo com os outros – *Mitwelt* –, e mundo circundante – *Umwelt* –, trazendo à tona o caráter relacional da compreensão de mundo. Esse caráter relacional é vivencial, mostrando-se que é como experiência fática da vida – *Faktische Lebenserfahrung* – que se tem a experiência de mundo, o que nos leva a pensar que mundo é fundamentalmente o resultado de nossas experiências de vida com as outras pessoas, com as circunstâncias que nos situam, com o que de significativo permanece em nossa existência (HEIDEGGER, 2010, p. 32-60). Se o existir é relacional, então não há como pensar "visão de mundo" sem evocar a alteridade presente no *autrement* e na *difference* (LÉVINAS, 2004, p. 173-188), que, por ter a marca de outro diferente de mim, é provocativo à relação, esteja esse outro presente como pessoa ou como coisa. Por isso, não é possível compreender o mundo, reduzindo-o à nossa "visão de mundo" fechada em si mesma, mas, por haver relações mundanas para "ver o mundo", torna-se necessário um processo hermenêutico, em que se entrelaçam as ações de compreender – que requer lançar-se no mundo – e interpretar – encontrar o sentido – em sua "realidade real".

Ao exprimirmos o mundo como "realidade real", evocamos a metafísica realista zubiriana, para que concebamos essa realidade como estrutura unitária de "talidade" e "transcendentalidade". A primeira corresponde à realidade tal como é e se manifesta ao próprio ser humano, enquanto a segunda é a realidade assumida pela inteligência, que se conduz para compreender o "fundo último das coisas". Por isso, essa inteligência é denominada "inteligência senciente", que apreende a realidade que se dá, na simultânea distinção e unidade entre sentir e inteligir, de física e metafísica, pois não há inteligência sem o apresentar-se da realidade, cuja compreensão intelectiva só é possível à medida que vige a estrutura unitária mencionada acima. Essa "realidade real" é o mundo a ser concebido filosoficamente como o constituído pelo fato de que a ordem "talitativa" – tal como é – e a ordem da "transcendentalidade" são intrínsecas uma à outra (ZUBIRI, 2011, p. 49-93). A "visão de mundo" é, portanto, a atitude de ver o mundo a partir do próprio mundo, que exige abertura para uma compreensão inteligível desse mundo como "realidade real". No entanto, há de se advertir que "visão de mundo" não é visão científica de mundo nem mesmo uma visão filosófica, mas uma imagem de mundo e uma força vital de convicção de como o mundo há de ser compreendido pelos sujeitos que o visualizam. A ciência pode servir de mediação para contribuir a uma "visão de mundo", porém, epistemologicamente, a ciência é um modo onticamente metódico e sistêmico de compreender e interpretar o seu respectivo *positum* ou, propriamente, a sua região entitativa de investigação (HEIDEGGER, 2008b, p. 62-78). Por sua vez, a filosofia é uma mediação ontológica que contribui com a "visão de mundo", sem permanecer nela, mas a ultrapassando para analisar a totalidade de seu ser. Nesse sentido, a filosofia contribui para uma compreensão global da "visão de mundo", a fim de que a teologia, que é também uma ciência ôntica à proporção que se concentra no *positum* da revelação divina (GONÇALVES, 2014), possa ser instância analítica da "visão de mundo" de "agentes católicos de pastoral".

3 "Visão de mundo" de agentes católicos de pastoral: pressupostos epistemológicos

A designação de "agentes católicos de pastoral" refere-se a um conjunto de pessoas que professam a fé cristã católica, possuem participação ativa e efetiva na *communitas fidelium*, vindo a atuar pastoralmente e a apresentar a sua "visão de mundo" como objeto material desta análise investigativa. De acordo com o exposto na introdução desta obra, temos cinco categorias de agentes de pastoral: padres, religiosas, jovens, leigos e seminaristas. Para cada categoria, foram abertas duas perspectivas para visualizar o mundo: a institucional-carismática e a de evangelização-libertação. Ao considerar essas em relação aos padres, também houve uma divisão entre "padres novos" e os padres das décadas de 1970/1980, sendo colocados respectivamente na perspectiva institucional-carismática e na evangelização-libertação. Ao dividir os agentes católicos de pastoral em duas perspectivas, tem-se a necessidade de conceituar ambas, para que a análise dos dados tenha precisão epistêmica e fenomenológica. Por perspectiva institucional-carismática, compreende-se um *modus vivendi*, configurado na apologética da instituição eclesial para conceber a Igreja, o mundo e o ser humano. Por isso, os "padres novos" prezam a vestimenta clerical e os paramentos litúrgicos sofisticados, especialmente em solenidades e eventos próprios; assumem a rubrica litúrgica em sua literalidade e sem a necessária apreensão do espírito litúrgico; desenvolvem a disciplina formal, tanto na pastoral dos sacramentos como, principalmente, na afirmação da autoridade eclesiástica, de forma preponderantemente vertical e pouco circular e participativa. Esse perfil é sustentado pela perspectiva "carismática" (RUBENS, 2017), em que prepondera a pneumatologia isenta de relação com a cristologia e com a trindade, que se apresenta como um complexo teórico em que o Espírito Santo está isento de história e de historicidade em sua ação, e, por vezes, ocupa o lugar do Pai ou do Filho na teologia trinitária (CONGAR, 1995, p. 193-220). Resulta, então, que o ministério é exercitado mediante a celebração dos sacramentos e dos sacramentais; o investimento na estética litúrgica e patrimonial; a flexibilização ou, até mesmo, o pouco uso da teologia como *scientia fidei* para fundamentar a ação pastoral; o relativo diálogo com as instâncias de participação comunitária; o intenso investimento em movimentos religiosos novos, com práticas que, muitas vezes, não estão previstas nas rubricas eclesiais; a inserção na mídia social e nos meios de comunicação social, com programas que se situam paradoxalmente tanto no âmbito secular quanto no religioso. A inserção social de "padres novos" denota limitado compromisso com a conscientização das pessoas de sua respectiva comunidade e outrem, e reduzida relação com movimentos sociais, mas apresenta relação com políticos profissionais para restabelecer a relação Igreja e Estado e a demonstração pública do religioso mediante a arte da música e os outros eventos culturais. Por sua vez, os padres da perspectiva evangelização-libertação se caracterizam por assumirem um perfil consoante à dimensão social da evangelização e à eclesiologia de comunhão, que, em geral, está marcada pela circularidade eclesial, presente nas formas de representação denotativas do princípio de subsidiariedade e do espírito de colegialidade. Por isso, esses padres possuem um histórico de assumirem o *locus* dos pobres como *locus* privilegiado da revelação, sentindo suas dores, seus sofrimentos, suas alegrias e esperanças e experimentando o seu *modus vivendi* acerca da fé. Nesse perfil, a autoridade é afirmada mediante a vivência do diálogo, da participação ativa na vida das pessoas e da construção de estruturas eclesiais e sociais fraternas.

Os demais agentes católicos de pastoral de perspectiva institucional-carismática seguem a esteira dos "padres novos", no que se refere ao primado da pneumatologia, que isenta o Espírito de história e de historicidade no evento da revelação, constituindo movimentos religiosos próprios, com coordenações específicas em diversos níveis, às vezes relacionadas aos organogramas diocesanos, ou modos próprios de ação pastoral, ultrapassando estruturas locais de comunhão eclesial. Em função dessa pneumatologia, a atenção às questões sociais se isenta da consciência crítica, denotando ingenuidade e concepção pré-moderna no que corresponde à relação entre religião e política. Além disso, as expressões religiosas – ritos litúrgicos, orações, posturas diante do *sacro* – estão também marcadas por uma pneumatologia sem história e historicidade do Espírito Santo à medida que praticam as "curas", "batizam no Espírito Santo", "falam em línguas", utilizam toques com as mãos em imagens, sacrários e outros "objetos sagrados", realizam a leitura de textos da Escritura e da Tradição eclesial sem a hermenêutica que efetiva o respectivo processo de compreensão e interpretação, incidindo em leituras moralistas e dogmatizantes, isentas da contextualização histórica dos seres humanos e das respectivas situações em que estão envolvidos.

Os agentes católicos de pastoral de perspectiva evangelização-libertação se situam na esteira da eclesiologia de comunhão, tão própria do Concílio Vaticano II, formando comunidades com seus conselhos e instrumentos de subsidiariedade eclesial. Buscam conscientizar-se acerca das questões sociais e da inserção em movimentos que denotem o caráter social da evangelização, especialmente no que se refere ao empenho pela justiça. Desenvolvem ações pastorais que possuem assento no caráter histórico da revelação, embora tenham apresentado espiritualidade com índole escatológica vulnerável, especialmente no que se refere à relação entre fé e política e inserção dos cristãos na vida política (BOFF, 1988).

Esse quadro conceitual de "agentes católicos de pastoral" serve como dados epistêmicos para inferir as respostas, considerando a respectiva "generalização", plausível ao método fenomenológico. A generalização é a universalização conforme o gênero e, por conseguinte, a qualidade sensível do que se investiga. Ela está vinculada ao âmbito real, ao contexto em que está inserido aquilo que se pesquisa, mas sempre relacionando-o com o todo, no qual se encontra o outro que diverge e se diferencia do que é investigado. Nesse sentido, o que há de se considerar para uma análise filosófico-teológica do objeto material coletado é que se trata de um conjunto de dados do mesmo gênero: "agentes católicos de pastoral". As próprias respostas exigirão um momento de formalização, que é a sistematização que identifica a resposta de cada categoria como aquilo que lhe é simultaneamente próprio e relacional com as demais categorias. O método fenomenológico possibilita generalizar, para que se faça manifestar a "visão de mundo" presente nos "agentes católicos de pastoral". Pela generalização, é possível inferir que as respostas não respeitam necessariamente as perspectivas, denotando paradoxalmente fragmentação e necessidade de generalizar para compreender o todo do gênero investigado.

De acordo com a exposição dos dados, na primeira questão, o que piora no mundo é o individualismo, o distanciamento da religião e dos valores cristãos, a crise de sentido à existência, a corrupção e o descaso com o "bem comum" e a agressão à natureza. Verifica-se a ausência das questões sociais de forma contundente, a noção de "ecologia integral" e a alusão conotativa aos pobres e sua pobreza. A segunda questão refere-se ao que melhora no mundo e se na questão anterior havia ausência das questões sociais, ora elas se manifestam. Então, o que melhora no mundo é o acesso à educação, à saúde, à moradia, ao trabalho e à internet, e a atenção à ecologia e ao cuidado com a vida, mas também emergem a liberdade pessoal e o menor contato social como elementos denotativos de um mundo melhor. Constatam-se as ausências do fortalecimento ou propriamente da movimentação da sociedade civil e a questão da terra como espaço de vida agrícola e de convivência, e consequente elevação da dignidade humana.

Na terceira questão, correspondente aos problemas enfrentados pelo povo na atualidade, os problemas possuem maior repercussão no âmbito da singularidade da pessoa humana à medida que majoritariamente são relatados o isolamento, a solidão, o egoísmo e o individualismo, e, em seguida, são suscitados problemas de ordem de estilo de vida e de religião, respectivamente o consumismo e a falta de Deus e da fé, e a perda de valores familiares. Em um terceiro plano, aparecem a corrupção política, a violência, a pobreza e a crise sanitária e educacional. São constatadas as ausências dos problemas do desemprego, do narcotráfico, das drogas, da dívida externa, da sensibilidade pela vulnerabilidade social, cultural e religiosa. A quarta questão é referente aos desafios que o mundo coloca à fé cristã e traz à tona os seguintes desafios: a conservação da fé e dos valores religiosos, a influência dos meios de comunicação atuais nas famílias e nas escolas, o distanciamento dos jovens tantos em termos sociais quanto em religiosos, o mercado religioso, o egoísmo e o individualismo, e o capitalismo neoliberal e excludente. Verifica-se que ficaram ausentes vários desafios, destacando--se o da ecologia, compreendida em sua integralidade – ambiental, social, mental e espiritual – e o das novas formas de comunicação entre os seres humanos.

Diante do exposto, urge a necessidade de analisar os dados para dar--se conta de "como" se situa a "visão de mundo" de "agentes católicos de pastoral", mediante o método fenomenológico que prioriza a generalização, desemboca na formalização dos dados coletados e propicia desembocar na hermenêutica filosófico-teológica, pela qual se abre a possibilidade de alargar a "visão de mundo".

4 Análise dos dados relatados

Para analisar os dados relatados, utilizando o método fenomenológico e a hermenêutica filosófico-teológica, parte-se de fenômeno generalizado, denominado Pós-modernidade, para, em seguida, explicitar os desdobramentos antropológicos, eclesiológicos, religiosos e sociais.

A Pós-modernidade

A expressão Pós-modernidade pode ser encontrada em François Lyotard (1979) e possui manifestações em diversas áreas, mas encontra, no pensamento de Gianni Vattimo, uma conotação propriamente filosófica. Trata-se de uma expressão que aparenta a superação da Modernidade, compreendida como *status spiritualis*, com dois núcleos norteadores: o antropocentrismo e o cientificismo. O primeiro corresponde à posição emergente a partir do *cogito cartesiano* e da concepção de história como produto dos acontecimentos humanos, em que respectivamente o homem é concebido como portador de ideias inatas, dotado do método matemático para desenvolver a razão moderna, e como sujeito histórico soberano, capaz de levar a cabo o seu próprio destino. O segundo é referente à emergência da ciência moderna, constituída a partir da centralidade da *empiria* e dos procedimentos metódicos de suscitar hipótese, observar o experimento levado a cabo em função da própria hipótese e verificar os resultados, trazendo à tona a verdade comprovada da experiência realizada. Essa forma de fazer ciência encontrou um substrato teórico na filosofia positiva, constituindo-se de uma vestimenta messiânica, por se apresentar como o terceiro e derradeiro estágio da humanidade e a via de resolução dos problemas do mundo (COMTE, 1991). Emergia um *status spiritualis* que abria espaço para o ateísmo, para o deísmo e para o naturalismo, e para que a ciência ocupasse o lugar da religião e do teocentrismo que constituía o imaginário "pré-moderno".

Ao aparentar suprimir a religião e deslocar o teísmo para o deísmo e o ateísmo, essa modernidade encontrou as suas limitações ainda no século XIX, quando Kierkegaard (1979) desconstruiu a moral sistêmica para apresentar a fé como ultrapassagem e sentido à própria existência, sem incidir nos extremos do proselitismo ou da anarquia religiosa. O seu objetivo era mostrar que a fé religiosa transcendia as prescrições morais, os dogmatismos e os ritualismos, pondo em jogo a própria existência humana, cuja vivência é marcada pela angústia e pelo amor em busca de sentido. Mas é Nietzsche (1993) que, em sua sentença da "morte de Deus", anunciada pela figura do "homem louco", mostrou que "o Deus que morreu" é aquele da metafísica, denominada por Heidegger de "ontoteologia" (HEIDEGGER, 1968, p. 276), que privilegiou o ente supremo e esqueceu-se do ser – que ficou isento de história – e que esteve presente na ciência moderna ao concentrar-se na *empiria* e apresentar-se como messiânica para resolver os problemas da humanidade. Com a "morte de Deus", os fundamentos que explicavam o mundo e o homem deixaram de ter consistência, mas trouxeram também um vazio sobre a razão que leva a cabo a explicação do universo e da existência humana. Não foi em vão que a própria sentença afirmou que nem os coveiros estavam cientes de que Deus havia morrido, propiciando afirmar uma "filosofia da manhã", que possui as marcas do paradoxo denotativo de que a Modernidade há de ser simultaneamente mantida e superada (VATTIMO, 2002, p. 3-36).

A Pós-modernidade não é, portanto, a superação total da Modernidade, mas sua permanência em forma de paradoxo que denota o enfraquecimento do ser, o surgimento de uma ontologia fraca e a emergência de um *pensiero debole*, que incide no fim das metanarrativas e no aparecimento das pequenas narrativas, na elevação da estética como elemento de configuração cultural e social, nas mudanças de formas de comunicação e, por um espírito hermenêutico-niilista, que reconfigura conceitos e hábitos vivenciais (VATTIMO, 2006, p. 106-109). Nesse sentido, a Pós-modernidade evoca nomadologia do pensamento e respectiva transversalidade epistêmica (OLIVEIRA, 2003, p. 43-52), instituições enfraquecidas – tanto as religiosas quanto as políticas e sociais –, pluralismo religioso e cultural, trânsito religioso intenso, emergências das diferenças diversas, surgimento da "moda" e da "efemeridade", transparência da sociedade por novas formas de comunicação, especialmente a midiática, e pelo desenvolvimento de espiritualidades tanto religiosa, com e sem pertença institucional religiosa, quanto a que é secular (GONÇALVES, 2011). Evoca-se também o grito dos pobres pela vida, denota-se uma situação abissal entre riqueza e pobreza, fruto de injustiças e processos históricos de violência, exploração e marginalização – política, social, étnica, pedagógica e de gênero – e, simultaneamente, a "força histórica dos pobres" (GUTIÉRREZ, 1984) para que encontrem "onde dormir" (GUTIÉRREZ, 1998) e seus direitos fundamentais efetivos em forma de promoção da vida.

Desdobramentos

O fenômeno da Pós-modernidade, em caráter de paradoxo, possui desdobramentos de ordem antropológica, eclesiológica, religiosa, social e cultural.

O desdobramento antropológico denota uma concepção dualista de ser humano à medida que os "agentes católicos de pastoral" acentuam que individualismo e ausência de valores cristãos é algo que piora no mundo e que, dentre os problemas do mundo atual, estão a solidão e a crise de sentido da existência humana.

Esse dualismo antropológico se configura na forma separatista, que concebeu o ser humano como corpo e alma, tanto distintos quanto separados, de modo a rechaçar a dignidade humana concebida em sua unidade de corpo e alma ou de matéria e espírito, ao possibilitar que sofrimentos evitáveis fossem realizados. Esse dualismo separatista possibilita pensar o individualismo em perspectiva moralista, considerando-o como produto de uma atitude decisivamente moral, efetivada única e exclusivamente no âmbito individual do ser humano. O mesmo moralismo pode ser aplicado no que se refere à ausência de valores cristãos à proporção que não são considerados intrínsecos à própria cultura ocidental, sendo seus conceitos, ao menos alguns, internalizados em nosso modo próprio de apreendermos a cultura. Esse dualismo separatista e moralista despreza o corpo e exalta de forma efêmera a alma, ao passo que legitima o sofrimento que poderia ser evitado, fruto de injustiças e atrocidades diversas, propiciando ferimentos e sacrifícios de pessoas, constitutivas de corpo e alma. Por isso, esse dualismo proporciona exaltar como problemas a solidão e a crise de sentido da existência humana, com enfoque na subjetividade correspondente à dimensão interior do ser humano.

O desdobramento eclesiológico denota que o Concílio Vaticano II trouxe à tona uma eclesiologia de comunhão (O'MALLEY, 2014), em que se concebe a Igreja como mistério sacramental de salvação universal, efetivado como povo de Deus, peregrino na história, com missão evangelizadora e pastoral, marcado por índole escatológica e que está no mundo para promover a unidade de todo o gênero humano. Esse modelo eclesiológico, que prima pelo espírito dialógico, trouxe à tona a colegialidade episcopal – em que o papa é o bispo de Roma que preside o colégio na caridade; o sacerdócio comum dos fiéis; a ministerialidade eclesial denotativa de valoração dos ministros ordenados, dos religiosos e do laicato; a efetividade teológica do princípio da subsidiariedade que fundamenta estruturas eclesiais participativas; a relação da Igreja com o mundo, marcada pela empatia, compaixão, solidariedade, empenho pela justiça e paz, defesa e promoção da dignidade humana, especialmente no âmbito da liberdade religiosa, primado pelo espírito dialógico que propicia a fraternidade entre os seres humanos. No entanto, a recepção desse Concílio ainda é marcada por tensões intensas e densas em seu processo de recepção, mesmo que experiências de "recepção criativa" tenham ocorrido. Essas tensões se situam entre constituir uma Igreja vertical comunitária em seus encaminhamentos pastorais decisivos, privando o espaço de diálogo e zelando pelo princípio divino da autoridade, não só as eclesiásticas como também as laicais, e uma Igreja hierárquica em perspectiva de circularidade, em que o diálogo é amplo e os encaminhamentos emergem de processos que conduzem ao consenso. Além disso, o Concílio zelava pelas Igrejas Locais, tendo trazido à tona o espírito da singularidade da *communitas fidelium*, mas se visualiza, na contemporaneidade histórica, a tensão com o fenômeno dos universalismos, em que as comunidades são vistas de forma uniforme e, por conseguinte, de maneira comportamental unívoca no exercício dos ministérios ordenados e laicais. Há de se considerar também a autonomia do sujeito, própria da modernidade filosófica, principalmente para realçar a liberdade do sujeito na construção da história. Nesse sentido, em um clima pós-moderno, marcado por paradoxos e ambiguidades, a autonomia se confunde com independência, propiciando que surjam movimentos religiosos no interior da Igreja que, em nome da autonomia, tornam-se independentes da organicidade pastoral da Igreja, presente nas dioceses e organismos eclesiais diversos. Esse fenômeno denota que a Igreja como instituição não consegue colocar determinados movimentos religiosos em sua organização pastoral, evidenciando o clima pós-moderno de enfraquecimento das instituições como uma forma de expressão da "ontologia débil" ou "enfraquecimento do ser".

O outro desdobramento é referente à concepção da religião como eixo de integração social e de fundamentação da existência do homem e do mundo. Nessa concepção, a religião é algo que se restringe ao conteúdo propriamente religioso e eclesial, estando separada do mundo, possuindo uma história que lhe seja singular e sagrada, separada de tudo o que é próprio da história profana. Tem-se aqui a divisão entre história profana e história sagrada, como efetividade de um dualismo histórico que simultaneamente restringe o religioso à Igreja e separa a religião do mundo. Então, a religião se torna espaço de intimidade sacra, em que Deus, ainda que concebido como criador de todas as coisas, está fora do mundo e não habita a sua criação, isenta-se de história, e seu Espírito age mediante orações e rituais marcados por magias, curandeirismos e imediatismos. Em função da isenção de historicidade espiritual, essa religiosidade possui pouca incidência na própria dimensão social da evangelização e, até mesmo, na dimensão pessoal e "real" do povo. Produz-se, assim, uma religiosidade intimista, apresentada para resolver os problemas humanos, sem que haja efetiva presença sólida naquilo que são os reais problemas da humanidade.

Essa religiosidade tem pouca relação com a denominada "religiosidade popular", tão clássica no catolicismo e que exprime, pelo culto aos santos, orações peculiares, bênçãos, uma forma de ser Igreja constituída de um *ethos* comunitário que salvaguarda a pessoa em suas relações fraternas com outras pessoas. Trata-se de uma forma religiosa efetivamente intimista, redutiva epistemologicamente à medida que isenta o mundo de religião, identifica a religião com uma forma confessional e confunde o religioso com o eclesial e o divino. Por isso, a nostalgia dos valores cristãos e da religião como elementos que norteiam as relações interpessoais, as instituições sociais e produzem uma "visão de mundo" unívoca e isenta de acolhimento ao pluralismo em suas diversas dimensões.

O último desdobramento possui relação com os desafios e se constitui de duas ausências: as novas formas de comunicação e a ecologia integral. As novas formas de comunicação intensificaram a comunicação à proporção que a técnica se configurou como tecnologia, modificando tanto o tempo quanto o espaço, estabelecendo relações virtuais e instantâneas, e construindo uma sociedade transparente (LÉVY, 1997). Assim sendo, a comunicação é não só interpessoal e social, mas também virtual – com repercussão na vivência do espaço e do tempo – e estética, conforme a imagem se torna elemento importante para a própria configuração virtual. Ou melhor, a virtualidade se torna o espaço, com temporalidade própria – mesclada de *cronologia* e *kairologia* – em que se efetivam as relações interpessoais e sociais. Desse modo, impera um processo comunicativo de virtualidade, emergindo um *ciberespaço* que se torna espaço das mais diversas notícias, decisões e destinos humanos (CASTELLS, 2002, p. 413-559). A virtualidade comunicacional propicia a comunicação a modo próprio, resultando na possibilidade de produzir *fake news*, principalmente no âmbito das questões sociais e políticas. Desse modo, notícias falsas são incutidas social e institucionalmente nas pessoas, favorecendo o acolhimento a medidas totalitárias e ao desenvolvimento político que não favorece o bem comum, mas prioriza o que é privado, centra-se na economia de mercado, promovendo a exclusão social e o empobrecimento de muitas pessoas, e leva a cabo a histórica geração de "novos pobres".

A "ecologia integral" é compreendida em sua quádrupla dimensão: ambiental, social, mental e espiritual. Não obstante que o termo "ecologia integral" tenha sido assumido pelo Papa Francisco em sua Carta Encíclica *Laudato Si'* (2015), é na teologia da criação elaborada por Jürgen Moltmann (1985) e, posteriormente, no pensamento ecológico de Leonardo Boff (1996) que a expressão aparece com força teórica em teologia. A ecologia é, então, a arte das relações, em que os entes estão entrelaçados uns com os outros, de modo que cada parte reflete o todo e o todo reflete as partes entitativas interconectadas umas com as outras. Nesse sentido, nenhum ente está isolado dos demais e a totalidade não é mera adição dos entes, mas o entrelaçamento desses mesmos entes que se refletem mutuamente. A expressão integral propicia explicitar que a ecologia não se reduz a um pensamento sobre o "meio ambiente", porém se constitui de quatro dimensões fundamentais.

A primeira é a dimensão ambiental e refere-se às preocupações sobre o ambiente, visando à sua preservação, ao seu desenvolvimento, ao seu equilíbrio dinâmico, à sua renovação constante e à sua afirmação com sistema de vida no processo evolutivo do qual faz parte. Nessa dimensão, há a preocupação com os fenômenos naturais e suas consequências planetárias, e com a intervenção humana mediante tecnologias e instrumentos que se contrapõem à natureza. A segunda dimensão é a social e corresponde ao modo como os seres humanos vivem em sociedade, principalmente no âmbito do bem-estar social, a ser verificado nas condições sanitárias, nas políticas públicas de educação e saúde, na efetividade do trabalho, na saciedade econômica para todos do convívio social, na efetividade dos direitos fundamentais – direito a terra, teto, trabalho, saúde, educação, segurança e outros – e da justiça em todos os seus aspectos, principalmente a justiça social. A terceira dimensão é a mental, também conhecida como "ecologia profunda", pois reconhece que a crise ecológica atual possui raízes que remetem às épocas históricas precedentes, incluindo também a profundidade da vida psíquica humana, consciente e inconsciente, pessoal e arquetípica. Nessa dimensão, a mente é o processo de conhecimento que se identifica com o processo de viver, cuja estrutura é o cérebro. Por isso, a relação entre mente e cérebro é a relação entre processo e estrutura, cuja instância que permite a compreensão do processo, em seu passado, no redimensionamento do presente e em sua prospectiva futura, é a consciência. Ainda que haja um processo neurobiológico para compreender a consciência, seu ímpeto está no envolvimento com os processos, na sua capacidade de reflexão e de produzir um pensamento propício ao convívio social e à apropriação da categoria "cuidado" como instância de zelo, atenção, solicitude para a defesa e promoção da vida. A dimensão mental da ecologia integral é, então, a consciência ecológica que evoca o cuidado com a "casa comum", com a vida do outro e a vida de si mesmo. A quarta dimensão é denominada de "espiritual", que corresponde a uma vida segundo o espírito ecológico-integral, em que o *status spiritualis* remete à alteridade, que propicia a percepção do outro ente, em sua "outridade", ao cuidado com a vida em todos os seus aspectos. Nessa dimensão, o ser humano tem consciência que pertence ao cosmos, que faz parte de um sistema ecológico de vida, que está entrelaçado com outros entes, que é uma parte que reflete o todo e que o "espírito ecológico" cuida da vida, mediante o respeito, a hospitalidade e a responsabilidade, que remete a uma ética ecológica de afirmação da vida. A espiritualidade ecológica é, assim, um *modus vivendi*, em que o espírito que vige em todos entes, especialmente no ser humano, é do entrelaçamento vital dos entes, em movimento profundo de cuidado e comunhão.

A ausência da "ecologia integral" na "visão de mundo" dos "agentes católicos de pastoral" permite suscitar desafios desvinculados do todo do próprio mundo. Nesse sentido, quando se menciona como desafio a reintegração da família, não se denota um caráter ecológico ao pensar a família. O próprio Papa Francisco, em sua Exortação Apostólica *Amoris Laetitia* (2016), mostra que a família real não pode ser desvinculada da estrutura econômico-social, que possui marcas da exclusão social, da exploração do trabalho, da violência social que se mimetiza na família e repercute na educação dos filhos (FRANCISCO, 2016, n. 31-49). Por isso, a ausência de educação nas pessoas não pode ser concebida tão somente no âmbito das relações interpessoais, mas também no âmbito da constituição da consciência familiar e de sua situação hermenêutico-social. Nesse sentido, emerge a necessidade de uma política que se concentre no bem comum e que incida na constituição de condições reais, para que a família possa ter estabilidade necessária e ser espaço de educação de pessoas, formando suas respectivas consciências com centralidade no amor e em seus derivados.

De acordo com o exposto, a "visão de mundo" de "padre novos" denota um mundo que pode ser aprofundado à luz da fé cristã, exigindo que, a cada visão, possa-se ir mais a fundo na "realidade real" do mundo, em que o clamor pela vida é reclamação por mais vida.

5 Possibilidade de alargamento da "visão de mundo" pelo *intellectus fidei*

A teologia como intellectus fidei

A pretensão de possuir uma "visão de mundo" permeada pelo *intellectus fidei* não significa aprofundar o dualismo separatista para afirmar que, por essa via, vê-se melhor ou corretamente o mundo e, de outra maneira, vê-se pior ou incorretamente, mas de dar à "visão de mundo" a luz da inteligência da fé, que encontra sua plausibilidade na articulação com as dimensões doxológica e testemunhal da fé. Nesse sentido, o *intellectus fidei* é o que move a teologia a se constituir como *scientia fidei* ou, propriamente, teoria da fé, que se põe a pensar a revelação e a fé em sua dinâmica de experiência de fé revelada.

A inteligência da fé se movimenta situada em uma "realidade real" de mundo e, por conseguinte, toda teologia possui um *locus historicus* que se articula com a fé professada – ou *arché* da teologia – para que, em sua condição de teoria da fé, seja teoria prática ou testemunhal da fé. A autocompreensão de sua situação hermenêutica propicia que a teologia seja elaborada a partir da apreensão da fé como "realidade" arcaica e "realidade real" da história em que está situado o(a) teólogo(a). Isso exige o uso de mediações para fazer teologia, tanto da filosofia, considerada um saber que sempre esteve junto à teologia na condição de *partner*, como das demais ciências ônticas. Por intermédio das mediações, analisa-se o *locus historicus* em sua "realidade real" e se abre à "realidade real" da própria *arché*, exigindo um processo hermenêutico de abertura para compreender tanto o mencionado *locus* quanto a própria fé, que, no momento teológico do *auditus fidei*, não pode compreender de modo estático em suas expressões inferidas da Escritura e da Tradição. Resulta, então, um processo permanente de significado da fé na Escritura e na Tradição e em sua relação com a contemporaneidade histórica dos seres humanos, compreendidos desde o *locus* situacional da teologia. Eis aí a universalidade da teologia: ser uma *scientia fidei* que se torna pertinente e relevante à atualidade da história dos seres humanos e do "mundo real".

A consideração acerca do uso das mediações na produção teológica suscita o "como" a filosofia e as outras ciências são utilizadas ao fazer teologia. A filosofia é uma mediação antiga, utilizada desde os primórdios da teologia cristã e que fora considerada no período medieval como *ancilla theologia*, no sentido de servir aquela que era a rainha das ciências nas universidades medievais (LIBANIO, 2011, p. 6). No entanto, esse caráter servidor denota a função de *partner* que a filosofia historicamente ocupou em sua relação com a teologia, servindo-se como metafísica do ser para analisar o homem em sua condição de parceiro de Deus que se revela no mundo ou, propriamente, na história do mundo. Disso resulta a relevância da categoria *locus historicus* e, especificamente, o *locus* dos pobres, pois Deus assume a pobreza em suas dimensões de carência, *status spiritualis* e compromisso de amor misericordioso e, por conseguinte, compassivo e solidário para com os seres humanos em situação de pobreza (ELLACURÍA, 1990). Além da metafísica, a teologia tem se servido da filosofia hermenêutica, que deixou de ser mera interpretação gramatical de textos bíblicos e jurídicos para ser luz de compreensão e interpretação do sentido do ser (GONÇALVES, 2011). Em proximidade com a ontologia hermenêutica, situa-se a fenomenologia, que tem sido alargada na análise da religião e do sujeito humano, colocando a filosofia em estreita relação com a antropologia, com a história e com a psicologia (ALES BELLO, 2019). Ainda há a filosofia social, que possibilita meditar filosoficamente sobre a sociedade, em suas dimensões política, social, cultural e econômica. Além da mediação filosófica, a teologia tem-se utilizado da mediação das ciências ônticas, que não obstante tenham o seu respectivo *positum*, próprio de sua cientificidade, possuem a filosofia intrinsecamente em sua constituição epistemológica. Isso significa afirmar que, mesmo na mediação das ciências humanas – a sociologia, a antropologia, a história e a psicologia – e das outras ciências – principalmente a física, a biologia, a neurobiologia –, a filosofia continua a ter uma função específica, de cunho epistemológico na elaboração da ciência teológica. O uso das mediações científicas tem servido para o processo de compreensão da realidade do ser humano e do mundo, efetivando um momento propriamente analítico, a fim de que a hermenêutica teológica não surja abruptamente e desvinculada da realidade concebida como espaço da revelação de Deus. Após analisar a realidade, com a mediação da filosofia e/ou das ciências, e efetivar a hermenêutica teológica, emerge o momento prático da teologia, em que se visualizam as possibilidades de práxis histórica transformadora iluminada pelo *intellectus fidei*.

Ao tornar-se luz para a "visão de mundo", a teologia possibilita tornar a imagem de mundo presente nessa "visão" uma potência aberta, para que a própria "visão de mundo" possa estar em permanente consonância com a "realidade real" que é vista. A "visão de mundo" iluminada pela teologia possibilita aos "agentes católicos de pastoral" que o seu olhar ao mundo não se esgote na superficialidade, mas que ultrapasse o fundo – *Grund* – para atingir o mais fundo – *Abgrund* – e para superar absolutismos de expressões e alcançar a verdade na expressão que se abre para formular novas expressões da verdade[1].

Nesse sentido, a pobreza, como *status spiritualis* dos "agentes católicos de pastoral", possibilita compreender que o cumprimento da missão da Igreja exige humildade, sensibilidade ao real e compromisso com a realidade histórica, na qual Deus se revela aos seres humanos. Por isso, a "visão de mundo" possui a luz de um *intellectus fidei* que está perpassado pela misericórdia, que propicia a efetividade da compaixão, da justiça e da fraternidade universal. Nesse sentido, um *intellectus fidei* constituído desses elementos é *intellectus amoris et misericordiae et iustitiae* (SOBRINO, 1992, p. 49-80).

Ao visualizar o mundo com os olhos do *intellectus fidei*, os "agentes católicos de pastoral" terão possibilidade de compreender a Pós-modernidade como evento de "epocalidade do ser" (VATTIMO, 2018, p. 21) e como "realidade real" da contemporaneidade. A despeito do caráter paradoxal da Pós-modernidade, os ministérios dos mencionados agentes, pensados em sua inserção eclesial no mundo, hão de superar a efemeridade, a superficialidade, a comunicação fútil, os dualismos separatistas, a religiosidade intimista e a retenção em relação às questões da ecologia e das novas formas de comunicação. Urge, então, um processo de recuperação epistemológica, *theologica,* antropológica, eclesiológica e religiosa que auxilia na elaboração de uma "visão de mundo" iluminada pelo *intellectus fidei*, que pode propiciar que a pastoral exprima fidelidade e honra à "realidade real" do mundo, que é o espaço em que Deus se revela para habitar a sua criação e encontrar-se com os seres humanos.

---

1. Ao utilizar a expressão *Grund*, que pode ser traduzida literalmente por chão ou superfície, Heidegger deu-lhe o sentido filosófico de fundamento ou fundo e, por conseguinte, *Abgrund*, que pode ser traduzido como abismo, adquiriu o sentido de sem fundamento ou sem fundo, ou propriamente mais fundo. Por isso, a análise de Heidegger é a de que a metafísica trazia o fundamento do mundo e do ser humano, e até mesmo, em sua condição de ontoteologia, trazia à tona o ente supremo. Com o advento de sua crise, especialmente com a sentença nietzscheniana da "morte de Deus", o pensador alemão passou a considerar a necessidade de ir mais fundo para que a visão de mundo" não fique fechada em determinadas expressões, mas tenha um espírito de profundidade aberta (HEIDEGGER, 2008b, p. 177-188).

*O processo de recupera*ção: *epistemológica,* theologica, *antropológica, eclesiológica e religiosa*

A recuperação epistemológica remete ao esforço para pensar de forma meditada, com uma inteligência de fé plena, capaz de superar o fideísmo – que rechaça a razão filosófica e científica, para afirmar a fé em expressões que se pretendem absolutas e que se desvinculam da realidade – e o racionalismo, que é uma operação de isenção da fé na razão teológica (GROCHOLEWSKI, 2015). O pensamento teológico meditado articula fé e razão – filosófica e científica – e se põe a pensar a revelação divina, situando-se na história do mundo em que habita o ser humano. Por esse pensamento, torna-se possível compreender a revelação de Deus na história de um mundo que sofre, possui doenças e clama por vida. É este mundo que pode ser concebido como "casa comum", que requer cuidado ecológico-integral, em que se defende e promove a vida da natureza e dos seres humanos em sua característica fundamental de sociabilidade, e em que se educa para edificar uma mentalidade ecológica e uma espiritualidade em que Deus habita em sua *creatio*, originalmente abençoada e santificada (HAMMES, 2015). Nesse pensamento, é propício que se suscite o movimento da esperança oriunda de Deus, mediante a experiência da compaixão, da efetividade da justiça e da solidariedade.

A recuperação *theologica* corresponde à compreensão cristã de Deus em sua relação com o ser humano e com o mundo. Essa recuperação implica compreender a Deus a partir da experiência com o ser humano, em sua história mundana, marcada por tensões desdobradas em angústias, tristezas e também esperanças e alegrias. As próprias fontes do *auditus fidei* da teologia cristã testemunham que se revelou na história humana, assumindo o *locus* dos pobres, vendo as aflições humanas, ouvindo os seus clamores e tomando a atitude de vir ao encontro para libertar os seres humanos, para dar-lhes vida em abundância e para levar a cabo a misericórdia, a compaixão e a justiça que fundamenta a paz entre os povos (TAMAYO, 2011, p. 17-24).

Ao assumir o *locus* dos pobres, Deus efetiva a sua universalidade salvífica entrando na história desde a pobreza, compreendida como carência econômica e social, opressão política, marginalização religiosa e cultural, discriminações de gênero e de idade, evidenciando sua "pobreza espiritual" no próprio evento da revelação realizada em Jesus Cristo, em seu compromisso em anunciar a boa-nova aos pobres e no "ano da graça do Senhor". A "pobreza espiritual" em Jesus Cristo denota a sua presença dentre os pobres para dar-lhes boa-nova, o seu chamado universal à conversão e a sua "ultimidade" presente em sua paixão e morte, cuja prospectiva de ressurreição, com a marca soteriológica, já evidenciava a esperança da efetividade do Reino de Deus (GUTIÉRREZ, 1990, p. 15-32). O "evento Jesus Cristo" denota ainda a própria redenção de toda a criação, pois sua "ultimidade" obteve espaço no "túmulo novo" e no jardim", denotando que a própria criação já está recuperada à medida que se torna espaço da habitação divina. Tem-se então um Deus criador, presente na história do mundo e dos seres humanos, realizando o seu projeto redentor e salvífico, respeitando essa história, habitando esse mundo e agindo com os seres humanos, para que o *novum* escatológico se torne uma realidade plena para toda a humanidade.

A recuperação antropológica explicita teologicamente uma antropologia unitária, visando à superação do dualismo separatista e do monismo, para levar a cabo uma antropologia dualista unitária, pela qual o ser humano é afirmado como pessoa. Importa recordar que, no âmbito bíblico, a criação do ser humano – *Adam* que provém de *adamah*, que é húmus – é efetivada por Deus mediante a sua *Nishmah*, que é hálito divino de vida, aplicado somente ao ser humano, que, ao receber o sopro, torna-se *Nephesh*, compreendida como vida originada de Deus. *Nishmah* se distingue de *ruah*, que é o vento de Deus, aplicado a toda criação do céu e da terra, e se constitui em categoria que possibilita a narrativa acerca do ser humano criado à imagem – *Demut* – e semelhança – *Tsélem* – de Deus, e ainda como homem – *ish* – e mulher – *ishah* –, que, juntos, são parceiros de Deus na aliança expressa na *creatio originalis* (LADARIA, 1995, p. 112-117). Mesmo que o pecado tenha sido cometido – e o pecado de Adão é concebido por Agostinho como pecado original, que é a força do pecado que leva o ser humano a pecar (LADARIA, 1995, p. 258-164) – e tenha tomado forma concreta como idolatria, denotativa do abandono a Deus para cultuar ídolos, que são totalmente dependentes do poder que lhes é dado pelo devoto, encontra-se em Jesus Cristo, concebido como "imagem visível do Deus invisível" e "novo Adão", a recuperação da imagem originária do ser humano, criatura que é parceira de Deus na criação (LADARIA, 1995, p. 118-124).

A antropologia teológica propicia recuperar o ser humano em sua estrutura originária espiritual, composta de corpo e alma, constituindo de uma unidade fundamental de seus polos, que o apresentam em sua imanência e transcendência, história e escatologia. Desse modo, concebe-se o ser humano como pessoa, que é criatura de Deus e sujeito imbuído de liberdade, responsabilidade e possuidor de caráter ecológico, por relacionar-se consigo mesmo, com as outras pessoas, com o mundo e com Deus, e está potencializado, desde sua origem, para a comunhão com Deus (TRIGO, 1988). A unidade antropológica do ser humano e sua condição de pessoa, criatura divina, constituem-se como critérios fundamentais para a afirmação da dignidade humana. Por isso, a injustiça, em todas as suas dimensões, e as atrocidades que degradam a vida e promovem a morte antes do tempo, principalmente a "morte prematura dos pobres", hão de afetar a própria dignidade de Deus (METZ, 2007, p. 113-126) e causar indignação ética. Decorre dessa indignação a compreensão acerca da compaixão de Deus, realizada na compaixão que as pessoas têm de quem sofre, de quem sente a dor e grita forte em função desse sofrimento e dessa dor. A compaixão é o gesto de compartilhamento e de sofrer junto com os sofredores a sua dor, a sua angústia e a sua agonia, evidenciando a efetiva misericórdia de Deus na história dos sofredores. Da compaixão emerge a solidariedade como forma de auxílio e também de impulso ao potencial dos fracos deste mundo (METZ, 2007, p. 18-45). Ao visualizar o mundo a partir dos fracos, concebe-se teologicamente a força de Deus a partir da fraqueza, da debilidade, do despojamento, pois o próprio Deus, mediante seu Filho, encarnou-se assumindo a fragilidade humana, sofrendo e morrendo na cruz, na condição de quem assume a ultimidade do ser humano, para elevá-lo plenamente em sua dignidade, através de sua ressurreição (SOBRINO, 1994).

A recuperação eclesiológica remete teologicamente a ter o Concílio Vaticano II como referência fundamental para pensar a Igreja e para agir *in Ecclesia*. Esse concílio conceituou a Igreja como mistério de comunhão por originar-se no próprio mistério trinitário, em que Deus é afirmado como substância única e três pessoas divinas que se relacionam pericoreticamente. Por ter origem em Deus, que, por sua vez, possui consubstancialidade e unidade entre as pessoas divinas, a Igreja é mistério de comunhão, cuja realização está na unidade da Igreja, constituída pela diversidade de formas de ser Igreja e pela diversidade de seus membros, em seus carismas e serviços eclesiais. Esse mistério de comunhão da Igreja denota que, ao estar no mundo, a Igreja é sacramento universal de salvação, assumindo a missão de anunciar o Reino de Deus e reunir todo o gênero humano. A sacramentalidade da Igreja denota a trinitária das pessoas divinas, constituindo-se em corpo de Cristo e Povo de Deus, que se organiza de forma ministerial e peregrina na história para cumprir a sua missão como e *in Ecclesia* (SULLIVAN, 1988, p. 3-22).

A recuperação eclesiológica denota que a Igreja, ainda que em sua identidade, tenha índole escatológica; seu vínculo com o mundo é fundamental e imprescindível para a afirmação de sua própria identidade. Nesse sentido, a pertença à Igreja por parte dos "agentes católicos de pastoral", já alcançada pelo Sacramento do Batismo, consolida a identidade cristã católica à medida que a credibilidade da revelação de Deus é sustentada pela própria práxis eclesial, em que a Igreja realiza fielmente a missão evangelizadora e pastoral. Por isso, a identidade da Igreja a coloca no meio do mundo, fazendo peregrinar na história, não para ser do mundo e ter ações conforme o mundo, mas para anunciar e testemunhar o evangelho do Reino de Deus, contribuindo para que a salvação se realize como fraternidade universal, justiça e paz (ELLACURÍA, 1990, p. 185-219).

A recuperação da religião corresponde à compreensão de que a religião não se desvincula da revelação, nem se constitui um arcabouço que aprisiona a revelação cristã, nem se reduz a um modelo de sua institucionalização, em que se tem a pretensão de absoluto e exclusivismo soteriológico. Porém, não se faz necessário negligenciar a religião ou refutá-la a ponto de concebê-la como instância que provoca tantos males humanos (HITCHENS, 2007), porém é preciso compreendê-la na sua forma de propiciar a *religación*" (ZUBIRI, 2014, p. 117), em que o ser humano e Deus se encontram e realizam a comunhão. Na perspectiva cristã, esse encontro é propriamente a revelação de Deus, efetivada em forma de etapas, atingindo o seu ápice em Jesus Cristo, que se apresenta como quem interpela o ser humano ao seu seguimento, visando à vivência do evangelho, boa notícia de vida para o homem e para o mundo (SOBRINO, 1990). No entanto, o seguimento de Jesus e a abertura ao seu Espírito – que age no mundo – não implica proselitismo religioso, mas possibilita espírito de abertura e acolhimento à alteridade religiosa. Resulta então compreender o pluralismo religioso como acontecimento histórico, analisá-lo teologicamente mediante uma lógica de inclusão, respeito e diálogo, e favorecer para que as religiões não incorram em guerras, mas sejam canais de unidade, colaboração e paz entre os povos.

Ao ser concebida simultaneamente na sua realização e ultrapassagem institucional, efetivando-se a experiência de *religación*", a religião supera a divisão entre história sagrada e profana, possibilita a articulação entre história e escatologia, e incide eticamente ao passo que proporciona que o ser humano tenha humildade e pratique a caridade. Assim designava Agostinho que a verdadeira religião fosse capaz de vencer as tentações da soberba, da carne e dos olhos mediante a humildade e a caridade, emergentes desde a via interior do ser humano, *locus* da experiência da *pietas* e do silêncio, em que o ser humano se abre à graça de Deus, que o habita para sentir, escutar, ver e buscar Aquele que é o buscado (GONÇALVES, 2016). Nesse sentido, a religião se institucionaliza, porém não se fixa nem se esgota em suas formas institucionais, mas é propriamente o espaço do encontro *re-ligioso* com Deus, efetuado em formas que propiciam a experiência comunitária do acolhimento e da fraternidade como expressão da comunhão do *humanum* com o *divinum*.

Considerações finais

Ao longo deste artigo, objetivou-se analisar filosófica e teologicamente a "visão de mundo" expressa por "agentes católicos de pastoral", propiciando que se conceituasse "visão de mundo", se expusesse a "visão de mundo" inferida desses agentes e a decifrasse no âmbito da categoria Pós-modernidade, do dualismo antropológico, da concepção de religião e da ausência de questões sociais e da "ecologia integral" de forma incisiva. Em seguida, buscou-se mostrar a contribuição do *intellectus fidei* ou, propriamente, da teologia para aprofundar a "visão de mundo", evocando a possibilidade de um processo de recuperação epistemológica, *theologica,* antropológica, eclesiológica e religiosa, para que a "visão de mundo" seja marcada pela honestidade ao "real" da própria fé.

A análise filosófico-teológica possibilitou conceituar a "visão de mundo" como "imagem de mundo", convicção e potencial pessoal, emergente não como mera opinião, mas como um ato de ver hermeneuticamente situado e potencializado ao seu aprofundamento. Por isso, a descrição dos dados da "visão de mundo", coletados de "agentes católicos de pastoral", possibilitou inferir analiticamente elementos que serviram para, pela iluminação do *intellectus fidei*, explicitar o aprofundamento da "visão de mundo" mediante a formulação de uma teologia que leve a referida "visão" ao aprofundamento ou a algo mais fundo, que seja consoante à "realidade real", seja da fé ou da própria história, que é o campo da revelação de Deus. Ao articular-se como *intellecus fidei amoris et misericordiae*, a teologia permite que a "visão de mundo" desenvolva uma *theologia* denotativa de fidelidade à revelação de Deus, uma antropologia unitária, que realça o conceito de ser humano como pessoa e o conceito de "ecologia integral", uma eclesiologia que aponte a Igreja originada do mistério trinitário de comunhão para levar a cabo a sua missão evangelizadora e para reunir todo o gênero humano, e uma concepção de religião que leve o ser humano a relacionar-se com Deus em suas experiências de vida, marcada pela misericórdia concretizada na compaixão, na solidariedade, na fraternidade universal, na efetividade da justiça e da paz.

A "visão de mundo" efetivada pelos olhos do *intellectus fidei* denota permanente busca de honrar a "realidade real" do próprio Deus, que é concebido em sua relação com os seres humanos e com o mundo. Nessa relação, a história do mundo e da humanidade possui o *locus* dos pobres como espaço privilegiado da revelação, pelo qual a universalidade salvífica é desenvolvida mediante um movimento que envolve a Igreja e todas as instâncias que possuem pessoas de boa vontade e desejosas da realização da justiça. É nesse movimento que a "visão de mundo" alargada pela teologia propicia que o mundo seja visto com honestidade à "realidade real", para que, ao vê-lo, busquem-se novas formas reais de mundo, que tenham as marcas do sonho que a fé revelada propicia: o sonho da fraternidade universal, da "amizade social" dos povos, da "cultura da paz" e da alegria de quem exerce o ministério pastoral para evangelizar com "honestidade ao real" da própria fé.

Referências

ALES BELLO, A. *O sentido do sagrado* – Da arcaicidade à dessacralização. São Paulo: Paulus, 2019.

BOFF, C. *Cristãos*: como fazer política. Petrópolis: Vozes, 1988.

BOFF, L. *Ecologia*: grito da terra, grito dos pobres. São Paulo: Ática, 1996.

CASTELLS, M. *A sociedade em Rede* – A era da informação: economia, sociedade e cultura (I). Rio de Janeiro: Paz e Terra, 2002.

COMTE, A. Curso de Filosofia Positiva. In: GIANOTTI, J.A.; LEMOS, M. (orgs.). *Comte.* Os pensadores. São Paulo: Abril Cultural, 1991.

CONCÍLIO VATICANO II. Constituição Dogmática *Lumen Gentium*. *Actas Apostolicae Sedis*, v. 57, p. 5-67, 1965.

CONCÍLIO VATICANO II. Constituição Pastoral *Gaudium et Spes. Actas Apostolicae Sedis*, v. 58, p. 1.025-1.115, 1966.

CONCÍLIO VATICANO II. Decreto *Presbyterorum Oridinis*. *Actas Apostolicae Sedis*, v. 58, p. 991-1.024, 1966.

CONGAR, Y. *Je crois em l'Eprit Saint.* Paris: Cerf, 1995.

ELLACURÍA, I. *Conversione dela Chiesa al Regno di Dio*. Breécia: Queriniana, 1992.

ELLACURÍA, I. Historicidad de la salvación Cristiana. In: SOBRINO, J.; ELLACURÍA, I. (orgs.). *Mysterium Liberationis* (I) – *Conceptos fundamentales de la teologia de la liberación*. Madri: Trotta, 1990, p. 323-372.

FRANCISCO. Exortação Apostólica *Evangelii Gaudium* – Sobre o anúncio do Evangelho no mundo atual. São Paulo: Paulinas, 2013.

FRANCISCO. Carta Encíclia *Laudato Sí'* – Sobre o cuidado da casa comum. São Paulo: Paulus – Loyola, 2015.

FRANCISCO. Exortação Apostólica Pós-sinodal *Amoris Laetitia* – Sobre o amor na família. São Paulo: Paulus, 2016.

FRANCISCO. Constituição Apostólica *Veritatis Gaudium* – Sobre as universidades e as faculdades eclesiásticas. Brasília: CNBB, 2018.

GONÇALVES, P.S.L. A identidade da teologia no estudo da religião. *Revista Eclesiástica Brasileira*, Petrópolis, v. 712, n. 281, p. 17-46, 2011.

GONÇALVES, P.S.L. A teologia como ciência ôntica e sua relação com a filosofia. *Horizonte*, Belo Horizonte, v. 12, n. 3, p. 932-956, jul.-set./2014.

GONÇALVES, P.S.L. A religião nas tensões e inquietações da vida – Análise fenomenológica da experiência religiosa de Santo Agostinho. *Rev. Pistis Prax., Teol. Pastor.*, Curitiba, v. 8, n. 2, p. 279-305, mai.-ago./2016.

GROCHOLEWSKI, Z. A filosofia e a teologia na universidade católica. *Reflexão*, Campinas, v. 40, n. 2, p. 211-221, jul.-dez./2015.

GUTIÉRREZ, G. *A força histórica dos pobres*. Petrópolis: Vozes, 1984.

GUTIÉRREZ, G. *La verda os hara libres*. Salamanca: Sígueme, 1990.

GUTIÉRREZ, G. *Onde dormirão os pobres?* São Paulo: Paulus, 1998.

HAMMES, E. Educação e ciência na universidade católica: a perspectiva do diálogo entre teologia e ciências naturais. *Reflexão*, Campinas, v. 40, n. 2, p. 155-166, jul.-dez./2015.

HEIDEGGER, M. Identité et difference. *Questions I et II*, Paris, p. 252-310, 1968.

HEIDEGGER, M. *Introdução à filosofia*. São Paulo: Martins, 2008a.

HEIDEGGER, M. *Marcas do caminho*. Petrópolis: Vozes, 2008b.

HEIDEGGER, M. *Fenomenologia da vida religiosa*. Petrópolis: Vozes, 2010.

HITCHENS, C. *Deus não é Grande* – Como a religião envenena tudo. Rio de Janeiro: Ediouro, 2007.

KIERKEGAARD, S. Tremor e temor. In: GRIFO, C.; MARINHO, M. J.; MONTEIRO, A.C. (orgs.). *Kierkegaard*. Os Pensadores. São Paulo: Abril Cultural, 1979.

LADARIA, L. F. *Antropologia Teologica*. Roma: Piemme Theologica, 1995.

LÉVINAS, E. *De Dieu qui vient à l'idée*. Paris: J. Vrin, 2004.

LÉVY, P. *Cybercutlure*. Paris: Odile Jacob, 1997.

LIBANIO, J.B. Teologia e Ciência. *Revista Eclesiástica Brasileira*, Petrópolis, v. 71, n. 281, p. 4-16, 2011.

LYOTARD, F. *La condition postmoderne.* Paris: De Minuit, 1979.

METZ, J. B. *Memoria Passionis* – Una evocación provocadora en una sociedade pluralista. Santander: Sal Terrae, 2007.

MOLTMANN, J. *Deus na cria*ção – A doutrina ecológica da criação. Petrópolis: Vozes, 1993.

NIETZSCHE, F. Gaia Scienza. In: DESIDERIA, F. (org.). *Nietzsche.* Opere 1882/1895. Roma: Newton, 1993.

OLIVEIRA, M. A. Pós-modernidade – Abordagem filosófica. In: GONÇAL-VES, P.S.L.; TRASFERETTI, J. (orgs.). *Teologia na Pós-modernidade* – Abordagens epistemológica, sistemática e teórico-prática. São Paulo: Paulinas, 2003, p. 21-52.

RUBENS, P. Renovação Carismática como movimento pós-conciliar – 50 anos depois, balanço e perspectivas. *Revista Eclesiástica Brasileira,* v. 77, n. 308, p. 852-879, out.-dez./2017.

SOBRINO, J. Espiritualidad y seguimiento de Jesús. In: SOBRINO, J.; ELLA-CURÍA, I. (orgs.). *Mytserium Liuberationis (II) – Conceptos fundamentales de la teologia de la liberación.* Madri: Trotta, 1990, p. 449-477.

SOBRINO, J. *El princípio-misericordia* – Bajar de la cruz a los pueblos crucificados. Santander: Sal Terrae, 1992.

SOBRINO, J. *Jesus, o Libertador* – A história de Jesus de Nazaré. São Paulo: Vozes, 1994.

STEIN, E. *Textos sobre Husserl e Tomás de Aquino.* São Paulo: Paulus, 2019.

SULLIVAN, F.A. *The Church We Believe In* – One, Holy, Catholic and Apostolic. Nova York: Paulist Press, 1988.

TAMAYO, J.J. *Otra teología es posible* – Pluralismo religioso, interculturalidad y feminismo. Madri: Herder, 2011.

TRIGO, P. *Creación e historia en el proceso de liberación.* Madri: Paulinas, 1988.

VATTIMO, G. *O fim da Modernidade* – Niilismo e hermenêutica na cultura pós-moderna. São Paulo: Martins Fontes, 2002.

VATTIMO, G. *Essere e dintorni.* Milão: La nave di Teseo, 2018.

VATTIMO, G.; PATERLINI, P. *Non Essere Dio* – Un'autobiografia a quattro mani. Reggio Emilia: Aliberti, 2006.

ZUBIRI, X. *Inteligência e realidade.* São Paulo/Madri: Realizações/Xavier Zubiri. Madri, 2011.

ZUBIRI, X. Notas sobre a filosofia da religião. In: SECRETAN, P. (org.). *Introdução ao pensamento de Xavier Zubiri (1898-1983)* – Por uma filosofia da realidade. São Paulo/Madri: Realizações/Xavier Zubiri, 2014, p. 109-119.

2
VALORES, ANTIVALORES E REALIDADES EMERGENTES DO MUNDO DE HOJE

Em busca do perfil dos "padres novos" no Brasil com relação à visão do mundo de hoje, seguem quatro outras questões do primeiro bloco de perguntas do questionário aplicado na pesquisa de campo. Perguntou-se às sete categorias de agentes eclesiais consultados de cada uma das duas perspectivas sociopastorais em questão, quais os principais antivalores e valores que emanam de uma sociedade em mudança e que novas realidades considera como positivas e negativas no mundo de hoje.

Questão 5 *Quais os principais antivalores reinantes na sociedade atual?*

1ª citação	Total	Perspectiva institucional/carismática					Perspectiva evangelização/libertação				
		Padres	Leigos	Jovens	Semina-ristas	Reli-giosas	Padres	Leigos	Jovens	Semina-ristas	Reli-giosas
Base:	743	61	83	45	70	45	96	127	44	52	81
Cada um achar que pode fazer o que bem entender de sua vida	31,3%	37,9%	44,6%	21,2%	46,2%	35,3%	20,8%	27,2%	21,4%	25,0%	31,0%
Valorizar as pessoas pelo que têm e pelo que podem consumir	17,4%	16,7%	19,0%	11,6%	12,8%	2,9%	8,3%	32,6%	17,2%	8,3%	21,1%
Cada um pensar por si, na própria felicidade e bem-estar	10,5%	6,1%	9,7%	13,3%	1,3%	17,6%	7,3%	12,3%	18,8%	10,4%	15,5%
Achar que a religião é para pessoas atrasadas ou pobres	9,0%	1,5%	2,1%	27,1%	14,1%	2,9%	8,3%	9,5%	11,1%	10,4%	5,6%
Colocar como meta da vida acumular bens, ser importante, ser rico	7,9%	3,0%	8,7%	13,3%	3,8%	14,7%	11,5%	6,3%	6,5%	18,8%	4,2%
Ter poder, prestígio, ser reconhecido pelos outros	6,4%	4,5%	6,2%	3,8%	1,3%	5,9%	14,6%	7,8%	2,2%	8,3%	1,4%
A supervalorização da estética, do corpo, da beleza	5,7%	1,5%	2,6%	0,0%	11,5%	5,9%	10,4%	2,1%	19,2%	2,1%	7,0%
Evitar todo tipo de sofrimento, de dificuldades e obstáculos	4,9%	10,6%	4,6%	1,9%	6,4%	5,9%	13,5%	1,4%	0,0%	4,2%	1,4%
Supervalorizar o prazeroso, o que é mais agradável	3,7%	10,6%	2,6%	3,8%	0,0%	2,9%	2,1%	0,0%	1,8%	10,4%	8,5%
Dar muita ênfase ao bem-estar, a uma vida cômoda, confortável	2,2%	7,6%	0,0%	1,9%	0,0%	5,9%	3,1%	0,0%	0,0%	2,1%	4,2%
Outro	0,2%	0,0%	0,0%	0,0%	1,3%	0,0%	0,0%	0,0%	0,0%	0,0%	0,0%
Não responderam	0,8%	0,0%	0,0%	1,9%	1,3%	0,0%	0,0%	0,7%	1,8%	0,0%	0,0%
Total	100,0%	100,0%	100,0%	100,0%	100,0%	100,0%	100,0%	100,0%	100,0%	100,0%	100,0%

A respeito dos principais antivalores reinantes na sociedade atual, quase unanimidade para todos, é nomear em primeiro lugar *cada um achar que pode fazer o que bem entender de sua vida:* da perspectiva "institucional/carismática" – "padres novos" (37,9%), leigos/as (44,6%), seminaristas (46,2%) e religiosas (35,3%); e da perspectiva "evangelização/libertação" – padres (20,8%), jovens (21,4%), seminaristas (25,0%) e religiosas (31,0%). Exceção são os jovens da perspectiva "institucional/carismática", que nomeiam *achar que a religião é para pessoas atrasadas ou pobres* (27,1%) e os leigos/as da perspectiva "evangelização/libertação" que indicam *valorizar as pessoas pelo que têm e pelo que podem consumir* (32,6%).

Em segundo lugar, *valorizar as pessoas pelo que têm e pelo que podem consumir* é nomeado pelos padres (16,7%) e os leigos/as (19,0%) da perspectiva "institucional/carismática" e pelas religiosas (21,1%) da perspectiva "evangelização/libertação". Por sua vez, em segundo lugar é nomeado *cada um achar que pode fazer o que bem entender de sua vida* pelos jovens da perspectiva "institucional/carismática" (21,2%) e pelos leigos/as da perspectiva "evangelização/libertação" (27,2%). Já, ainda em segundo lugar, *cada um pensar na própria felicidade* é nomeado pelas religiosas da perspectiva "institucional/carismática" (17,6%) e pelos jovens da perspectiva "evangelização/libertação" (17,2%). Apenas os seminaristas da perspectiva "evangelização/libertação" indicam em segundo lugar *ter como meta acumular bens, ser importante e ser rico* (18,8%), da mesma forma que *a supervalorização da estética, do corpo e da beleza* é nomeada apenas jovens da perspectiva "evangelização/libertação" (19,2%).

Chama a atenção a convergência dos padres das duas perspectivas em apontar *cada um achar que pode fazer o que bem entender de sua vida* e *evitar todo tipo de sofrimento, de dificuldades e obstáculos.* Há divergência apenas na segunda opção, em que para os "padres novos" aparece *valorizar as pessoas pelo que têm e pelo que podem consumir* e os "padres das décadas de 1970/1980" indicam *ter poder, prestígio, ser reconhecido pelos outros.* Chama a atenção nos "padres novos" o baixo índice como antivalor *a supervalorização da estética, do corpo e da beleza* (1,5%), o que vai de encontro ao que normalmente mostram em seus hábitos.

Questão 6 *Quais são os principais valores que emanam na sociedade atual?*

1ª citação	Total	Perspectiva institucional/carismática					Perspectiva evangelização/libertação				
		Padres	Leigos	Jovens	Semina-ristas	Reli-giosas	Padres	Leigos	Jovens	Semina-ristas	Reli-giosas
Base:	743	61	83	45	70	45	96	127	44	52	81
A afirmação da dignidade pessoal, da liberdade e da subjetividade	22,5%	12,1%	19,0%	8,2%	20,3%	11,8%	33,3%	23,7%	14,6%	37,5%	30,6%
A busca de Deus, de sentido para a vida, de religião	15,6%	15,2%	10,3%	34,8%	12,7%	5,9%	16,7%	16,6%	27,1%	10,4%	8,3%
A sensibilidade diante dos que sofrem, dos esquecidos e excluídos	10,3%	19,7%	12,3%	16,6%	1,3%	11,8%	10,4%	6,4%	4,2%	12,5%	15,3%
Ter acesso a muita informação, quase em tempo real, pela mídia e internet	10,2%	13,6%	7,7%	12,0%	24,1%	14,7%	2,1%	6,3%	16,4%	6,3%	8,3%
Viver em harmonia com a natureza e saber muito dela	9,8%	10,6%	22,6%	0,0%	3,8%	2,9%	9,4%	10,7%	4,2%	10,4%	13,9%
Mais liberdade para escolher, decidir e optar	8,4%	10,6%	10,2%	10,2%	8,9%	8,8%	6,3%	4,9%	22,0%	4,2%	6,9%
Menos discriminação, mais respeito às diferenças e ao pluralismo	7,1%	3,0%	0,0%	14,1%	2,5%	20,6%	10,4%	10,5%	3,9%	6,3%	6,9%
A importância do presente e do momentâneo	7,0%	1,5%	6,7%	2,0%	8,9%	11,8%	6,3%	12,7%	0,0%	6,3%	6,9%
A importância da felicidade pessoal, de cuidar mais de si mesmo	6,4%	12,1%	6,1%	0,0%	12,7%	5,9%	4,2%	6,9%	3,9%	4,2%	2,8%
A valorização da gratuidade, da festa, do tempo livre	2,1%	1,5%	5,1%	0,0%	3,8%	5,9%	1,0%	0,7%	3,9%	2,1%	0,0%
Outro	0,0%	0,0%	0,0%	0,0%	0,0%	0,0%	0,0%	0,0%	0,0%	0,0%	0,0%
Não responderam	0,5%	0,0%	0,0%	2,0%	1,3%	0,0%	0,0%	0,7%	0,0%	0,0%	0,0%
Total	100,0%	100,0%	100,0%	100,0%	100,0%	100,0%	100,0%	100,0%	100,0%	100,0%	100,0%

Com relação aos principais valores que emanam na sociedade atual, os "padres novos" são os únicos em colocar em primeiro lugar *a sensibilidade ante quem sofre, esquecidos, excluídos* (19,7%). Chama a atenção que a maioria das categorias de agentes eclesiais consultados da perspectiva "evangelização/libertação" e nenhuma da perspectiva "institucional/carismática" indiquem como principal valor *a afirmação da dignidade pessoal, da liberdade e da subjetividade* – padres (33,3%), leigos/as (23,7%), seminaristas (37,5%) e religiosas (30,6%). Nesta perspectiva, os jovens indicam *a busca de Deus, de sentido para a vida, de religião* (27,1%), o mesmo que os jovens da perspectiva "institucional/carismática" (34,8%). Nesta perspectiva, também chama a atenção a falta de consenso entre as categorias de agentes, pois, além dos "padres novos" que indicam *a sensibilidade ante quem sofre, esquecidos, excluídos* (19,7%), os leigos/as nomeiam *viver em harmonia com a natureza e saber cuidar dela* (22,2%), os seminaristas *ter acesso a muita informação, quase tempo real, pela mídia/internet* (24,1%) e as religiosas *menos discriminação e mais respeito às diferenças* (20,6%).

Em segundo lugar, os padres coincidem em indicar *a busca de Deus, de sentido para a vida, de religião* – 15,2% e 16,7%, respectivamente, bem como os leigos/as da perspectiva "evangelização/libertação" (16,6%), o que também os jovens de ambas as perspectivas, como assinalado, a indicam em primeiro lugar. Chama a atenção que somente os "padres novos" indiquem e em primeiro lugar *a sensibilidade ante quem sofre, esquecidos, excluídos* (19,7%), o que também aparece para os jovens desta perspectiva em segundo lugar (16,6%), assim como para os seminaristas (12,5%) e as religiosas (15,3%) da perspectiva "evangelização/libertação". Também é curioso que somente as religiosas da perspectiva "institucional/carismática" indiquem em primeiro lugar *menos discriminação e mais respeito às diferenças* (20,6%), o que aparece em terceiro para os jovens desta perspectiva e em quarto e quinto para os padres e leigos/as da perspectiva "evangelização/libertação", respectivamente.

Com relação às novas realidades positivas emergindo no mundo de hoje, apenas os padres e os jovens da perspectiva "institucional/carismática" e os seminaristas da perspectiva "evangelização/libertação" diferem de todos os demais, que assinalam em primeiro lugar *a internet e os novos meios de comunicação social:* da perspectiva "institucional/carismática" – leigos/as (38,3%), seminaristas (40,7%) e religiosas (27,3%); e da perspectiva "evangelização/libertação" – padres (24,5%), leigos/as (32,5), jovens (49,5%) e religiosas (34,3%). Esta alternativa é reforçada pelos padres da perspectiva "institucional/carismática", que a nomeiam em segundo lugar (27,3%). Esta perspectiva valoriza mais e tem índices maiores neste fator do que a outra perspectiva. Já os jovens da perspectiva "institucional/carismática" são os únicos a assinalar em primeiro lugar "a volta do religioso, de procura por espiritualidade" (24,7%). Os padres da perspectiva "institucional/carismática" (30,3%) e os seminaristas da perspectiva "evangelização/libertação" (41,3%) indicam *a sensibilidade com a ecologia e defesa da biodiversidade.* Chama a atenção a valoração positiva quase unânime da *internet e dos novos meios de comunicação social,* reforçada pelos seminaristas da perspectiva "evangelização/libertação", que também a assinalam em segundo lugar. Também é significativo que somente os "padres novos" (30,3%) e seminaristas (41,3%) da perspectiva "evangelização/libertação" indiquem em primeiro lugar *a sensibilidade com a ecologia e defesa da biodiversidade.*

Questão 7 Que novas realidades positivas estão emergindo no mundo de hoje?

1ª citação	Total	Perspectiva institucional/carismática					Perspectiva evangelização/libertação				
		Padres	Leigos	Jovens	Semina-ristas	Reli-giosas	Padres	Leigos	Jovens	Semina-ristas	Reli-giosas
Base:	743	61	83	45	70	45	96	127	44	52	81
A internet e os novos meios de comunicação virtual	32,1%	27,3%	38,3%	16,4%	40,7%	27,3%	24,5%	32,5%	49,5%	26,1%	34,3%
A sensibilidade com a ecologia, o cuidado da natureza e a defesa da biodiversidade	19,9%	30,3%	18,7%	18,2%	3,7%	9,1%	19,4%	21,3%	6,1%	41,3%	30,0%
A volta do religioso, de procura por espiritualidade	16,3%	16,7%	18,5%	24,7%	24,7%	21,2%	18,4%	12,1%	14,7%	13,0%	7,1%
O fortalecimento da sociedade civil e da consciência cidadã	9,0%	3,0%	5,1%	2,0%	3,7%	18,2%	19,4%	11,8%	4,3%	6,5%	11,4%
Menos racismo, discriminação e preconceito	5,8%	1,5%	3,6%	14,1%	4,9%	9,1%	1,0%	7,9%	5,7%	4,3%	4,3%
Mais acesso aos cuidados de saúde, educação, moradia e alimentação	4,0%	9,1%	1,5%	12,5%	3,7%	6,1%	3,1%	0,7%	10,9%	2,2%	1,4%
Os pobres ficando menos pobres e o aumento da classe média no Brasil	3,3%	3,0%	8,9%	0,0%	3,7%	6,1%	4,1%	3,4%	0,0%	4,3%	1,4%
Maior aceitação do divórcio e da homossexualidade por parte da sociedade em geral	3,1%	0,0%	2,5%	0,0%	1,2%	0,0%	1,0%	7,6%	2,2%	2,2%	4,3%
A ascensão na América Latina, em especial no Brasil, no cenário mundial	1,5%	1,5%	1,5%	0,0%	2,5%	3,0%	1,0%	0,7%	2,2%	0,0%	4,3%
O enfraquecimento de países poderosos como os Estados Unidos	0,4%	0,0%	0,0%	0,0%	1,2%	0,0%	0,0%	0,0%	2,2%	0,0%	0,0%
Outro	0,8%	0,0%	1,5%	10,0%	0,0%	0,0%	0,0%	0,0%	0,0%	0,0%	0,0%
Não responderam	3,9%	7,6%	0,0%	2,0%	9,9%	0,0%	8,2%	2,1%	2,2%	0,0%	1,4%
Total	100,0%	100,0%	100,0%	100,0%	100,0%	100,0%	100,0%	100,0%	100,0%	100,0%	100,0%

Em segundo lugar, *a sensibilidade com a ecologia e defesa da biodiversidade* é a nova realidade mais indicada, ao lado da *volta do religioso, de procura por espiritualidade*. Com relação à ecologia, aparece em segundo lugar para leigos/as (18,7%) e jovens (18,2%) da perspectiva "institucional/carismática", assim como para padres (19,4%), leigos/as (21,3%) e religiosas (30,0%) da perspectiva "evangelização/libertação". Com relação à *volta do religioso, de procura por espiritualidade*, aparece somente entre os mais jovens: para jovens (24,7%) e seminaristas (24,7%) da perspectiva "institucional/carismática", assim como para jovens (14,7%) da perspectiva "evangelização/libertação". O *fortalecimento da sociedade civil e consciência cidadã* é indicado somente em terceiro lugar pelas religiosas da perspectiva "institucional/carismática" (18,2%) e em segundo pelos padres da perspectiva "evangelização/libertação" (19,4%), juntamente com a *sensibilidade com a ecologia e defesa da biodiversidade*.

Não deixa de ser significativo que fiquem em plano bem inferior ou quase insignificante realidades como a possível diminuição do racismo, maior acesso da população a serviços básicos, a melhoria das condições de vida dos mais pobres e uma maior aceitação dos novos modelos de família e de vivência da sexualidade. Sem falar no fortalecimento da América Latina ou Brasil e o enfraquecimento dos Estados Unidos.

Questão 8 Que novas realidades são consideradas negativas no mundo de hoje?

1ª citação	Total	Perspectiva institucional/carismática					Perspectiva evangelização/libertação				
		Padres	Leigos	Jovens	Semina-ristas	Reli-giosas	Padres	Leigos	Jovens	Semina-ristas	Reli-giosas
Base:	743	61	83	45	70	45	96	127	44	52	81
Viver a vida sem religião, sem fé, sem Deus	26,5%	21,2%	28,6%	54,0%	35,9%	33,3%	19,6%	20,4%	23,6%	25,5%	18,1%
Achar que cada um pode fazer da sua vida o que bem entender	14,6%	27,3%	14,6%	8,0%	10,3%	12,1%	7,2%	19,9%	15,5%	10,6%	18,1%
A falta de sentido para a vida, angústias e depressões	12,5%	7,6%	11,9%	26,0%	11,5%	15,2%	20,6%	6,4%	5,5%	21,3%	12,5%
A violência, que banaliza a vida, e a falta de segurança	12,1%	15,2%	2,5%	4,0%	10,3%	9,1%	20,6%	15,7%	14,7%	8,5%	11,1%
A crescente corrupção do poder público e a impunidade dos ricos	7,5%	6,1%	5,6%	0,0%	9,0%	0,0%	10,3%	11,9%	12,7%	2,1%	4,2%
A legalização do aborto, das uniões homossexuais, da eutanásia	6,9%	3,0%	23,2%	2,0%	14,1%	12,1%	1,0%	5,0%	3,8%	0,0%	4,2%
A falta de controle dos conteúdos veiculados na internet	5,0%	7,6%	1,5%	0,0%	1,3%	15,2%	6,2%	4,3%	1,7%	0,0%	13,9%
Busca para si de uma vida burguesa, cômoda, prazerosa	4,8%	1,5%	9,1%	0,0%	3,8%	3,0%	0,0%	6,4%	14,2%	4,3%	5,6%
O aquecimento global, a destruição da biodiversidade e a manipulação genética	4,5%	1,5%	3,0%	4,0%	1,3%	0,0%	5,2%	0,7%	8,3%	23,4%	6,9%
A falta de preocupação com os pobres, insignificantes e descartáveis	2,9%	1,5%	0,0%	0,0%	0,0%	0,0%	5,2%	6,4%	0,0%	4,3%	4,2%
Outro	0,0%	0,0%	0,0%	0,0%	0,0%	0,0%	0,0%	0,0%	0,0%	0,0%	0,0%
Não responderam	2,6%	7,6%	0,0%	2,0%	2,6%	0,0%	4,1%	2,8%	0,0%	0,0%	1,4%
Total	100,0%	100,0%	100,0%	100,0%	100,0%	100,0%	100,0%	100,0%	100,0%	100,0%	100,0%

Perguntados sobre que novas realidades consideram como negativas no mundo de hoje, há quase unanimidade em indicar em primeiro lugar *viver a vida sem religião, sem fé, sem Deus:* da perspectiva "institucional/carismática" – leigos/as (28,6%), jovens, (54%), seminaristas (35,9%) e religiosas (33,3%); e da perspectiva "evangelização/libertação" – leigos/as (20,4%), jovens (23,6%), seminaristas (25,5%) e religiosas (18,1%). Alternativa esta reforçada com a indicação em segundo lugar, pelos "padres novos" (21,2%) e pelos padres da perspectiva "evangelização/libertação" (19,6%).

Já os "padres novos" indicam em primeiro lugar *achar que cada um pode fazer da sua vida o que bem entender* (27,3%), da mesma forma que as religiosas da perspectiva "evangelização/libertação" (18,1%). Somente os padres da perspectiva "evangelização/libertação" indicam *a falta de sentido para a vida, angústias e depressões* e *a violência, que banaliza a vida, e a falta de segurança,* ambas alternativas com 20,6%. Como se pode perceber, com exceção dos padres da perspectiva "evangelização/libertação", que indicam uma realidade de cunho social, todos são unânimes em indicar realidades de tipo religioso, moral ou existencial.

Em segundo lugar aparece para a maioria das categorias de agentes eclesiais consultadas *a falta de sentido para a vida, angústias e depressões*: jovens (26,6%), e religiosas (15,2%) da perspectiva "institucional/carismática" e seminaristas (21,3%) da perspectiva "evangelização/libertação". Chama a atenção que somente os leigos/as da perspectiva "institucional/carismática" (23,2%) e os seminaristas (14,1%) assinalem *a legalização do aborto, a eutanásia e as uniões homoafetivas*, da mesma forma que somente os seminaristas da perspectiva "evangelização/libertação" indiquem *o aquecimento global, a destruição da biodiversidade e a manipulação genética* (23,4%).

Não deixa de ser curioso e preocupante que *a falta de preocupação com os pobres, insignificantes e descartáveis* seja insignificante para os agentes eclesiais de ambas as perspectivas, pois apenas os padres e leigos/as da perspectiva "evangelização/libertação" a indiquem com pequeno índice de incidência. Também aqui a maior preocupação é com questões de cunho religioso, moral e existencial, com exceção dos padres e seminaristas da perspectiva "evangelização/libertação" que indicam *a violência, que banaliza a vida, e a falta de segurança* e *o aquecimento global, a destruição da biodiversidade e a manipulação genética,* respectivamente.

Analisando os dados levantados

VALORES, SITUAÇÃO DO MUNDO DE HOJE E PERFIL DOS "PADRES NOVOS"

Celso Pinto Carias

O levantamento de dados da pesquisa aqui em análise, ao contemplar outras pessoas que não unicamente os "padres novos", torna possível um quadro comparativo, tanto entre as diversas categorias de agentes (padres, leigos/as, jovens, seminaristas, religiosas) como entre eles quando alinhados a cada uma das duas perspectivas sociopastorais em questão – "institucional/carismática" e "evangelização/libertação".

A contribuição específica de nossa análise será a de refletir sobre os dados levantados justamente dentro deste amplo contexto. A partir do relatório dos dados apresentados, vamos fazer uma análise preliminar dos mesmos, em torno às quatro questões, relativas à Visão de Mundo: os principais antivalores reinantes na sociedade atual (questão 5), os principais valores que emanam na sociedade atual (questão 6), as novas realidades positivas que estão emergindo no mundo de hoje (questão 7) e as novas realidades que se consideram negativas no mundo de hoje (questão 8). Vamos recolher, aqui, em grande parte o que se elaborou em forma de artigo para o Dossiê publicado pela revista *Pistis & Praxis*, v. 13, n. 3, p. 1.065-1.084, set.-dez./2021.

Para nós o grande pano de fundo da atual realidade eclesial está extremamente condicionado por uma *crise civilizatória* que nos imerge em uma mudança de época, tal como salientou a V Conferência Geral dos Bispos da América Latina e Caribe, realizada em Aparecida (2007). Este fator não pode ser colocado à margem, uma vez que, com certeza, condiciona as respostas. O caminho pastoral a que se remete a perspectiva "evangelização/libertação", que vem na esteira da renovação conciliar e da tradição eclesial libertadora da Igreja no Continente, sofre o impacto desta mudança. Hoje estamos num tempo de incertezas quanto às possibilidades que se descortinam para a missão que a Igreja Católica se propõe no mundo atual.

A pergunta norteadora de nossa análise é em que medida o perfil dos "padres novos" responde aos desafios da evangelização na perspectiva da renovação do Vaticano II e da tradição eclesial libertadora da Igreja na América Latina, em meio à crise atual do projeto civilizacional moderno. O quadro comparativo estabelecido pelo resultado da pesquisa permite que se estabeleçam determinadas hipóteses, e, consequentemente, que se assinale para algumas perspectivas de resposta. Certamente estaremos no campo das conjecturas; no entanto, as mesmas se apresentam com certa razoabilidade ao se levar em consideração o referencial teórico que dará fundamento às interpretações.

Neste diálogo, teremos como interlocutor o magistério do Papa Francisco, que simbolicamente podemos chamar de uma leitura *pós-pascal* da pesquisa aqui relatada, dado que o mesmo assumiu o pontificado em tempo posterior à mesma. Para a análise, também faremos ponte com alguns autores e uma autora que têm enfrentado a busca de um caminho de resposta dentro do processo de transformação atual. Trata-se de John Lukacs, Byung-Chul Han, Adela Cortina e Domenico de Masi. É praticamente um consenso entre aqueles e aquelas que pesquisam a realidade hodierna o fato de estarmos imersos em um contexto de crise. Podem variar as razões pelas quais se explica a crise, bem como a heterogeneidade de perspectivas apresentadas, mas ninguém a nega. Certamente, toda e qualquer escolha teórica, como estamos fazendo aqui, pode encontrar lacunas e limites na articulação dos argumentos para compreender uma determinada situação; contudo, pode também contribuir para identificar possibilidades de enfrentamentos dos desafios que se apresentam.

1 Entre o passado e o presente identificando antivalores

Chama a atenção nos dados a convergência dos padres das duas perspectivas em apontar *cada um achar que pode fazer o que bem entender de sua vida*, assim como *evitar todo tipo de sofrimento, de dificuldades e obstáculos.* Há divergência apenas na segunda opção, em que para os "padres novos" aparece *valorizar as pessoas pelo que têm e pelo que podem consumir* e os "padres das décadas de 1970/1980" indicam *ter poder, prestígio, ser reconhecido pelos outros.*

O que estes dados parecem indicar? Podemos configurar tais respostas no interior de uma *crise civilizatória* conforme muitos pesquisadores têm identificado nas últimas décadas, do final do século XX até o presente. Certamente *crise civilizatória* é um conceito muito amplo e de difícil consenso. Porém, a maioria dos analistas converge para o fato de estarmos diante de um processo de profundas transformações. A nomenclatura pode variar, mas a constatação de um caminho de mudança parece ser consensual, como já indicado, e agora vamos tratar. John Lukacs, por exemplo, no início do século XXI, faz uma análise desta crise no livro *O fim de uma era*, argumentando com bastante acuidade que estamos vivendo uma das maiores mudanças em toda a história da humanidade (LUCKACS, 2005, p. 19). Por sua vez, Domenico de Masi, também desde o início do século XXI, em sua famosa obra – *O ócio criativo* – vai em direção parecida quando afirma uma mudança de paradigma a partir de três fatores: novas fontes energéticas, novas divisões do trabalho e novas divisões do poder (DE MASI, 2000, p. 23). Segundo De Masi, somente quando estes três fatores reagem entre si, é que se pode configurar a realidade de um novo processo cultural. Segundo ele, este quadro ainda não se configurou totalmente, o que nosso momento parece lhe dar razão[2].

---

2. Não obstante Domenico De Masi se servir para analisar a conjuntura social e econômica da contemporaneidade, há de se observar que esse pensador italiano, de formação predominantemente sociológica, ao analisar a sociedade contemporânea, não a caracteriza como pós-moderna, mas como "pós-industrial". Essa sociedade produz uma forma interdisciplinar de produzir trabalho, a luta de classes é suplantada pelo pluralismo social, a consciência tem se apresentado como ecológica e centrada na autorrealização do sujeito, que se constitui como um "Adão narcisista", preocupadíssimo com o tempo presente. Essa sociedade é ainda denominada sociedade de "terceira onda", que é a "aldeia global", a "telecomunidade", em que se articula

Como afirma o filósofo sul-coreano radicado na Alemanha – Byung-Chul Han, cada um fazer o que quiser da própria vida e ter uma imagem de ostentação que possa transparecer felicidade têm conduzido a sociedade moderna a um desgaste tal, que corremos o risco de nos tornarmos exploradores de nós mesmos. Han tipifica esta crise como *neuroral* (HAN, 2017, p. 7-21), no sentido de que atinge o fundo da existência. Este diagnóstico converge em sua obra – *Sociedade do cansaço*, publicada em 2010 na Alemanha; portanto, bem antes da pandemia do Coronavírus atual, em que o vírus é passível de ser controlado por vacinas, mas não o resultado psíquico. Tanto que estamos assistindo ao crescimento de doenças como depressão, transtorno de déficit de atenção com síndrome de hiperatividade (TDAH), transtorno de personalidade limítrofe (TPL) ou a Síndrome de Burnout, que se agravaram durante a pandemia.

Os elementos de negatividade da existência são rechaçados como uma situação com a qual a pessoa não pode conviver. Há ainda, segundo o autor, um *exagero de positividade*. Se algo não dá certo na vida das pessoas, é porque ela não foi suficientemente competente para superar a dificuldade. O desempenho é um fator cobrado ao extremo e o fracasso não é visto como parte da realidade humana. Imagine tal exigência na existência de alguém que coloca a sua vida à disposição da Igreja, entendendo a escolha como um chamado do próprio Deus, com a norma de uma vida celibatária? Como o discernimento em torno à missão que lhe cabe será avaliado? Soma-se a esta *violência neuroral* a imagem predominante de sucesso apresentada pelas diversas mídias. O modelo de ministério ordenado tem sido os chamados *padres midiáticos*. Mas o fato de um presbítero não ter determinadas habilidades *artísticas* pode significar que ele não seja um vocacionado?

Ora, o quadro dos antivalores apresentado pela pesquisa parece ser justamente o espelho de uma sociedade que não consegue assimilar crises como uma situação que pode ter um caráter positivo. Mesmo que o *caminho da cruz*, símbolo potente da fé cristã, seja uma possibilidade concreta da trajetória de qualquer um que assuma o cristianismo como sentido radical da existência, neste contexto ele é rejeitado. Muitos chegam a afirmar que a pregação sobre a Cruz não deve fazer parte do processo de evangelização, pois a ressurreição superou totalmente esta realidade, negando assim um ponto central da fé cristã.

---

indivíduo e comunidade, para simultaneamente haver produção, consumo e espaço para que o *homo faber* seja também *ludens*, de modo que, a considera o supramencionado pluralismo, há de predominar a criatividade e o lazer (DE MASI, 1999, p. 13-99).

Para explicar o impacto da crise na Igreja Católica é preciso levar em consideração que o diálogo com o mundo moderno por parte dela começou tardiamente. O Concílio Vaticano II foi o marco deste diálogo e terminou em 1965. O processo de alteração de um modelo cultural é longo e o cristianismo, sobretudo o católico, levou tempo para reconhecer a necessidade de se confrontar, positivamente, como a Modernidade. Assim sendo, não nos parece surpreendente que as respostas estejam vinculadas, predominantemente, justamente nos aspectos que configuram o individualismo que reina no momento. E é bastante significativo que os percentuais foram similares nos dois núcleos catalogados pela pesquisa; isto é, o da perspectiva "institucional/carismática" e o da perspectiva "evangelização/libertação".

É importante ressaltar que a pesquisa aponta com nitidez certa confusão que se revela no "perfil dos 'padres novos'". Nos próximos dados a serem verificados poderemos constatar o crescimento desta confusão na qual os próprios "padres novos" não têm clareza de seu papel na Igreja e na sociedade.

Portanto, ao buscar identificar antivalores no contexto presente, percebe-se que há uma forte influência de um modelo eclesial que ainda não foi superado, no sentido das decisões Concílio Vaticano II, sobretudo no documento *Lumen Gentium*. Permanece uma *autorreferencialidade* como o Papa Francisco tem indicado insistentemente. Por isso, embora não apareça na pesquisa uma referência direta quanto ao *clericalismo* que o papa apresenta como um forte antivalor para Igreja, constata-se que ele é uma das bases de sustentação inversa diante da crise hodierna.

2 Entre o passado e o presente identificando valores

A questão 6 vai ao contraponto da anterior ao perguntar sobre *quais são os principais valores que emanam na sociedade atual*. Tentemos fazer falar os dados apresentados. Aqui nos deparamos com uma realidade que nos parece muito significativa. Nota-se uma tendência na perspectiva "evangelização/libertação" para assimilar elementos da Modernidade que representam uma característica-chave deste processo cultural. Mas como diria o teólogo mexicano Carlos Mendoza, ainda sem profundidade, pois se trata de uma *subjetividade vulnerável* (MENDOZA ÁLVAREZ, 2013, p. 132-143). Salta aos olhos os percentuais ínfimos quanto à questão sobre *a valorização da gratuidade, da festa, do tempo livre*. A valorização da internet deveria propiciar certo *ócio criativo*, como diria o sociólogo italiano Domenico de Masi em livro com o mesmo nome já citado. Na análise da totalidade dos grupos se percebe uma intersubjetividade que é uma característica do momento atual. Contudo, não se percebe uma direção predominante que possa ser sinal de um caminho para a superação da crise.

Os "padres novos" parecem estar dentro de um conjunto axiológico bastante diversificado, apontando direções múltiplas. E mesmo que a resposta da identificação de assumir como valor *ter acesso a muita informação, quase em tempo real, pela mídia e internet,* não represente ampla maioria entre os padres (13,6%) e entre os seminaristas (24,1%) da perspectiva "institucional/carismática", em comparação com outras respostas não há nenhuma que se possa afirmar como altamente predominante.

A concepção de *valor* é um dado fundamental para o processo evangelizador. Assim sendo, o que poderia ser apontado como caminho para este processo hoje se a subjetividade é um aspecto estruturante do viver em nossos dias? Por sua vez, se ter acesso à informação, sobretudo através da *internet,* é reconhecido como importante, fica a mesma pergunta: que tipo de pastoral será levado à prática por quem acredita ser este um valor fundamental? Reconhecemos aqui uma *subjetividade vulnerável* como já indicado pela citação do teólogo Mendoza Álvarez.

Observando o resultado da pesquisa em relação ao Concílio Vaticano II que forjou uma visão de Igreja em diálogo com o mundo moderno, percebe-se, mais uma vez, que um número considerável de pessoas vinculadas à vida eclesial não se encontra ainda dentro da dinâmica conciliar. Como afirma a teóloga canadense Catherine E. Clifford, o Concílio é uma profunda experiência de diálogo (CLIFFORD, 2013, p. 316-318). Busca-se ir ao encontro de si mesmo, o que é importante, mas não há um movimento forte para ir ao encontro do outro, da outra. O contundente discurso de abertura do Papa São João XXIII, onde se encontra a famosa expressão na qual o papa afirma a necessidade da misericórdia como fator determinante nas relações, parece estar ainda para ser colocado como um fator estrutural na vida eclesial (COMPÊNDIO DO VATICANO II, 1969, p. 8).

Assim, pode-se concluir que mesmo aquilo que é apresentado como valor está, paradoxalmente, em sintonia com a apresentação dos antivalores. Este é um dado muito importante da pesquisa estudada aqui. Há convergência mesmo quando a questão vai em direção do contraponto.

3 Realidades positivas que brotam no mundo de hoje

Neste particular, olhando para os dados da pesquisa, não deixa de ser significativo que fiquem em plano bem inferior ou quase insignificante realidades como a possível diminuição do racismo, maior acesso da população a serviços básicos, a melhoria das condições de vida dos mais pobres e uma maior aceitação dos novos modelos de família e de vivência da sexualidade.

Comentemos estes dados. Como realidades positivas emergentes, praticamente todos os agentes eclesiais, das duas perspectivas sociopastorais, colocam em primeiro lugar *a internet e os novos meios de comunicação*, menos os padres e os jovens da perspectiva "institucional/carismática". Estaria a *internet* mudando o nosso modo de pensar, pergunta Antonio Spadaro, jesuíta hoje assessor do Papa Francisco para questões midiáticas (SPADARO, 2012, p. 5). Segundo ele, não se pode falar de encontros on-line "virtuais", mas sim remotos. Há uma realidade em torno das conexões pela *internet*, ainda que se percebam muitas ambiguidades. Aqui temos um enorme desafio para o processo de evangelização, pois há uma tendência de "demonização" destes meios. Contudo, a partir desta pesquisa, não poderemos menosprezar tal realidade. Obviamente há ainda muito a aprender, mas não se pode colocar tal questão como irrelevante.

Certamente será necessária uma profunda avaliação deste processo, pois corremos o risco, no dizer de Byung-Chul Han em seu livro *Sociedade da transparência*, de estabelecer uma *ditadura dos iguais* onde podemos ser induzidos a uniformizar informações como se elas fossem isentas de ruídos, usando de uma "violência" camuflada de comunicação livre (HAN, 2017). O reconhecimento da positividade das coisas não nos pode tornar escravos delas. Na dinâmica da vida existe o sofrimento que deve ser assimilado e a construção da sociedade do *pensamento positivo* pode nos levar a uma situação de fuga das ambiguidades que fazem parte da vida.

Neste contexto, chama atenção, positivamente, que os jovens da perspectiva "evangelização/libertação" tenham reconhecido como uma realidade positiva a sensibilidade ecológica, com um percentual muito significativo (41,3%). Possivelmente, uma atualização da pesquisa nos dias atuais, poderia nos apresentar números mais expressivos. Embora ainda exista uma longa estrada a ser percorrida, não há dúvida de que depois da Carta encíclica de Francisco, *Laudato Si'* (2015), não se pode mais voltar atrás na consciência da íntima relação entre processo de evangelização e ecologia. Alguns podem lembrar de que se trata de uma *ecologia integral*, como o próprio papa faz questão de afirmar. Sim, mas precisaremos cada vez mais de uma *conversão ecológica*, pois *tudo está interligado*. A tendência para uma atitude personalista também pode ser percebida no posicionamento quanto às questões ecológicas. Em termos de ecologia não podemos reduzir o tamanho do problema a uma questão individual. Trata-se de buscar um novo modelo de sociedade. E a pesquisa parece apontar justamente para uma tendência que merecerá muita atenção nos próximos anos.

4 Realidades negativas que brotam no mundo de hoje

Não deixa de ser curioso e preocupante, ao analisar os dados, que *a falta de preocupação com os pobres, insignificantes e descartáveis* seja insignificante para os agentes eclesiais de ambas as perspectivas, pois apenas os padres e leigos/as da perspectiva "evangelização/libertação" a indiquem com pequeno índice de incidência. Também aqui a maior preocupação é com questões de cunho religioso, moral e existencial, com exceção dos padres e seminaristas da perspectiva "evangelização/libertação" que indicam *a violência, que banaliza a vida, e a falta de segurança* e *o aquecimento global, a destruição da biodiversidade e a manipulação genética,* respectivamente.

Estamos diante de um desafio analítico muito significativo. Parece que as questões éticas suscitadas pelas contradições sociais não são tão relevantes para a grande maioria dos entrevistados. O conceito de *aporofobia* (ódio ao pobre), estudado pela filósofa espanhola Adela Cortina, parece explicar bem esta percepção. Não que os agentes pesquisados possam ser catalogados dentro do conceito, mas sim podem sofrer a influência de manter a situação de vulnerabilidade social em certa invisibilidade. Compreende-se, neste contexto, que o próprio Papa Francisco sofra forte resistência por repropor uma *Igreja pobre para os pobres.*

Pode-se, ainda, verificar que questões relativas à compreensão de uma consciência cidadã na realidade da sociedade brasileira ainda são muito frágeis. Tal realidade certamente é refletida também nos agentes pesquisados, mesmo os da perspectiva "evangelização/libertação". Adela Cortina, que trabalha bastante o conceito de cidadania, indica-nos que muitas vezes esta compreensão passa por fatores que não foram superados, identificado por ela, simbolicamente, como uma *vassalagem* ao senhor, como um comportamento de *súdito,* desdobrando-se em uma situação de *exploração e dominação* na qual se nega a *cidadania social* (CORTINA, 1996, p. 68). Esta tendência parece explicar o menosprezo pela ação social, pela interferência em processos políticos que tem crescido no trabalho eclesial nos últimos anos.

Retoma-se aqui uma observação feita na análise dos dados da questão 5. Lá se tratava de antivalores. Porém, mesmo quando se procura identificar valores, elementos positivos e negativos, não há uma identidade definida quanto ao "perfil dos 'padres novos'". Ressalta-se que, possivelmente, o processo de formação está distante destas realidades observadas pela pesquisa.

5 Desafios diante do perfil dos "padres novos"

Depois de indicar quatro situações de realidades emergentes do mundo de hoje no contexto da busca do perfil dos "padres novos", vamos tecer considerações em torno a possíveis desafios e perspectivas suscitados pelo quadro de respostas da sondagem aqui refletida. A pergunta que norteou a análise dos dados foi em que medida o perfil dos "padres novos" responde aos desafios da evangelização colocados pela crise que estamos vivendo. Tomando em conta os dados recolhidos nas questões apresentadas, o referencial teórico utilizado para se confrontar com estes mesmos dados e a própria experiência do presente redator, vamos pontuar alguns aspectos que nos parecem relevantes para indicar perspectivas que possam contribuir para a superação de elementos paradoxais encontrados nos dados relatados. Antes de tudo, cabe perguntar que reflexão pode ser feita, dentro da transição entre um passado pré-moderno e a Modernidade, que o Concílio Vaticano II buscou dialogar para identificar o perfil dos "padres novos" que a pesquisa recolheu. Que desafios ainda não foram superados desde a realização do Concílio.

Entre antivalores e valores, no interior de realidades positivas e negativas, temos um quadro amplo e complexo estabelecido pelo que se convencionou chamar *cultura moderna* e a constatação de que esta mesma cultura se encontra em crise. E é preciso salientar que a configuração de uma possível *Pós-modernidade* não pode ser considerada como um momento de superação da crise. Como diz John Lukacs, em livro já citado aqui, se "pós-moderno tem algum significado apropriado, deve ser o de um avanço para um senso novo e crescente de historicidade" (LUKACS, 2005, p. 45). Ainda no século XX, o teólogo e padre jesuíta Marcello Azevedo apontava que o conceito de Pós-modernidade não indicava uma mudança na estrutura interna da cultura moderna (AZEVEDO, 1991, p. 109). Mas o nosso objetivo não é discutir o complexo conceito, e sim constatar que não houve superação da crise; pelo contrário, estamos vivendo certo ápice dela[3].

---

3. Constata-se a pluralidade de conceitos acerca da Pós-modernidade em função da complexidade epistêmica e da possibilidade de enfocar o conceito a partir de diversas áreas do saber, especialmente da filosofia, da sociologia, da arquitetura e da antropologia. Em geral, o que está em jogo nesse conceito é a concepção de Modernidade, fundamentalmente antropocêntrica e cientificista. Por isso, o "pós" pode indicar superação da Modernidade, mas é preciso considerar que o "pós-" pode também designar paradoxo de continuidade e descontinuidade, principalmente pela crítica da metafísica – incisiva na religião e na ciência – iniciada com a sentença nietzscheniana da "morte de Deus" e que possibilitou a emergência da hermenêutica filosófica,

Um agente de pastoral não é apenas um ser humano que recebe uma doutrina católica isolada do processo histórico e cultural no qual ele está imerso. De 1965, quando termina o Concílio, até o presente, o consenso que parecia estar se estabelecendo desde o final da Segunda Guerra Mundial foi se corroendo. Entre diversos fatores – como, por exemplo, Guerra Fria, manifestações de 1968, ditaduras na América Latina, crise econômica, e agora a crise da própria democracia – não encontramos condições ainda para a produção de explicações que possam estabelecer consensos com facilidade e, ao mesmo tempo, indicar caminhos.

Assim sendo, o primeiro passo para encontrar uma possibilidade de superação da crise é o reconhecimento da situação atual e a constatação dos desafios que tal empreitada representa. Neste sentido, a pesquisa em busca do perfil dos "padres novos" é um instrumento valiosíssimo.

É fundamental buscar compreender o processo pelo qual se produziu o quadro demonstrado na pesquisa. Qualquer projeção quanto ao futuro não pode ser feita em detrimento do que foi acumulado de história no presente, ainda que, como alerta o historiador, "uma história 'precisa' é necessariamente um exagero, e uma história 'ortodoxa' é necessariamente uma contradição" (LUKACS, 2005, p. 66). É fundamental aprender com a história e não simplesmente trazê-la de volta. A crise atual no âmbito eclesial católico parece sofrer desta anomalia histórica; isto é, querer repetir o passado sem o contexto no qual este se deu. Quando um conjunto considerável dos entrevistados coloca como significativa a *busca de Deus e da religião*, podemos nos perguntar, a partir do contexto atual, o que isso representa. Parece-nos que é justamente uma volta ao passado sem a devida análise histórica. Este é um grande desafio para o processo de evangelização.

Dentro da mencionada crise aqui analisada, um fator que precisa também ser levado em consideração é a questão urbana. O fenômeno da urbanização é ao mesmo tempo resultado e causa de ambiguidades nas respostas pastorais que vem se dando desde o Concílio Vaticano II. E podemos afirmar, sem medo de errar, que ainda não encontrou um caminho[4].

A paróquia na qual os "padres novos" estão inseridos foi moldada em uma estrutura rural que não existe mais, mesmo na chamada zona rural. A

---

que propiciou a efervescência da estética arquitetônica, conduziu o pensamento à nomadologia e flexibilidade, chamou à atenção à diferença e alteridade e ainda produziu relações sociais passíveis de efemeridade e vulnerabilidade (GONÇALVES, 2011).

4. Neste sentido, a recente obra organizada pelos teólogos Agenor Brighenti e Francisco de Aquino Júnior: *Pastoral Urbana – Novos caminhos para a Igreja na cidade*, 2021, é uma ótima contribuição para o debate.

sociologia tem afirmado que a distinção entre rural e urbano praticamente não é mais possível. A complexidade do mundo urbano não foi considerada com a devida profundidade, e as consequências para o processo de evangelização não foram levadas em consideração com mais propriedade. O Pe. Luiz Roberto Benedetti, que participa da obra citada na nota 4, ainda no início do século XXI, faz uma brilhante síntese em artigo no qual ele levanta o desafio da cidade moderna. Benedetti aponta de forma cirúrgica que falar de cidade hoje é falar de relações sociais onde o ser humano é, ao mesmo tempo, afirmado e negado. O espaço social é comprimido e unificado e a própria experiência humana é transformada, no interior deste espaço, em mercadoria. Ora, lembremos que a pesquisa aqui estudada revela vários aspectos deste processo. A fé cristã também corre o risco de se tornar uma mercadoria a ser oferecida no mercado religioso. Constitui-se uma espécie de *metafísica do consumo*. E a pergunta que finaliza o artigo de Benedetti continua sem resposta: "como transmitir valores e 'verdades' neste mundo, sem cair no fundamentalismo objetivista ou no emocionalismo estetizante?" (BENEDETTI, 2002, p. 7).

Por fim, outro desafio que a pesquisa nos revelou, embora naturalmente existam outros, é a dimensão da subjetividade. Cremos que os dois lados observados pela pesquisa têm a tendência de ficar em extremos. A perspectiva "institucional/carismática" corre o risco de um forte subjetivismo e a perspectiva "evangelização/libertação" corre o risco de esquecer a subjetividade humana. Quando não consideramos a dimensão subjetiva da realidade humana com o devido equilíbrio, corremos o risco de exigir das pessoas mais do que elas realmente podem dar. Como diz Byung-Chul Han, o excesso de positividade dos últimos anos tem levado ao adoecimento da sociedade. A sociedade parece estar em guerra com ela mesma. O desempenho medido por diversos fatores de produção, o caso do *Curriculum Lattes* no Brasil no campo da docência universitária e o excesso de trabalho tornam-se um fenômeno de autoexploração (HAN, 2017).

Não há mais necessidade de supervisão para garantir a produção. Em uma expressão antiga, as cidades se tornam uma verdadeira *selva de pedra*. O elemento contemplativo, tão característico das diversas religiões, corre o risco de ser subsumido pela dinâmica da produção, pela lógica da concorrência, pela necessidade de uma comunicação espetacular que comova e segure os "clientes" que se pretende atingir pela proposta religiosa. Assim, temos encontrado o crescimento de notícias de agentes de pastoral, mesmo presbíteros, acometidos de doenças psíquicas, e um número considerável de suicídios. Usando a expressão de Han, o ser humano corre o risco de ser transformado em uma *máquina de desempenho autista* (HAN, 2017, p. 56) ou ainda que *o excesso da elevação do desempenho levasse a um infarto da alma* (HAN, 2017, p. 71). Ou seja, vivemos uma sociedade do esgotamento, e o quadro de resposta da pesquisa dá alguns indicativos nesta direção.

No âmbito do processo pastoral de evangelização temos encontrado muitos dos elementos aqui considerados. O Papa Francisco tem diagnosticado com precisão muitos aspectos desta realidade com a expressão *autorreferencialidade.* Irá chamar, no capítulo II da *Evangelii Gaudium – A Alegria do Evangelho,* de *crise do compromisso comunitário.* Usará a expressão *mercado divinizado* (*EG* 56) que pode ser justamente colocada no interior de um tipo de sociedade que empurra todo o peso da vida na busca dos bens materiais pelo indivíduo, deixando-o sozinho na luta desenfreada pela sobrevivência.

Contudo, a verificação da situação de crise é um dado fundamental para buscar identificar perspectivas. A pesquisa carrega também esta possibilidade. É preciso descortinar na prática o que os dados nos revelaram. É preciso buscar "caminhar juntos" (Sínodo) para mergulhar fundo e entender o que de fato está acontecendo com o nosso mundo e, consequentemente, com a institucionalidade que tem a pretensão de dar continuidade ao Caminho de Jesus Cristo.

Concluindo

Desafios existem para serem superados. Evidentemente que a pesquisa não aponta diretamente para possíveis perspectivas de aprofundamento da evangelização no mundo de hoje. Entretanto, ela indica setas que podem ou não servir de orientação para estabelecer processos de transformação na organização pastoral que dialogue com a realidade. Não foi intenção do Concílio Vaticano II justamente buscar tal diálogo? Não vamos nos deixar interpelar pelos *sinais dos tempos,* como indicou aquele que convocou o Concílio – o Papa São João XXIII? Se a resposta da Igreja Católica à Modernidade chegou com certo atraso, não se pode correr o mesmo risco novamente de não responder o desafio da situação de crise atual.

A pesquisa revela uma diversidade muito grande na compreensão daquilo que move o mundo de hoje. Em outras partes da pesquisa, não analisada aqui, é bem possível que também se possa detectar tal realidade. Ora, torna-se imprescindível tentar tirar todas as consequências desta verificação. Mas, há um pressuposto fundamental para buscar delinear soluções pastorais. Acreditamos que justamente a ausência de tal perspectiva tem levado a certa confusão no itinerário das práticas pastorais em nossos dias. Trata-se do significado profundo do processo de evangelização. Embora o Concílio Vaticano II tenha estabelecido critérios-chave para entrar de cheio em uma renovação que jogava a Igreja de volta às fontes que promoveram a força do Evangelho no mundo, e o papa São Paulo VI tenha sintetizado de forma cabal o que significa evangelizar na Exortação Apostólica *Evangelii Nuntiandi* (1975), a crise dificultou bastante que tais orientações pudessem surtir efeito. É comum, diante de uma crise aguda, certa saudade de um passado que não volta mais.

Assim sendo, a análise dos dados da pesquisa pode ser uma grande ferramenta para melhorar a resposta quanto a uma vocação que é de fundamental importância para a Igreja: o ministério presbiteral. Salta aos olhos, através da pesquisa, que os "padres novos" parecem não responder, predominantemente, aos desafios colocados pelo mundo moderno e respondidos pela própria Igreja no Concílio Vaticano II.

No entanto, enquanto a pesquisa quanto ao "perfil dos 'padres novos'" se realizava, o pontificado de Francisco retomava as orientações mencionadas acima. Na Exortação Apostólica *Evangelii Gaudium* (2013), que precisa ser lida em sintonia com o Concílio e a Exortação de Paulo VI, encontramos indicações claras de como buscar contribuir para superar a crise civilizatória no âmbito eclesial.

Não faz parte do escopo deste trabalho, no encerramento da presente análise, recordar as indicações que o Papa Francisco vem oferecendo. No entanto, ao entrar em contato com o resultado da pesquisa, cabe nos deixar interpelar quanto ao que pode ser verificado nas respostas. Francisco tem demonstrado que é possível superar o desafio. Temos uma longa jornada pela frente e precisaremos de todas as ferramentas disponíveis, como a pesquisa que aqui está em pauta.

Referências

Documentos do magistério

COMPÊNDIO DO VATICANO II. *Constituições, decretos e declarações.* 13. ed. Petrópolis: Vozes, 1979.

DOCUMENTO DE APARECIDA. *Texto conclusivo da V Conferência Geral do Episcopado Latino-Americano e do Caribe.* Brasília/São Paulo: Loyola/Paulus/ Paulinas, 2007.

FRANCISCO. Exortação Apostólica *Evangelii Gaudium* – A alegria do Evangelho, sobre o anúncio do Evangelho no mundo atual, 2013.

PAULO VI. Exortação Apostólica *Evangelii Nuntiandi* – Sobre a evangelização no mundo contemporâneo. 15. ed. São Paulo: Paulinas, 2000.

Bibliografia

AZEVEDO, M. *Entrocamentos e entrechoques* – Vivendo a fé em um mundo plural. São Paulo: Loyola, 1991.

BENEDETTI, L.R. Cidade e condição humana – Vida pastoral, São Paulo, p. 3-7, jul.-ago./2002.

BRIGHENTI, A.; AQUINO JÚNIOR, F. (orgs.). *Pastoral Urbana* – Novos caminhos para a Igreja na cidade. Petrópolis: Vozes, 2021.

CARIAS, C.P.; CRUZ CARIAS, A.J. *Outra teologia é possível, outra Igreja também*. Petrópolis: Vozes, 2016.

CLIFFORD, C. E. O Concílio Vaticano II e o seu compromisso com o diálogo no século XXI. In: OLIVEIRA, P.A.R.; DE MORI, G. (orgs.). *Deus na Sociedade Plural*. São Paulo: Soter/Paulinas, 2013.

CORTINA, A. *Ética civil e religião*. São Paulo: Paulinas, 1996.

CORTINA, A. *Aliança e contrato* – Política, ética e religião. São Paulo: Loyola, 2001.

CORTINA, A. *Cidadãos do mundo* – Para uma teoria da cidadania. São Paulo: Loyola, 2005.

DE MASI, D. *A sociedade pós-industrial*. São Paulo: Senac, 1999.

DE MASI, D. *O ócio criativo*. 8. ed. Rio de Janeiro: Sextante, 2000.

GONÇALVES, P.S.L. A teologia na cultura pós-moderna. In: SOUZA, N. (org.). *Teologia em diálogo* – Os desafios da reflexão teológica na atualidade. Aparecida: Santuário, 2011, p. 13-64.

HAN, B.-C. *Sociedade do cansaço*. Petrópolis: Vozes, 2017.

HAN, B.-C. *Sociedade da transparência*. Petrópolis: Vozes, 2017.

HAN, B.-C. *Agonia do eros*. Petrópolis: Vozes, 2017.

HAN, B.-C. *O que é poder?* Petrópolis: Vozes, 2019.

LUCKACS, J. *O fim de uma era*. Rio de Janeiro: Zahar, 2005.

MENDOZA-ÁLVAREZ, C. *Dios ineffabilis* – El linguaje sobre Dios em tiempos de pluralismo cultural y religioso. In: OLIVEIRA, P.A.R.; DE MORI, G. (orgs.). *Deus na sociedade plural*. São Paulo: Soter/Paulinas, 2013.

SPADARO, A. O mistério da Igreja na era das mídias digitais. *Cadernos Teologia Pública*, São Leopoldo, ano IX, n. 73, 2012.

3
O POSICIONAMENTO DA IGREJA FRENTE AO MUNDO E COMO ELA É VISTA PELA SOCIEDADE

Em busca do perfil dos "padres novos" no Brasil, com relação à visão do mundo de hoje, as duas últimas perguntas do primeiro bloco de questões do questionário aplicado na pesquisa de campo dizem respeito à Igreja frente ao mundo de hoje. Perguntou-se às cinco categorias agentes eclesiais consultados de cada uma das duas perspectivas sociopastorais qual deve ser a posição da Igreja frente ao mundo de hoje e como a sociedade em geral vê a Igreja hoje.

Questão 9 Qual deve ser a posição da Igreja frente ao mundo de hoje?

1ª citação	Total	Perspectiva institucional/carismática					Perspectiva evangelização/libertação				
		Padres	Leigos	Jovens	Semina-ristas	Reli-giosas	Padres	Leigos	Jovens	Semina-ristas	Reli-giosas
Base:	743	61	83	45	70	45	96	127	44	52	81
Inserir-se no mundo em uma postura de diálogo e serviço	34,6%	47,8%	25,9%	13,7%	24,1%	21,9%	53,1%	28,6%	41,4%	51,1%	41,7%
Dar seu exemplo e testemunho, sendo mais missionário(a) e presente no mundo	16,2%	15,9%	16,0%	23,8%	2,7%	21,9%	22,9%	14,6%	14,8%	10,6%	8,3%
Sem confrontações, exercer o profetismo, anunciando e denunciando	14,5%	13,0%	20,3%	5,8%	16,5%	25,0%	13,5%	13,8%	11,1%	12,6%	18,1%
A missão da Igreja é espiritual; não importa o que o mundo pensa da Igreja	8,9%	1,4%	12,8%	24,9%	7,6%	3,1%	0,0%	14,0%	8,9%	6,4%	5,6%
O mundo conspira contra a Igreja; é preciso reagir com força e coragem	5,5%	2,9%	9,2%	15,8%	5,1%	9,4%	1,0%	4,1%	8,9%	0,0%	4,2%
Fortalecer a pastoral social e preparar leigos para sua missão no mundo	5,5%	1,4%	2,1%	0,0%	1,3%	3,1%	3,1%	11,3%	2,2%	14,9%	8,3%
Evangelizar os centros de poder, os governantes, os intelectuais	3,7%	1,4%	3,0%	2,0%	6,3%	6,3%	0,0%	6,2%	10,9%	2,1%	1,4%
Evangelizar, utilizando sobretudo os meios de comunicação social	3,4%	7,2%	1,5%	0,0%	7,7%	3,1%	0,0%	1,3%	0,0%	0,0%	1,4%
Mais espiritualidade, oração e catequese do que busca de inserção	3,4%	1,4%	9,2%	10,0%	2,5%	6,3%	1,0%	0,0%	1,8%	2,1%	5,6%
Atrair os católicos afastados que migram para as Igrejas pentecostais	1,4%	0,0%	5,1%	1,9%	1,3%	0,0%	0,0%	4,0%	0,0%	0,0%	2,8%
Outro	0,1%	0,0%	0,0%	0,0%	0,0%	0,0%	1,0%	0,0%	0,0%	0,0%	0,0%
Não responderam	2,8%	7,2%	0,0%	2,0%	5,1%	0,0%	4,2%	2,1%	0,0%	0,0%	2,8%
Total	100,0%	100,0%	100,0%	100,0%	100,0%	100,0%	100,0%	100,0%	100,0%	100,0%	100,0%

Com relação a qual deve ser a posição da Igreja frente ao mundo de hoje, é quase unanimidade a indicação em primeiro lugar de que a Igreja deve *inserir-se em postura de diálogo e serviço* – padres (47,8%), leigos/as (25,9%) e seminaristas (24,1%) da perspectiva "institucional/carismática"; e padres (53,1%), leigos/as (21,5%), jovens (41,4%), seminaristas (51,1%) e religiosas (41,7%) da perspectiva "evangelização/libertação". Exceção são os jovens (24,9%) da perspectiva "institucional/carismática" que indicam que *a missão da Igreja é espiritual, não importa o que o mundo pensa da Igreja* (24,9%) e as religiosas, da mesma perspectiva, que indicam *sem confrontações, exercendo o profetismo anunciando e denunciando* (25,0%).

Em segundo lugar, a incidência se dá em suas alternativas: *dar seu exemplo, sendo mais missionário e presente no mundo,* indicado por padres (15,9%) e religiosas (21,9%) da perspectiva "institucional/carismática" e por padres (22,9%), leigos/as (14,6%) e jovens (14,8%) da perspectiva "evangelização/libertação"; e a Igreja *inserir-se, em postura de diálogo e serviço,* indicado por leigos (20,3%) e religiosas (21,9%) da perspectiva "institucional/carismática" e por religiosas (18,1%) da perspectiva "evangelização/libertação". Também aparece em segundo lugar *fortalecer a pastoral social e preparar os leigos para sua missão no mundo,* mas somente para os seminaristas (14,9%) e os leigos/as 11,3%) da perspectiva "evangelização/libertação". O que a aparece em primeiro lugar para as religiosas da perspectiva "institucional/carismática" – *sem confrontações, exercer o profetismo, anunciando e denunciando,* aparece em segundo lugar para os leigos/as (20,3%) da mesma perspectiva e para as religiosas (18,1%) da perspectiva "evangelização/libertação".

Chama a atenção que os seminaristas da perspectiva "institucional/carismática" sejam os únicos a nomear *evangelizar utilizando sobretudo os meios de comunicação social* (17,7%), seguidos pelos padres da mesma perspectiva, mas em quarto lugar. Também que *fortalecer a pastoral social e preparar os leigos para sua missão no mundo* seja nomeado somente os seminaristas e os leigos/as da perspectiva "evangelização/libertação".

Questão 10 Como a sociedade em geral vê a Igreja hoje?

1ª citação	Total	Perspectiva institucional/carismática					Perspectiva evangelização/libertação				
		Padres	Leigos	Jovens	Semina-ristas	Reli-giosas	Padres	Leigos	Jovens	Semina-ristas	Reli-giosas
Base:	743	61	83	45	70	45	96	127	44	52	81
Uma instituição com credibilidade e influência na sociedade	21,9%	22,4%	19,0%	16,1%	7,7%	29,4%	32,3%	22,4%	12,0%	18,8%	25,7%
Uma prestadora de serviços religiosos, como tantas outras Igrejas e religiões	17,8%	7,5%	34,5%	14,4%	6,5%	5,9%	16,7%	21,4%	7,7%	14,6%	21,6%
Uma instituição atrasada, defendendo coisas ultrapassadas	14,7%	14,9%	11,0%	36,8%	6,5%	11,8%	8,3%	9,1%	22,7%	22,9%	13,5%
Uma instância ética, defensora da vida e dos direitos humanos	10,5%	25,4%	9,5%	2,0%	3,8%	14,7%	15,6%	6,3%	4,3%	18,8%	10,8%
Uma instituição rica, defendendo seus próprios interesses	10,4%	4,5%	7,5%	10,4%	10,1%	20,6%	6,3%	9,7%	32,2%	10,4%	2,7%
Entre religiões e Igrejas, a que tem mais credibilidade	7,8%	0,0%	10,9%	4,1%	19,0%	8,8%	8,3%	5,7%	14,3%	4,2%	5,4%
Que teve grandes bispos e padres, mas agora está enfraquecida	5,0%	0,0%	5,0%	12,0%	5,1%	2,9%	4,2%	7,7%	1,7%	2,1%	2,7%
Manchada pelo escândalo da pedofilia	3,7%	1,5%	1,0%	0,0%	5,1%	5,9%	2,1%	8,3%	1,7%	4,2%	4,1%
Metendo-se em questões que não lhe competem: indígenas, ecológicas e políticas	2,7%	9,0%	1,5%	0,0%	1,3%	0,0%	2,1%	2,8%	3,3%	4,2%	4,1%
Defendendo o celibato obrigatório para os padres, que poderia ser opcional	2,3%	7,5%	0,0%	2,1%	0,0%	0,0%	0,0%	4,1%	0,0%	0,0%	6,8%
Outro	0,3%	0,0%	0,0%	0,0%	0,0%	0,0%	0,0%	0,0%	0,0%	0,0%	1,4%
Não responderam	2,8%	7,5%	0,0%	2,1%	5,1%	0,0%	4,2%	2,7%	0,0%	0,0%	1,4%
Total	100,0%	100,0%	100,0%	100,0%	100,0%	100,0%	100,0%	100,0%	100,0%	100,0%	100,0%

Fechando o primeiro bloco de perguntas do questionário aplicado na pesquisa de campo, com relação a como a sociedade em geral vê a Igreja hoje, entre as categorias de agentes eclesiais da perspectiva "institucional/carismática" não há nenhuma convergência: os "padres novos" indicam *uma instância ética, defensora da vida e dos direitos humanos* (25,4%); os leigos/as, *uma prestadora de serviços religiosos, como outras religiões* (34,5%); os jovens, *uma instituição atrasada, defendendo coisas ultrapassadas* (36,8%); os seminaristas *entre religião e Igrejas, a que tem maior credibilidade* (19,0%); e as religiosas *uma instituição com credibilidade e influência na sociedade* (29,4%). Já entre as categorias de agentes eclesiais da perspectiva "evangelização/libertação", há maior consenso: indicam *uma instituição com credibilidade e influência na sociedade* os padres (32,3%), leigos/as (22,4%), jovens (16,1%) e religiosas (25,7%), enquanto que os jovens nomeiam *uma instituição rica defendendo seus próprios interesses* (32,2%) e os seminaristas *uma instituição atrasada, defendendo coisas ultrapassadas* (22,9%). Como se pode constatar, há consenso dos seminaristas da perspectiva "evangelização/libertação" com os jovens da perspectiva "institucional/carismática".

A indicação em segundo lugar tem maior consenso entre as categorias de agentes eclesiais da perspectiva "institucional/carismática", o que já haviam indicado as religiosas em primeiro lugar – *uma instituição com credibili-*

dade e influência na sociedade: padres (22,4%), leigos/as (19,0%), jovens (16,1%) e seminaristas (17,7%). Nesta perspectiva, as religiosas nomeiam *uma instituição rica defendendo seus próprios interesses* (20,6%). Na perspectiva "evangelização/libertação" nomeiam *uma prestadora de serviços religiosos, como outras religiões:* padres (16,7%), leigos/as (21,4%) e religiosas (21,6%). Os jovens desta perspectiva, indo de encontro com os jovens e seminaristas da perspectiva "institucional/carismática", que indicam em primeira opção *uma instituição atrasada, defendendo coisas ultrapassadas* (22,7%). Os seminaristas nomeiam com o mesmo índice *uma instituição com credibilidade e influência na sociedade* e *uma instância ética, defensora da vida e dos direitos humanos* (18,8%).

Chama a atenção que os "padres jovens" mencionem a visão de *uma Igreja que está se metendo em questões que não lhe compete – indígenas, questões ecológicas e políticas* (8,3%), bem como *defendendo o celibato obrigatório para os padres, quando deveria ser opcional* (7,5%). Os "padres das décadas de 1970/1980" não se referem a estas alternativas. Como também chama a atenção que a imagem de uma Igreja manchada pelo escândalo da pedofilia tenha índice tão baixo, ainda que os "padres das décadas de 1970/1980" deem uma ênfase maior.

Analisando os dados levantados

A IGREJA E O MUNDO

Identidades e relações em processo de construção

João Décio Passos

As relações entre a Igreja e o mundo e vice-versa foram inquiridas na pesquisa conforme apresentada na obra matriz *O novo rosto do clero* (2021, p. 96-110) e, de modo focado, no Dossiê publicado pela revista *Pistis & Praxis* (v. 3, n. 13, 2021). As análises que seguem retomam essas já divulgadas e buscam explicitar mais uma vez ao leitor os significados dos dados (cf. *Pistis & Praxis*, v. 13, n. 3, p. 1.085-1.108, set.-dez./2021). Não se trata de uma nova análise, mas de uma retomada com duas funções: o aprimoramento didático daqueles conteúdos e a chamada de atenção para alguns detalhes. O texto oferece uma chave de leitura que resulta de diálogos entre pressupostos teóricos e indicativos empíricos. As tabelas acima permanecem com seus dados como fonte disponível ao leitor e sempre sujeitos a distintas perspectivas e técnicas de leitura, tendo em vista a diversidade de sujeitos e informações que comunicam. A pesquisa quantitativa carrega o mérito e o limite de oferecer uma fotografia da realidade e, como toda fotografia, registra um determinado momento histórico, contudo, sem explicá-lo em suas origens e funcionamentos. A leitura cumpre precisamente essa função explicativa. Os percentuais são por si mesmos reveladores, se tomados isoladamente; indicam as tendências das percepções dos sujeitos entrevistados. No entanto, necessitam de leituras globais que busquem os significados conjuntos dos itens inter-relacionados, quando as tendências majoritárias e as ausências assim como as supostas contradições podem revelar significados mais profundos e complexos. A leitura será construída por esse viés comparativo, buscando os significados no confronto entre as respostas, indo além do que possa revelar os percentuais estatísticos predominantes.

Vale recordar que a reflexão sobre os dados pesquisados é um exercício hermenêutico que articula elementos empíricos induzidos da realidade em um determinado tempo e espaço com pressupostos teóricos; trata-se de uma construção circular que conta com dois limites inevitáveis: aqueles inerentes a toda indução (sempre situada, delimitada e fragmentada) e aqueles próprios de todo pressuposto (pré-noções que condicionam e até mesmo formatam as interpretações). É da natureza de toda interpretação o esforço de promover uma circularidade honesta e técnica que seja capaz de fazer a "fusão de universos", como explica Gadamer (2002, p. 400-425). Em outros termos, que seja capaz de construir um quadro compreensivo sobre aquilo que os dados apresentam de forma indicativa e fragmentária. Vale lembrar também que, em toda pesquisa empírica, os dados não falam por si mesmos, mas, antes, são provocados a falar a partir de pressupostos que demarcam o foco a ser investigado (teorias, tipologias e categorias) e, a partir desses, os dados são capturados e revelam tendências, posturas e valores dos campos investigados. No caso aqui analisado, as duas perspectivas – institucional/carismática e evangelização/libertação – emolduram o objeto de investigação e brotam obviamente de percepções teóricas (históricas, sociais e eclesiais) sobre a realidade eclesial. Elas expressam aquilo que já se sabe previamente sobre o objeto. Os dados empíricos verificam os traços concretos desse *a priori* teórico no momento histórico em que foi aplicada. É de fato, a fotografia que confirma a realidade.

As reflexões a seguir serão estruturadas, portanto, a partir desse percurso de ordem metodológica: exposição dos pressupostos da pesquisa, olhar sobre os dados e interrogação sobre os significados dos dados. Toda interpretação simplifica o complexo, enquadra o plural em determinada moldura e expõe o que está por baixo, as causas ou os mecanismos tendenciais. As atitudes de fidelidade aos fatos (mesmo que apenas indicativos) e ao quadro analítico constituem o primeiro ato da interpretação. O segundo ato ocorre na postura da coerência da articulação que se busca entre os dois polos. Sabendo desses limites e dessas possibilidades, passamos aos três momentos da reflexão.

1 As duas perspectivas eclesiais estruturantes da pesquisa

Antes de entrarmos na análise dos resultados das questões 9 e 10 acima expostas, pode ser útil uma consideração de ordem metodológica e técnica. As duas perspectivas teológico-pastorais ou eclesiais (institucional/carismática e evangelização/libertação) estruturantes da pesquisa constituem um pressuposto de toda a investigação. Elas delimitaram os agentes, organizaram os resultados em duas grandes tendências e evidenciaram os posicionamentos estatisticamente. São tendências previamente traçadas que não nascem do nada e nem são classificações arbitrárias da realidade histórico-eclesial que direcionaram os entrevistados. Tomar consciência do significado dessas é o passo prévio para a compreensão dos dados que emergem, no segundo momento, como expressão dos agentes eclesiais que as representam e, nesse lugar hermenêutico, se esforçam por interpretar a Igreja e o mundo. Portanto, antes de constituírem categorias de investigação, representam perspectivas eclesiais concretas que devem ser compreendidas como tipificações de processos históricos que marcaram e definiram os rumos da Igreja após as renovações trazidas pelo Concílio Vaticano II. Os padres novos e os da década de 1970 são sujeitos emblemáticos desse processo e, em suas realidades concretas atuais, indicam as diferentes percepções de realidade e de Igreja que têm no epicentro conciliar sua referência mais direta ou indireta.

As interrogações focadas nos dois grupos estão inseridas no centro da eclesiologia – da visão e da práxis eclesial – demarcada pelo Vaticano II e, por conseguinte, no interior de todo o processo de recepção do mesmo em nosso contexto latino-americano e brasileiro. As duas questões trazem à tona as contradições desse processo histórico-eclesial, quando a unanimidade eclesial que brotou do Concílio foi conhecendo divergências e agregando tendências cada vez mais nítidas dentro da Igreja, até configurar posições distintas e divergentes. A luta pelo verdadeiro sentido do Vaticano II (FAGGIOLI, 2013) fez parte do processo conciliar, embora na fase inicial o projeto de *aggiornamento* (cf. ALMEIDA, 2015, p. 8-9) tenha mostrado seu vigor criativo nas Igrejas da América Latina, onde foi traduzido em experiências eclesiais concretas e em métodos teológicos bem estruturados e originais. A distância histórica do evento conciliar ocasionou a inevitável "rotinização do carisma" (WEBER, 1997, p. 197-201), ao mesmo tempo em que, do ponto de vista oficial, avançavam as estratégias de retomada de uma práxis eclesial centralizadora, desde o epicentro da Cúria Romana. As perspectivas ou tendências eclesiais/eclesiológicas compuseram conjunturas tensas entre o centro e as periferias, entre tradição e renovação, entre magistérios locais e magistério papal e entre modelos de Igreja autocentrados e modelos abertos ao diálogo. As tendências detectadas e ora examinadas se inserem nesse processo de construção social (eclesial); constituem frentes que se sustentam em modelos eclesiais distintos. As duas denominações indicam de modo tipológico as posições centradas nas perspectivas "evangelização/libertação" e "institucional/carismática", representando cada qual as forças de renovação e preservação que se expandiram desde a referência conciliar (PASSOS, 2015).

Nas décadas seguintes ao Concílio, a luta pelo verdadeiro sentido do Vaticano II ocorria nas dimensões teórica e prática, ou seja, nos âmbitos do debate teológico e dos projetos concretos de *aggiornamento* que tomavam forma em nosso contexto. Se na década de 1970, no clima e no contexto do pontificado de Paulo VI, a perspectiva renovadora tomava forma nas Igrejas da América Latina e, no caso do Brasil, construía uma unanimidade cada vez mais visível, nas décadas seguintes vai sendo confrontada, esvaziada e, pouco a pouco, suplantada pela perspectiva conservadora que se configura nos quadros oficiais da Igreja. A retomada da identidade católica constatada por Libanio no início da década de 1980 (1984) se deu por meio de políticas eclesiásticas adotadas pela Cúria Romana e, evidentemente, por seus representantes legitimamente posicionados no corpo eclesial. As investidas romanas sobre as Igrejas Locais produziram efeitos gradativos que reconfiguraram a fisionomia da Igreja no continente, com a clara vantagem de se tratar de uma política oficial que se impunha pela força do *ethos* católico (centrado na comunhão e na fidelidade ao papa), bem como amparada pela estrutura institucional que, na verdade, saíra intacta das renovações conciliares. A luta que se estabeleceu no interior da Igreja era evidentemente de ordem cultural (distintas representações sobre a natureza e a missão da Igreja), política (sujeitos concretos em confronto com seus distintos projetos) e institucional (normas oficiais que traduziam o projeto conservador).

Do ponto de vista sociológico, pode-se falar de modo tipológico em uma luta entre carismáticos (portadores de ideias renovadoras) e institucionais (agentes oficiais munidos de normas preservadoras da tradição e da instituição) no campo religioso latino-americano. Os tipos puros profeta e sacerdote utilizados por Pierre Bourdieu (2003) para analisar as tensões no interior do campo religioso expressam analiticamente aquilo que as Igrejas da América Latina vivenciaram com seus projetos de renovação. O sacerdote tipifica os personagens que exercem a função de profissionais da ordem e da preservação, enquanto o profeta encarna a renovação dentro da instituição. São posições (e figuras) políticas antagônicas que buscam hegemonia dentro de um determinado sistema. O primeiro conta com a segurança da posição legítima e instituída que ocupa. O segundo conta com a força do seu discurso, do carisma que retoma como fonte renovadora que vem das origens. Por essa razão, o reformador é um construtor contínuo de legitimidade por meio de seus discursos e práticas que oferecem o dom da mudança, da revolução, da salvação etc. Ele possui a dupla tarefa de destruir o edificado e de edificar o novo. Nesse caso, o jogo de forças é sempre desigual e o sacerdote possui as ferramentas legais e eficazes para enfrentar o profeta reformador: eliminando-o como corpo estranho do corpo institucional – eliminação ideológica, simbólica, legal e, até mesmo, física – como herege, ou assimilando-o em seu mundo ordenado como renovador controlado. O reformador está investido da missão de convencer a todos, mesmo quando possui poucos adeptos. A tarefa de angariar discípulos ao seu projeto é necessária e sua força discursiva se reforça definitivamente à medida que consegue consensos mais amplos que lhe garantem apoio, expansão e realização. Os reformadores precisam, portanto, de armas discursivas e de estratégias políticas para que seus projetos possam concretizar-se.

Os pontificados de João Paulo II e Bento XVI adotaram uma política curial que levou adiante um projeto eclesial que foi definindo sempre mais as duas referidas frentes: dos renovadores e dos preservadores. A perspectiva institucional/carismática foi sendo construída e adquiriu maior força e visibilidade no corpo eclesial, o que nas décadas da renovação seria impensável. A frente renovadora representa, de fato, uma geração convicta da causa conciliar, porém institucionalmente assimilada e com protagonismo diminuído no seio da Igreja. Essas análises têm sido regulares e desenham esses campos de força no âmbito da Igreja Católica, sobretudo nos dois últimos pontificados. De um modo geral, teórico e simples, as duas posturas são bem conhecidas em suas representações e práticas eclesiais; elas se mostram não somente nos distintos discursos, mas nos rituais e, até mesmo, nas estéticas. A originalidade e o mérito da presente pesquisa é conferir e comunicar com metodologia empírica quantitativa as posturas conhecidas das duas frentes.

2 As tendências verificadas empiricamente

As duas perguntas aqui em análise estão direcionadas para o aferimento de duas perspectivas precisamente inversa: da Igreja para o mundo (qual deve ser a postura da Igreja frente ao mundo de hoje?) e do mundo para a Igreja (como a sociedade em geral vê a Igreja, hoje?). A primeira aciona mais diretamente o imaginário eclesial/eclesiológico por trazer à luz uma determinada concepção da natureza e da missão da Igreja; a segunda, embora exija repostas pautadas mais na imaginação do que numa percepção lógica ou empírica (exige imaginar o que os outros pensam de nós), toca nas relações do mundo com a Igreja, sociologicamente na função social da Igreja. Enquanto a primeira interrogação (respostas) conta com um capital teológico mais ou menos conhecido, a depender de cada sujeito eclesial, a segunda depara-se com um sujeito provavelmente desprovido de pressupostos e dados sociológicos, restando, ao que parece, responderem a partir do que imaginam que o mundo pense da Igreja. Enquanto a primeira pode reproduzir um repertório eclesiológico mais ou menos consensual (conhecido na teoria e na prática), a segunda reproduz mais os imaginários individualizados sobre aquilo que, supostamente, pensam da Igreja. A armadilha cognitiva se mostra, por certo, inevitável: o que os outros pensam da Igreja acaba sendo, na verdade, o que cada sujeito "pensa que a sociedade pensa". O quadro geral revela inevitavelmente esse isolamento individual e o recurso à imaginação (sem evitar possíveis preconceitos). Por essa razão, as respostas se atrapalham quando confrontadas no conjunto e cada sujeito "se vira" como pode com suas percepções. A ausência de unanimidade entre os sujeitos pode revelar, de fato, essa posição conceitualmente vulnerável do entrevistado. Da mesma forma que o consenso curioso entre os jovens da perspectiva institucional/carismática e os seminaristas da perspectiva evangelização/libertação sobre a "instituição atrasada" indicam o condicionante etário da resposta: mais que os agentes da faixa etária mais adulta, os jovens têm uma percepção comum dos atrasos da Igreja e operam com essa percepção quando interrogados.

Neste particular, é oportuno fazer alguns destaques sobre os percentuais apresentados nas tabelas. Com relação à pergunta 9 – *qual deve ser a posição da Igreja frente ao mundo de hoje* – é unânime a indicação em primeiro lugar de que a Igreja deve *inserir-se, em postura de diálogo e serviço* – deixando claro nos percentuais a maior convicção dos agentes que representam a tendência "evangelização/libertação". As diferenças se mostram nos percentuais: entre os padres em torno de 5 pontos (de 47,8% para 53, 1%), entre os seminaristas 26 pontos (de 24,1% para 51,1%), entre as religiosas 20 pontos (de 21,9% para 41,7%), entre os leigos em torno de 3 pontos (de 25,9% para 28,6%) e entre os jovens a diferença mais expressiva de 28 pontos (de 13,7% para 41,4%). As posturas de diálogo e serviço estiveram, de fato, no centro do processo de recepção do Vaticano II na América Latina nas décadas de 1970/1980. Um segundo dado que vale destacar diz respeito à afirmação "atrair os católicos afastados que migram para as Igrejas pentecostais". É consenso entre as duas tendências (total de apenas 1,4%) que essa não é missão da Igreja. Por conformismo ou convicção, trata-se de uma unanimidade que indica, por um lado, o dado do pluralismo religioso assimilado pelas convicções e práticas eclesiais atuais e, por outro, a consciência da perda da hegemonia católica no campo religioso brasileiro.

Com relação à pergunta 10 – *como a sociedade em geral vê a Igreja hoje* – salta aos olhos a dispersão das respostas. Os índices não revelam convergência entre os agentes eclesiais no interior das perspectivas, de modo mais expressivo na perspectiva "institucional/carismática". Vale mencionar os índices: os "padres novos" indicam *uma instância ética, defensora da vida e dos direitos humanos* (25,4%); os leigos/as, *uma prestadora de serviços religiosos, como outras religiões* (34,5%); os jovens, *uma instituição atrasada, defendendo coisas ultrapassadas* (36,8%); os seminaristas *entre religião e Igrejas, a que tem mais credibilidade* (19,0%); e as religiosas *uma instituição com credibilidade e influência na sociedade* (29,4%). Destaca-se o mais alto percentual das respostas dos jovens quando afirmam ser a Igreja uma instituição atrasada que defende coisas ultrapassadas. Na perspectiva "evangelização/libertação" observa-se maior convergência nas respostas, aparecendo em primeiro lugar a afirmação de que a Igreja é *uma instituição com credibilidade e influência na sociedade*.

Chama a atenção que os "padres jovens" mencionem a visão de uma Igreja que está se metendo em questões que não lhe compete – indígenas, questões ecológicas e políticas (8,3%), bem como defendendo o celibato obrigatório para os padres, quando deveria ser opcional (7,5%). Os "padres das décadas de 1970/1980" não se referem a estas alternativas. É de se pensar, de fato, que as duas tendências imaginem o pensamento dos outros em relação à Igreja a partir de suas convicções. Como também chama a atenção que a imagem de uma Igreja manchada pelo escândalo da pedofilia tenha índice tão baixo, ainda que os "padres das décadas de 1970/1980" deem uma ênfase maior. A dificuldade previsível de imaginar o que a sociedade pensa sobre a Igreja pode ter dispersado as respostas trazendo índices inusitados nas duas tendências.

3 As duas perspectivas e seus traços

O que os números revelam sobre as duas tendências teológico-pastorais ou eclesiais? São duas gerações de padres que, de seus distintos contextos, mostram suas percepções sobre a Igreja e, de alguma forma, sobre a relação da mesma com o mundo. Os números trazem à luz traços de identidades eclesiais/clericais concretas, porém com fronteiras borradas, o que indica, de fato, não somente uma identidade fundamental católica onde as coisas se encontram e se misturam, como também o esforço de demonstrar o papel eclesialmente correto e os próprios limites de percepção dos entrevistados. Contudo, os números indicam o que a pesquisa supôs em suas categorizações: a emergência de uma figura nova de padre, distinta daquela que marcou a Igreja no processo de recepção ativa do Vaticano II no contexto brasileiro.

1º) Tipologias/tendências borradas

Os dados aferidos das perspectivas ou tendências não oferecem um quadro eclesial nítido; ao contrário, mostra uma espécie de foto difusa que, muitas vezes, mais "confunde" do que revela aquilo que já está estruturado como expectativa na classificação prévia das duas perspectivas: como dois grupos/perspectivas marcadamente distintos. A segunda interrogação *como a sociedade atual vê a Igreja hoje* revelou a quase ausência de consenso por parte dos agentes interrogados. Ainda que se possa pensar em dificuldades de responder sobre "o que os outros pensam", tratar-se-ia de uma dificuldade reveladora de um imaginário eclesial confuso que revela mais opiniões isoladas do que consensos mínimos além do que se pode pensar em uma distância (oposição ou indiferença) em relação à sociedade. Cada segmento pensa a sociedade a sua imagem e semelhança ou reproduz a visão a partir de seus lugares sociais. Os diretamente inseridos no corpo eclesial (padres, religiosos e seminaristas) tendem a sugerir uma imagem mais teológica de Igreja (defensora da vida, credibilidade social e servidora), enquanto os leigos e jovens, uma imagem mais negativa (prestadora de serviços religiosos, como outras religiões e instituição atrasada, defendendo coisas ultrapassadas).

Os dados convidam a um diálogo, à medida que indicam posições e interpretações dos agentes eclesiais. Pode-se dizer que as tipologias se mostram pouco nítidas não somente por razões metodológicas, mas por expressarem uma realidade empírica (os agentes eclesiais em seus lugares distintos dentro da mesma comunidade) composta de diversidades em termos práticos e teóricos. É igualmente verdadeiro que a fase de nitidez eclesial decorrente do projeto de renovação conciliar tem mostrado seus desgastes e cedido espaço para diversidades de projetos no seio da mesma comunidade eclesial. A emergência dos movimentos de linhagens individualizadas e espiritualizadas e a assimilação institucional do clero progressista dilui sempre mais o que fora bem distinto como projetos eclesiais. Nesse sentido é que se pode explicar que agentes (jovens e seminaristas) das duas tendências venham convergir sobre as posições atrasadas da Igreja, que as religiosas das duas tendências concordem sobre a missão da Igreja que deve, *sem confrontações*, exercer o profetismo, *anunciando e denunciando* que não haja consenso entre os agentes da perspectiva "institucional/carismática" sobre o uso *dos meios de comunicação social*, que não seja também consensual na perspectiva "evangelização/libertação" a importância da pastoral social e da preparação dos leigos para sua missão no mundo. As imagens contrastes dissolvem ainda suas fisionomias e se confundem em outros consensos: a respeito do não proselitismo da Igreja em relação às outras Igrejas e o baixo destaque sobre a problemática da pedofilia. Perante essas questões se esvaem os supostos eclesiocentrismo e moralismo da perspectiva institucional/carismática em contraste com a perspectiva evangelização/libertação. Ambas parecem retrair-se para dentro da zona segura do corpo eclesial e evitarem a autocrítica, bem como estratégias pastorais mais agressivas. O novo pode ser evitado, tendo em vista a exigência de formulações mais elaboradas? Nas duas posturas a rotina eclesial e a sobrevivência institucional prevalecem sobre o enfrentamento crítico. O que até algum tempo se definia pela imagem do contraste e da oposição, agora pode ser visualizado em paralelismos que não se tocam e, até mesmo, em posturas comuns.

Não seria inútil para a reflexão interrogar sobre o que se configurava na Igreja renovadora das décadas anteriores à emergência explícita do clero de perfil institucional/carismático. Não há dúvidas de que o clero reprodutor da instituição sempre esteve presente ativo no seio da Igreja, porém sem protagonismo pastoral, atuando em posições burocráticas e na manutenção das ofertas sacramentais. A distinção entre os sacramentalistas e os pastorais demarcou as tendências do clero em décadas anteriores. Ademais, as diretrizes pastorais da Igreja latino-americana pautadas em critérios renovadores da Igreja e da sociedade instauraram uma cultura geral que abrigou a todos em modelos comuns.

2º) Resíduos eclesiológicos

As mudanças históricas possuem uma dimensão cultural, explica Castells. São aquelas que se dão no âmbito das ideias e dos valores (2015,

p. 353). Essas mudanças antecipam as mudanças políticas e institucionais e podem sobreviver para além das conjunturas concretas como imaginário consolidado ou como uma teoria consensual, semelhante ao que os epistemólogos denominam "ciência normal" (FOUREZ, 1995, p. 103-144). No caso em análise, como uma eclesiologia consensual ou como "eclesiologia normal" que se consolidou a partir do Vaticano II, embora em termos práticos tenha perdido gradativamente o vigor atrativo e a unanimidade política. Trata-se, no caso, de imagens, ideias e valores que sobrevivem como resíduos culturais, como "visão legítima" que ocupa um lugar relativamente estável no imaginário eclesial. A afirmação de que a *Igreja deve inserir-se em postura de diálogo e serviço* expressa essa eclesiologia legítima e correta consolidada nos discursos oficiais. Do mesmo modo, a afirmação unânime de que a Igreja não deve fazer proselitismo junto aos convertidos a outras Igrejas revela uma atitude politicamente correta, antes de um suposto conformismo com o evidente trânsito religioso de católicos para o mundo pentecostal. Enquanto a primeira resposta revela um consenso teórico, a segunda aponta para um consenso prático em relação ao pluralismo religioso.

As respostas indicam um senso comum eclesiológico do qual participam de modo mais explícito os sujeitos eclesiais diretamente inseridos no corpo eclesial, padres de ambas as perspectivas, assim como as religiosas e seminaristas. *Inserir-se na sociedade em atitude de diálogo e serviço* é uma verdade eclesial que, não obstante a extensão conceitual, não poderia não ser consensual. Na mesma direção insere-se o segundo lugar com a afirmação de que a Igreja deve *dar seu exemplo, sendo mais missionário e presente no mundo.* No caso, as diferentes compreensões que possam haver entre as tendências a respeito dos significados de "diálogo" e de "serviço" do "exemplo" e da "missionariedade" não implicariam posturas diferenciadas. O acordo a respeito do enunciado eclesiológico dispensa no momento da resposta uma explicitação que indique "que tipo de serviço e a quem servir", "como praticar o diálogo" e "como ser missionário". Quanto maior a extensão, menor a compreensão, rezava a regra lógica clássica. E a maior extensão agrega diferentes compressões. Abaixo da generalidade, à medida que as questões se delimitam, as posições manifestam os ângulos mais precisos: na perspectiva "institucional/carismática" os jovens revelam a visão espiritualizada de Igreja e, as religiosas, a visão harmônica. A dicotomia entre a teoria (eclesiológica) e a prática subjazem nas respostas que são consensuais nas questões gerais (nos princípios), mas se mostram distintas nas questões mais delimitadas e práticas. Nesse sentido, parece ser necessário observar o que não é unânime e até mesmo as pequenas dissonâncias para que se possa captar o real imaginário eclesial, como o uso dos meios de comunicação social na evangelização e acento na dimensão espiritual, mais espiritualidade e oração, destacado na perspectiva institucional/carismática.

Os agentes eclesiais supostamente mais instruídos teologicamente demonstram maior unanimidade eclesiológica, independente da perspectiva, enquanto os sujeitos menos instruídos, no caso os jovens, tendem a destoar dos demais com suas respostas díspares. É o mundo das ideias eclesiológicas em contraste com o mundo das práticas eclesiais, sendo as contradições entre os dois mundos reveladoras da Igreja mais real na qual uma nova identidade ministerial se apresenta cada vez mais legítima na cena eclesial nacional. Essa confluência eclesiológica que abriga divergências eclesiais pode indicar, também, a ausência de uma elaboração eclesiológica da parte da tendência institucional/carismática, embora exista como pressuposto subjacente às práticas. Em todo caso, a eclesiologia conciliar ainda sobrevive como a referência teórica comum das distintas identidades clericais, ainda que como um resíduo cultural sem grande força política.

3º) Crise da consciência social

Essa crise pode ser vista nos aspectos internos e externos da vida da Igreja. Do ponto de vista interno diz respeito a uma crescente individualização das práticas e das percepções. A eclesiologia adotada pelo Vaticano II rompe em sua percepção de fundo com a eclesiologia centrada na hierarquia até então definidora da Igreja. A sociedade estruturada na distinção foi substituída pela comunidade de iguais (corpo místico, comunhão e povo de Deus). Os dados indicam uma consciência eclesial mais individualizada, seja pelas posturas isolada/fragmentadas dos agentes ao elaborar as respostas, seja a visão explícita de uma função espiritual da Igreja distante do mundo. Vale ponderar que, conforme já foi indicado anteriormente, as duas respostas majoritárias na primeira questão se refiram à presença ativa da Igreja no mundo, porém em uma percepção genérica que deve ser completada com as respostas menos consensuais, porém mais concretas. Essas mostram, de fato, uma Igreja mais individualizada e temerosa de uma inserção efetiva na sociedade.

A presença invisível do clericalismo confirma essa mesma postura quando as duas perspectivas desvalorizam a formação do leigo que fica posicionada em 6º lugar e com índices muito baixos nas respostas de cada agente, sobretudo na perspectiva institucional/carismática. Uma Igreja assentada na segurança institucional do ministério ordenado pode, de fato, indicar o que sobrou do processo de renovação eclesial centrado no valor da igualdade dos batizados, nos laços comunitários, no projeto comum de construção do povo de Deus dentro da história, no horizonte comum do Reino de Deus. Uma Igreja mais autocentrada e distante da sociedade subjaz às respostas diversas e divergentes de ambas as perspectivas ou tendências.

Do ponto de vista externo, a crise se mostra mais visível. A distância do social possui um índice emblemático na primeira interrogação: o fortalecimento da pastoral social aparece em 6º lugar para as duas perspectivas e revela índices baixos para ambas (exceção dos seminaristas da perspectiva evangelização/libertação). Em terceiro lugar posiciona-se a ideia do exercício da profecia *sem confrontações* para as duas perspectivas. Os jovens da perspectiva institucional/carismática são unânimes em afirmar uma missão espiritual da Igreja (24,0%) seguidos dos 14,0% dos leigos da perspectiva evangelização/libertação.

Não se trata, evidentemente, de uma crise isolada de utopias eclesiais, mas de uma consciência eclesial afinada e, em boa medida, reprodutora das crises das utopias sociais e dos projetos comuns que se mostraram cada vez mais factuais e determinantes no mundo globalizado, mais individualizado, hedonista e imediatista. As expressões eclesiais indolores ganham força com seus agentes patrocinadores; eficácia espiritual/individual colocam em crise modelos de vida eclesial que exijam mobilização de mudança coletiva dentro e fora da Igreja (LIPOVETSKY, 2005).

4 O que restou do Vaticano II?

A pergunta indica o rumo das considerações; aponta para o epicentro das mudanças eclesiais/eclesiológicas desde a conclusão do grande evento em 1965[5]; convida concretamente a olhar como essas duas perspectivas teológico-pastorais ou tendências eclesiais – e os dois grupos de padres – estão ou estiveram vinculadas à fonte conciliar.

Logo após a conclusão do Vaticano II, Paulo VI utilizou a metáfora da fonte para falar dos desafios e compromissos imediatos de todo o povo de Deus na audiência de 6 de janeiro de 1966. Dizia que o Concílio é como um rio que corre e dele devemos beber de agora em diante (KLOPPENBURG, 1966, p. 519). A fonte conciliar ofereceu uma água renovadora para toda a

---

5. As reflexões sobre o que *restou do Vaticano II* estão deliberadamente alocadas no contexto em que a pesquisa foi realizada e de onde as tendências eclesiais são inferidas, quando não se pode incluir por razões metodológicas os impactos do pontificado do Papa Francisco na vida da Igreja, o que, necessariamente, revelaria novos quadros eclesiais e exigira o uso de novas categorias de análise.

Igreja, mas como toda fonte exigiu que a ela se achegasse e que dela se retirasse a água em volume e com a vasilha disponibilizada. O Vaticano II regou e fecundou a Igreja, porém em doses e lugares diferenciados, e, em alguns setores da Igreja, sequer chegou a acontecer. E não se trata somente de uma geopolítica eclesial diferenciada, mas de uma percepção sobre os alcances do *aggiornamento* no conjunto da vida da Igreja.

a) Os limites do aggiornamento

As renovações conciliares provocaram, sem dúvidas, viradas copernicanas, porém quase sempre localizadas no âmbito cultural (novas eclesiologias) e social (novas formas de organização eclesial e de ação pastoral) e não no âmbito político-institucional (CASTELLS, 2015, p. 353-354); ou seja, renovaram-se as ideias, os valores e as práticas eclesiais, mas a instituição permaneceu a mesma em suas estruturas e funções. Além das reformas litúrgicas que constituíram a esfera mais visível das mudanças, a teologia da Igreja foi, sem dúvidas, a mais expressiva, seja na reelaboração da compreensão de sua natureza (comunalista) e de sua missão (testemunho e serviço). As Igrejas da América Latina foram protagonistas ativas e criativas desse processo renovador.

As reformas eclesiológicas provocaram impactos sociais e políticos muito concretos no conjunto da Igreja, ou seja, nos sujeitos e nos projetos eclesiais, mas estiveram longe de provocar mudanças eclesiásticas condizentes. A teologia pautada na igualdade dos batizados não se traduziu em uma estrutura condizente: permaneceram a mesma estrutura e a mesma organização hierarcológicas herdadas do passado. Se houve mudança institucional, foi apenas periférica ou adaptada às estruturas sedimentadas e teologicamente fundamentadas. A estrutura institucional permaneceu centralizada como dantes, clericalizada e autocentrada e contando com os seus centros gestores de sempre. Os ministérios permaneceram centralizados, hierarquizados e sacerdotalizados. As renovações significativas que aconteceram no conjunto se deram, em alguma medida, na esfera do funcional e não do estrutural. Nesse sentido, a figura de um padre clericalista não somente não é nova como se encaixa legitimamente em um sistema eclesial que se entende como estável, imutável e sagrado.

O resultado final do Concílio carrega essa defasagem entre as esferas do cultural e do institucional, sabendo, com efeito, que toda mudança se conclui quando se traduz institucionalmente. A organização eclesial (e eclesiástica) permaneceu onde sempre esteve em seus centros decisórios e postos de comando em um regime descendente de exercício do poder: com o papa e a

Cúria Romana, os bispos com sua cúria, os presbíteros com suas paróquias. Enquanto as mudanças culturais tiveram vigor suficiente para provocar mudanças políticas nos perfis dos sujeitos eclesiais diversos e nos projetos eclesiais, a velha estrutura conheceu formas novas de organização que arrefeciam e, até mesmo, impactavam suas fixações institucionais canonicamente fundamentadas (ELZO, 2016). À medida que o carisma renovador caía na rotina (por razões diversas), o aparelho institucional reaparecia como o porto seguro da identidade, da legitimidade e da ação pastoral. O clericalismo retornou com toda força e legitimidade, a estrutura burocrática se apresentou como forma segura de ser Igreja e a consciência eclesial coletiva cedeu lugar a novos modos de participação, nitidamente mais passivos, individualizados ou isolados em determinados grupos.

b) As frentes visíveis e conflitivas

As duas perspectivas ou tendências verificadas constituem frentes mais ou menos agregadas e agregadoras. Configuram identidades eclesiais distintas que, bebendo da mesma fonte, o Vaticano II, foram construindo perfis diferenciados em função das conjunturas e das interpretações mais ou menos hegemônicas. Após o Concílio pode-se pensar, portanto, em duas identidades eclesiais que vão sendo construídas, uma identidade legitimadora, feita da tradição, da doutrina e da instituição eclesial e que avança na busca de hegemonia no campo católico e uma identidade de projeto feita dos ideais renovadores que também busca formas de concretização junto aos atores eclesiais (CASTELLS, 2001, p. 24). A identidade legitimadora goza de vantagens políticas no seio do grupo social por falar em nome da oficialidade e da autopreservação. É sempre autocentrada, autopreservadora e autorreprodutora. A identidade de projeto é jogada no seu próprio destino. Nos termos de Bourdieu (2003), as reformas precisam sempre de armas discursivas e estratégias políticas para concretizar seus projetos. A luta entre preservação e renovação, inerente a toda instituição, de modo inevitável nas instituições religiosas que se alimentam sempre de fontes originantes com suas forças normativas, constrói conjunturas políticas diferenciadas no decorrer da história, a depender de variáveis diversas.

Os sujeitos e as regras institucionalizadas se sobrepõem aos sujeitos e projetos reformadores precisamente por serem legítimos, na medida em que portadores da oficialidade (da estabilidade e da segurança) e detentores de capitais simbólicos e materiais. Dessa forma, no processo de reforma do Vaticano II a identidade legitimadora gestada pelos agentes oficiais se sobrepôs às reformas/reformadores, à medida que a história avançava com suas novas variáveis e o carisma se rotinizava, não obstante os esforços de renovação. É quando o clero ocupou o lugar do leigo, a paróquia assimilou as Cebs, a ritualidade se sobrepôs à práxis social e política, o espiritual assimilou a pastoral, a assistência individual os projetos coletivos. As frentes renovadoras permaneceram contando com a força de seus próprios discursos reformadores, cada vez mais restrito a grupo de sujeitos sempre mais diminutos e portadores de um carisma que se torna cansado de guerra.

c) Um processo histórico-eclesial

Nenhum processo histórico tem percursos previamente previstos. Os ideais de renovação vão modificando os valores e percepções, agregando sujeitos em torno de projetos concretos mais ou menos eficazes politicamente, construindo formas institucionalizadas de sobrevivência, porém em um jogo de forças históricas sempre aberto e sujeito a variadas modificações, desvios e, até mesmo, extinções. Em outros termos, os projetos só podem ser avaliados após suas efetivações concretas. É quando se torna possível verificar retrospectivamente o que contribuiu para as pretendidas realizações e detectar as variáveis favoráveis e contrárias. Com o projeto de *aggiornamento* conciliar não foi diferente. A história da Igreja na América Latina narra nesse meio século da era conciliar as lutas concretas, as eficácias e os fracassos nas suas cinco Conferências Gerais do Episcopado, na reflexão teológica, nas formas de organização eclesial e nas práxis pastoral.

Chegamos aqui com as matérias-primas e as ferramentas retiradas da fonte conciliar, contando com as variáveis favoráveis de dentro e de fora da Igreja. De dentro, a própria ambiguidade da renovação, como já foi dito acima. De fora, as rápidas transformações mundiais do final de século XX e início do XXI foram sendo traduzidas em mudanças eclesiais, de modo espontâneo ou não. Vivenciamos rupturas globais e estruturais que avançam desde o final do século passado no conjunto da sociedade cada vez mais mundializada. A Igreja está inserida com suas contradições internas dentro de rupturas mais amplas e radicais e com elas se relacionam de modo dialético negando, isolando-se ou assimilando. A sociedade globalizada mistura de forma confusa o mais extremo individualismo com novos comunitarismos, destradicionalização e retradicionalização, dessocialização e ressocialização, crença e descrença, tecnociência e magia (TOURAINE, 1999, p. 49-57). A Igreja vivencia essas contradições que demarcam uma sociedade em mudança que saiu de uma identidade comunal edificada sobre consensos sociais, políticos e institucionais para uma sociedade dominada pelo econômico e pelo individualismo consumista, sem gestão local ou mundial. Ainda aguardamos uma *Polis* do mundo globalizado que reduziu a pedaços as garantias do mundo moderno, como constata o Papa Francisco na *Fratelli Tutti* (*FT* 9-55).

d) Os pedaços do aggiornamento

"Os sonhos desfeitos em pedaços" (*FT* 10), imagem utilizada por Francisco para designar os retrocessos sociais, políticos e culturais em nossos dias de mundo globalizado, pode ser usada para designar os sonhos de João XXIII, da maioria dos padres conciliares e da geração que abraçou a renovação da Igreja como causa e projeto. Hoje parece haver uma perda cada vez mais visível da identificação cultural com o Vaticano II. "A identificação cultural se refere à existência de conjuntos específicos de valores e crenças nos quais grupos humanos específicos se reconhecem", explica Castells. Ela resulta de geopolíticas mais amplas e de projetos de "organização humana de identidade" (2015, p. 171). O esvaziamento dos projetos de renovação e a retomada das zonas de conforto (teológico, social e político) da estrutura institucional católica instaurou concomitantemente conflitos de identidades clericais (e evidentemente laicais) no seio da Igreja. A distância da fonte conciliar e seu gradativo esfriamento e esquecimento (rotinização do carisma) seguiu *pari passu* a afirmação de um projeto revisor do Concílio conduzido e alimentado pelo centro(s) gestor(s) da Igreja. Não se trata somente de um desgaste histórico natural do projeto renovador, mas de uma identidade que foi sendo construída e ainda se encontra em construção. Portanto, a figura do novo padre não nasce por geração espontânea, mas resulta de um projeto identitário que foi sendo afirmado como necessário para a vida da Igreja. A perda da identificação com o Vaticano II se dava como adesão a outro projeto justificado por outras teologias, sabidamente, por uma eclesiologia marcada ambiguamente por individualismo e tradicionalismo. A classificação utilizada na pesquisa "institucional/carismática" para designar esse perfil de padre expressa com precisão essa ambiguidade eclesial e social. Se em princípio uma práxis tradicional não comportaria individualismo, por colocar de frente a norma objetiva com os valores individuais, o que se constata hoje é, de fato, um encaixe efetivo que combina ambas as posturas. De um lado, uma tradição/instituição que oferece capitais simbólicos normativos e mágicos que solucionam as demandas individuais por salvação dentro de um mundo em crise; de outro, os próprios indivíduos com cidadania cada vez mais reduzida que encontra amparo materno que os mantenha na menoridade eclesial, dependente do clero. O tradicionalismo se alimenta dos indivíduos passivos e esses das seguranças de que necessitam. Parece configurar hoje na Igreja Católica uma síntese curiosa entre Trento (Igreja autocentrada em suas doutrinas e normas) e individualismo religioso pentecostal (individualidade religiosa autocentrada na santa emoção). Tradição líquida e individualismo sólido? A relação hemofílica constitutiva das bolhas sociais virtuais (SANTAELLA, 2019, p. 17-19) parece mostrar sua efetividade na relação entre os indivíduos no interior da instituição eclesial. Uma segurança emocional multilateral cimenta e dinamiza a vida eclesial nesse registro emocional.

Restam pedaços rarefeitos do *aggiornamento* conciliar praticado na América Latina. A imagem da renovação eclesial vai retraindo-se, à medida que uma imagem da conservação se reforça e ganha fôlego nas mídias de um modo geral. A figura cada vez mais central do padre na vida da Igreja emerge com nitidez imagética (com estética distinta), com função de eficácia (simbólica ou administrativa), com força institucional (concentração das decisões pastorais) e com missão espiritual individualizada e distante das realidades sociais. As tipificações feitas pelo Papa Francisco para designar as tendências eclesiais (denominadas como mundanismo espiritual) na Exortação *Evangelii Gaudium* (93-97) retratam com realismo crítico o que pode significar o clericalismo atual.

e) Processo de desmodernização

A Igreja vivencia suas dinâmicas em sintonia direta com os processos sociais; resiste e reproduz esses processos em seus modos de viver e de relacionar internamente. A crise acima indicada não se trata, portanto, de uma crise endógena, mas de uma crise e grande medida reflexa de uma crise social mais ampla que Alain Touraine denominava desmodernização há mais de 20 anos (1999, p. 29-67). A desmodernização tem seu correspondente da descomunização da Igreja. O esvaziamento da consciência de pertença coletiva (ideais, projetos, práticas e regras comuns) atingem a sociedade e a Igreja como centralidade do indivíduo, como destradicionalização dos valores comuns, como pragmatismo consumista e como perda do protagonismo do sujeito.

O que era comum foi sendo suplantado pelo individualizado. O sujeito eclesial, que se definia por sua missão como leigo na Igreja, foi sendo superado pelo indivíduo religioso que se define por si mesmo como paciente religioso ávido de serviços religiosos espirituais. A mesma ruptura detectada por Touraine entre indivíduo e ação (1999, p. 44) na sociedade desmodernizada, o que faz desaparecer a própria noção de sujeito. O clericalismo em alta não é mais do que um sintoma dessa crise do sujeito eclesial, no qual alguns servidores assumem a tarefa de servir religiosamente aos despossuídos de "poder sagrado" e buscam cada vez mais as *performances* de um servidor religiosamente poderoso. E uma Igreja cada vez mais midiatizada confirma de modo excelente a dicotomia entre individualidade eclesial e ação na comunidade eclesial e na vida social e política. Midiatização eclesial é, ao mesmo tempo, expressão e motor de uma Igreja mais clericalizada e descomunizada. Uma Igreja distante do mundo confirma igualmente essa postura à medida que se autorreferencia como uma comunidade que vive para si mesma e já não se define por sua ação transformadora no mundo.

A instituição eclesial – com sua tradição segura e suas estruturas burocráticas – se mostra não tanto como o padrão comum de vida como no passado, mas como o *habitat* seguro para o serviço individualizado e para a satisfação dos anseios dos consumidores religiosos, no âmbito de uma marca comum que fornece identidade. A tradição, a doutrina e a práxis eclesiais se tornam cada vez mais meios de acesso a serviços religiosos capazes de emocionar, oferecer prosperidade e libertar das desgraças do mundo presente. É nesse ponto que se amalgamam o institucional com o carismático, os tradicionalismos clássicos com os fundamentalismos modernos. A Igreja é o caminho de acesso ao poder de Deus.

f) Identidades em construção

Os concílios compõem a construção permanente da identidade católica como momentos de retorno às fontes e de diálogo com o mundo presente. O pontificado atual é a demonstração concreta dessa dinâmica muitas vezes ocultada por um tradicionalismo sempre reincidente (PASSOS, 2020). As identidades ministeriais ora configuradas na Igreja do Brasil revelam um momento do processo de *aggiornamento* conciliar; momento concreto resultado de projetos eclesiais e de assimilações das tendências históricas. A lição realista da configuração pode apontar para várias questões históricas e eclesiais que exigem ir além da visão espontânea ou fatalista, porém assegura a necessidade de construção permanente do projeto conciliar. No *ethos* católico um Concílio existe para ser vivenciado; constitui uma fonte de inspiração e orientação para toda a Igreja. Trata-se de um conjunto de valores que busca os meios de tradução social e política no tempo e no espaço, como última palavra do magistério extraordinário. O Vaticano II está em pleno curso e continua oferecendo referências teológicas para os dias atuais e pedindo traduções concretas nos papéis exercidos pelos cleros e leigos. Esses perfis ainda não foram concluídos e permanecem em construção alimentados pelas referências conciliares.

Por certo ainda não assimilamos a realidade concreta dos processos de recepção, sempre lentos, dialéticos e não lineares. Nesse sentido, o Vaticano II é ao mesmo tempo fonte e meta, projeto a ser afirmado a cada geração. Vale para a Igreja o que Francisco observa sobre as conquistas históricas: "cada geração deve fazer suas as lutas e as conquistas das gerações anteriores e levá-las a metas ainda mais altas. É o caminho" (*FT* 11).

Referências

ALMEIDA, J.A. *Aggiornamento*. In: PASSOS, J.D.; SANCHEZ, W.L. (coord.). *Dicionário do Concílio Vaticano II*. São Paulo: Paulus/Paulinas, 2015, p. 8-9.

BOURDIEU, P. *A economia das trocas simbólicas*. São Paulo: Perspectiva, 2003.

BRIGHENTI, A. *Em que o Vaticano II mudou da Igreja*. São Paulo: Paulinas, 2016.

CASTELLS, M. *O poder da identidade*. São Paulo: Paz e Terra, 2001.

CASTELLS, M. *O poder da comunicação*. São Paulo: Paz e Terra, 2015.

ELZO, J. *¿Quién manda en la iglesia?* – Notas para una sociología del poder en la Iglesia Católica del siglo XX. Madri: PPC, 2016.

FAGGIOLI, M. *Vaticano II*: a luta pelo sentido. São Paulo: Paulinas, 2013.

FRANCISCO. Exortação *Evangelii Gaudium*. São Paulo: Paulinas, 2013.

FOUREZ, G. *A construção das ciências* – Introdução à filosofia e à ética das ciências. São Paulo: Unesp, 1995.

FRANCISCO. Encíclica *Fratelli Tutti* – Sobre a fraternidade e a amizade social. São Paulo: Paulinas, 2020.

GADAMER, H.-G. *Verdade e método* – Traços fundamentais de uma hermenêutica filosófica. Petrópolis: Vozes, 2002.

KLOPPENBURG, B. *Concílio Vaticano II*. Vol. V. Petrópolis: Vozes, 1966.

LIBANIO, J.B. *Volta à grande disciplina*. São Paulo: Loyola, 1984.

LIPOVETSKY, G. *A sociedade pós-moralista* – O crepúsculo do dever e a ética indolor dos novos tempos democráticos. Barueri: Manole, 2005.

PASSOS, J.D. *Concílio Vaticano II* – Reflexões sobre um carisma em curso. São Paulo: Paulus, 2015.

PASSOS, J.D. *A força do passado na fraqueza do presente* – O tradicionalismo e suas expressões. São Paulo: Paulinas, 2020.

SANTAELLA, L. *A pós-verdade é verdadeira ou falsa?* Barueri: Estação das Letras e Cores, 2019.

TOURAINE, A. *Poderemos viver juntos*: iguais e diferentes. Petrópolis: Vozes, 1999.

WEBER, M. *Economía y sociedad*. México: Fondo de Cultura Económica, 1997.

Considerações finais relativas à visão de mundo

LUGAR E FUNÇÃO DAS RELIGIÕES NO CONTEXTO DA MODERNIDADE TARDIA

Manfredo de Oliveira

As questões analisadas nos textos anteriores diziam respeito às relações entre a Igreja e o mundo e vice-versa considerando os agentes eclesiais. Tratava-se de articular suas percepções em relação à missão da Igreja no mundo e à visão da sociedade atual sobre a Igreja articulada a partir da compreensão que estes agentes possuem desta visão. Numa palavra, no centro das considerações estavam os agentes eclesiais. As reflexões que seguem vão na direção oposta: considera a leitura que a sociedade contemporânea possui de si mesma e do lugar e da função que as religiões podem exercer neste novo contexto societário a partir das ciências sociais e da filosofia.

É uma oportunidade agora a partir do próprio mundo para reler o que foi dito anteriormente sobre as percepções atuais dos agentes eclesiais a partir das questões centrais postas pelo Concílio Vaticano II: a missão da Igreja no mundo contemporâneo.

1 A cultura enquanto produto da ação do ser humano no mundo

São várias as formas de conceber a cultura[6]. Convém em primeiro lugar chamar atenção para uma distinção fundamental em nossa discussão: a distinção entre o *status* ontológico de primeira ordem e o *status* ontológico

---

6. A respeito de um panorama da discussão no âmbito da antropologia cultural, cf. o trabalho ainda hoje fundamental: KEESING, R.M. *Theories of culture*, p. 73-97.

de segunda ordem. O *status* ontológico de primeira ordem diz respeito às estruturas fundamentais da constituição ontológica do ser humano enquanto o *status* ontológico de segunda ordem indica o que resulta de suas ações: o mundo humano, os âmbitos da moralidade, do direito, das instituições em diferentes dimensões de sua vida, dos costumes, dos valores, dos símbolos, das tecnologias etc.

Nesta ótica podemos denominar cultura tudo o que os entes humanos geram em si mesmos e em seu mundo[7]. Neste sentido abrangente, a cultura se distingue da natureza porque é criação da pessoa humana enquanto ser livre e por isso implica emancipação do ente vivo humano da natureza, o que, contudo, não o separa de sua dimensão natural[8]. Assim, o ente humano é essencialmente cultural: a evolução da natureza o conduziu a uma situação em que agora ele mesmo pode gestar a si mesmo e a seu mundo.

Neste sentido, Lima Vaz[9] pensa cultura como uma gestação ininterrupta de bens e valores: bens materiais que nutrem a vida biológica e valores que exprimem as razões do viver, um sentido possível para orientar a vida. A história nos revela, assim, que ela é, de fato, luta pelos sentidos que serão preponderantes na vida dos indivíduos e dos grupos humanos[10].

Assim considerada, a cultura se manifesta como a maneira própria da pessoa humana ser ela mesma na história; ou seja, como ser vocacionado à liberdade que não a reduz simplesmente a autopresença, mas constitui a possibilidade, sempre diferente, de efetivar uma configuração de si mesma na natureza e no mundo intersubjetivo. Desta forma, liberdade quer dizer o sentir-se interpelado a configurar uma maneira de ser que se constitui como seu mundo histórico comum[11]. Numa palavra, suas obras contêm a mediação de seu próprio ser: é por meio delas que ele se efetiva. A pessoa humana, portanto, conquista-se por meio do mundo de obras que ela mesma engendra – isto é, através da cultura – um mundo interpretado (conhecimento) e

---

7. Cf. MAURER, R. *Kultur,* p. 823.

8. Cf. FORNET-BETANCOURT, R. *Interculturalidad y globalización,* p. 14-15: "En positivo: hay cultura allí donde las metas y valores por los que se define una comunidad humana, tienen incidencia efectiva en la organización social del universo contextual-material que afirman como próprio porque *están* en el".

9. Cf. LIMA VAZ, H.C. *Filosofia e cultura,* p. 115-116.

10. Numa perspectiva análoga, R. Fornet-Betancourt define cultura como "el proceso concreto por el que una comunidad humana determinada organiza su materialidad en base a los fines y valores que quiere realizar". Cf. FORNET-BETANCOURT, R. *Interculturalidad y globalización.* OP. cit., p. 14.

11. Cf. MÜLLER, M. *Philosophische Anthropologie,* p. 120ss.

configurado (ação) por suas ações. Nesta ótica, Valadier considera as culturas os diferentes meios de habitar o mundo de acordo com as modalidades de uma riqueza e uma inventividade extraordinária[12].

Nossa vida está, então, sempre numa configuração específica, numa disposição determinada de ser homem, no contexto de uma tradição específica que tanto herdamos como moldamos numa tensão permanente entre o herdado e a tarefa de nova configuração. As culturas são por isso testemunho de um ser finito à busca de si mesmo. A razão de ser das culturas é o abrir possibilidades de vida, espaços de possível realização de sentido na vida humana o que não significa dizer que isto ocorra automaticamente, mas antes que as culturas são produto do pensar e atuar humanos e enquanto tais fundamentalmente ambivalentes em seu processo histórico[13].

Na linguagem[14] se mostra enquanto tal que os entes humanos têm mundo. Para eles, o mundo não está aí como é o caso para os outros entes vivos que estão simplesmente no mundo, antes a existência do mundo é linguisticamente configurada, o mundo é sempre experienciado por meio da linguagem. Numa palavra todo conhecimento do mundo possui uma mediação linguística, nela todos os âmbitos de nossa experiência são articulados. Portanto, pensamos no seio de uma linguagem e, para Gadamer, precisamente este habitar do nosso pensamento numa linguagem é a incógnita mais significativa que a linguagem apresenta ao pensamento[15]. Isto significa dizer que não se pode pensar a cultura humana sem a linguagem.

Já os gregos a pensaram como a morada (o *ethos*) edificada pelo próprio ser humano a fim de possibilitar sua sobrevivência na terra, o que significa dizer que o ente humano nasce culturalmente marcado, porém, em princípio, é possuidor da capacidade de tomar posição frente a esse contexto histórico em que se situa e transformá-lo.

Assim, somente através da linguagem é possível para os humanos exprimir conceitos comuns, sobretudo aqueles conceitos comuns que possibilitam uma vida comum na forma de uma vida social sem morte e violências. Isso se

---

12. Cf. VALADIER P. *La mondalisation et les cultures*, p. 512.

13. Cf. FORNET-BETANCOURT, R. *Interculturalidad y globalización*. Op. cit., p. 18: "[...] en cada cultura hay posibilidades truncadas, abortadas, por ella misma [...]. De aqui además que en cada cultura deban ser discernidas sus tradiciones de liberación o de opresión".

14. Cf. GADAMER, H.-G. *Wahrheit und Methode*, 419: "Die Sprache ist nicht nur eine der Ausstattungen, die dem Menschen, der in der Welt ist, zukommt, sondern auf ihr beruht, und in ihr stellt sich dar, dass die Menschen überhaupt Welt haben".

15. Cf. GADAMER, H.-G. *Mensch und Sprache*. Op. cit., p. 95.

pode efetivar, em primeiro lugar, por meio de uma constituição política e de uma vida econômica configurada através de um conjunto de fins avaliados e escolhidos pelos próprios cidadãos[16].

2 A configuração específica das sociedades na "Modernidade tardia"

Em primeiro lugar, fala-se aqui de Modernidade a partir do quadro teórico das ciências sociais com a finalidade de compreender a mudança radical das sociedades ocidentais nos últimos séculos e seus resultados que, na situação histórica contemporânea, de formas diferenciadas, difundiram-se pelo mundo. O conjunto dessas transformações gestou uma nova configuração da civilização humana frente às sociedades chamadas hoje por isso de tradicionais. Considerando a interpretação desse processo formulada por Durkheim, explica-se o novo destas sociedades justamente por meio de uma comparação com as sociedades pré-modernas. Isso se mostra claramente não apenas, por exemplo, na interpretação weberiana da modernização como "processo de racionalização", mas hoje através da compreensão de J. Habermas deste processo por meio de uma contraposição entre a "compreensão mítica" do mundo e sua "compreensão moderna". O objetivo aqui é trazer à tona os pressupostos não explicitados do pensamento moderno tratando a questão da diferença entre os "conceitos fundamentais" de que os indivíduos dispõem para interpretar seu respectivo mundo[17].

Nesta estratégia, as sociedades pré-modernas se revelam como sociedades holistas entendidas como sociedades profundamente integradas por duas razões básicas: primeiro, pelo caráter abrangente de seu pensamento que, pela mediação de relações de semelhança e contraposição no interior de uma ordem simbólica, abarca num todo as diversas experiências humanas no mundo. Nesta ótica, a natureza física e o mundo sociocultural são apresentados no mesmo nível e, portanto, confundidos. O mito não separa conceitualmente com clareza coisas e pessoas, o mundo subjetivo e o mundo objetivo; segundo, porque os diferentes campos da vida social se configuram como uma unidade ainda não internamente diferenciada. Uma de suas características básicas é que esta unidade fundamental era assegurada pelo "universo simbólico religioso" que se configura como uma forma de "instituição total" já que a totalidade das ações humanas, em seus diferentes campos, constituía-se como perpassada e normativamente articulada por este universo. Neste sentido, pode-se afirmar que a religião era, nas sociedades pré-moder-

---

16. Cf. Ibid., p. 93.

17. Cf. HABERMAS, J. *Theorie des kommunikativen Handelns*, p. 72-113.

nas, a dimensão estruturante de toda a vida social. Na Modernidade, porém, ela perde sua autoridade de constituidora do consenso hegemônico.

A religião, assim, deixa de ser o saber imprescindível para o ser humano posicionar-se no mundo. O saber, de agora em diante, é secular uma vez que desconsidera qualquer conteúdo religioso e porque possui como meta a explicação dos fenômenos para tornar possível uma intervenção eficiente no mundo: a ciência moderna, que não objetiva contemplação e articulação da inteligibilidade do mundo, mas o conhecimento de como as coisas se comportam, o que é condição de possibilidade da dominação do sujeito humano sobre as coisas. Isso explica o "caráter instrumental", operatório, deste conhecimento: ele não contém sentido em si mesmo, mas é função do processo de manipulação do mundo e se instaura com a pretensão de ser a razão enquanto tal.

Todo esse processo revela que a modernização da vida social se estabelece enquanto um processo de diferenciação, pois aqui a unidade se fragmenta à medida que se dá uma autonomização dos diferentes campos do todo, possuindo cada um deles, de agora em diante, uma estruturação própria. A consequência desse processo é que a integração da vida social não acontece mais tendo como base os valores de uma tradição aceita sem questionamentos, ou seja, como evidência irrefutável, mas se constitui como uma unidade construída através da aceitação de um processo deliberativo e crítico. Isso pressupõe uma atitude reflexiva sobre si mesmo e consequentemente uma avaliação crítica das interpretações herdadas, radicada em processos argumentativos de aprendizado.

Tudo isto constitui o resultado de uma transformação radical da raiz do consenso: a sociedade moderna se interpreta a si mesma como uma sociedade "racional" já que seu consenso se forma por meio da capacidade argumentativa do ser humano. Os valores que regem a ação humana são, então, regras produzidas por sua razão, o que demanda uma distinção clara entre o mundo objetivo, o mundo social e o mundo subjetivo e o processo de universalização das normas. A consequência é a liberação dos indivíduos das obrigações e imposições de suas comunidades concretas. Isto constitui uma transformação profunda na vida das pessoas à medida que abre espaço para a autonomia dos indivíduos que, assim, se tornam capazes de pensar e configurar suas vidas a partir de si mesmos. É o próprio ser humano que emerge como a raiz autônoma de seu agir e o mundo; por sua vez, agora se converte em produto de sua práxis e, enquanto tal, se constitui como um mundo em mudança. Ele é, assim, o "mundo do homem", pois o ser humano se fez o sujeito da natureza, da sociedade e de sua história.

O ente humano, assim, de contemplador do mundo se transforma em criador de mundos e historicamente isto implica uma mudança essencial em sua forma de vida. Tudo isso indica o caráter irreversível deste processo e sua persistência como destino comum dos humanos do futuro: sempre mais, o ser humano vai descobrir a si mesmo no mundo em que vive, pois vai encontrar efetivados os fins que escolheu como ser livre para configurar seu mundo. Essa é a fonte da grande utopia moderna: a de um mundo inteiramente gestado pelo próprio homem em que terá condições de satisfazer suas necessidades e alcançar sua felicidade como ser plenamente autônomo que é precisamente o fim para onde tende a história.

Subjacente a tudo isto está implícita uma determinada concepção da natureza, do ser humano e, em última instância, da realidade em seu todo, cuja tematização constitui a tarefa específica da filosofia. Normalmente, nossa consideração do mundo moderno se tem focado no exame de seus procedimentos, suas conquistas para a humanidade e dos enormes riscos daí decorrentes. O foco aqui, ainda que de forma rápida, é posto nas concepções básicas da natureza, do ser humano, de sua ação, de sua história, do sentido de sua vida, e da realidade em seu todo. Numa palavra, trata-se do pano de fundo conceitual que implicitamente está presente na configuração moderna de nossas vidas. Pode-se, então, afirmar que o que está aqui em jogo é a metafísica aqui implicada[18], que é o desafio mais radical.

Uma categoria fundamental para a compreensão do mundo moderno e da postura do homem moderno em relação à realidade como um todo é a técnica[19]. Estritamente falando, pode-se afirmar que a técnica é o primeiro produto da "idade da ciência" em que ocorre, como diz Lima Vaz, "a progressiva perda de privilégio do credo cristão como centro de referência das ideias e valores dominantes no mundo ocidental"[20]. Um traço central desta nova civilização é a substituição pela "tecnoesfera", produto da técnica moderna, da "biosfera" encontrada pelo ser humano. Aqui justamente se coloca, como diz Lima Vaz, uma questão absolutamente central para o homem moderno: "O que se tornará problemático para o homem moderno... É a *cultura* entendida enquanto razão *ativa*, que avança sobre a *natureza* oferecida aos

---

18. Como percebeu M. Heim tratando da nova cultura gestada atualmente no contexto das novas tecnologias. Cf. HEIM, M. *The metaphysics of Virtual Reality*, p. 82.

19. Cf. OLIVEIRA, M.A. *O positivismo tecnológico como forma da consciência contemporânea*, p. 73-83.

20. Cf. LIMA VAZ, H.C. *Filosofia e cultura*: o problema dos fins. Op. cit., p. 107. Para Steil, justamente por a sociedade global atual não ser mais religiosa, seus indivíduos podem cultuar uma imensa diversidade de deuses. Cf. STEIL C.A. *Oferta simbólica e mercado religioso na sociedade global*, p. 7.

seus projetos, para transformá-la, criando assim um mundo humano em face do qual não deverá subsistir, em princípio, uma natureza independente ou indiferente"[21].

Considerando a significação originária de *physis*, entre os gregos, como algo pré-dado, apto a desenvolver-se e aperfeiçoar-se por si mesmo, faz-se necessário dizer que surge agora uma segunda natureza, como produto da forma de nosso relacionamento atual com a primeira natureza, que é fundamentalmente marcada pelas ciências modernas. O resultado deste processo é a modificação das proporções: se antes era a natureza o grande campo em que se achavam pequenos espaços de civilização, hoje ela foi encurtada a estreitos espaços[22]. Numa palavra, a técnica se revela em nosso contexto societário como um poder universal que atinge tudo: tanto a natureza interna como a externa e o mundo histórico. Muitos de seus efeitos se tornaram familiares entre os quais a gigantesca especialização e sofisticação na produção. A humanidade se põe agora três objetivos básicos a serem sempre buscados num processo de inovação incessante das próprias bases da vida humana: o progresso, a exatidão e a eficiência.

O núcleo significativo da técnica moderna somente pode ser compreendido de forma adequada a partir da cosmovisão e da compreensão antropológica peculiares à cultura moderna: neste contexto civilizatório a técnica não constitui simplesmente um fator central ou uma esfera característica específica desta cultura, mas seu componente decisivo. Neste espaço cultural, a totalidade da vida humana é configurada pela técnica, inclusive os espaços mais íntimos e privados da vida, os hábitos e costumes, as instituições e os valores, as maneiras de pensar e de agir e não mais pelo cristianismo que, como diz Lima Vaz, "não é mais o centro organizador das constelações simbólicas que orientam os rumos do devir social e histórico"[23]. A técnica, que em si mesma não possui fins próprios, emerge aqui como instrumento de efetivação eficiente dos fins escolhidos para todos os campos da existência humana e da natureza que, então, é radicalmente submetida aos fins estabelecidos pelo ser humano. Assim, o ser humano se tornou construtor de si mesmo já que em todas as instâncias de sua vida planeja e manipula racionalmente a si mesmo e desta forma se faz capaz, em sentido estrito, de planejar seu futuro.

---

21. Cf. LIMA VAZ, H.C. *Filosofia e cultura...* Op. cit., p. 108.
22. Cf. HÖFFE, O. *Moral als Preis der Moderne*, p. 111.
23. Cf. LIMA VAZ, H.C. *Filosofia e cultura...* Op. cit., p. 111.

Esse contexto societário gera uma pergunta incontornável: "Que destino espera o homem lançado na aventura da tecnociência?"[24] O que se manifesta em primeiro lugar é que este mundo simbólico constitui o horizonte que abre espaço para uma interpretação do todo da vida humana, individual e social, na perspectiva funcional da técnica. A consequência que daqui brota é uma compreensão do ser humano como possuidor, através da técnica, de grande poder e liberdade, mas unicamente na medida em que integra um sistema de eficiência que, quando absolutizado, produz coisificação e objetificação dele mesmo e da natureza.

Teoricamente isto conduz facilmente à postura do cientificismo (naturalismo epistemológico), portador de uma tese básica excludente: unicamente as sentenças das ciências naturais podem ser consideradas racionais de tal modo que aqui a razão, enquanto tal, é identificada com a racionalidade científico-natural (racionalidade instrumental, funcional, operacional). A consequência, no nível da ação, é que a tendência é considerar o que é tecnicamente possível como o que deve ser feito, o que significa uma redução da ética à técnica. Chamou-se a isto de "imperativo técnico" (*Can implies Ought*) o que significa afirmar que a técnica é portadora de uma normatividade em si mesma[25].

A técnica se transforma, assim, no elemento fundamental da automediação do ser humano no mundo e com isto o todo de significação da existência humana passa por uma mudança radical: sua maneira de compreender a si mesmo, a história, a sociedade, o cosmo, o mundo em que o ser humano vive, conhecendo e agindo. Nosso mundo se caracteriza, antes de tudo, precisamente por ter franqueado o todo de sua vida à exploração técnica de tal modo que, como diz Gehlen[26], nenhum setor da cultura e nenhum nervo do ser humano permanecem intocados. De maneira decisiva foi abalada a religião que na Idade Média havia sido o núcleo configurador da vida social. A Modernidade reconfigurou a função e a posição que a religião ocupava na sociedade; ou seja, ela é de fato um movimento de transformações radicais e profundas em relação à sociedade medieval[27].

A produção técnica e seus produtos apresentam-se, então, como o modelo de interpretação da totalidade do ser, o critério para o que deve valer

---

24. Cf. ibid., p. 108.

25. A respeito das objeções básicas a exposição, cf. HÖSLE, V. *Die Unmöglichkeit einer naturalistischen Begründung der Ethik*, p. 105ss.

26. Cf. GEHLEN, A. *Die Seele im technischen Zeitalter*, 1957.

27. Cf. HAVEY, D. *Condição pós-moderna*, p. 21ss. • BAUMANN, Z. *Modernidade líquida*, p. 9ss.

como real e verdadeiro. A técnica aqui se transforma na postura fundamental do ser humano frente ao mundo de tal modo que o "saber de dominação", o saber instrumental na terminologia dos frankfurtianos, é o único que pode levantar a pretensão de validade. Nesta ótica, na sociedade industrial que se gestou na Modernidade, o trabalho é fundamentalmente o trabalho manual nas fábricas. "Do ponto de vista cultural, o trabalho passa a ser o elemento central que permeia o conjunto das instituições; ou seja, as pessoas provam o seu valor pelo seu trabalho e, nessa perspectiva, o não trabalho; assim sendo, a ausência de um emprego configura uma caracterização identitária de constrangimento para quem não o tem"[28].

É a partir da revolução tecnológica recente na esfera da informação, das comunicações e dos transportes, que se gestou a nova forma de acumulação e regulação do capital, a globalização ou mundialização que seguramente não se reduz a um evento econômico, mas constitui um fenômeno enormemente complexo que contém muitas dimensões e muitos aspectos. Esse processo diferencia e transforma estruturalmente a vida dos povos hoje, suas instituições e seus esquemas culturais. Há vários analistas que insistem no entrelaçamento aqui de múltiplas causalidades como chave de compreensão do fenômeno da globalização[29]. Pode-se afirmar que ela é um tipo de "liberalismo transnacional" já que, por decisões políticas, eliminou as amarras – isto é, desregulamentou o mercado mundial – sobretudo os mercados financeiros, que produziram a especulação em grande escala[30] e incentivaram a criação dos paraísos fiscais, subordinando tudo às imposições dos mercados capitalistas. "A dinâmica política exigida pelo capitalismo financeiro criou sérios problemas para a disputa democrática do poder e para o seu exercício em favor das classes empobrecidas"[31].

Por meio destas estratégias, a globalização ampliou os processos de interconexão econômica, política e cultural, estimulando um intercâmbio mais estreito entre os países e os povos e alargando a interdependência, embora de forma assimétrica, o que tornou extremamente limitado o controle da economia pelos Estados nacionais, fazendo-a muito vulnerável à

---

28. Cf. SANSON, C. *O pobre coletivo*: o Sul no mercado globalizado, p. 107-108.

29. Cf. IANNI, O. *A sociedade global.* • ORTIZ, R. *Mundialização e cultura.* • SANTOS, B.S. *A globalização e as ciências sociais.*

30. Cf. VIVERET, P. *Sobre o bom uso do fim de um mundo*, p. 29: "[...] sobre três bilhões e duzentos milhões de dólares que eram investidos diariamente nos mercados financeiros antes do começo da crise financeira de 2008, somente menos de 3%, mais exatamente 2,7%, correspondem a bens e serviços reais, a pequena parte da economia real em relação à economia especulativa".

31. Cf. ABDALLA, M. *Combate à pobreza ou nova economia?*, p. 209.

ação dos agentes dos mercados globais. É adequado aqui falar-se de uma imposição totalitária[32]. Este sistema se tornou possível, entre outros elementos, através dos avanços tecnológicos e da revolução dos meios de comunicação que transpôs os limites do tempo e do espaço, transformando a comunicação mundial em algo instantâneo. Isto significou a extensão da difusão para todo o planeta não apenas de imagens e sons através de um bombardeio publicitário permanente, mas igualmente de capitais, de tecnologias, de ordens de bolsas e transações, publicidade, informações etc., embora como diz Lecour, "60% da população mundial nunca fizeram um telefonema e 1/3 não tem acesso à eletricidade"[33]. Neste processo, fala-se também de uma "globalização cultural" para designar a internacionalização do mercado cultural de massa[34].

É precisamente isto que justifica a tese de muitos analistas[35] de que nos estamos deslocando da era da industrialização para a era da informação[36], da revolução genética e de novas experiências espaçotemporais que produzem grandes avanços no conhecimento. Passamos, assim, das sociedades industriais para as sociedades pós-industriais. Podemos dizer que somos hoje sociedades da informação e do conhecimento uma vez que o conhecimento se transformou no principal fator de produção na economia contemporânea[37] e o trabalho manual se faz cada vez menos necessário[38].

Isto tem gerado uma mudança importante na estrutura ocupacional[39] e enérgico movimento na direção de desregulamentação de direitos. Para Guattari, isso criou uma nova forma de submissão, ou seja, a submissão ao "império de mercado mundial que lamina os sistemas particulares de valor, que coloca num mesmo plano de equivalência os bens materiais, os bens culturais, as áreas naturais etc."[40] Desta forma, a mente humana se transformou numa força produtiva direta e é precisamente neste sentido que se

---

32. Cf. FORNET-BETANCOURT, R. *Interculturalidad y globalización*. Op. cit., p. 153: "En una palabra: la humanidad non se globaliza sino que está siendo globalizada por expansión totalitaria de um modelo civilizatorio".

33. Cf. LECOUR, G.M.C. *Uma aposta pela América latina*, p. 29.

34. Cf. ORTIZ, R. Op. cit., p. 111.

35. Cf. CASTELLS, M. *A sociedade em rede*. Op. cit.

36. Cf. GALVÃO, A.P.; SILVA, G.; COCCO, G. (orgs.). *Capitalismo cognitivo*. Op. cit.

37. Cf. DOWBOR, L. *O capitalismo se desloca*: novas arquiteturas sociais. Op. cit.

38. Cf. COHEN, S.S. *As opções da Europa no novo cenário econômico*, p. 31-67. • WATERS, M. *Globalization*. Op. cit.

39. Cf. MÉDA, D. *Le travail*: une valeur en voie de disparition. Op. cit.

40. Cf. GUATTARI, F. *As três ecologias*, p. 10.

fala de sociedade pós-industrial: "A principal fonte do valor reside agora na criatividade, na polivalência e na força de invenção dos assalariados e não apenas no capital fixo, a maquinaria"[41]. São grandes as massas de indivíduos perdedores deste processo: "As pessoas excluídas perderam até o "direito" de ser exploradas pelo processo produtivo capitalista"[42].

Um dos seus resultados mais patentes da tecnificação foi certamente a imensa ampliação do âmbito cultural da vida humana: o enorme acervo de informações possibilita ao homem contemporâneo tomar conhecimento da vida dos povos e das culturas mais distantes de tal modo que qualquer povo se acha hoje situado numa rede de relacionamentos com outros povos. Assim, a generalização da civilização técnico-científica gestou uma humanidade una[43], pois a civilização tecnológica tornou possível, pela primeira vez, na história humana a coexistência e convivência dos povos e das culturas mais diversas. É a partir desse fato que se pode falar em sentido estrito de uma história mundial.

Isso aconteceu no seio de uma "revolução comunicativa" gestada pela expansão dos meios de comunicação de massa que transformaram profundamente a comunicação humana no mundo contemporâneo e reconfiguraram radicalmente as relações entre as pessoas[44], o que conduziu alguns cientistas sociais a chamarem nossas sociedades de sociedades das mídias, da informação, das sociedades eletrônicas, das imagens, do espetáculo[45]. A primeira mudança decisiva é que aqui ocorre um deslocamento da interação face a face entre sujeitos participantes do mesmo mundo vivido para uma comunicação que normalmente é de mão única e que utiliza meios mecânicos tornando possível a transferência de conteúdos simbólicos a pessoas distantes no espaço e no tempo. Uma consideração, apontada aqui, é que o complexo midiático-cultural se apropriou hoje das funções das Igrejas no campo cultural uma vez que, como diz Silva Moreira, "estas instituições produzem símbolos, sentido, crenças, explicações sobre o real e figuras para a imitação, a fidelidade e mesmo a imitação das pessoas"[46].

---

41. Cf. SANSON, C. *O pobre coletivo*, p. 112.

42. Cf. ABDALLA, M. *Combate à pobreza ou nova economia?*, p. 211.

43. Cf. STEIN, E. *Pensar e errar*: um ajuste com Heidegger, p. 151ss.

44. Cf. THOMPSON, J.B. *A mídia e a Modernidade*, p. 18ss.

45. Cf. JAMESON, F. *Pós-modernismo* – A lógica cultural do capitalismo tardio, p. 29.

46. Cf. SILVA MOREIRA, A. *O futuro da religião o mundo globalizado*: painel de um debate, p. 30.

Um dos efeitos fundamentais deste processo é que hoje os seres humanos de culturas diversas se defrontam com diferentes concepções da vida humana, com uma multiplicidade de sentidos, de crenças e de interpretações da realidade. Com isto, abre-se uma chance de abertura para um diálogo crítico a respeito dos valores essenciais da pessoa humana e, em decorrência disto, a respeito da orientação básica a dar à vida.

Nesta configuração societária, comunicação e economia se fazem processos inseparáveis. É por esta razão que M. Castells[47] defende a tese de que a nova revolução tecnológica das tecnologias da informação reconfigura os próprios alicerces materiais da vida social. As economias se entrelaçaram entre si constituindo o mundo em redes globais através da gestação de um número enorme de comunidades virtuais e fazendo emergir uma forma nova de relação entre Estado, sociedade e economia.

3 A Pós-modernidade enquanto crítica radical da Modernidade

Falta consenso entre os teóricos, tanto no que diz respeito à compreensão da sociedade atual em seu todo quanto apenas do ponto de vista cultural, a respeito do que seja verdadeiramente a Pós-modernidade[48]. K. Gabriel[49] defende a posição de que nosso contexto atual significa uma radicalização do processo de modernização em pelo menos três aspectos: a) Nas estruturas sociais: radicaliza-se o processo de diferenciação e racionalização dos sistemas estruturais funcionais (poder, religião, economia, ciência etc.). Daqui decorre a valorização das especializações, da complexificação e da pluralidade de perspectivas. Neste tipo de sociedade, a religião adquire uma função muito fundamental para os indivíduos e as famílias, mas é inteiramente insignificante para as ciências, para a economia e para a política; b) Na cultura: o modelo cultural da tradição se fragmenta num pluralismo cultural radical[50] e seus conteúdos culturais são submetidos a uma avaliação. De um lado, isto abre espaço a uma experiência de libertação frente às pressões culturais, mas, de outro, pode gerar uma carência de orientação em virtude da diversidade de propostas a respeito da compreensão da vida; c) Nas relações sociais: neste nível ocorre um processo de individualização estruturalmente produzido e cul-

---

47. Cf. CASTELLS, M. *The information age*: economy, society and culture, I.

48. Cf. HARVEY, D. *A condição pós-moderna*. Op. cit. • ANDERSON, P. *As origens da Pós-modernidade*. Op. cit.

49. Cf. GABRIEL, K. *Christentum zwischen Tradition und Postmoderne*, p. 15ss.

50. A respeito dos problemas que podem emergir daqui, cf. CORTINA, A. *Cidadania intercultural*, p. 139-169.

turalmente sustentado. Aqui é um elemento central a inserção das pessoas na cultura de massa por meio da mídia. Sem entrar no debate sobre a existência ou não de uma sociedade propriamente pós-moderna, em sentido estrito, consideramos aqui a hipótese de que o que se pode chamar de Pós-modernidade é, pelo menos, a forma específica de sociedade moderna atingida em nossos dias.

A crítica explícita à Modernidade emerge com uma confrontação entre os ideais expressos pela Modernidade e a civilização por ela construída. Assim, por exemplo, para Sloterdijk[51], a razão, a referência central da Modernidade, manifesta-se hoje como um grande engodo já que se transfigurou numa razão cruel, dominadora, cínica: para além dos ideais de esclarecimento e liberdade, o que de fato nos define é a experiência da perda do sentido da vida humana através da dominação plena da razão instrumental que subjuga a natureza e os seres humanos. Desta forma, a razão se iguala hoje ao controle técnico universal gestando a imbecilidade nas diferentes dimensões da vida: o ser humano acaba reduzido a um apêndice da máquina e dos aparelhos de sujeição; portanto, o sujeito humano parece converter-se numa pura função da história, de qualquer maneira, de forças que transcendem sua consciência autônoma.

Nesta situação, desaparece a credibilidade do progresso, de um *telos* que outorga uma razão de ser ao movimento histórico que constitui a vida humana. Antes, assoma agora ao primeiro plano a consciência da capacidade, possuída pelo ser humano, de arruinar sua própria história. Do ponto de vista filosófico, certamente foi Nietzsche o primeiro autor a transformar a crítica da razão moderna numa crítica à razão enquanto tal, o que conduz a uma esterilização dos valores fundamentais da existência humana enquanto tal. Desta maneira, ele emerge como o grande inspirador do que se convencionou denominar de pensamento pós-moderno[52].

Para M. Frank[53], a consonância mínima entre as diferentes posições filosóficas após Hegel se efetiva na tese de que é impossível interpretar o mundo a partir de um "lugar arquimédico"; ou seja, de um ponto de vista absoluto. Nossa consciência é, em sentido ontológico, estritamente finita: ela não tem fundamento em si mesma e consequentemente não se explica a partir de si mesma. De acordo com a interpretação tradicional, pode-se

---

51. Cf. SLOTERDIJK, P. *Kritik der zynischen Vernunft*, p. 2. • OLIVEIRA, M.A. *A crise a racionalidade moderna: uma crise de esperança*, p. 68-94.

52. Cf. OLIVEIRA, M.A. *Pós-modernidade: abordagem filosófica*, p. 21-52.

53. Cf. FRANK, M. Op. cit., p. 116.

afirmar com razão que a estrutura teórica da metafísica é o modelo da árvore[54]; ou melhor, a concepção da origem de tudo a partir de um princípio unitário, de um fundamento último assim que a multiplicidade foi sempre pensada como multiplicidade no interior de uma unidade última. Desta forma, a metafísica compreende a si mesma como um pensamento "arqueológico" no sentido de articular o conhecimento de tudo a partir de uma *arché* última. Toda autoridade se situa, assim, do lado da unidade. Vattimo defende a tese oposta: o niilismo pós-moderno, compreendido como a eliminação das metanarrativas, constitui a verdade atual do cristianismo. Isto implica dizer que o cristianismo extinguiu o próprio conceito de verdade interpretada como uma elaboração metafísica. Nesta ótica, tanto o ateísmo como o niilismo são produtos do cristianismo. Após a destruição da metafísica, o único a permanecer é o amor[55].

O pressuposto fundamental, implicitamente presente em todas as posições conflitantes com a tradição, aceito e igualmente assumido pelo pensamento pós-moderno, é que nossa compreensão do mundo não é produto de nossa consciência, mas é algo que acontece em nós. Desta forma a consciência, a subjetividade, realidade que tudo determina, não constitui o fenômeno originário, o elemento determinante, nem o princípio decisivo do pensamento e da ação, o centro de referência última de toda e qualquer realidade. Com isto se destrói a tese básica das filosofias da consciência da Modernidade.

Numa palavra, a consideração do sujeito sobre si mesmo é secundária frente ao ser ou à tradição que nos marca. Assim, a subjetividade já é sempre marcada por uma "determinação transcendente", algo que está além dela mesma: a corporalidade, a natureza e suas necessidades, o trabalho, ou a linguagem, o inconsciente. Numa palavra, à medida que a subjetividade reflete sobre si mesma, emergem suas dependências de algo de que não está à sua disposição, que, portanto, ela não domina: "Toda vez, o sujeito se apresenta envolto por uma dimensão que o supera e é sua condição de possibilidade; ele é o produto de uma história que faz, mas de que ele não é senhor"[56].

Supera-se, portanto, a subjetividade entendida como elemento determinante na medida em que se mostra sua finitude radical e, portanto, a incapacidade de uma transparência completa, o que se manifesta através seus condicionamentos estruturais. Assim, para o sujeito refletir sobre si

---

54. Cf. DELEUZE, G.; GUATTARI, F. *Rhizom*, p. 8-9.
55. Cf. RORTY, R.; VATTIMO, G. *El futuro de la religión*: solidaridad, caridad, ironia, p. 71, 75, 76.
56. Cf. OLIVEIRA, M.A. *A crise da racionalidade moderna*, p. 82.

mesmo, vai significar agora dar-se conta de suas dependências constitutivas: toda e qualquer compreensão do mundo é pré-estruturada; ou seja, as significações e os conceitos que utilizamos para pensar o mundo não constituem expressão de nossas intenções. Não somos nós que os instituímos, mas antes, como diz Foucault[57], é uma visão que nos é imposta pelo todo discursivo de uma época.

G. Vattimo[58] fala, neste contexto, de um processo de emancipação da diferença: suprimindo-se a ideia de uma racionalidade imanente à história, explode o mundo da comunicação universalizada numa multiplicidade das racionalidades "locais" de minorias étnicas, sexuais, religiosas, culturais ou estéticas. Agora, essas racionalidades podem tomar a palavra uma vez que não são mais ocultadas pela visão de que uma única forma de humanidade autêntica deve ser efetivada à custa de todas as particularidades, de todas as individualidades limitadas, efêmeras e contingentes. Para a tradição de pensamento que provém de Nietzsche e Heidegger, os efeitos desastrosos deste processo são a revelação de um dos traços característicos de nossa época e que ameaçam nossa cultura: o niilismo que hoje se faz universal e penetra todas as dimensões da cultura[59]. "A grande exigência do momento é esquecer as metanarrativas em prol de uma práxis localizada; isto é, de uma práxis da pluralidade e das possibilidades infinitas"[60].

4 Que espaço e que papel pode ter a religião neste contexto?

Há muitas divergências entre os analistas das sociedades contemporâneas a respeito da análise do fenômeno religioso[61]. Uma questão, porém, parece possuir um grande consenso: a análise do fenômeno religioso

---

57. Cf. FOUCAULT, M. *Les mots et les choses*, p. 12. L. Althusser usa uma metáfora semelhante. Cf. ALTHUSSER, L. *Lire Le Capital*, p. 25, 28.

58. Cf. VATTIMO, G. *Die transparente Gesellschaft*, p. 21.

59. Cf. DOMINGUES, I. *A filosofia no 3º milênio*: legado e desafios, p. 212: "Ora, o nihilismo, que já grassava no século XIX e que Nietzsche soube pintar com cores tão fortes, porém restringindo-se ao plano antes de tudo moral (nihilismo ético), ganha alturas e extensões nunca vistas no curso do século XX, quando se generaliza em nihilismo social, político, existencial, religioso, metafísico, e assim por diante". P. 230: "[...] o perigo, se há, e há, reside alhures, não no marxismo, que fracassou, ou no a-moralismo de Nietzsche, que desconcerta porém não gera ações, mas no nihilismo das filosofias da suspeita, hipercríticas e pós-modernas, que leva à deserção do social, ao abandono da política e à indiferença moral, sem pôr nada no seu lugar, e nos deixando ante o vazio. Um bom exemplo disso é o nihilismo político que constituirá sem dúvida um dos grandes legados que o século XX transmitirá ao XXI".

60. Cf. OLIVEIRA, M.A. *Pluralismo e ética*. Op. cit., p. 164-165.

61. Cf. ORO, A.; STEIL, C.A. (orgs.). *Globalização e religião*. • PIERUCCI, A.; PRANDI, R. *A realidade social das religiões no Brasil*: religião sociedade e política. Op. cit.

constitui um fator central para a compreensão das sociedades da Modernidade tardia. Para Hervieu-Léger a secularização não se reduz agora ao encolhimento da esfera religiosa diferenciada, mas ela manifesta também uma disseminação dos fenômenos de crença: há hoje o religioso por todas as partes[62]. Certamente se pode falar de um dinamismo novo e de um crescimento inesperado do fenômeno religioso no mundo contemporâneo, caracterizado por uma enorme diversidade e por particularidades inovadoras. Esta é a razão pela qual, para França Miranda, o fenômeno religioso hoje termina tornando-se ambíguo: "De fato, pela multiplicidade variada de tudo o que ser apresenta como manifestação do religioso, este acaba se tornando indeterminado e ambíguo"[63].

Há, porém, um acento posto na compreensão da religião como espaço de articulação do sentido da vida: "A religião constitui, hoje, uma reserva de símbolos e significados, reproduzidos institucionalmente, ou livremente buscados pelos indivíduos, dentro de uma multiplicidade de percursos e níveis"[64]. Precisamente por esta razão ela pode desempenhar muitas funções ainda que muitos destes analistas apontem para uma diminuição da autoridade vinculante das instituições religiosas. De qualquer maneira, emerge um modo novo de viver e considerar as religiões institucionais e as experiências religiosas no novo contexto societário, levando em consideração que elas agora valorizam o simbólico, a intuição, a experiência, a emoção, o afetivo.

Para Steil, as religiões, no contexto societário contemporâneo, são caracterizadas por três traços básicos: 1) Privatização entendida enquanto centralidade do indivíduo autônomo apto a escolher entre as diversas alternativas religiosas. Isto tem gerado um tipo de cultura de mercado dos bens simbólicos; 2) Circulação entre os diferentes sistemas religiosos; 3) Ampliação das fronteiras da religião para outros campos da vida social fazendo entrecruzar-se religião, economia, ciência, filosofia, ecologia, psicologia etc.

J. Habermas articulou, a partir das ciências sociais, uma consideração significativa a respeito da presença e do papel da religião na esfera pública das sociedades contemporâneas. Para ele[65], a situação cultural de nossa época é marcada fundamentalmente por duas tendências contrárias:

---

62. Cf. HERVEU-LÉGER, D. *La Religion en mouvement,* p. 22.

63. Cf. FRANÇA MIRANDA, M. *Existência cristã hoje,* p. 149.

64. Cf. MARTELLI, S. *A religião na sociedade pós-moderna*: entre a secularização e a dessecularização, p. 453.

65. Cf. HABERMAS, J. *Entre naturalismo e religião* – Estudos filosóficos, p. 7-8.

a) A biologia foi, sem dúvida, a ciência que, no século XX, fez mais avanços, o que se deveu à aplicação em seu domínio do quadro teórico das ciências da natureza, física, química, cibernética. Isso ocorreu desde Darwin que retirou da biologia a explicação teleológica a fim torná-la uma ciência segundo a estrutura da física moderna. Para Habermas prevalecem hoje os progressos na área da biogenética, nas investigações sobre o cérebro e na robótica, movidos por expectativas terapêuticas e eugênicas. Implícita nesta orientação de pesquisas, está uma concepção do ser humano enquanto um objeto subjugável tanto quanto os objetos das ciências naturais. Esta é a posição que se convencionou chamar de "naturalismo cientificista" que elaborou uma visão fisicalista do espírito humano e da realidade em seu todo e, neste sentido, é como a religião, na expressão de J. Rawls, uma "doutrina compreensiva"; isto é, uma visão da realidade em seu todo;

b) A partir de 1989/1990, percebe-se, em nível mundial, no mundo contemporâneo, uma "politização de comunidades de fé e tradições religiosas"[66]. Este fenômeno, que os cientistas sociais classificam como "renascimento da religião", levanta o desafio de uma crítica indispensável a uma autocompreensão pós-metafísica e pós-religiosa da Modernidade ocidental. O fato mais inesperado para ele é a revitalização política da religião precisamente no cerne da sociedade norte-americana; ou seja, no centro da civilização ocidental.

Nesta nova situação, a Europa aparenta separar-se do resto do mundo e o "racionalismo ocidental" de M. Weber começa a não mais constituir o padrão civilizacional. O resultado é que aquilo que foi assumido como um modelo de configuração societária, que se efetivaria em todas as culturas, aparece agora como uma exceção: "... as teorias da secularização pressupõem que a religião, de uma certa maneira, é um resíduo de crenças ainda não racionalizadas e, portanto, "primitivas"[67]. O foco da questão agora se desloca na direção da pergunta por uma interpretação correta da secularização que é produto da racionalização social e cultural típica da Modernidade ocidental. Precisamente neste novo cenário, emerge a questão decisiva sobre o papel político da religião no Estado e na esfera pública[68].

Levando em consideração esta situação, Habermas centraliza sua investigação numa questão fundamental: "Até que ponto a separação entre Igreja

---

66. Cf. BERGER, P.L. (org.). *The desecularization of the world*, 1999.

67. Cf. BERTEN A. *A religião numa perspectiva evolucionista*: Max Weber e Jürgen Habermas, p. 169-170.

68. Cf. ENNS, P. *Habermas, reason and the problem of religion*: The role of religion in the public sphere, p. 878-894.

e Estado, a qual é requerida pela constituição, pode influenciar o papel a ser desempenhado pelas tradições e comunidades religiosas na esfera pública política e na sociedade civil, na formação política da opinião e da vontade dos cidadãos?"[69] Sua posição se expressa em alguns pontos básicos:

a) A autocompreensão do Estado de direito democrático tem suas raízes numa razão humana comum; ou seja, articula-se em argumentos públicos a que todas as pessoas podem ter acesso da mesma maneira. Isto designa a base epistêmica para a legitimação do poder do Estado secular, situado na tradição de um direito de razão que contesta as concepções cosmológicas ou salvíficas fortes dos jusnaturalismos clássicos ou religiosos. A tese alternativa aqui é que a constituição do Estado liberal pode obter sua legitimação de forma autossuficiente; isto é, a partir de argumentos independentes tanto das tradições religiosas quanto das metafísicas. A afirmação básica é que somente um poder secular, fundamentado num Estado de direito neutro em relação a concepções de mundo, possui condições de assegurar uma convivência tolerante, radicada na igualdade de direitos, das diferentes comunidades de fé inconciliáveis em suas concepções do todo da realidade. Desta forma, para Habermas, segundo Rouanet, "... o Estado continuaria sendo neutro entre as várias concepções do mundo. Mas o Estado não seria "secularista", no sentido de defender uma ideologia que relegasse a religião ao limbo do obscurantismo. Seria "pós-secular", prestando maior atenção ao potencial semântico e motivacional da tradição religiosa"[70]. Assim, liberdade religiosa e neutralidade do Estado se pressupõem reciprocamente. Isto implica, contudo, que os cidadãos estejam convictos da necessidade de viver numa ordem democrática[71].

Desta forma o Estado liberal se libera de qualquer justificação metafísica ou religiosa dos fundamentos normativos do Estado de direito democrático. Esta tese constitui o cerne do liberalismo político e possibilita por isto pensar a separação entre Estado e Igreja. Assim se abre o espaço para a autodeterminação democrática dos cidadãos e se põem grandes desafios culturais aos crentes que são, contudo, menos difíceis para a tradição católica em virtude de seu tradicional reconhecimento da luz natural da razão.

---

69. Cf. HABERMAS, J. *Entre naturalismo e religião...*, p. 134.

70. Cf. ROUANET, S.P. *Habermas e a religião*, p. 145.

71. Cf. COSTA OLIVEIRA, J.C. *Secularismo e religião na democracia deliberativa de Habermas*, p. 211ss.

b) Por outro lado, a solução para a questão do pluralismo religioso, agora reconhecido como legítimo, é o direito fundamental de liberdade de consciência e de religião. Contudo, a fim de garantir a liberdade de religião, sem dúvida o Estado secular é uma condição irrecusável, porém, não suficiente. As próprias partes envolvidas necessitam alcançar um acordo que estabeleça o que pode ser tolerado. O procedimento adequado aqui é justamente a formação deliberativo-democrática legitimada mediante a participação política simétrica dos cidadãos.

Assim, os cidadãos devem respeitar-se reciprocamente como membros de sua própria comunidade política, na consciência de que possuem direitos iguais apesar do dissenso em questões de concepção do mundo e convicção religiosa. Sob esta base, o objetivo que se impõe é que os cidadãos devem procurar, nas questões controversas, alcançar um entendimento mútuo, racionalmente legitimado, o que implica o dever recíproco de expor bons argumentos, ou seja, argumentos imparciais tanto para cidadãos religiosos como não religiosos[72].

Uma tese central de Habermas neste contexto é que as tradições religiosas, a partir do horizonte em que concebem o mundo, possuem uma sensibilidade singular para o que falta em nossas formações sociais[73], para a vida fracassada, para as patologias sociais, para o fracasso de projetos individuais de vida, para a deformação de contextos vitais, pois elas conservam na memória aquelas dimensões da existência humana em que os progressos da racionalização social e cultural geraram danos irreparáveis. "As religiões preservaram a memória da injustiça histórica, das vidas mutiladas, das esperanças traídas, e a filosofia faria bem se escutasse todas essas vozes"[74]. Para ele, o cristianismo articulou seu horizonte na base da concepção da dignidade igual de todos os seres humanos, de uma ética universalista da fraternidade, da utopia de uma comunidade solidária e conciliada.

Por que razão elas não podem hoje persistir sendo fontes de inspiração mediante a tradução de suas mensagens em discursos profanos? Em publicações anteriores Habermas afirmou que a consciência religiosa estava em vias de dissolução nas sociedades industriais do Ocidente marcadas por um ateísmo de massa que fez com que a religião perdesse, em larga escala, suas

---

72. Cf. OLIVEIRA, N. *Habermas*: o universalismo ético entre o naturalismo e a religião. Op. cit.

73. Cf. CUNICO, G. *Jürgen Habermas (1929-)* – A religião além dos limites da razão comunicativa, p. 509.

74. Cf. ROUANET, S.P. *Habermas e a religião*, p. 146.

funções ideológicas. Em lugar disto cresce o interesse intelectual pelos conteúdos utópicos das tradições religiosas[75]. No entanto, se hoje ele acentua a dimensão de inspiração (por meio de seus conteúdos semânticos) que a religião pode desempenhar na sociedade (portanto, seu direito a coexistir com o pensamento pós-metafísico) não mudou, porém, sua tese da incompatibilidade da religião (o que é afirmado também das metafísicas) com a racionalidade moderna[76].

c) Com isto Habermas expressa um ponto absolutamente decisivo de sua proposta teórica: em sua concepção, as doutrinas compreensivas, ou seja, as concepções do todo da realidade, tanto religiosas ou não, podem ser apresentadas, a qualquer momento, à discussão política pública com a condição de serem expostas com argumentos políticos apropriados e não a partir de razões específicas de suas respectivas doutrinas. Numa palavra, em sua concepção, a liberdade religiosa somente pode ser assegurada através da aceitação pelas comunidades religiosas da neutralidade das instituições do Estado no que diz respeito às visões do mundo e da determinação restritiva do uso público da razão.

Isto não significa desconhecimento de que uma religião não se constitui apenas por uma doutrina, mas é uma fonte de energia que pretende orientar toda a vida do crente, consequentemente, também sua existência social e política. Na realidade, toda religião contém, explicita ou implicitamente, uma doutrina compreensiva; isto é, uma visão do mundo em seu todo que pretende ter autoridade para configurar uma forma de vida em sua totalidade. Nos escritos anteriores à fase atual, Habermas havia interpretado a religião enquanto uma dimensão da vida humana não situada no campo técnico-teórico, mas propriamente na esfera do normativo. Por esta razão, a tese do desencantamento do mundo significa para ele a passagem da autoridade normativa, fundada numa concepção religiosa, para uma autoridade fundada num consenso comunicativo[77]. Nas condições das sociedades modernas "a religião foi obrigada a renunciar a essa pretensão que visa o monopólio da interpretação e da configuração abrangente da vida"[78].

---

75. Cf. HABERMAS, J. *Zur Rekonstruktion des historischen Materialismus*, p. 52.

76. Cf. CUNICO, G. Op. cit., p. 511. Cf. ARAÚJO, L.B.L. *Do ateísmo ao agnosticismo metodológico*, p. 157.

77. Cf. BERTEN, A. *A religião numa perspectiva evolucionista*: Max Weber e Jürgen Habermas, p. 176ss. Este processo foi provocado para Habermas por aquilo que ele denomina "verbalização do sagrado". Cf. ARAÚJO, L.B.L. *Do ateísmo ao agnosticismo metodológico*, p. 158.

78. Cf. HABERMAS, J. *Entre naturalismo e religião*, p. 127.

O Estado liberal certamente não pode impor ao cidadão religioso que ele, participando da esfera pública, separe, de forma estrita, argumentos religiosos e não religiosos. Numa palavra, ele não pode converter a separação institucional entre religião e política numa sobrecarga mental e psicológica. O fundamental aqui é que cada um acate que aqui só valem argumentos seculares. Emerge, então, a necessidade de uma "tradução institucional", o que pressupõe que os crentes compreendam a si mesmos como membros de uma "cidade terrena" na qual todos, crentes ou não, têm a obrigação recíproca de justificar suas posições no que diz respeito a questões políticas controversas.

Tudo isto, para Habermas, não proíbe, contudo, que os crentes possam exprimir-se numa linguagem religiosa com a restrição da tradução já que não é possível saber de antemão se, proibindo esta linguagem, não se estaria destituindo a sociedade de recursos essenciais para a criação de sentido. Todos, crentes, membros das diversas confissões, e não crentes, possuem condições de aprender alguma coisa dos aportes religiosos, à medida que, por exemplo, reconhecem, nos conteúdos normativos transmitidos pelas propostas religiosas, certas intuições que eles mesmos compartilham. É possível e se deve considerar, então, as intuições morais religiosas como possíveis conteúdos de verdade traduzíveis numa linguagem secular, um trabalho a ser cumprido por crentes e não crentes em cooperação. Sem esta tradução o conteúdo das religiões não pode entrar na pauta das agendas e negociações das instituições estatais já que aqui todas as propostas têm que ser expressas e justificadas numa linguagem acessível a todos os cidadãos sem qualquer tomada de posição por nenhum tipo de visão de mundo. Mas, de outro lado, irrompe precisamente desta forma; ou seja, mediante a esfera pública política, a possibilidade de os crentes poderem exercer uma influência própria na sociedade como um todo[79].

d) Uma possível objeção a esta tese é para Habermas a afirmação de que ela implica uma assimetria por privilegiar os argumentos seculares e exigir dos crentes um processo de aprendizado e de adaptação de que estão isentos os cidadãos seculares. A resposta de Habermas se articula numa dupla direção. Em primeiro lugar, no que toca aos crentes, ele aponta para o que os sociólogos denominam de modernização da consciência religiosa por meio do esforço feito pelas religiões para responder aos três grandes desafios da

---

79. Cf. CHAMBERS, S. *How religion speak to the agnostic*, p. 210-223. • PINZANI, A. *Fé e saber? –* Sobre alguns mal-entendidos relativos a Habermas e à religião, p. 211-227.

Modernidade: o pluralismo religioso, as ciências modernas e a emergência de um direito e de uma moral profanos.

Segundo, os cidadãos seculares necessitam igualmente passar por uma aprendizagem, pois, enquanto estiverem convencidos de que as posições religiosas constituem uma relíquia de sociedades pré-modernas, considerarão a liberdade de religião "apenas como uma proteção cultural para espécies naturais em extinção"[80] e, consequentemente, afastarão a possibilidade de aprender um conteúdo racional a partir das contribuições religiosas[81]. "O conceito de sociedade pós-secular reflete a convicção de que a religião ainda existe, de que ela continua sendo relevante, de que ela pode contribuir para dar sentido e direção a vidas que estão erodidas por valores de mercado"[82]. A aprendizagem fundamental da razão secular consiste, em primeiro lugar, na tomada de consciência, por meio de uma autocrítica, dos limites inerentes à razão secular, o que abre espaço para ultrapassar a perspectiva secularista que trata as tradições religiosas como irracionais e absurdas. Sem dúvida, isto demanda uma mudança radical de mentalidade, cujas exigências não são menores do que as de uma consciência religiosa que se confronta com a razão secular.

A democracia só tem chances de efetivação aqui se tanto os cidadãos religiosos como os seculares passarem por processos complementares de aprendizagem. A polarização expressa na antinomia secular/religioso ameaça o próprio senso comum dos cidadãos de uma sociedade democrática e a coesão da comunidade política. "O etos do cidadão liberal exige, de ambos os lados, a certificação reflexiva de que existem limites, tanto para a fé como para o saber"[83]. No seio de uma cultura política liberal exige-se dos não crentes uma tolerância razoável no trato com os crentes. Deste modo, uma sociedade democrática só tem condições de ter êxito à medida que um número relativamente grande de seus cidadãos se faz capaz de corresponder às expectativas de um comportamento civilizado apesar de suas diferenças de cosmovisão.

De modo especial, os crentes precisam aprender a relacionar suas convicções de fé com o fato do pluralismo religioso e cultural das sociedades contemporâneas e, além disso, procurar uma forma de gerar consonância

---

80. Cf. HABERMAS, J. *Entre naturalismo e religião*, p. 157

81. O teólogo francês Duquoc defende a tese de que o cristianismo foi marginalizado e excluído do debate nas sociedades contemporâneas. Cf. DUQUOC, C. *A teologia no exílio*: o desafio da sobrevivência da teologia na cultura contemporânea. Op. cit.

82. Cf. ROUANET, S.P. *Habermas e a religião*, p. 146.

83. Cf. HABERMAS, J. *Entre naturalismo e religião*, p. 9.

entre sua fé e a primazia cognitiva das ciências e do Estado secular assim como do direito e da moral autônomos que caracterizam nossas sociedades. Contudo, para Habermas, esta posição exige que a neutralidade do Estado não seja compatível com a imposição a todos de uma visão religiosa do mundo, mas também não de uma visão secularista. Cidadãos secularizados não podem negar que, em princípio, haja um potencial de racionalidade imanente às cosmovisões religiosas e, consequentemente, não podem opor-se ao direito de cidadãos religiosos a oferecer, numa linguagem religiosa, colaborações para o debate público.

e) Isto tudo põe uma questão muito relevante: os colegisladores do Estado democrático devem assumir seus direitos de comunicação e participação de tal forma a buscarem o bem comum. Isto pode implicar inclusive sacrifício próprio, além dos interesses privados, o que pressupõe um grau muito alto de motivação que não se pode impor por lei ou pela força, mas apenas recomendar. Sem isto, no entanto, nossas sociedades liberais se reduziriam a mônadas autocentradas que agiriam exclusivamente orientadas pelos próprios interesses. Por esta razão, as virtudes políticas são essenciais para a sobrevivência de uma democracia e têm suas raízes em práticas e modos de pensar de uma cultura política moldada pela liberdade. Isto significa dizer que o *status* de cidadão está imerso numa sociedade que vive de raízes pré-políticas. O Estado democrático, então, desbloqueando as liberdades comunicativas, capacita-se a mobilizar a participação do cidadão no debate sobre temas que são do interesse de todos, e o vínculo que unifica aqui é o próprio processo democrático no qual está em discussão, em última instância, a compreensão correta da constituição. Nestas sociedades, a solidariedade se produz somente quando os princípios da justiça alcançam a rede das orientações axiológicas culturais. Portanto, o Estado constitucional democrático possui fontes para assegurar sua estabilização cognitiva e motivacional.

Considerações conclusivas

Habermas nos proporciona, a partir da ótica das ciências sociais, uma análise a respeito da situação do fenômeno religioso em sociedades secularizadas e pós-secularistas e da função que lhe competiria desempenhar neste contexto. O filósofo, por sua vez, como também diante de outros fenômenos da vida humana, tematiza a questão de como interpretar este fenômeno a partir de um quadro teórico filosófico. Neste contexto, a questão fundamental é: a dimensão religiosa somente pode ser filosoficamente interpretada a partir da concepção, filosoficamente explicitada, do ser humano enquanto ser corporal/espiritual o que aqui é pressuposta[84]. O único que se pode aqui apenas mencionar é que a dimensão religiosa só pode ser adequadamente interpretada a partir da dimensão fundamental do espírito humano; ou seja, de sua coextensionalidade intencional com a realidade em seu todo[85].

Enquanto sujeito constitutivamente marcado pela particularidade, o ser humano se encontra sempre numa "situação determinada". Mas, por sua capacidade de distanciamento de tudo, ele pode, partindo dos entes individuais, avançar, através da tematização de interconexões cada vez mais amplas, atingir a interconexão de todas as interconexões; ou seja, a dimensão que se pode chamar "ser originário"[86]. O ser originário é, então, o "espaço" próprio do ser humano e por isto ele é ser do mundo e para além do mundo como diz M. Müller[87].

Numa palavra, o ser humano se revela, assim, como o ser da abertura ao ser em seu todo, como o ser da totalidade[88], que abrange simplesmente tudo[89]: o ser da subjetividade se manifesta coextensivo com o ser em seu todo, inserido no todo, determinado pelo todo, mas, em princípio, aberto a este todo por ser a instância que expressa o todo. Ele emerge como a instância da expressabilidade universal e por isto de certo modo para além de qualquer limite, de qualquer determinação, pois, pela mediação da pergunta, transcende o imediato e se distancia de tudo o que encontrara pela reflexão crítica.

Assim, a religião, de uma forma não teórica, tem justamente a ver com o universo, com o ser em seu todo. O que todas as entidades têm em comum é o que se pode chamar de ser originário, do ser que abrange tudo, que diz respeito a tudo que, enquanto tal, por definição, não pode ser um ente. Com isto apenas minimamente se acenou para o quadro de uma concepção abrangente da realidade ou do ser em si mesmo e em seu todo em que se pode introduzir a questão da dimensão absolutamente necessária da realidade e,

---

84. Cf. OLIVEIRA, M.A. *A Autocompreensão do ser humano e seu lugar no universo*, p. 167-202.

85. Cf. OLIVEIRA, M.A. *Se, como e com que pressupostos chega a filosofia ao tema "Deus"*, p. 475-501.

86. Cf. PUNTEL, L.B. *Ser e Deus*, p. 183ss.

87. Cf. MÜLLER, M. *Philosophische Anthropologie*, p. 21ss.

88. Esta é uma tese básica da tradição da filosofia ocidental. Assim, Aristóteles afirma do espírito ou do pensamento que ele de certo modo é tudo. Cf. *De anima*, III. 8. 431 b 21: ἡ ψυχή τά όντα πῶς ἐστι πάντα. E que o sábio sabe tudo. Cf. a respeito: MÜLLER, M. *Philosophische Anthropologie*, p. 43ss. Para Leibniz o ser humano é uma mônada, cuja especificidade consiste em espelhar ou representar o todo. Cf. LEIBNIZ, G.W. *Monadologie*, Französisch/Deutsch, p. 62, 63, 83.

89. Cf. JOLIF, J.Y. Op. cit., p. 147: "[...] havendo Totalidade, não existe *outro*, pois tudo o que é afirmado está contido no seu próprio interior".

consequentemente, em última instância, a dimensão do que as religiões denominam Deus.

Como deve ser compreendida a dimensão absolutamente necessária do Ser? Para Puntel[90], a explicação mais adequada desta dimensão consiste em mostrar que ela não pode ser compreendida como um poder cego que age por necessidade, mas somente pode ser pensada como Ser pessoal, espiritual e livre absolutamente necessário, ou seja, como um ser dotado de inteligência, de vontade e liberdade. Se os entes contingentes, por definição, não vieram a ser a partir de si mesmos ou através de si mesmos, eles vieram a ser a partir de outro fator que só pode ser de acordo com o que já foi exposto o Ser absolutamente necessário. Sendo o Ser absolutamente necessário "Liberdade Absoluta", a dimensão contingente do ser veio a ser através da liberdade absoluta do Ser absolutamente necessário.

Tendo sido o Ser absolutamente necessário pensado como absoluto-criador, a questão agora é se e como é possível avançar na explicitação de suas determinações. Uma resposta parte da consideração do ser humano como ser livre. Como se explicitam as determinações do ser livre? Mediante a consideração da história de suas decisões livres. Analogicamente se pode afirmar que a explicitação das determinações mais amplas da liberdade absoluta se faz através da consideração da "história" de sua liberdade, de sua automanifestação na história humana. A consequência é que a filosofia nos lança na direção da própria história e neste horizonte as religiões se revelam como portadoras da pretensão de tematizar a automanifestação da liberdade absoluta no processo histórico e aqui nomeiam a realidade de que falam de Deus.

No caso, por exemplo, do cristianismo, a história da liberdade absoluta é interpretada como uma autocomunicação livre de Deus enquanto história da salvação: "A partir do próprio Deus se anuncia ao homem o sentido definitivo da totalidade de sua realidade"[91]. A fé consiste na aceitação desse sentido que se exprime no seio da religião numa linguagem natural e teologicamente numa linguagem teórica.

Numa palavra, Deus emerge como o ponto final de uma teoria da realidade em seu todo: Deus é ser em sentido pleno. Filosoficamente, então, isso tem como consequência que só se pode tratar adequadamente de Deus no

---

90. Cf. PUNTEL, L.B. *Ser e Deus*, p. 218ss. • HERRERO, F.J. *Ser e Deus na filosofia sistemático-estrutural de Puntel*, p. 228-231. • OLIVEIRA, M.A. *Teoria do Ser Primordial como tarefa suprema de uma filosofia sistemático-estrutural*, p. 77-79.

91. Cf. OLIVEIRA, M.A. *Mediação filosófica no trabalho teológico*, p. 179.

seio de uma teoria abrangente da realidade. Desta forma, então, a religião só pode ser adequadamente compreendida no contexto de uma teoria abrangente da realidade. É a partir daqui é que se podem vislumbrar seus desafios numa sociedade como a nossa.

Referências

ABDALLA, M. Combate à pobreza ou nova economia? In: OLIVEIRA, P.A.R. (org.). *Opção pelos pobres no século XXI*. São Paulo: Paulinas, 2011.

ALTHUSSER, L. *Lire le Capital*. Vol. I. Paris: Maspero, 1968.

ANDERSON, P. *As origens da Pós-modernidade*. Rio de Janeiro: Zahar, 1999.

ARAÚJO, L.B.L. Do ateísmo ao agnosticismo metodológico: Habermas e a religião. *Tempo Brasileiro*, p. 181-182.

BAUMAN, Z. *Modernidade líquida*. Rio de Janeiro: Zahar, 2001.

BAUMAN, Z. *The information age: economy, society and culture, I –* The rise of the network society. Oxford/Malden: Blackwell, 2001.

BERTEN, A. A religião numa perspectiva evolucionista: Max Weber e Jürgen Habermas. *Tempo Brasileiro*, p. 181-182.

CASTELLS, M. *A sociedade em rede*. 2. ed. São Paulo: Paz e Terra, 1999.

CHAMBERS, S. How religion speak to the agnostic: Habermas on the persistent value of religion. *Constellations*, 14, p. 210-223, 2007.

COHEN, S.S. As opções da Europa no novo cenário econômico. *Novos Estudos Cebrap*, 35, p. 31-67, 1993.

CORTINA, A. Cidadania intercultural – Miséria do Etnocentrismo. *Cidadãos do mundo para uma teoria da cidadania*. São Paulo: Loyola, 2005.

COSTA OLIVEIRA J.C. *Secularismo e religião na democracia deliberativa de Habermas –* Da pragmática ao déficit ontológico e metafísico. Porto Alegre/ Teresina: Fi/Edufpi, 2018.

CUNICO, G. Jürgen Habermas (1929-) – A religião além dos limites da razão comunicativa. In: PENZO, G.; GIBELLINI, R. (org.). *Deus na filosofia do século XX*. São Paulo: Loyola, 1998.

DELEUZE, G.; GUATTARI, F. *Rhizom*. Berlim: Merve, 1977.

DOMINGUES, I. A Filosofia no 3º milênio: legado e desafios. *Cad. Hist. Fil. Ci.*, Campinas, Série 3, v. 9, n. 1-2, p. 212, 1999.

DOWBOR, L. *O capitalismo se desloca*: novas arquiteturas sociais. São Paulo: Sesc, 2020.

DUQUOC, C. *A teologia no exílio*: o desafio da sobrevivência da teologia na cultura contemporânea. Petrópolis: Vozes, 2006.

ENNS, P. Habermas, reason and the problem of religion: The role of religion in the public sphere. *The Heythrop Journal*, 48, 2007.

FORNET-BETANCOURT, R. *Interculturalidad y globalización* – Ejercicios de crítica filosófica intercultural en el contexto de la globalización neoliberal. Frankfurt am Main/San José: IKO/DEI, 2000, p. 14-15.

FOUCAULT, M. *Les mots et les choses* – Une archéologie des sciences humaines. Paris: Gallimard, 1966.

FRANÇA MIRANDA, M. *Existência cristã hoje*. São Paulo: Loyola, 2005.

GABRIEL, K. *Christentum zwischen Tradition und Postmoderne*. Friburgo: Herder, 1992.

GADAMER, H.-G. *Wahrheit und Methode, Grundzüge einer philosophischen Hermeneutik*. 2. ed. Tübingen; J.C.B. Mohr (Paul Siebeck) 1965.

GADAMER, H.-G. Mensch und Sprache. *Kleine Schriften I, Philosophie, Hermeneutik*. Tübingen: Mohr Siebeck, 1967.

GALVÃO, A.P.; SILVA, G.; COCCO, G. (orgs.). *Capitalismo cognitivo*. Rio de Janeiro: DP&A, 2003.

GEERTZ, C. O mundo em pedaços: cultura e política no fim do século. *Nova luz sobre a antropologia*. Rio de Janeiro: Zahar, 2001.

GEHLEN, A. *Die Seele im technischen Zeitalter* – Sozialpsychologische Probleme in der industriellen Gesellschaft. Hamburgo, 1957.

GUATTARI, F. *As três ecologias*. Campinas: Papirus, 1990.

HABERMAS, J. *Zur Rekonstruktion des historischen Materialismus*. 2. ed. Frankfurt am Main: Suhrkamp, 1976.

HABERMAS, J. *Theorie des kommunikativen Handelns* – Handlungsrationalität und gesellschaftliche Rationalisierung. Frankfurt am Main: Shurkamp, 1981 [vol. I: *Entre naturalismo e religião*. Estudos Filosóficos. Rio de Janeiro: Tempo Brasileiro, 2007].

HAVEY, D. *Condição pós-moderna* – Uma pesquisa sobre as origens da mudança cultural. São Paulo: Loyola, 1993.

JAMESON, F. *Pós-modernismo* – A lógica cultural do capitalismo tardio. São Paulo: Ática, 1996.

HEIM, M. *The metaphysics of Virtual Reality*. Nova York/Oxford: Oxford University Press, 1993.

HERVEU-LÉGER, D. *La* Religion *en mouvement* – Le pélerin et le converti. Paris: Flammarion, 1999.

HÖFFE, O. *Moral als Preis der Moderne* – Ein Versuch über Wissenschaft, Technik und Umwelt. 2. ed. Frankfurt am Main: Suhrkamp, 1993.

KEESING, R.M. Theories of culture. *Annual Review of Anthropology*, 3, p. 73-97, 1974.

HERRERO, F.J. Ser e Deus na filosofia sistemático-estrutural de Puntel. *Síntese*, v. 39, n. 124, 2012.

HÖSLE, V. Die Unmöglichkeit einer naturalistischen Begründung der Ethik. HÖSLE, V. *Die Philosophie und die Wissenschaften*. Munique: Beck, 1999.

IANNI, O. *A sociedade global*. São Paulo: Civilização Brasileira, 1992.

LECOUR, G.M.C. *Uma aposta pela América latina* – Memória e destino histórico de um continente. São Paulo: Paulus, 2004.

LEIBNIZ, G.W. *Monadologie*. Französisch/Deutsch. Stuttgart: Reclam, 1998.

LIMA VAZ, H.C. Filosofia e cultura: o problema dos fins. *Escritos de filosofia III: Filosofia e cultura*. São Paulo: Loyola, 1997.

MARTELLI, S. *A religião na sociedade pós-moderna*: entre a secularização e a dessecularização. São Paulo: Paulinas, 1995.

MAURER, R. Kultur. In: KRINGS, H.; BAUMGARTNER, H.M.; WILD, C. (orgs.). *Handbuch philosophischer Grundbegriffe*. Vol. 3. Munique: Kösel/ GmbH, 1973.

MÉDA, D. *Le travail*: une valeur en voie de disparition. Paris: Aubier, 1995.

MÜLLER, M. *Philosophische Anthropologie*. Ed. por W. Vossenkuhl. Friburgo/ Munique: Karl Alber GmbH, 1974.

OLIVEIRA, M. A crise da racionalidade moderna: uma crise de esperança. *Ética e racionalidade moderna*. São Paulo: Loyola, 1993;

OLIVEIRA, M.A. *Pluralismo e ética* – Ética e práxis histórica. São Paulo: Ática, 1995

OLIVEIRA, M.A. O positivismo tecnológico como forma da consciência contemporânea. *A filosofia na crise da Modernidade*. 3. ed. São Paulo: Loyola, 2001.

OLIVEIRA, M.A. Mediação filosófica no trabalho teológico; A filosofia na crise da Modernidade; A crise e a racionalidade moderna: uma crise de esperança. *Ética e racionalidade moderna*. 3. ed. São Paulo: Loyola, 2002.

OLIVEIRA, M.A. Pós-modernidade: abordagem filosófica. In: TRASFERETTI, J.; GONÇALVES, S.P.L. (orgs.). *Teologia na Pós-modernidade* – Abordagens epistemológica, sistemática e teórico-prática. São Paulo: Paulinas, 2002.

OLIVEIRA, M.A. A crise da racionalidade moderna uma crise de esperança. *Ética e racionalidade*. 3. ed. São Paulo: Loyola, 2002.

OLIVEIRA, M.A. A autocompreensão do ser humano e seu lugar no universo. *Antropologia filosófica contemporânea*: subjetividade e inversão teórica. São Paulo: Paulus, 2012.

OLIVEIRA, M.A. Teoria do Ser Primordial como tarefa suprema de uma filosofia sistemático-estrutural. *Síntese*, v. 39, n. 123, 2012.

OLIVEIRA, M.A. Se, como e com que pressupostos chega a filosofia ao tema "Deus": a proposta da Metafísica Primordial. *Síntese*, v. 42, n. 134, p. 475-501, 2015.

OLIVEIRA, N. Habermas: o universalismo ético entre o naturalismo e a religião. *Veritas*, v. 54, 2009.

ORO, A.; STEIL, C.A. (orgs.). *Globalização e religião*. Petrópolis: Vozes, 1997.

ORTIZ, R. *Mundialização e cultura*. São Paulo: Brasiliense, 1994.

PIERUCCI, A.; PRANDI, R. *A realidade social das religiões no Brasil*: religião sociedade e política. São Paulo: Hucitec, 1996.

PINZANI, A. Fé e saber? – Sobre alguns mal-entendidos relativos a \Habermas e à religião. In: DUTRA, D.; LIMA, C.; PINZANI, A. (orgs.). *O pensamento vivo de Habermas*: uma visão interdisciplinar. Florianópolis: Nefipo, 2009.

PUNTEL, L.B. *Ser e Deus* – Um enfoque sistemático em confronto com M. Heidegger, É. Lévinas e J.-L. Marion. São Leopoldo: Unisinos, 2011.

ROUANET, S.P. Habermas e a religião. *Tempo Brasileiro*, Rio de Janeiro, 2010, p. 181-182.

SANSON, C. O pobre coletivo: o Sul no mercado globalizado. In: OLIVEIRA, P.A.R. (org.). *Opção pelos pobres no século XXI*. São Paulo: Paulinas, 2011.

SANTOS, B.S. *A globalização e as ciências sociais*. 2. ed. São Paulo: Cortez, 2002.

SILVA MOREIRA, A. O futuro da religião o mundo globalizado: painel de um debate. In: SILVA MOREIRA, A.; OLIVEIRA, I.D. (orgs.). *O futuro da religião na sociedade global*: uma perspectiva multicultural. São Paulo: Paulinas, 2008.

SLOTERDIJK, P. *Kritik der zynischen Vernunft*. 2 vol. Frankfurt am Main: Suhrkamp, 1983.

STEIL, C.A. Oferta simbólica e mercado religioso na sociedade global. In: SILVA MOREIRA, A.; OLIVEIRA, I.D. (orgs.). *O futuro da religião na sociedade global*: uma perspectiva multicultural. São Paulo: Paulinas, 2008.

STEIN, E. *Pensar e errar*: um ajuste com Heidegger. Ijuí: Unijuí, 2011.

THOMPSON, J. B. *A mídia e a Modernidade*. Petrópolis: Vozes, 2001.

VALADIER, P. La mondalisation et les cultures. *Études*, n. 3.955, 2001.

VATTIMO, G. *Die transparente Gesellschaft*. Viena: Passagen, 1992.

VIVERET, P. Sobre o bom uso do fim de um mundo. SUSIN, L.C.; SANTOS, J.M.G. (orgs.) *Nosso planeta, nossa vida*: ecologia e teologia. São Paulo: Paulinas, 2011.

WATERS, M. *Globalization*. Londres/Nova York: Routledge, 1995.

PARTE II

A VISÃO DE IGREJA DOS CATÓLICOS NO BRASIL E O PERFIL DOS "PADRES NOVOS"

INTRODUZINDO...

A Parte II apresenta os dados coletados pelo segundo bloco de perguntas do questionário aplicado na pesquisa de campo, relativo à visão dos entrevistados sobre a Igreja no mundo de hoje, seguidos de uma análise com foco na caracterização do perfil dos "padres novos" no Brasil. Concretamente, se perguntou se a renovação do Vaticano II, a tradição libertadora da Igreja na América Latina e a Teologia da Libertação estão avançando, estancadas ou retrocedendo; que ações do modelo de pastoral dos "padres das décadas de 1970/1980" já não respondem mais às necessidades de hoje e quais continuam válidas; quais as maiores lacunas ou vazios na ação pastoral na atualidade; como a ação da Igreja tem contribuído para uma sociedade mais justa e fraterna; que serviços de pastoral urgem serem criados; que novas frentes pastorais precisam ser abertas; e que mudanças na estrutura da Igreja são mais urgentes para ela poder desempenhar melhor sua missão.

A finalidade desse segundo bloco de perguntas é identificar a visão dos "padres novos" sobre a Igreja no mundo de hoje, situando-os em relação às demais categorias de agentes eclesiais consultados (leigos/as, jovens, seminaristas, religiosas) de cada uma das perspectivas sociopastorais – a perspectiva "institucional/carismática", à qual eles se alinham, e a perspectiva "evangelização/libertação", à qual se alinham os "padres das décadas de 1970/1980".

A visão de Igreja é determinante para a caracterização do perfil dos "padres novos", ao lado da visão de mundo e do próprio ministério, os três referenciais básicos eleitos para esta pesquisa. A renovação do Vaticano II e sua "recepção criativa" na Igreja da América Latina, em torno a Medellín e Puebla, são os principais referenciais. Em sua "volta às fontes" bíblicas e patrísticas, uma das grandes mudanças do Vaticano II foi o resgate de uma "Igreja-comunidade' e a consequente superação do velho e caduco modelo de uma "Igreja-massa". Da nova autocompreensão da Igreja como Povo de Deus, veio a passagem do binômio clero-leigos para comunidade-ministérios, o surgimento da pastoral orgânica e de conjunto, a criação dos secretariados diocesanos de pastoral, dos conselhos e assembleias, das equipes de coordenação dos diferentes serviços e níveis da Igreja; enfim, os planos de pastoral, fruto de processos participativos. Na América Latina, a Igreja foi mais longe na recepção da renovação conciliar. Superando a paróquia tradicional, lançou-se na criação das comunidades eclesiais de base, segundo *Medellín* (1968), "focos de evangelização e célula inicial da estruturação eclesial" (*Med* 6,1).

É o modelo de Igreja no qual os "padres das décadas de 1970/1980" foram formados e implementaram no exercício de seu ministério. Entretanto, os dados da pesquisa constatam como se tem retrocedido neste campo, em especial os "padres novos". Depois de se ter avançado bastante, nas três décadas que precederam o atual pontificado, entramos num processo de "involução eclesial" em relação à renovação do Vaticano II, sobretudo, frente ao modo como ele foi recebido na tradição libertadora da Igreja na América Latina. Muitos padres, com determinados movimentos de Igreja, têm ressuscitado a velha Igreja barroca: uma Igreja massa, visibilidade, prestígio e poder. Na contramão do modelo eclesial neotestamentário, em lugar de multiplicar o número das pequenas comunidades, preferem aumentar o tamanho de seus templos.

Com relação aos dados apresentados e analisados nesta Parte II, tal como na Parte anterior, eles aparecem em tabelas. Na primeira coluna, aparecem os dados da totalidade das amostras ou categorias de agentes eclesiais consultados das duas perspectivas juntas, mas que não os levaremos em conta neste relatório, pois já foi objeto de análise no primeiro livro. Na sequência, aparecem os dados relativos a cada uma das cinco categorias de agentes eclesiais consultados (padres, leigos/as, jovens, seminaristas e religiosas), por perspectiva, objeto da análise, aqui.

Como podem constatar, no relatório dos dados que aparece na sequência da tabela, como objeto central da pesquisa é a busca do perfil dos "padres novos" no Brasil, os dados das categorias de agentes eclesiais consultados são sempre lidos em relação às duas perspectivas sociopastorais – à perspectiva "institucional/carismática", à qual se alinham os "padres novos", e à perspectiva "evangelização/libertação", à qual se alinham os "padres das décadas de 1970/1980".

Também nesta Parte II, os dados levantados pelas dez perguntas do questionário relativas à visão de Igreja, serão apresentados em três blocos. O primeiro – *Vaticano II, tradição libertadora e Teologia da Libertação* – é composto pelas perguntas: A renovação do Vaticano II está avançando, estancada ou retrocedendo? A tradição latino-americana está avançando, estancada ou retrocedendo? Como avalia a Teologia da Libertação? Após o relatório dos dados levantados por estas perguntas, vem a análise de Vítor Hugo Mendes.

O segundo bloco – *A pastoral na renovação do Vaticano II e na tradição libertadora* – é composto pelas perguntas: Que ações do "modelo de pastoral" dos anos de 1970/1980 já não respondem mais na ação da Igreja, hoje? Que ações do "modelo de pastoral" dos anos de 1970/1980 continuam válidas na ação da Igreja, hoje? Quais as maiores lacunas ou vazios na ação pastoral, hoje? Como a ação da Igreja tem contribuído para uma sociedade mais justa e fraterna? Após o relatório dos dados levantados está a análise de Agenor Brighenti. O terceiro bloco – *Perspectivas pastorais e mudanças na estrutura da Igreja* – é composto pelas perguntas: Quais os serviços pastorais mais importantes a serem desenvolvidos, hoje? Que novas frentes pastorais precisam ser abertas, hoje? Que mudanças na estrutura da Igreja são mais urgentes, hoje? Após o relatório dos dados levantados está a análise de Antônio Manzatto.

Fechando a análise dos dados da Parte II, estão as *Considerações finais relativas à visão de Igreja*, feitas por César Kuzma, sob o título *Uma Igreja sinodal para superar o clericalismo*.

1
RENOVAÇÃO DO VATICANO II, TRADIÇÃO LIBERTADORA E PERFIL DOS "PADRES NOVOS"

As dez perguntas da Parte II do questionário aplicado na pesquisa de campo em busca do perfil dos "padres novos" no Brasil tinha por finalidade identificar seu perfil em relação à visão sobre a Igreja hoje. Comecemos com as três primeiras questões do segundo bloco de perguntas do questionário aplicado na pesquisa de campo. Perguntou-se às cinco categorias de amostras de cada uma das perspectivas de padres em questão, se a renovação do Vaticano II e da tradição libertadora da Igreja na América Latina está avançando, estancada ou retrocedendo e, também, como se valora a Teologia da Libertação.

Questão 1 A renovação do Vaticano II está avançando, estancada ou retrocedendo?

	Total	Perspectiva institucional/carismática					Perspectiva evangelização/libertação				
		Padres	Leigos	Jovens	Semina-ristas	Reli-giosas	Padres	Leigos	Jovens	Semina-ristas	Reli-giosas
Base:	743	61	83	45	70	45	96	127	44	52	81
Avançando, ainda que muito devagar, pois foi preciso corrigir abusos	66,2%	64,2%	78,8%	72,7%	83,3%	66,7%	56,3%	61,1%	58,8%	70,2%	54,2%
Estancada, pois a reforma do Concílio está emperrada, sobretudo na Cúria Romana	12,3%	13,4%	8,0%	1,9%	2,6%	30,3%	8,3%	16,3%	29,4%	6,4%	16,7%
Retrocedendo, com a volta de tradicionalismos e devocionismos pré-conciliares	12,7%	13,4%	9,7%	2,0%	5,1%	0,0%	19,8%	12,9%	10,1%	19,1%	26,4%
Outro	3,3%	0,0%	3,5%	1,9%	6,4%	0,0%	11,5%	0,7%	0,0%	4,3%	0,0%
Não responderam	5,4%	9,0%	0,0%	21,4%	2,6%	3,0%	4,2%	9,0%	1,7%	0,0%	2,8%
Total											
	100,0%	100,0%	100,0%	100,0%	100,0%	100,0%	100,0%	100,0%	100,0%	100,0%	100,0%

Os agentes eclesiais, interrogados se a renovação do Vaticano II está avançando, estancada ou retrocedendo, são unânimes em apontar em primeiro lugar que *está avançando, ainda que muito devagar, pois foi preciso corrigir abusos* – perspectiva "institucional/carismática": padres (64,2%), leigos/as (78,8%), jovens (72,7%), seminaristas (83,3%) e religiosas (66,7%); perspectiva "evangelização/libertação": padres (56,3%), leigos/as (61,1%), jovens (58,8%), seminaristas (72,2%) e religiosas (54,2%). Como se pode constatar, a renovação do Vaticano II está avançando muito mais para a perspectiva "institucional/carismática" do que para a perspectiva "evangelização/libertação", o que confirma o distanciamento da primeira perspectiva da renovação conciliar que se averigua na prática. Os que mais acham que está avançando são os seminaristas da perspectiva "institucional/carismática", seguidos dos leigos/as e religiosas da mesma perspectiva. Os que menos acham que está avançando são as religiosas da perspectiva "evangelização/libertação", seguidas dos padres da mesma perspectiva.

A mesma tendência se confirma nas indicações em segundo lugar. Aparece como *estancada, pois a reforma do Concílio está emperrada, sobretudo na Cúria Romana* somente para as religiosas da perspectiva "institucional/carismática" e para os leigos/as (16,3%) e jovens (29,4%) da perspectiva "evangelização/libertação". Os "padres novos" se dividem em apontar em segundo lugar com o mesmo índice (13,4%) entre estancada e retrocedendo. A maioria dos agentes eclesiais aponta em segundo lugar que está *retrocedendo, com a volta de tradicionalismos e devocionismos pré-conciliares*: da perspectiva "institucional/carismática": padres (13,4%) e jovens (2,0%); da perspectiva "evangelização/libertação": padres (19,8%), seminaristas (19,1%) e religiosas (26,4%).

Com relação aos padres, para os da perspectiva "evangelização/libertação", a renovação do Vaticano II está avançando menos e retrocedendo mais do que para os "padres novos". Chama a atenção que 9,0% dos "padres novos" não responderam a esta questão, o que sinaliza uma postura de silêncio, que revela no mínimo não querer se expor ou evitando adotar um posicionamento diante da pergunta. Em relação a "outro" (outra opinião), o índice dos "padres das décadas de 1970/1980" alcançou 11,5%.

Com relação à tradição latino-americana (Medellín, Puebla, Santo Domingo, Aparecida), se está avançando, estancada ou retrocedendo, há unanimidade dos agentes das duas perspectivas em afirmar que *está avançando, sobretudo com a Conferência de Aparecida* – perspectiva "institucional/carismática": padres (74,6%), leigos/as (62,9%), jovens (46,6%), seminaristas (62,8%) e religiosas (60,6%); perspectiva "evangelização/libertação": padres (48,5%), leigos/as (53,6%), jovens (39,8%), seminaristas (53,3%) e religiosas (37,5%). Dois elementos chamam a atenção: por um lado, avança mais para a perspectiva "institucional/carismática" do que para a perspectiva "evangelização/libertação", o que é coerente para as posturas e práticas que se constata; por outro, há um alto índice de abstenção, sobretudo por parte dos agentes da perspectiva "institucional/carismática", o que também é coerente com a maior falta de conhecimento e interesse sobre a questão desta perspectiva em relação à outra.

Questão 2 *Na prática, a tradição latino-americana (Medellín, Puebla, Santo Domingo, Aparecida) está avançando, estancada ou retrocedendo?*

	Total	Perspectiva institucional/carismática					Perspectiva evangelização/libertação				
		Padres	Leigos	Jovens	Semina-ristas	Reli-giosas	Padres	Leigos	Jovens	Semina-ristas	Reli-giosas
Base:	743	61	83	45	70	45	96	127	44	52	81
Avançando, sobretudo com a Conferência de Aparecida	53,8%	74,6%	62,9%	46,6%	62,8%	60,6%	48,5%	53,6%	39,8%	55,3%	37,5%
Estancada, sobretudo com a nomeação de novos bispos e o fortalecimento dos movimentos	16,8%	7,5%	16,0%	18,3%	7,7%	21,2%	24,7%	20,0%	5,6%	14,9%	22,2%
Retrocedendo, com a desqualificação da teologia latino--americano, dos mártires e das CEBs	14,7%	4,5%	5,5%	2,1%	9,0%	3,0%	16,5%	18,7%	18,6%	29,8%	36,1%
Outro: Defasagem entre teoria e prática	2,6%	4,5%	0,0%	0,0%	7,7%	15,2%	5,2%	0,0%	0,0%	0,0%	0,0%
Não respondeu	12,1%	9,0%	15,6%	33,1%	12,8%	0,0%	5,2%	7,7%	35,9%	0,0%	4,2%
Total	100,0%	100,0%	100,0%	100,0%	100,0%	100,0%	100,0%	100,0%	100,0%	100,0%	100,0%

O que aparece em segundo lugar, diferente do que é indicado em relação à renovação do Vaticano II em que para a maioria aparece que está retrocedendo, com relação à tradição eclesial libertadora da Igreja na América Latina, para a maioria está *estancada, sobretudo com a nomeação de bispos e o fortalecimento dos movimentos*: padres (7,5%), leigos/as (16,0%), jovens (18,3%) e religiosas (21,2%) da perspectiva "institucional/carismática"; e padres (24,7%) e leigos/as (20,0%) da perspectiva "evangelização/ libertação". Quem mais acha que está estancada são os padres da perspectiva "evangelização/libertação", e quem menos acha são os "padres novos". E está *retrocedendo, com a desqualificação da teologia latino-americana, dos mártires e das Cebs* é nomeado pelos seminaristas (9,0%) da perspectiva "institucional/carismática" e pelos jovens (18,6%), seminaristas (29,8%) e religiosas (36,1%) da perspectiva "evangelização/libertação". Quem mais acha que está retrocedendo são as religiosas da perspectiva "evangelização/libertação" e, quem menos acha, são os seminaristas da perspectiva "institucional/carismática".

Estes posicionamentos confirmam o que se constata no pensamento e nas práticas de uma e outra perspectiva teológico-pastoral: para os "padres novos" e sua perspectiva, a involução eclesial das últimas três décadas é uma perda menor do que para os agentes eclesiais da perspectiva "evangelização/ libertação". Estes acreditaram e continuam acreditando e apostando mais nesta tradição, que na realidade é um desdobramento da renovação do Vaticano II no contexto de um subcontinente marcado pela exclusão e a injustiça institucionalizada.

Questão 3 Valoração da Teologia da Libertação?

1ª citação	Total	Perspectiva institucional/carismática					Perspectiva evangelização/libertação				
		Padres	Leigos	Jovens	Semina-ristas	Reli-giosas	Padres	Leigos	Jovens	Semina-ristas	Reli-giosas
Base:	743	61	83	45	70	45	96	127	44	52	81
Explicita a dimensão sociotransformadora do Evangelho	24,0%	16,4%	14,6%	23,7%	3,8%	35,3%	49,5%	20,5%	20,4%	27,1%	34,7%
Politiza a fé, colocando o pobre como fundamento, e não Jesus Cristo	16,9%	13,4%	14,4%	21,4%	46,2%	11,8%	6,2%	16,4%	23,3%	10,4%	5,6%
Precisa corrigir certos desafios, mas continua "útil, oportuna e necessária"	13,3%	22,4%	11,1%	3,9%	14,1%	17,6%	13,4%	10,8%	15,5%	18,8%	9,7%
Ajuda os cristãos a contribuir com uma sociedade mais justa e solidária	13,1%	14,9%	10,7%	23,6%	6,4%	14,7%	7,2%	14,6%	18,0%	8,3%	20,8%
É expressão da opção pelos pobres, a qual "radica na fé cristológica"	9,5%	13,4%	4,3%	9,7%	9,0%	5,9%	16,5%	6,8%	5,8%	20,8%	9,7%
Reduz Jesus Cristo a um ativista político e revolucionário	4,5%	4,5%	2,5%	5,9%	9,0%	8,8%	0,0%	0,7%	8,1%	2,1%	6,9%
Leva a um militantismo social, sem mística e espiritualidade	4,4%	3,0%	7,4%	5,9%	3,8%	2,9%	0,0%	10,8%	0,0%	4,2%	0,0%
Continua válida não só para a América Latina, mas também para toda a Igreja	3,6%	3,0%	1,4%	0,0%	1,3%	2,9%	3,1%	4,1%	0,0%	6,3%	11,1%
É uma das expressões do marxismo, que faliu	1,0%	0,0%	6,6%	0,0%	1,3%	0,0%	0,0%	0,0%	0,0%	2,1%	0,0%
Caiu como o Muro de Berlim; acabou, é coisa do passado	0,4%	1,5%	0,0%	0,0%	1,3%	0,0%	0,0%	0,0%	0,0%	0,0%	0,0%
Outro	0,2%	0,0%	0,0%	0,0%	0,0%	0,0%	0,0%	0,7%	2,1%	0,0%	0,0%
Não responderam	9,0%	7,5%	27,1%	5,80%	3,8%	0,0%	4,1%	14,6%	6,9%	0,0%	1,4%
Total	100,0%	100,0%	100,0%	100,0%	100,0%	100,0%	100,0%	100,0%	100,0%	100,0%	100,0%

Da mesma forma que a tradição libertadora da Igreja da América Latina, também a Teologia da Libertação nela inserida, tem uma valoração mais positiva por parte da perspectiva "evangelização/libertação" do que pela perspectiva "institucional/carismática". A maioria das categorias de agentes eclesiais consultadas tem uma valoração positiva, nomeando em primeira opção – *explicita a dimensão sociotransformadora do Evangelho:* leigos/as (14,6%), jovens (23,7%) e religiosas (35,3%) da perspectiva "institucional/carismática" e padres (49,5%), leigos/as (20,5%), seminaristas (27,1%) e religiosas (34,7%) da perspectiva "evangelização/libertação". Já para os seminaristas da perspectiva "institucional/carismática", a Teologia da Libertação *politiza a fé, colocando o pobre como fundamento e não Jesus Cristo* (46,2%), assim como para os jovens da perspectiva "evangelização/ libertação" (23,3%). Por sua vez, os "padres novos" têm reticências – *precisa corrigir desvios, mas continua "útil, oportuna e necessária"* (22,4%). A valoração mais positiva da Teologia da Libertação vem dos padres da perspectiva "evangelização/libertação" (49,5%), seguidos das religiosas de ambas as perspectivas. A valoração mais negativa vem dos seminaristas da perspectiva "institucional/carismática" (46,2%).

Em segundo lugar, há uma maior dispersão de juízos. Na perspectiva "institucional/carismática", para os "padres novos", ela *explicita a dimensão sociotransformadora do Evangelho* (16,4%); para os leigos/as, ela *politiza a fé, colocando o pobre como fundamento e não Jesus Cristo* (14,4%); para os jovens, ela *ajuda os cristãos a contribuir com uma sociedade mais justa e solidária* (23,6%); e para os seminaristas (14,1%) e religiosas (17,6%), ela *precisa corrigir desvios, mas continua "útil, oportuna e necessária"*. Na perspectiva "evangelização/libertação", para os padres (16,5%) e seminaristas (20,8%), ela *é expressão da opção pelos pobres, a qual "radica na fé cristológica"*; para os leigos/as, ela *politiza a fé, colocando o pobre como fundamento e não Jesus Cristo* (16,4%); para os jovens, a Teologia da Libertação *explicita a dimensão sociotransformadora do Evangelho* (20,4%); e para as religiosas, ela *ajuda os cristãos a contribuir com uma sociedade mais justa e solidária*. Como se pode constatar, na perspectiva "institucional/carismática", os seminaristas e religiosas têm uma valoração negativa da Teologia da Libertação; e na perspectiva "evangelização/ libertação", somente os leigos/as.

Em resumo, na perspectiva "evangelização/libertação", apenas os jovens apontam em primeiro lugar e, os leigos/as, em segundo lugar têm uma valoração negativa da Teologia da Libertação. Já na perspectiva "institucional/ carismática", fazem uma apreciação negativa – em primeiro lugar os "padres novos" e os seminaristas e, em segundo lugar, os leigos/as, seminaristas e religiosas.

Analisando os dados levantados

OS "PADRES NOVOS" DIANTE DOS DESAFIOS DA RENOVAÇÃO DO VATICANO II E DA TRADIÇÃO LIBERTADORA

Vítor Hugo Mendes

Em um período relativamente próximo do nosso tempo, a partir da segunda metade do século passado, a literatura, os estudos, as pesquisas e os debates sobre a formação, a vida e o ministério do clero católico tornaram-se cada vez mais frequentes. Muito embora nesta compreensão estejam incluídos o diácono, o presbítero e o bispo, os três graus do Sacramento da Ordem, a figura do "sacerdote", dada a centralidade de sua atuação na pastoral e o seu expressivo maior número no âmbito de representação da Igreja, tornou-se o foco de maior atenção e, não poucas vezes, de maior polêmica. Dos muitos aspectos analisados, em outras épocas, de modo geral, enaltecendo as virtudes destes homens "consagrados a Deus", ao longo do tempo, para além disso, passou-se a um criterioso exame dos paradoxos, contradições, pecados e, até mesmo, atos dolosos visibilizados na figura do "sacerdote".

Esta crescente disposição crítica, muitas vezes trazida a público pelos meios de comunicação – embora também tenha sido utilizada para outros fins –, não deixou de explicitar, denunciar e combater as muitas incongruências de um "invencível" clericalismo[1], em boa medida, ainda tributário da (Neo)Cristandade católica. Basta lembrar a persistência do termo "sacerdote" em detrimento da renovação conciliar encontrada na figura do "presbítero" (ancião, irmão mais velho).

É um fato que, desde a realização do Concílio Vaticano II (1962-1965), a Igreja – e, por assim dizer, a teologia, a eclesiologia, a evangelização... – sofreu inúmeras transformações que alteraram significativamente o exercício do ministério "sacerdotal". Apesar disso, depois de séculos de acomodação institucional em tudo aquilo que foi prescrito pelo Concílio de Trento (1545-1563) e que foi confirmado no Vaticano I (1870), a "modernidade da Igreja" e a reconciliação com as "realidades terrestres" continuaram sendo um processo – senão controverso – ao menos conturbado e difícil (cf. MENDES, 2011). Neste sentido, embora por razões diversas, não foi por acaso que no período imediato ao Concílio fez-se notório um alto índice de abandono do "sacerdócio". Na realidade, não obstante os esforços empreendidos de renovação (*ressourcement*, *aggiornamento*...), esperava-se mais ousadia e outros avanços que tardam ainda hoje em chegar na vida do "presbítero". De toda maneira, a Igreja mostrava-se ainda em desacerto com o seu tempo histórico-cultural, pois o diálogo com a Modernidade foi sendo dado na emergência da aguda crise da Modernidade. É possível que este persistente descompasso, na atualidade, seja um dos fatores principais, certamente não o único, que está na base da progressiva falta de vocações para o ministério presbiteral.

---

1. Cf., p. ex., o filme-documentário *Spotlight – Segredos revelados* (2015), dirigido por Tom MacCarthy sobre os abusos sexuais e de consciência na Arquidiocese de Boston.

No âmbito destas e outras análises, nos anos de 1990 foi sobressaindo a expressão "padres novos"[2], tratando de dizer um fenômeno complexo: o modo de ser de uma geração de *novos padres* que, no amanhecer da cultura "pós" todas as coisas, sem qualquer compunção, foi deixando para trás o Concílio e a tradição libertadora da Igreja na América Latina. Ulteriormente, a sintética formulação "padres novos" passou a ser utilizada na prática como uma categoria analítica que foi retomada uma e outra vez tratando de explicar a continuidade daquele "fenômeno complexo" – os "padres novos" – nas décadas seguintes. Ainda que se possa dizer que esta situação tem um alcance global – no mundo inteiro continua emergindo uma nova fisionomia de *novos padres* cujo perfil, em muitos casos, desperta preocupações –, o foco de nosso interesse se deterá mais especificamente sobre os "padres novos" na realidade do Brasil podendo também, em alguma medida, refletir a situação da América Latina e Caribe.

Com estes elementos em perspectiva, como pano de fundo deste estudo, estão os dados de uma pesquisa acadêmica recente e de grande alcance que, de maneira específica, tomou em consideração a categoria "padres novos", para escudrinhar a realidade atual e o futuro da Igreja, da evangelização e do ministério presbiteral. Assim, orientando-se pelo método teológico latino-americano e servindo-se de suporte bibliográfico apropriado, vamos nos concentrar em repassar algumas informações recolhidas, todavia, tendo em vista analisar a situação dos "padres novos" e os desafios sempre "novos" de renovação do catolicismo[3].

1 A realidade é o ponto de partida

Como já foi lembrado, os estudos, pesquisas e debates sobre a formação, a vida e o ministério do presbítero, sobretudo depois do Concílio Vaticano II, tornaram-se mais comuns[4]. Deve-se lembrar que muitas destas iniciativas,

---

2. É curioso o fato de que as expressões "os Novos Padres", "Os Novos Padres II" e "Ainda os Padres Novos" serviram como títulos de três artigos jornalísticos, de autoria de Gustavo Corção, publicados no ano de 1965. Neles o autor, inclusive fazendo referência direta ao jovem padre jesuíta Henrique Vaz, criticava as modernidades trazidas pelo Concílio e o seu grande impacto inovador sobre os "padres novos" (BETT, 2010, p. 181).

3. As reflexões que trazemos aqui retomam, com pequenas alterações, o artigo Os "padres novos" frente à renovação do Vaticano II e a tradição libertadora da Igreja na América Latina (MENDES, 2001), integrante do dossiê publicado pela revista *Pistis & Praxis*, v. 13, n. 3, set.-dez./2021).

4. Entre outras iniciativas e trabalhos lembramos, por exemplo, a realização do Sínodo de 1971 sobre *O sacerdócio ministerial e a justiça no mundo* e o Sínodo de 1990 sobre *A formação de padres nas circunstâncias atuais*. As investigações pioneiras de Luigi M. Rulla e colaboradores, nos anos de 1970, sobre a *psicologia do profundo e vocação*. Entre muitos outros, os livros: *O padre à procura de si mesmo* (1968), de J. Laplace; *O ser do padre* (1972), de Boaventura Kloppenburg;

na sua origem, estiveram vinculadas com alguma solicitação eclesial ou com ações de instituições relacionadas a ela. Isso parece indicar, por um lado, o interesse em conhecer melhor, acompanhar, orientar e intervir na trajetória deste histórico agente de pastoral; por outro, a crescente necessidade de refletir sobre o seu perfil e a sua missão na Igreja e na sociedade. Como se pode notar, tratando de vencer aquela identidade presbiteral invariável para todos os tempos e lugares, hoje se necessita compreender a identidade do presbítero a partir da real contextualidade da missão evangelizadora da Igreja.

Tendo isto em consideração, é curioso constatar que no Brasil as pesquisas realizadas sobre o clero são significativas tanto em números quanto em seu perfil analítico. Entre muitas outras que facilmente se poderiam listar, mencionamos duas investigações bastante complementares que, publicadas no início do novo milênio, estando à mão, relemos em função da realização deste trabalho: *O padre no Brasil – Interpelações, dilemas e esperanças* (MEDEIROS; FERNANDES, 2005); *Padre, você é feliz? Uma sondagem psicossocial sobre a realização pessoal dos presbíteros no Brasil* (VALLE; BENEDETTI; ANTONIAZZI, 2004).

Embora não venhamos a interagir diretamente com o conteúdo destes trabalhos, é interessante destacar que a pesquisa de 2001 foi encomendada ao Centro de Estatística Religiosa e Investigações Sociais (Ceris) pela Comissão Nacional de Presbíteros (CNP). Por sua vez, na apresentação da obra publicada, faz-se referência a outra pesquisa, de 1968, que foi encomendada pela Conferência Nacional dos Bispos (CNBB) a respeito dos Presbíteros do Brasil. Passados, naquele momento, quase trinta e cinco anos do primeiro trabalho (1968-2001), Pedrinho de Oliveira, responsável pelo relatório final da primeira pesquisa, observa que "apesar de suas diferenças e especificidades de cada uma, seus dados permitem uma apreciação sociológica sobre o papel do presbítero em dois momentos bem diferentes da história da Igreja". Conforme sublinha a sua análise, estes dois momentos foram o "início do período de reformas impulsionadas pelo Concílio Vaticano II" e, nas circunstâncias ulteriores, quando as "reformas foram traduzidas em normas do Código de Direito Canônico promulgado pelo Papa João Paulo II" (OLIVEIRA, 2005, p. 43). Vale a pena lembrar, como indica o autor, que este último período representou

---

Clérigos – Psicodrama de un ideal (1989), de Eugen Drewermann; *Padres para amanhã – Uma proposta para comunidades sem eucaristia* (2004), de Fritz Lobinger; *A identidade do ministério presbiteral como tema teológico-pastoral: uma questão epistemológica* (2008), de Carlos R. Groh; *Sofrimento psíquico dos presbíteros: Dor institucional* (2012), de Willian C. Castilho Pereira.

"um longo pontificado que se esmerou em restaurar estruturas eclesiais abaladas por aquele espírito renovador" (OLIVEIRA, 2005, p. 49).

De toda maneira, revisitando estes pouquíssimos dados, damo-nos conta da importância de voltar, oportunamente, a escudrinhar comparativamente às outras pesquisas existentes sobre o clero da Igreja no Brasil. Um estudo desta natureza poderia verificar a impressão de que, embora não faltem dados e análises a respeito do presbítero no Brasil (e na América Latina), a recepção destas informações e os esforços institucionais – para responder às situações e problemas – foram significativamente escassos diante das urgências evangelizadoras que foram se avolumando, quiçá, inclusive, insuficientes para projetar de modo consequente o presente e, como parece evidente, planejar o futuro que virá. Pode-se dizer que parte significativa desta problemática eclesial, envolvendo a vida do clero, tem a sua raiz no processo de formação inicial do presbítero que, ordinariamente, se dá no ambiente ainda circunscrito do seminário idealizado nos moldes tridentinos (cf. MENDES, 2002).

Não obstante, como foi anunciado, estamos no âmbito de uma nova pesquisa – *em busca do perfil dos "padres novos" no Brasil*, com um levantamento de dados, através da consulta de agentes de pastoral nas cinco regiões do país, sobre sua – *Visão de mundo* (Parte I), *Visão de Igreja* (Parte II) e *Visão sobre o ministério presbiteral* (Parte III). Trata-se de uma pesquisa abrangente, que penetra uma realidade ampla e complexa, seja pelo renovado interesse na situação dos "padres novos", seja pelo novo contexto produzido pelo pontificado do Papa Francisco, seja, ainda, pelo impacto inesperado causado pela pandemia da covid-19. A situação pandêmica (*sindemia*), de maneira particular, desnudou o atraso da Igreja em responder aos atuais desafios da evangelização hoje (cf. CASTELA; MENDES, 2021).

Da pesquisa em questão, cabe-nos aqui refletir e tirar algumas consequências dos dados apresentados anteriormente, relativos às três questões em pauta: (1) *A renovação do Vaticano II está avançando, estancada ou retrocedendo?* (2) *Na prática, a tradição latino-americana (Medellín, Puebla, Santo Domingo, Aparecida) está avançando, estancada ou retrocedendo?* (3) *Valoração da Teologia da Libertação?* Como se pode perceber, os temas supostos em cada uma destas perguntas já mereceram incontáveis estudos e análises teológico-pastorais (cf. MENDES, 2020). O instrumento da pesquisa aplicada, por sua vez, permite abordar estes desafios desde a realidade sociopastoral vivida. Isto é muito importante, considerando que este é o ponto de partida caraterístico do método teológico-pastoral latino-americano, partir da *realidade*.

Vale a pena ainda recordar que a pesquisa, ao tomar como foco os "padres novos", situa em relação à perspectiva institucional/carismática, à qual eles se alinham, e à perspectiva *evangelização/libertação*, à qual se remetem os "padres das décadas de 1970/1980". Tais elementos críticos, para analisar os "padres novos", em linha geral, tomam em consideração a proposta desenvolvida por J.B. Libanio no livro *Cenários da Igreja* (2012). Trata-se de uma hermenêutica dinâmica que buscou superar os conhecidos limites da proposição "modelos de Igreja", visualizando a interação de diferentes cenários. Outro aspecto importante a ser indicado diz respeito aos entrevistados/as. Trata-se de padres, leigos/as, jovens, seminaristas e religiosas; ou seja, de agentes eclesiais selecionados das duas perspectivas sociopastorais já indicadas.

Dito isto brevemente, lembramos a quem possa interessar que, além dos dados publicados nesta obra, outra parte dos resultados da pesquisa está publicada no livro *O novo rosto do clero – Perfil dos padres novos no Brasil* (BRIGHENTI, 2001), da Editora Vozes. Lá há uma abordagem dos dados por perspectiva sociopastoral e por categorias de agentes eclesiais das duas perspectivas juntas em relação aos "padres novos". Aqui se está abordando os "padres novos" em relação a cada categoria de agentes por perspectiva em separado.

Rebuscando o espírito de renovação do Vaticano II

O afastamento cronológico da realização do Concílio Vaticano II (1962-1965) tem significado também um notório distanciamento daquele espírito de renovação e de reformas que acompanharam a "primavera eclesial" inaugurada pelo Papa João XXIII. Neste sentido, pode-se dizer que o período pós-Concílio foi marcado por diferentes momentos de recepção daquele que foi o maior acontecimento da Igreja Católica no século XX. Obviamente que estas "recepções" do Vaticano II também foram dando-se de modo diverso nos distintos âmbitos da Igreja, de toda maneira, sempre cobrando tomar posição em relação ao *aggiornamento* conciliar (cf. ESPEJA, 2012), um debate intenso permeado de "prós" e "contras" (cf. FAGGIOLI, 2015). Isto até a chegada do Papa Francisco (2013) que, decididamente, reposicionou o Concílio Vaticano II na vida da Igreja.

Como veremos oportunamente, América Latina e Caribe, ao promover uma recepção ousada e criativa do Concílio mediante a Conferência de Medellín (1968), tornou-se um exemplo para a Igreja no mundo, devido à sua maneira comprometida e antecipada de realizar uma "nova evangelização". Não obstante, foi sobretudo a América Latina e o Caribe quem mais sofreram reprimendas por colocarem em ação e levarem a termo as reformas preconizadas pelo Concílio Vaticano II.

A primeira pergunta do segundo bloco da pesquisa aqui em questão, de forma bastante objetiva, trata de investigar alguns desenlaces desta situação pós-Concílio, tendo em vista analisar os "padres novos" em relação aos "padres das décadas de 1970/1980" – *A renovação do Vaticano II está avançando, estancada ou retrocedendo?* A partir destes critérios de exame, os dados, que podem ser encontrados na tabela acima (questão 1), mostram que 66,2% do total de entrevistados consideram que está *avançando, ainda que muito devagar,* pois foi preciso corrigir abusos; 12,3% que está *estancada, pois a reforma do Concílio está emperrada, sobretudo na Cúria Romana*; 12,7% que está *retrocedendo, com a volta de tradicionalismos e devocionismos pré-conciliares*; 5,4% não respondeu a este quesito; e, 3,3% acrescentaram outras observações.

É interessante perceber que esta totalidade de amostras, quando analisadas desde as duas perspectivas sociopastorais ou desde as categorias de agentes eclesiais entrevistados (*padres, leigos, jovens, seminaristas, religiosas*), evidencia tendências que merecem atenção. Por exemplo, ambas as perspectivas são unânimes em constatar, em primeiro lugar, que a renovação do Concílio está *avançando.* Por sua vez, os índices da perspectiva "institucional/carismática" são todos significativamente mais altos, o que indica, por um lado, que nesta compreensão a renovação do Vaticano II é dada como mais acentuada. Neste sentido, sobressai o grupo dos *seminaristas* (83,3%), seguido em ordem decrescente pelos *leigos* (78,8%), *jovens* (72,7%), *religiosas* (66,7%) e *padres* (64,2%). Contudo, enquanto os "futuros padres" (seminaristas) são os mais "entusiastas" em apontar o dado de renovação, o grupo dos *padres* desta perspectiva representa o menor índice. Este posicionamento, por outro lado, contrasta com os dados da perspectiva "evangelização/libertação", o que evidencia o distanciamento entre uma e outra postura quando se trata de assinalar o avanço da renovação conciliar: *seminaristas* (70,2%), *leigos* (61,1%), *jovens* (58,8%), *padres* (56,3%) e o grupo das *religiosas* (54,2%). Neste caso, são as religiosas e os padres os que menos acham que está avançando. De toda maneira, a percepção da perspectiva "evangelização/libertação" mostra-se mais comedida, possivelmente por causa das reais e limitadas condições que se apresentam em responder as suas expectativas de realização das reformas do Concílio.

Isto parece ser confirmado pelos outros quesitos que ocupam o segundo e o terceiro lugar: a renovação do Concílio está *retrocedendo, com a volta de tradicionalismos e devocionismos pré-conciliares*; está *estancada, pois a reforma do Concílio está emperrada, sobretudo na Cúria Romana.* Tal como demostram os dados, a percepção de que a renovação do Vaticano II está retrocedendo é visivelmente menor em todas as categorias da perspectiva "institucional/carismática" quando comparada com a perspectiva "evangelização/libertação": *padres* (13,4%) (19,8%), *leigos* (9,7%) (12,9%), *jovens* (2,0%) (10,1%), *seminaristas* (5,1%) (19,1%), *religiosas* (0,0%) (26,4%). Enquanto os "padres novos" se dividem em apontar que a renovação do Vaticano II está *estancada* (13,4%) ou *retrocedendo* (13,4%), para os "padres das décadas de 1970/1980" pesa mais o fato de estar *retrocedendo* (19,8%) que o quesito *estancamento* (8,3%). Além disso, é um dado chamativo que 9,0% dos "padres novos" não responderam à questão, o que poderia sinalizar um tipo de silêncio para não se expor ou para evitar ter de adotar um posicionamento frente à pergunta.

Diante destes dados, buscando alguma compreensão, é importante ter presente que o pós-Concílio, depois de Paulo VI (1897-1976), foi marcado pelo brevíssimo pontificado de João Paulo I (1912-1978), com apenas 33 dias, sendo depois fortemente modelado pelo longo pontificado de João Paulo II (1920-2005), um total de 26 anos, 5 meses e dezoito dias. Junto deste aspecto histórico em sua biografia – o segundo pontificado mais longevo no governo da Igreja –, está associado ao papa peregrino o perfil ativo e ao mesmo tempo o caráter centralizador que manteve como Sumo Pontífice, um estilo de governo impulsionado por uma densa e extensa publicação magisterial. Neste período de *volta à grande disciplina* (cf. LIBANIO, 1983; MARTÍNEZ GORDO, 2014), foi notável o arrefecimento do espírito renovador do Concílio, sobretudo a partir do controle (canônico, teológico, pastoral...) que a Cúria Romana passou a exercer sobre a Igreja no mundo, uma "administração" particularmente atenta ao caminhar da Igreja latino-americana.

Um momento bastante difícil desta situação foi o disputado Sínodo de 1985, quando se comemorou os 20 anos de encerramento do Vaticano II tendo em vista promover uma releitura "conservadora" do Concílio (cf. MENDES, 2020, p. 324). Embora esta posição propriamente não se efetivou, ela se fez notar até o fim do pontificado do dileto amigo e sucessor do papa polonês, Bento XVI. Na realidade, embora ensaiando alguns gestos de inovação e obrigando-se a tomar posição diante dos problemas que se foram acumulando – incluído pelo gesto histórico de sua renúncia –, em linhas gerais o governo do papa alemão (2005-2013) significou uma continuidade do regime anterior acentuando o distanciamento do espírito conciliar (até mesmo depois na condição de bispo emérito de Roma).

Evidentemente que toda essa situação eclesial, perpassada pelos impactos de uma imparável mudança de época, engendrou nas instâncias eclesiásticas uma nova fisionomia de Igreja para o clero (bispos, padres e diáconos) que, em geral, tece uma volta ao passado sem muitas vezes tomar em sério a *voltas às fontes* preconizadas pelo Vaticano II. Isso não só demarca uma diferença de identidade entre os "padres das décadas de 1970/1980" e os "padres novos", mas, sobretudo, configura um cenário eclesiológico com enormes dificuldades para acompanhar e avançar nas reformas do Papa Francisco, o primeiro papa literalmente pós-Concílio e que está resgatando as originalidades esquecidas do Vaticano II. Toda essa situação, obviamente, como veremos a seguir, tem repercutido fortemente na trajetória da Igreja na América Latina.

Medellín e a tradição libertadora latino-americana

Quando se menciona a Igreja latino-americana, tomando como referência as Conferências Gerais do Episcopado, nem sempre encontramos a devida alusão à primeira Conferência do Rio de Janeiro (1955), entre outros, responsável pela criação do Conselho Episcopal Latino-americano (CELAM). Não deixa de ser um fato que a realização do Concílio Vaticano II (1962), em certo sentido, encurtou a importância e o impacto da primeira Conferência que, a seu tempo, deu início a uma nova etapa da *colegialidade episcopal* na América Latina. No entanto, este marco inicial e o CELAM serão de fundamental importância na realização de todas as demais Conferências.

Na sequência temos Medellín (1968), a magna Conferência que, dando início à *caminhada sinodal* na Igreja regional, não só promoveu uma recepção ousada e criativa do Concílio Vaticano II, mas, também, deu reconhecimento à *Igreja dos Pobres* e sua *Teologia da Liberta*ção. Foi dessa maneira robusta que a segunda Conferência pôs as bases do que ficou conhecido como a *tradição da Igreja latino-americana*, por vezes também evidenciada pela expressão *em continuidade com as Conferências anteriores*.

A partir de Medellín, para bem e para mal, com maior ou menor ressonância, todas as demais Conferências – Puebla (1979), Santo Domingo (1992), Aparecida (2007) – puseram-se a tratar das trilhas abertas por aquela grande assembleia que, com a presença de Paulo VI em sua abertura, por primeira vez recebeu a visita do sucessor de Pedro no continente. Dada a sua plena sintonia com o Vaticano II, tal como aconteceu com o Concílio, também a Conferência de Medellín padeceu restrições, releituras, recortes... que deixaram na periferia a *Igreja pobre e para os pobres* e produziram um gritante silêncio sobre a sua Teologia da Libertação (cf. LIBANIO, 2007, p. 23). Neste particular, não cabem dúvidas de que, depois da conturbada Conferência de Santo Domingo (1992), foi a Conferência de Aparecida (2007) – apesar de suas limitações teórico-metodológicas (cf. MENDES, 2020, p. 239-278) –, quem de fato resgatou a *tradição latino-americana* do ostracismo e avançou em sua dimensão missionária.

Tratando de examinar estas questões e seguindo uma formulação semelhante ao que se utilizou para consultar sobre a *renovação do Vaticano II*, a segunda pergunta da pesquisa tendo em vista analisar a posição dos "padres novos", interroga: *Na prática, a tradição latino-americana (Medellín, Puebla, Santo Domingo, Aparecida) está avançando, estancada ou retrocedendo?* De acordo com os dados colhidos, no total dos entrevistados, 53% consideram que está *avançando, sobretudo com a Conferência de Aparecida*; 16,8% que está *estancada, sobretudo com a nomea*ção *de novos bispos e o fortalecimento dos movimentos*; 14,7% que está *retrocedendo, com a desqualifica*ção *da teologia latino-americana, dos mártires e das Cebs*; 12,1% não respondeu a esse quesito; e, 2,6% acrescentaram outras observações.

Muito embora estes dados demostrem que há unanimidade em apontar que a tradição latino-americana está *avançando*, neste caso, tendo como marco a V Conferência de Aparecida, todavia, também aqui, este avanço é notoriamente destacado pelos agentes eclesiais da "perspectiva institucional/ carismática" quando contrastado com a "perspectiva evangelização/libertação": *padres* (74,6%) (48,5%), *leigos* (62,9%) (53,6%), *jovens* (46,6%) (39,8%), *seminaristas* (62,8%) (55,3%), *religiosas* (60,6%) (37,5%). Como se pode observar, estes dados recalcam a diferença de posturas, critérios e práticas que caracterizam os agentes eclesiais de cada perspectiva sociopastoral quando se trata de valorar, na prática, a efetividade da tradição latino-americana.

É curioso perceber que neste item – diferentemente do anterior a respeito da renovação do Vaticano II, em que a maioria considerou estar retrocedendo –, em segundo lugar se considera, na prática, que a tradição latino-americana está *estancada*, sendo que por último aparece a opção *retrocedendo*. Por sua vez, de acordo com os dados, quem mais acha que está *estancada, sobretudo com a nomea*ção *de novos bispos e o fortalecimento dos movimentos*, são os padres da "perspectiva evangelização/libertação" (24,7%) e, quem menos acha são os padres da "perspectiva institucional/carismática" (7,5%). A diferença de posicionamento dos padres em relação a estar *retrocedendo, com a desqualifica*ção *da teologia latino-americana, dos mártires e das Cebs*, também é significativa. Enquanto apenas 4,5% dos "padres novos" considera que, na prática, a tradição latino-americana está *retrocedendo*, o parecer dos "padres das décadas de 1970/1980" eleva-se a 16,5%.

Em base a estes dados, vale a pena recordar o fato de que tanto mais se distancia cronologicamente a realização do Concílio Vaticano II, bem como, os marcos teológico-pastorais definidos pela Conferência de Medellín (e de Puebla), tanto menos se busca ponderar as suas orientações fundamentais enquanto critério necessário de discernimento eclesial da *tradição libertadora latino-americana*. Neste sentido, para além do desconhecimento em geral, em particular por parte das novas gerações, ainda viceja um enorme desprestígio em grande parte alimentado pelo preconceito e a desinformação. Isto, em boa medida, esclarece a diferença dos índices entre os "padres das décadas de 1970/1980" – quando se trata de indicar se *a tradição libertadora latino-americana* está *avançando*, *estagnada* ou *retrocedendo* – em relação aos "padres novos". Estes, cada vez mais desprovidos das experiências, razões, vínculos e compromissos anteriores, tendem não só a relativizar esta história e esta tradição, mas, sobretudo, a reconstruir um passado que já não existe, lamentavelmente, amparados pela rigidez canônico-doutrinal e teológica (inverno eclesial) que submeteu a Igreja até a renúncia do atual bispo emérito de Roma.

Cabe ainda lembrar que a Conferência de Aparecida, no contexto do pontificado anterior, significou uma importante retomada das opções da Igreja latino-americana. No entanto, a partir da eleição de Francisco, a Igreja regional, sobretudo por conta de uma parcela significativa do episcopado, padece de uma retardada adesão às corajosas iniciativas do papa latino-americano que, sem temor, resgatou Aparecida e, no seu melhor estilo, a *tradição latino-americana*. Vale dizer que, na atual conjuntura, os "padres novos" são os que menos contam na continuidade da imponente tradição da Igreja da América Latina. Exatamente quando necessitamos de (re)visão crítica e autocrítica para avançar nesta caminhada regional, o que viceja é a indiferença com esta trajetória e a contumaz resistência (incapacidade?) de pensar teológica e inculturadamente esta realidade. Em suma, com raras exceções, esta geração de "padres novos", como se adverte a seguir, disse adeus à teologia latino-americana.

A Teologia da Libertação

No dizer de Mendes (2020, p. 485), "*a Igreja dos pobres e a opção pelos pobres latino-americana* não teriam alcançado um maior impacto eclesial e social se não tivessem sido acompanhadas por uma sólida reflexão teológica". Tal como entende o autor, "em todas as épocas da história da Igreja abundam testemunhos de uma autêntica vida teologal movida pela caridade e devotamente dedicada ao cuidado dos pobres". Todavia, sublinha o teólogo, "diferentemente de qualquer outra época histórica, *a(s) teologia(s) da libertação*, como fruto da Igreja dos pobres, constituiu-se na mais coletiva e ativa força promotora da causa dos pobres na Igreja e na casa comum".

Junto disso, embora reconhecendo que no cristianismo sempre houve uma rica variedade de teologias, dada a predominância hegemônica de uma teologia católica de corte euro-ocidental, ainda é preciso indicar que a Teologia da Libertação foi a primeira teologia que nasceu, cresceu e sobreviveu na "periferia" da(s) Igreja(s). Aliás, como sublinha Libanio (2013, p. 1329), "em tão breve tempo de existência, nenhuma teologia se submeteu a tantas avaliações e balanços críticos como a Teologia da Libertação". Somente então, depois da sua sofrida noite escura (cf. MENDES, 2018), a Teologia da Libertação foi finalmente considerada "não só oportuna, mas útil e necessária" (JOÃO PAULO II, 1986) e, portanto, parte indispensável na tradição teológica católica.

Tratando de abordar estas questões, a terceira pergunta do questionário aplicado na pesquisa de campo *Como você avalia a Teologia da Libertação*, ofereceu uma lista com dez possibilidades de escolha, sendo ainda possível, na opção *outro*, incluir novos dados. Sendo assim – buscando uma abordagem panorâmica dos indicadores mais sobressalientes –, temos que, das alternativas disponíveis, a que ocupa primeiro lugar na eleição dos entrevistados, 24,0% consideram que a Teologia da Libertação *explicita a dimens*ão *sociotransformadora do Evangelho*. Neste caso, contrastando os dados da "perspectiva institucional/carismática" com a "perspectiva evangelização/libertação", resultam os seguintes índices: *padres* (16,4%) (49,5%), *leigos* (14,8%) (20,5%), *jovens* (23,7%) (20,4%), *seminaristas* (3,8%) (27,1%), *religiosas* (35,3) (34,7%). Como se pode notar neste quesito, a valoração mais positiva da Teologia da Libertação se concentra na "perspectiva evangelização/libertação", em particular pelo grupo dos *padres* (49,5%) seguido pelas *religiosas* (34,7%); muito embora, entre os *jovens* (20.4%), é um dado curioso e preocupante, sobressai o menor índice, incluso quando comparado com a "perspectiva institucional/carismática" (23,7%).

Por seu turno, são os *seminaristas* (46,2%) da "perspectiva institucional/carismática" e os *jovens* (23,3%) da "perspectiva evangelização/libertação" os que mais consideram que a Teologia da Libertação *politiza a fé, colocando o pobre como fundamento e não Jesus Cristo*. No entanto, embora com reticências, para os *padres* (22,4%) da "perspectiva institucional/carismática", a Teologia da Libertação *precisa corrigir certos desvios, mas* continua "útil, oportuna e necessária", bem como, para 14,9%, ela *ajuda os cristãos a contribuir com uma sociedade mais justa e solidária*. De maneira consequente com a sua visão, para 16,5% dos *padres* da "perspectiva evangelização/libertação" a Teologia da Libertação é *expressão da opção pelos pobres, a qual "radica na fé cristológica"* (Bento XVI).

Devemos considerar que estes dados, de maneira geral, confirmam tendências que são muito evidentes no cotidiano da Igreja. Enquanto uma geração de padres (bispos, religiosas...) das décadas de 1970/1980 persistem no uso de uma metodologia pastoral que se baseia na reflexão teológica latino-americana (*Teologia da Libertação*), esta perspectiva torna-se cada vez mais distante, desconhecida e, não poucas vezes, esconjurada na cultura dos "padres novos".

Quanto mais se extravia aqueles horizontes de compromisso teológico-pastorais a partir dos pobres, como faz a Teologia da Libertação, o problema – que se mostra crescente – consiste, quase sempre, no avanço de uma "modernização" conservadora que, sobrepondo fragmentos teológicos, mescla práticas institucionais anacrônicas com os mais recentes adereços da moda mediática (cf. BENEDETTI, 1999). Trata-se, muitas vezes, de um tipo de bricolagem que em nada se diferencia da(s) criticada(s) teologia(s) da "prosperidade", por sua total renúncia aos reais desafios evangelizadores da realidade pastoral latino-americana. Disso resulta a infundada, porém, frequente, declaração de óbito da Teologia da Libertação. Mas, não só isso, com ela deixa-se de lado a práxis da fé, os pobres, a libertação etc. Em troca, ressurge a centralidade do "sacerdote", do culto, da paróquia, enfim, da institucionalidade da Igreja encerrada no clericalismo dos padres e dos leigos – como denuncia, sem dar tréguas, o Papa Francisco.

Em meio a esse conturbado contexto, entre outros muitos aspectos que causam preocupação em relação a essa geração de "padres novos", destaca-se a precariedade da formação teológica que vem demostrada em suas práticas pastorais. Obviamente que nisto está implicado um outro aspecto de fundamental importância, a inequívoca deficiência da formação em nível filosófico. No entanto, parece razoável indicar que esta limitação teológica dos "padres novos" – para além de embaraçar sua própria autocompreensão – dificulta, sobretudo, apreender teologicamente a realidade complexa na qual está inserida a evangelização.

2 O grande desafio posto por Francisco: vencer o clericalismo

Francisco, o primeiro latino-americano a ocupar o sólio de Pedro – como frisou na sua primeira apresentação pública –, chegou *do fim do mundo*.

Com ele, a "periferia" da Igreja, simbolicamente o "sul" do mundo, alcançou chegar ao "centro" administrativo da eclesialidade católica. Não obstante, paradoxalmente, desde aquele momento inaugural ficou claro que ele não estava assumindo um poder central que gerencia a Igreja no mundo global, mas, antes de tudo, dava início a um serviço de comunhão na Igreja de Cristo dispersa pelo mundo.

Desde esta perspectiva – no contexto das reflexões anteriores sobre o Vaticano II, a tradição libertadora latino-americana e o modo de ser dos "padres novos" –, tendo em vista avançar neste caminho de *serviço*, precisamos ter clareza da real contribuição que vai ganhando corpo com o primeiro papa oriundo da América Latina e Caribe à Igreja. Nesta linha de reflexão, temos que este pontificado comporta ao menos dois aspectos principais que se articulam na pessoa e na originalidade de Francisco.

Em primeiro lugar, como membro da Igreja latino-americana, o atual bispo de Roma levou consigo uma experiência eclesial madura. A partir da Conferência de Medellín (1968), que interpretou com criatividade profética o Concílio Vaticano II – encarnando-se no meio das maiorias empobrecidas do continente e nas lutas populares –, nasceu a Igreja *pobre e para os pobres* e, com este horizonte, emergiu a reflexão teológica latino-americana, maiormente reconhecida como *Teologia da Libertação*. Em segundo lugar, como *servo dos servos de Deus* e, portanto, pastor da Igreja universal, Francisco, aporta para a Igreja latino-americana uma nova luz à sua trajetória libertadora e, ainda, com a exigência de radicalizar este caminho transformando-se em uma *Igreja pobre para os pobres*.

Seguindo este raciocínio, pode-se dizer que ninguém mais do que Francisco tem buscado e conseguido destacar a *tradição libertadora da Igreja latino-americana*, por sua vez, confiando-lhe novas exigências e mais responsabilidades. Basta recordar, por exemplo, o intercâmbio fecundo de Aparecida (2007) com *Evangelii Gaudium* (2013), ao tratar da *conversão pastoral* e da *pastoral em conversão* para a saída missionária da Igreja às periferias; ou mesmo, a direta vinculação de *Laudato Si'* (2015), com sua *ecologia integral*, o Sínodo Pan-amazônico e *Querida Amazônia* (2021), tendo em vista *a conversão ecológica – o cuidado da casa comum –* e a fraternidade social (*Fratelli Tutti*, 2021); e, ainda, a inspiradora realização da Assembleia Eclesial da Igreja Latino-americana (2021), organizada para se realizar previamente ao sínodo dos bispos sobre a sinodalidade de toda a Igreja (2021-2023).

Sem lugar a dúvidas, estas e muitas outras iniciativas de Francisco se tornam mais bem compreendidas à luz da caminhada teologal e teológica da Igreja latino-americana. Portanto, não causa estranheza que o seu pontificado seja uma contínua retomada e aplicação do Concílio Vaticano II, sobretudo demarcada pelo *caminhar juntos*. Seja como for, a Igreja na América Latina e Caribe dinamizou o Concílio e, mediante às Conferências Gerais do Episcopado, muito além da colegialidade, forjou um estilo eclesial pautado pela *comunhão e participação* (Puebla).

Diante disso, cabe uma ressalva. Embora visivelmente comprometido com a *práxis da fé* e a *ótica dos pobres*, estas opções, evidentemente, não fazem de Francisco um "teólogo da libertação", nem mesmo apontam a que o seu pontificado esteja imediatamente associado com a Teologia da Libertação ou com alguma de suas correntes (AQUINO JÚNIOR, 2016, p. 650). Não obstante, parece evidente, o estilo franciscano do jesuíta feito bispo de Roma exterioriza uma profunda vivência teologal latino-americana (aquela unidade *fé e vida*) que não esquece da predileção do Evangelho pelos pobres e da urgência de uma *libertação integral*. Exemplo disso é o seu empenho incansável para indicar o lugar social da Igreja: *pobre para os pobres*. Portanto, para Francisco – assim como para os teólogos e teólogas latino-americanos –, não é a teologia que *salva*, mas, sim, o *discipulado missioneiro* que colabora com o *Reinado de Deus* (*práxis da fé*).

Por fim, tendo em vista a especificidade temática que orienta estas reflexões, para realmente avançar com Francisco, não se poderia terminar essa breve resenha dos seus ensinamentos sem referir suas frequentes admoestações contra o *clericalismo dos padres*, que inclui, particularmente, a cultura dos "padres novos". Não cabe dúvida de que esta contínua denúncia combativa, protagonizada pelo Santo Padre, pretende não só eliminar esta chaga, mas, sobretudo, colocar em ação, na eclesialidade católica, uma autêntica *sinodalidade*. Neste sentido, o magistério de Francisco assume, sem subterfúgios, o rosto da Igreja *Povo de Deus*. Desde esta perspectiva, embora Francisco (2018a) esclareça que "o clericalismo [...] não é apenas dos clérigos", pois "é uma atitude que concerne todos nós", de toda maneira ele faz notar que "o clericalismo é uma perversão da Igreja".

Além disso, sem usar meias palavras, ele identifica "o núcleo do clericalismo: uma casta sacerdotal 'acima' do Povo de Deus. E se isto não for resolvido, o clericalismo continuará na Igreja" (FRANCISCO, 2021). Ou seja, enquanto não for desmontada a mentalidade, a eclesiologia, as estruturas – simbólicas e canônicas – que sustentam o clericalismo dos padres (bispos, diáconos, leigos...) a Igreja permanecerá tal e qual, centrada no "poder do clero". Tudo isto é perverso porque – como adverte o papa – "a sua lógica é a do poder, e o sacerdote não é homem de poder, mas de serviço". Portanto, exorta, "devemos evitar qualquer forma de clericalismo. [...]

Para sermos testemunhas críveis devemos recordar que antes de sermos sacerdotes somos sempre diáconos; antes de sermos ministros sagrados somos irmãos de todos, servidores" (FRANCISCO, 2018b).

Conclusão

Neste momento das considerações finais, tendo em vista as reflexões que surgiram a partir da pesquisa sobre o perfil dos "padres novos" no Brasil, sobressai, evidentemente, o vínculo inevitável que há entre os três temas principais compreendidos nas perguntas que foram consideradas: a *renovação do Concílio Vaticano II, a tradição libertadora latino-americana e a Teologia da Libertação*. Resumidamente pode-se dizer que a recepção do Concílio Vaticano II na América Latina e Caribe, no contexto da Conferência de Medellín, significou o acontecimento decisivo para que naquela experiência sinodal se pudesse confirmar, profeticamente, a *Igreja dos Pobres* e sua *Teologia da Libertação*. Portanto, foi esta conjunção de circunstâncias e de esforços que deu origem à *tradição libertadora* (opção pelos pobres, integração Fé e Vida, Cebs, Ver-Julgar-Agir-Celebrar-Avaliar, ecologia integral, discipulado-missionário...), um inequívoco sinal dos tempos latino-americanos que cresceu e sobrevive para muito além do continente.

Tomando como referência esta trajetória, buscou-se refletir dados que demostram que, com o passar dos anos, este percurso de evangelização/ libertação, tão vivamente querido e assumido por uma grande maioria dos "padres das décadas de 1970/1980", foi perdendo o seu vigor. Na verdade, este caminho, quando não foi interrompido, foi sendo esquecido e, cada vez mais, abandonado por uma sucessiva geração de "padres novos". Esta tendência, em detrimento da perspectiva "evangelização/libertação", fortaleceu uma polarização "institucional/carismática" que restaurou uma cultura fortemente clerical (e clericalizante) no interior da Igreja. Dado o contínuo incremento desta perspectiva, a requerida renovação do Concílio Vaticano II e da tradição libertadora latino-americana – tendo em vista avançar com o pontificado de Francisco –, soçobra por conta de um crescente "espiritualismo às avessas". Desentendidos do discernimento autenticamente evangélico, o "rubricismo" católico (doutrinal, litúrgico...) imperante na cultura dos "padres novos", salvo exceções, converge perigosamente com os (neo)conservadorismos emergentes na cultura, na política, enfim, na sociedade em geral.

Nesta linha, os sacerdotes, "aqueles 'de laboratório', completamente limpos e bonitos – como ensina Francisco (2014) –, não ajudam a Igreja", sobretudo quando precisamos da "Igreja como um 'hospital de campo'", em *saída missionária* e com uma *pastoral em conversão*. Chegaremos lá? Isso vai depender, em boa medida, da *conversão pastoral* dos seminários, dos institutos de filosofia e teologia, dos "padres novos" e da Igreja como um todo. Não obstante, no dizer do Papa Francisco (2017), a Igreja necessita "reapropriar-se dos verbos que o Verbo de Deus conjuga na sua missão divina. Sair para encontrar, sem passar ao largo; reclinar-se sem desleixo; tocar sem medo". E sublinha: "trata-se de ir, dia após dia, trabalhar no *campo [pastoral]*, lá onde vive o Povo de Deus". Em suma, o futuro dependerá da capacidade de viver o Evangelho sem glosas.

Referências

AQUINO JÚNIOR, F. Uma Igreja pobre e para os pobres: abordagem teológico pastoral. *Pistis & Praxis*, Curitiba, v. 8, n. 3, p. 631-657, 2016.

BENEDETTI, L.R. O "novo clero": arcaico ou moderno. *Revista Eclesiástica Brasileira*, Petrópolis, n. 233, p. 88-126, 1999.

BETT, I. *A (re)invenção do comunismo* – Discurso anticomunista católico nas grandes imprensas brasileira e argentina no contexto dos golpes militares de 1964 e 1966. Dissertação de mestrado. São Leopoldo: Unisinos, 2010, 261 p.

BRIGHENTI. A. et al. *O novo rosto do clero* – Perfil dos padres novos no Brasil. Petrópolis: Vozes, 2001.

CÂMARA, H. O Pós-Concílio à altura do Vaticano. In: KLOPPENBURG, B. *Concílio Vaticano II* – Quarta sessão (set.-dez./1965). Petrópolis: 1966, p. 529-534.

CASTELA, J.; MENDES, V.H. A missão da Igreja é evangelizar: apontamentos pastorais no contexto da pandemia. *I Congresso Brasileiro de Teologia Pastoral* (edição virtual). Belo Horizonte: Faje, 2021.

ESPEJA, J. *A los 50 años del Concilio* – Camino abierto para el siglo XXI. 2. ed. Madri: San Pablo, 2012.

FAGGIOLI, M. Balance sobre el debate en torno a la interpretación del Concilio. *Efemérides Mexicanas*, Ciudad de México, v. 33, p. 3-18, jan.-abr./2015.

FRANCISCO. *Exortação Apostólica* Evangelii Gaudium sobre o anúncio do Evangelho no mundo atual, 24/11/2013. São Paulo: Paulinas, 2013.

FRANCISCO. *Discurso aos párocos da Diocese de Roma*, 06/03/2014 [Disponível em: https://www.vatican.va/content/francesco/pt/speeches/2014/march/documents/papa- francesco_20140306_clero-diocesi-roma.html – Acesso em 14/07/2021].

FRANCISCO. *Carta Encíclica* Laudato Si' *sobre o cuidado da casa comum*, 24/05/2015. São Paulo: Paulinas, 2015.

FRANCISCO. *Discurso ao Comitê Diretivo do Celam*, 07/09/2017 [Disponível em: https://www.vatican.va/content/francesco/pt/speeches/2017/september/documents/papa-francesco_20170907_viaggioapostolico-colombia--celam.html – Acesso em 12/07/2021].

FRANCISCO. *Encontro com os jovens italianos em vista do Sínodo*, 11/08/2018 [Disponível em https://www.vatican.va/content/francesco/pt/speeches/2018/august/ documents/papa- francesco_20180811_giovani-italiani.html – Acesso em 15/07/2021].

FRANCISCO. *Encontro com o clero, os religiosos e os seminaristas – Visita pastoral às dioceses de Piazza Armerina e de Palermo*, 15/09/2018 [Disponível em: https://www.vatican.va/content/francesco/pt/speeches/2018/september/documents/papa-francesco_20180915_visita-palermo-clero.html – Acesso em 15/07/2021].

FRANCISCO. *Discurso aos diáconos de Roma e seus familiares*, 19/06/2021 [Disponível em https://www.vatican.va/content/francesco/pt/speeches/2021/june/ documents/20210619-diaconi. html – Acesso em 15/07/2021].

JOÃO PAULO II. *Carta aos bispos da Conferência Episcopal dos Bispos do Brasil*, 09/04/1986 [Disponível em: w2.vatican.va/content/john-paulii/pt/letters/1986/documents/hf_jp-iilet_19860409conf-episcopale-brasile.html – Acesso em 16/06/2021].

LIBANIO, J.B. *A volta* à *grande disciplina* – Reflexão sobre a atual conjuntura da Igreja. São Paulo: Loyola, 1983.

LIBANIO, J.B. Conferência de Aparecida. *Vida Pastoral*, São Paulo, v. 59, n. 354, p. 20-26, 2007.

LIBANIO, J.B. *Cenários da Igreja*: num mundo plural e fragmentado. 5. ed. São Paulo: Loyola, 2012.

LIBANIO, J.B. Teologia em revisão crítica. *Horizonte*, Belo Horizonte, v. 11, n. 32, p. 1.328-1.356, 2013.

MARTÍNEZ GORDO, J. *La conversión del papado y la reforma de la Curia Romana* – Cambio de Rumbo. Madri: PPC, 2014.

MEDEIROS, K.M.C.; FERNANDES, S.R. *O padre no Brasil*: interpelações, dilemas e esperanças. São Paulo: Loyola, 2005.

MENDES, V.H. O seminário e a questão educativa. *Revista Teocomunicação*, Porto Alegre, v. 32, n. 137, p. 571-590, 2002.

MENDES, V.H. Vaticano II: A modernidade da Igreja em um contexto de mudanças. *Medellín*, v. 37, n. 148, p. 461-487, 2011.

MENDES, V.H. La(s) noche(s) oscura(s) de la liberación en América Latina y El Caribe – Acotaciones a la luz de Francisco, el papa latinoamericano. *II Congreso Mundial Sanjuanista (Noche Oscura)*, 2018, Ávila: CITeS/Monte Carmelo, 2018, p. 565-579.

MENDES, V.H. *Liberación, un balance histórico bajo el influjo de Aparecida y Laudato Si'* – El aporte latinoamericano de Francisco. 2020. Tese de doutorado. Salamanca: UPSA, 2020, 577 p.

MENDES, V. H. Os "padres novos" frente à renovação do Vaticano II e a tradição libertadora da Igreja na América Latina. *Pists & Praxis*, v. 13, n. 3, p. 1.109-1.129.

OLIVEIRA, P. A. R. O papel do padre: 1968 a 2004. In: MEDEIROS, K.M.C.; FERNANDES, S.R. *O padre no Brasil*: interpelações, dilemas e esperanças. São Paulo: Loyola, 2005. p. 43-61.

SPOTLIGHT – *Segredos Revelados*. Tom McCarthy/Blye Pagon Faust, Steve Golin, Nicole Rocklin, Michael Sugar. LA: Open Road Films, 2016.

VALLE, E.; BENEDETTI, L. R.; ANTONIAZZI, A. *Padre, você é feliz?* – Uma abordagem psicossocial sobre a realização pessoal dos presbíteros do Brasil. São Paulo: Loyola, 2004.

2
A PASTORAL NA RENOVAÇÃO DO VATICANO II E NA TRADIÇÃO LIBERTADORA

O bloco anterior apresentou os dados e uma análise relativa às três primeiras perguntas da Parte II do questionário aplicado na pesquisa de campo. Vamos fazer o mesmo, agora, com as quatro perguntas seguintes: a) que ações do modelo de pastoral dos "padres das décadas de 1970/1980" já não respondem mais às necessidades de hoje; b) que ações do modelo de pastoral dos "padres das décadas de 1970/1980" continuam válidas; c) quais as maiores lacunas ou vazios na ação pastoral na atualidade; d) como a ação da Igreja tem contribuído para uma sociedade mais justa e fraterna.

Além de dados do que pensam os "padres novos", apresentaremos dados oriundos igualmente da escuta de leigos/as, jovens, seminaristas, religiosas e "padres das décadas de 1970/1980". Lembrando de que se trata de dados fornecidos por agentes eclesiais de duas perspectivas teológico-pastorais: à perspectiva "institucional/carismática", à qual se alinham os "padres novos", e à perspectiva "evangelização/libertação", à qual se alinham os "padres das décadas de 1970/1980". Lembrando que esta segunda perspectiva está em sintonia com a renovação do Vaticano II e sua *recepção criativa* feita pela Igreja na América Latina em torno à Conferência de Medellín, enquanto que a primeira perspectiva se distancia desta, pois se insere no processo de involução eclesial, que se estendeu principalmente durante as três décadas que antecederam o atual pontificado.

Questão 4 Que ações do "modelo de pastoral" dos anos de 1970/1980 já não respondem mais na ação da Igreja hoje?

1ª citação	Total	Perspectiva institucional/carismática					Perspectiva evangelização/libertação				
		Padres	Leigos	Jovens	Semina-ristas	Reli-giosas	Padres	Leigos	Jovens	Semina-ristas	Reli-giosas
Base:	743	61	83	45	70	45	96	127	44	52	81
Privilegiar as CEBs e pequenas comunidades em relação aos movimentos	20,2%	25,4%	10,6%	5,9%	44,3%	9,4%	20,2%	26,0%	14,8%	18,8%	11,1%
Os preconceitos em relação à renovação carismática	18,8%	23,9%	8,2%	31,3%	20,3%	25,0%	19,1%	12,4%	26,6%	20,8%	19,4%
Dar ênfase às pastorais sociais; as pessoas querem resolver seus problemas pessoais	10,3%	13,4%	21,7%	15,8%	3,8%	12,5%	7,4%	4,2%	13,5%	8,3%	11,1%
Celebrações litúrgicas que acentuam o compromisso comunitário e social	8,8%	7,5%	5,9%	11,9%	2,5%	18,8%	22,3%	2,1%	4,5%	10,4%	12,5%
Muitas pastorais, reuniões, eventos de formação	8,2%	7,5%	2,5%	3,9%	5,1%	3,1%	9,6%	10,2%	4,1%	20,8%	12,5%
Fazer planejamento e agir com planos de pastoral	5,4%	0,0%	7,8%	3,9%	7,6%	3,1%	2,1%	1,4%	22,6%	2,1%	11,1%
Formar comunidade e fazê-la funcionar se tornou impossível	4,7%	9,0%	15,1%	0,0%	2,5%	3,1%	3,2%	3,4%	2,3%	2,1%	1,4%
Formar os leigos, sobretudo para o compromisso social	4,7%	1,5%	8,8%	0,0%	1,3%	9,4%	10,6%	4,0%	4,5%	2,1%	5,6%
Equipes de coordenação, conselhos e assembleias de pastoral nas comunidades	3,1%	1,5%	3,1%	0,0%	1,3%	9,4%	0,0%	4,7%	0,0%	0,0%	8,3%
Implantar grupos de reflexão ou de família	2,9%	0,0%	7,3%	3,9%	1,3%	3,1%	0,0%	4,0%	1,8%	2,1%	2,8%
Outro	0,6%	3,0%	0,0%	0,0%	0,0%	0,0%	1,1%	0,0%	0,0%	0,0%	0,0%
Não responderam	12,1%	7,5%	8,9%	23,3%	10,1%	3,1%	4,3%	27,6%	5,4%	12,5%	4,2%
Total	100,0%	100,0%	100,0%	100,0%	100,0%	100,0%	100,0%	100,0%	100,0%	100,0%	100,0%

Com relação a ações do "modelo de pastoral" dos anos de 1970/1980 que já não respondem mais na ação da Igreja hoje, nomeiam em primeiro lugar *privilegiar as Cebs em relação aos movimentos* – da perspectiva "institucional/carismática", os "padres novos" (25,4%) e os seminaristas (25,4%) e, da perspectiva "evangelização/libertação", os leigos/as (26,0%), aos quais se somam, indicando a mesma alternativa em segundo lugar, também os padres (20,2%) e os seminaristas (18,8%) desta perspectiva. É curioso, pois são duas categorias de agentes da perspectiva "institucional/carismática" e, incluído o que se aponta em segundo lugar, três da perspectiva "evangelização/libertação", incluídos os padres das duas perspectivas, o que revela a dificuldade das Cebs neste momento de fragmentação do tecido social e eclesial. Soma-se a esta alternativa, indicada em segundo lugar por parte dos leigos da perspectiva "institucional/carismática" ao indicar que *formar comunidade e fazer funcionar a comunidade tornou-se impossível* (15,1); os "padres novos" vêm na sequência com 9,0%.

Entretanto, a maior convergência com relação a ações do "modelo de pastoral" dos anos de 1970/1980 que já não respondem mais na ação da Igreja hoje, se dá em torno à indicação em primeiro lugar – *o preconceito em relação à renovação carismática* – da perspectiva "institucional/carismática": jovens (31,3%) e religiosas (25,0%) e da perspectiva "evangelização/libertação": jovens (26,6%), seminaristas (20,8%) e religiosas (19,4%). Soma-se a estes neste particular, indicando em segundo lugar, os "padres novos" (23,9%) e os seminaristas (20,3%) da perspectiva "institucional/carismática", assim como os leigos/as (12,4%) da perspectiva "evangelização/libertação". Isso demonstra o grau de carismatização da Igreja no Brasil, pois somente os padres da perspectiva "evangelização/libertação" não a nomeiam, embora também neles ela apareça em terceiro lugar (19,1%).

Outras ações do "modelo de pastoral" dos anos de 1970/1980, que já não respondem mais, aparecem com menos convergência entre as categorias de agentes: *dar ênfase às pastorais sociais, pois as pessoas querem resolver seus problemas pessoais* é indicada em primeira opção pelos leigos (21,7%), seguido dos "padres novos" (13,4%) e religiosas (12,5%) da perspectiva "institucional/carismática" em terceiro lugar e, em segundo lugar, pelos jovens da perspectiva "evangelização/libertação" (15,8%). Isso é expressão do forte encolhimento da pastoral social nas últimas décadas na Igreja. Por fim, é curioso notar que os padres da perspectiva "evangelização/libertação" registrem, em primeira opção, que dentre ações do "modelo de pastoral" dos anos de 1970/1980 que já não respondem mais, está promover *celebrações litúrgicas que acentuam o compromisso social* (22,3%), o que as religiosas desta perspectiva também nomeiam em segundo lugar (12,5%). Também é expressão da forte carismatização da Igreja, assim como pela demanda de uma experiência religiosa de corte terapêutico e estético nos dias atuais.

Ao contrário da questão anterior, esta sinaliza que ações do "modelo pastoral" dos anos de 1970/1980 continuam válidas na ação da Igreja, hoje. Com exceção dos jovens da perspectiva "institucional/carismática" e das religiosas da perspectiva "evangelização/libertação", todas as demais categorias de agentes das duas perspectivas teológico-pastorais convergem em apontar *formação bíblica, celebração e compromisso em grupos de reflexão ou de família*: "padres novos" (28,4%), leigos/as (21,6%), seminaristas (32,1%) e religiosas (27,3%) da perspectiva "institucional/carismática" e padres (28,9%), leigos/as (24,7%), jovens (28,6%) e seminaristas (33,3%) da perspectiva "evangelização/libertação". Como na questão anterior se tomava distância das Cebs, os Grupos de Reflexão ou de Família, aqui, parece não terem um perfil que leve para elas. Por sua vez, os jovens da perspectiva "institucional/carismática" nomeiam *uma pastoral social consistente e estruturada* (26,4%), seguidos dos leigos da perspectiva "evangelização/libertação", que a nomeiam em segundo lugar (13,2%). As religiosas da perspectiva "evangelização/libertação" indicam em primeira opção *escolas de formação de leigos, cursos sistemáticos e longos* (21,1%), também nomeadas em segundo lugar pelos "padres novos" (20,9%), leigos/as (17,5%), seminaristas (24,4%) e religiosas (18,2%) da perspectiva "institucional/carismática" e pelos jovens da perspectiva "evangelização/libertação" (23,3%).

Questão 5 *Que ações do "modelo pastoral" dos anos de 1970/1980 continuam válidas na ação da Igreja hoje?*

1ª citação	Total	Perspectiva institucional/carismática					Perspectiva evangelização/libertação				
		Padres	Leigos	Jovens	Semina-ristas	Reli giosas	Padres	Leigos	Jovens	Semina-ristas	Reli-giosas
Base:	743	61	83	45	70	45	96	127	44	52	81
Formação bíblica, celebração e compromisso em grupos de reflexão ou de família	26,5%	28,4%	21,6%	23,3%	32,1%	27,3%	28,9%	24,7%	28,6%	33,3%	15,5%
Escolas de formação de leigos e leigas, com cursos sistemáticos e longos	15,2%	20,9%	17,5%	2,1%	24,4%	18,2%	10,3%	10,3%	23,4%	6,3%	21,1%
Uma pastoral social consistente e estruturada, expressão do evangelho social	10,9%	4,5%	16,1%	26,4%	5,1%	3,0%	10,3%	13,2%	1,7%	14,6%	8,5%
Comunidades eclesiais com planejamento, conselhos e assembleias de pastoral	8,4%	3,0%	1,5%	11,8%	10,3%	18,2%	16,5%	6,9%	0,0%	18,8%	2,8%
Menos centralização na matriz e no padre, e mais autonomia aos leigos e leigas	6,9%	20,9%	4,0%	6,0%	3,8%	9,1%	11,3%	6,2%	0,0%	2,1%	5,6%
Presença pública da Igreja: Grito dos Excluídos, Conselhos Tutelares, Campanha da Fraternidade	6,1%	1,5%	12,6%	6,0%	1,3%	3,0%	1,0%	4,9%	15,1%	2,1%	14,1%
Dar mais importância às pequenas comunidades eclesiais do que aos movimentos	5,3%	3,0%	2,5%	4,0%	1,3%	3,0%	11,3%	3,5%	4,3%	4,2%	18,3%
Padres e leigos proféticos, críticos, inconformados diante das injustiças e da miséria	5,1%	9,0%	4,0%	0,0%	2,6%	6,1%	4,1%	4,8%	6,5%	12,5%	5,6%
Celebrações litúrgicas que levam para o compromisso comunitário e sucial	4,1%	0,0%	4,0%	12,4%	2,6%	9,1%	1,0%	5,5%	6,5%	2,1%	4,2%
Caminhadas e romarias em torno de questões ou problemas da atualidade	2,8%	1,5%	7,4%	2,1%	0,0%	0,0%	1,0%	5,5%	0,0%	2,1%	2,8%
Outro	0,1%	0,0%	0,0%	0,0%	0,0%	0,0%	0,0%	0,0%	0,0%	0,0%	0,0%
Não responderam	8,5%	7,5%	8,9%	5,8%	16,7%	3,0%	4,1%	14,6%	13,8%	2,1%	1,4%
Total	100,0%	100,0%	100,0%	100,0%	100,0%	100,0%	100,0%	100,0%	100,0%	100,0%	100,0%

Chama a atenção que somente as religiosas da perspectiva "evangelização/libertação" nomeiem em primeira opção, como ação do "modelo pastoral" dos anos de 1970/1980 que continuam válidas na ação da Igreja – *escolas de formação de leigos/as, com cursos sistemáticos e longos* (21%) e, em segundo lugar, *dar mais importância às pequenas comunidades que aos movimentos* (18,3%), o que também é indicado, em terceiro lugar, pelos padres da perspectiva "evangelização/libertação". É curioso notar, igualmente, que somente os "padres novos" nomeiem e, ainda em segundo lugar, *menos centralização na matriz e mais autonomia aos leigos* (20,9%). Parece que ficam relegados ao passado padres e leigos proféticos, celebrações litúrgicas que levem ao compromisso social e comunitário, assim como caminhadas e romarias em torno a questões da atualidade.

Questão 6 Quais as maiores lacunas ou vazios na ação pastoral hoje?

1ª citação	Total	Perspectiva institucional/carismática					Perspectiva evangelização/libertação				
		Padres	Leigos	Jovens	Semina-ristas	Reli-giosas	Padres	Leigos	Jovens	Semina-ristas	Reli-giosas
Base:	743	61	83	45	70	45	96	127	44	52	81
A baixa do profetismo e o esfriamento da opção pelos pobres	23,6%	45,5%	22,8%	6,2%	11,4%	30,3%	40,2%	19,6%	3,7%	29,8%	29,2%
A centralização na paróquia e no padre, burocracia e clericalismo	20,0%	13,6%	22,0%	14,5%	7,6%	6,1%	27,8%	18,8%	31,7%	23,4%	23,6%
Apostar numa Igreja de movimentos e novas comunidades de vida e aliança	5,7%	1,5%	7,2%	6,0%	3,8%	3,0%	4,1%	5,7%	10,1%	0,0%	11,1%
A centralização da vida cristã na liturgia, festiva, com pouco compromisso	5,6%	3,0%	9,9%	4,1%	2,5%	9,1%	3,1%	7,6%	9,5%	6,4%	2,8%
Uma fé com pouca sensibilidade ecológica	2,1%	0,0%	0,0%	0,0%	7,6%	0,0%	2,1%	0,7%	10,4%	2,1%	0,0%
O esfriamento das pastorais sociais e da inserção profética na sociedade	6,9%	6,1%	3,5%	12,0%	8,9%	9,1%	6,2%	5,6%	7,9%	17,0%	2,8%
A falta de acolhida pessoal e desconhecimento da situação da pessoa	16,9%	16,7%	18,3%	28,3%	30,4%	21,2%	4,1%	19,6%	5,3%	19,1%	8,3%
Muita insistência no compromisso e pouco espaço para a gratuidade da festa	1,6%	0,0%	0,0%	10,5%	0,0%	0,0%	0,0%	0,0%	8,1%	0,0%	0,0%
Liturgias frias, sem convencimento, sem valorização da afetividade	8,1%	6,1%	3,9%	16,3%	11,4%	18,2%	1,0%	13,9%	8,1%	0,0%	2,8%
O deslocamento do profético para o terapêutico e do ético para o estético	3,9%	1,5%	2,9%	0,0%	2,5%	3,0%	7,2%	0,0%	0,0%	2,1%	18,1%
Outro	0,9%	0,0%	1,4%	0,0%	6,3%	0,0%	0,0%	0,0%	0,0%	0,0%	0,0%
Não responderam	4,8%	6,1%	8,2%	2,0%	7,6%	0,0%	4,1%	8,4%	5,3%	0,0%	1,4%
Total	100,0%	100,0%	100,0%	100,0%	100,0%	100,0%	100,0%	100,0%	100,0%	100,0%	100,0%

Quanto às maiores lacunas ou vazios na ação pastoral, hoje, há quase unanimidade em apontar, em primeira opção, *a baixa do profetismo e o esfriamento da opção dos pobres* – "padres novos" (45,5%), leigos/as (22,8%) e religiosas (30,3%) da perspectiva "institucional/carismática" e padres (40,2%), leigos/as (19,6%), seminaristas (29,8%) e religiosas (29,2%) da perspectiva "evangelização/libertação". Esta alternativa é mais apontada por esta perspectiva do que pela outra e com índice maior nos padres desta perspectiva do que pelos "padres novos". O índice menor está nos leigos/as.

Já *a falta de acolhimento pessoal e o desconhecimento da situação da pessoa* é uma lacuna apontada, em primeiro lugar, pelos jovens (28,3%) e seminaristas (30,4%) e, em segundo, pelos padres (16,7%) da perspectiva "institucional/carismática" e pelos leigos (19,6%) da perspectiva "evangelização/libertação". Vai de encontro a esta lacuna o que é apontado, em segundo lugar, por jovens (16,3%), seminaristas (11,4%) e religiosas (18,2%) da perspectiva "institucional/carismática" – *liturgias frias, sem convencimento, sem valorização da afetividade*. Isso não deixa de levantar a hipótese da carismatização da Igreja no Brasil nas últimas décadas, tal como aparece em dados mostrados anteriormente. Embora sejam as únicas a nomear em alto índice em relação às demais categorias de agentes eclesiais consultados (18,1%), as religiosas da perspectiva "evangelização/libertação" registram como lacuna, em terceiro lugar, *o deslocamento do profético para o terapêutico e do ético para o estético*. Não por nada, apenas os jovens (10,1%) e religiosas (11,1%) da perspectiva "evangelização/libertação", e com baixo índice, nomeiam como lacuna *apostar nos movimentos e nas novas comunidades de vida e aliança*.

Em segundo lugar, destaca-se como lacuna para a maioria das categorias de agentes consultados da perspectiva "evangelização/libertação", *a centralização na paróquia e padre, burocracia e clericalismo* – leigos/as (22,0%) da perspectiva "institucional/carismática" e padres (27,8%), leigos/as (18,8%), seminaristas (23,4%) e religiosas (23,6%) da perspectiva "evangelização/ libertação". Não é mera coincidência que a maioria das categorias de agentes seja desta perspectiva, dado que o autoritarismo e o clericalismo é uma característica mais presente na outra perspectiva, mais atrelada à eclesiologia pré-conciliar.

Com relação a como a ação da Igreja tem contribuído para uma sociedade mais justa e fraterna, as indicações se dividem entre três principais. É indicado pelos padres em primeiro lugar *o apoio a projetos de lei, como a lei Anticorrupção e da Ficha Limpa* – "padres novos" (21,5%) e "padres das décadas de 1970/1980" (29,9%). Somam-se a esta alternativa, nomeando-a em segundo lugar, os leigos/as (21,2%) da perspectiva "institucional/carismática" e pelos leigos/as (14,1%) da perspectiva "evangelização/libertação". Já *educando para justiça, a partilha e o serviço aos pobres* é nomeado por leigos/as (31,4%) e religiosas (27,3%) da perspectiva "institucional/carismática" e pelos leigos (24,3%) da perspectiva "evangelização/libertação". Somam-se a esta alternativa, nomeando-a em segundo lugar, os padres (23,5%) e seminaristas (19,0%) da perspectiva "institucional/carismática" e pelos padres (24,7%), jovens (24,1%) e religiosas (22,5%) da perspectiva "evangelização/libertação".

Questão 9 *Como a ação da Igreja tem contribuído para uma sociedade mais justa e fraterna?*

1ª citação	Total	Perspectiva institucional/carismática					Perspectiva evangelização/libertação				
		Padres	Leigos	Jovens	Semina-ristas	Reli-giosas	Padres	Leigos	Jovens	Semina-ristas	Reli-giosas
Base:	743	61	83	45	70	45	96	127	44	52	81
Educando para a justiça, a partilha e o serviço aos pobres	22,8%	23,5%	31,4%	7,9%	19,0%	27,3%	24,7%	24,3%	24,1%	18,8%	22,5%
Apoiando projetos de lei como o da Anticorrupção Eleitoral e da Ficha Limpa	15,6%	27,9%	21,2%	5,8%	7,6%	9,1%	29,9%	14,1%	4,3%	14,6%	9,9%
Levantando sua voz profética diante de situações de injustiça e desrespeito de direitos	13,6%	7,4%	9,0%	11,7%	21,5%	24,2%	8,2%	5,6%	12,7%	33,3%	28,2%
Promovendo as Campanhas da Fraternidade e consequente criação de projetos específicos	13,6%	4,4%	10,0%	38,6%	5,1%	6,1%	16,5%	10,3%	33,0%	4,2%	14,1%
Promovendo ações por meio das Cáritas, das ações sociais e da assistência regular aos pobres	8,7%	11,8%	4,0%	11,3%	16,5%	0,0%	5,2%	9,1%	2,2%	20,8%	7,0%
Criando suas próprias obras sociais: escolas, hospitais, asilos, abrigos de menores etc.	6,9%	0,0%	13,2%	3,9%	6,3%	9,1%	5,2%	8,6%	10,0%	2,1%	2,8%
Formando a consciência política e cidadã	6,4%	4,4%	4,0%	5,7%	1,3%	21,2%	2,1%	10,5%	6,5%	2,1%	12,7%
Atuando em parceria com outras organizações da sociedade civil e outras Igrejas	3,3%	16,2%	1,0%	0,0%	6,3%	0,0%	3,1%	0,7%	0,0%	2,1%	0,0%
Realizando campanhas de agasalho e cestas básicas	2,5%	0,0%	3,5%	2,0%	1,3%	3,0%	0,0%	5,5%	3,3%	0,0%	0,0%
Rezando pelos governantes e pelas autoridades em geral	1,8%	2,9%	2,5%	1,9%	2,5%	0,0%	0,0%	3,6%	0,0%	2,1%	2,8%
Outro	1,4%	0,0%	0,0%	9,4%	0,0%	0,0%	5,2%	0,0%	2,2%	0,0%	0,0%
Não responderam	3,4%	1,5%	0,0%	1,9%	12,7%	0,0%	0,0%	7,6%	1,7%	0,0%	0,0%
Total	100,0%	100,0%	100,0%	100,0%	100,0%	100,0%	100,0%	100,0%	100,0%	100,0%	100,0%

Uma terceira alternativa nomeada em primeiro lugar é *levantando a voz profética diante de situações de injustiça e desrespeito de direitos* – pelos seminaristas (21,5%) da perspectiva "institucional/carismática" e pelos seminaristas (33,3%) e religiosas (28,2%) da perspectiva "evangelização/libertação". Somam-se a esta alternativa, nomeando-a em segundo lugar, os jovens (11,7%) e as religiosas (24,2%) da perspectiva "institucional/carismática". Uma quarta alternativa, nomeada em primeiro lugar, são *as Campanhas da Fraternidade e a consequente criação de projetos específicos Cáritas, Ações Sociais e assistência regular aos pobres*, indicada pelos jovens (38,6%) da perspectiva "institucional/carismática" e pelos jovens (33,0%) da perspectiva "evangelização/libertação".

Chama a atenção que a alternativa nomeada em primeiro lugar – *o apoio a projetos de lei, como a lei Anticorrupção e da Ficha Limpa* – seja indicada somente pelos padres; *educando para justiça, a partilha e o serviço aos pobres* seja indicada somente pelos leigos e religiosas da perspectiva "institucional/ carismática"; *levantando a voz profética diante de situações de injustiça e desrespeito de direitos*, somente pelos seminaristas e as religiosas da perspectiva "evangelização/libertação"; e, *as Campanhas da Fraternidade e a con-*

sequente criação de projetos específicos Cáritas, Ações Sociais e assistência regular aos pobres, somente pelos jovens. Também é interessante constatar como a Campanha da Fraternidade não tem muito apreço entre os "padres novos" e, por outro lado, como prezam a parceria com outras organizações da sociedade civil e Igrejas.

Analisando os dados levantados

O MODELO PASTORAL DO VATICANO II E DA TRADIÇÃO LIBERTADORA EM RETROCESSO

Agenor Brighenti

O desafio de uma análise de resultados de uma pesquisa de campo é fazer os dados falarem, guardando a maior proximidade possível com os fatos ou a realidade em foco. Os dados levantados pelas quatro perguntas que nos ocupam se remetem a três temas fundamentais: a) a vigência ou a caducidade de ações do modelo pastoral dos "padres das décadas de 1970/1980", alinhado à renovação do Vaticano II e sua "recepção criativa" feita pela Igreja na América Latina em torno a *Medellín*; b) os vazios ou lacunas na ação pastoral hoje; c) a contribuição da Igreja para uma sociedade mais justa e fraterna.

Depois de retomar os dados mais sobressalentes conforme apresentados no relatório acima, vamos ensaiar uma leitura de conjunto dos mesmos, a partir de algumas possíveis chaves de leitura. O que vamos aqui apresentar, em grande parte recolhe o que se elaborou em forma de artigo para o dossiê publicado pela revista *Pistis & Praxis*, v. 13, n. 3, p. 1.130-1.153, set.-dez./2021.

1 Retomando os dados mais sobressalentes para a análise

O modelo de pastoral das décadas de 1970/1980 diz respeito à recepção da renovação do Vaticano II e da tradição libertadora da Igreja na América Latina. É a pastoral que os padres deste período impulsionaram que a mantiveram durante os tempos de involução eclesial, mas que hoje dá sinal de cansaço e mesmo de retrocesso. Como demonstram os dados levantados, por um lado, as Cebs já não são mais unanimidade e nem prioridade em relação aos movimentos e, por outro, se diz que já não se justificam preconceitos em relação à renovação carismática, o movimento de maior proeminência na esteira da pentecostalização das Igrejas cristãs, incluído importante segmento da Igreja Católica.

Em convergência com a valorização dos movimentos em relação às Cebs, outra ação do "modelo pastoral das décadas de 1970/1980" que já não responde mais na Igreja hoje, indicada em primeiro lugar e com a maior convergência dos agentes eclesiais consultados, é *o preconceito em relação à renovação carismática*. Ou seja, as Cebs não só estão em situação desfavorável em relação aos movimentos como, dentre os movimentos, é a renovação carismática que goza de maior simpatia e acolhida, um movimento que em outros tempos era motivo de tensões e divisões. Em outras palavras, sobretudo para os "padres novos", fazer comunidade tornou-se impossível, o que justificaria não mais se priorizar as Cebs. Funcionam os movimentos e, dentre eles, a renovação carismática já não encontra obstáculos e, portanto, segundo os dados, não tem sentido nas celebrações litúrgicas acentuar o compromisso social.

Com relação às ações do "modelo pastoral das décadas de 1970/1980" que continuam válidas na Igreja hoje, os dados vão de encontro ao posicionamento dos agentes eclesiais expressado na questão anterior. Com exceção dos jovens da perspectiva "institucional/carismática" e das religiosas da perspectiva "evangelização/libertação", todas as demais categorias de agentes das duas perspectivas teológico-pastorais convergem em apontar em primeiro lugar – *formação bíblica, celebração e compromisso em grupo de reflexão ou família*. Entretanto, a princípio se poderia pensar que a indicação desta alternativa contrariaria o distanciamento das Cebs, expressado na questão anterior. Entretanto, tudo indica que grupos de reflexão ou de família são concebidos mais como movimento do que mediação para chegar às Cebs, que concebem a Igreja como eclesiogênese. Os grupos de reflexão ou de família normalmente estão no seio da paróquia tradicional, sem questionar seu modelo ou sem buscar configurar uma Igreja comunidade de comunidades. Contenta-se de que sejam e continuem grupos. Em outras palavras, tende-se a confundir "pequena comunidade" com "grupo". Comunidade eclesial se alicerça e realiza o tríplice múnus – profético, sacerdotal e régio – e grupo se aglutina em torno a uma realidade específica, e deveria ser parte integrante de uma comunidade. Na realidade, as Cebs são expressão de outra eclesiologia que a da paróquia da Cristandade, instância esta propulsora de uma pastoral de conservação, centralizada no padre, sacramentalizadora, de massa, sem vínculos comunitários e pertença eclesial, que o Vaticano II superou. Por sua vez, os movimentos apostólicos ou eclesiais, normalmente são expressão do projeto de Igreja de Neocristandade, em postura apologética frente ao mundo moderno, extensão do braço do clero em uma missão centrípeta: *sair para fora* da Igreja, para reconduzir *para dentro dela* os católicos emancipados da tutela social da Igreja.

Com relação aos maiores vazios ou lacunas na ação pastoral, hoje, há convergência das categorias de agentes das duas perspectivas sociopastorais em apontar – *a baixa do profetismo e o esfriamento da opção dos pobres.* Entretanto, os índices da porcentagem dos agentes eclesiais da perspectiva "evangelização/libertação" são muito mais altos que os índices dos agentes da perspectiva "institucional/carismática", o que corrobora a diferente sensibilidade das duas perspectivas a respeito. O índice menor é dos leigos/as e, curiosamente, das duas perspectivas. Os dados confirmam o silêncio da Igreja e dos cristãos diante de situações que tempos atrás mereciam posicionamento claro, assim como o encolhimento da pastoral; ou seja, a atuação da Igreja na defesa e promoção da vida dos mais pobres. Hoje, este trabalho adquiriu um caráter mais assistencial, na ilusão de uma opção pelos pobres sem dor, sem cruz, sem tomar posição frente às causas da exclusão.

Outra alternativa nomeada em primeiro lugar com maior incidência com relação aos maiores vazios na ação pastoral hoje é *a falta de acolhimento pessoal e o desconhecimento da situação da pessoa*". Converge e reforça esta alternativa a indicação, em segundo lugar, de *liturgias frias, sem convencimento, sem valorização da afetividade.* Note-se, entretanto, que a maioria das categorias de agentes que indicam estas alternativas é da perspectiva "institucional/carismática". De fato, se constata na prática que são características principalmente dos segmentos ligados à renovação carismática, à qual está alinhada grande parte dos "padres novos". Nestes espaços, dá-se muita importância à dimensão terapêutica da religião e como normalmente são frequentados por pessoas machucadas; a acolhida pessoal e o conhecimento da situação concreta da pessoa não deixa de ser uma necessidade.

Em segundo lugar, a maioria das categorias de agentes consultados nomeia como lacuna na ação pastoral hoje – *a centralização na paróquia e padre, burocracia e clericalismo.* Nota-se que a maioria das indicações vem dos agentes eclesiais da perspectiva "evangelização/libertação". É coerente com o que se constata na prática, uma realidade à qual, de fato, os "padres novos" estão mais atrelados, para não dizer confortáveis e até sendo os promotores.

Assumir uma paróquia é normalmente uma solene cerimônia de "posse", o que muitos bispos sacramentam em seus decretos, na contramão da sinodalidade eclesial e da corresponsabilidade de todo o Povo de Deus por todos e por tudo na Igreja.

Com relação a como a ação da Igreja tem contribuído para uma sociedade mais justa e fraterna, as indicações se dividem entre quatro alternativas principais. É indicado – *o apoio a projetos de lei, como a lei Anticorrupção e da Ficha Limpa*; seguido de – *educando para justiça, a partilha e o serviço aos pobres*; e – *levantando a voz profética diante de situações de injustiça e desrespeito de direitos*. Uma quarta alternativa, nomeada em primeiro lugar, são *as Campanhas da Fraternidade e a consequente criação de projetos específicos Cáritas, Ações Sociais e assistência regular aos pobres*. Chama a atenção que somente os jovens nomeiem esta alternativa e, inclusive, em primeiro lugar. Os "padres novos" não demonstram muito apreço a elas (4,4%), enquanto que padres da perspectiva "evangelização/libertação" as nomeiam em terceiro lugar (16,5%). Outros aspectos chamam a atenção. O reconhecimento de uma contribuição da Igreja à sociedade de caráter mais diretamente na esfera política se restringe a padres e leigos, consequentemente, uma ação não visualizada por jovens, seminaristas e religiosas. Seminaristas e religiosas se referem mais ao profetismo diante de situações de injustiça e, os jovens, às campanhas e assistência aos pobres. Como já assinalamos, a alternativa mais nomeada em primeiro e segundo lugar é educar para a justiça e a partilha com os pobres. Aqui convergem padres, leigos/as, religiosas de ambas as perspectivas, assim como os seminaristas da perspectiva "institucional/carismática" e os jovens da perspectiva "evangelização/libertação".

Tendo presente estes elementos, para uma análise preliminar dos dados aqui apresentados, pelo menos três aspectos precisam ser considerados: quais os pilares do modelo pastoral do Vaticano II e da tradição libertadora da Igreja na América Latina, do qual a Igreja no Brasil se distanciou, em especial os "padres novos"; quais as possíveis razões do processo de involução eclesial, vivido nas três décadas dos dois pontificados que antecederam o atual e, ainda em curso, apesar do resgate do Concílio e da tradição libertadora pelo Papa Francisco; e o que configura a perspectiva teológico-pastoral "institucional/carismática", que continua se distanciando da renovação conciliar e a perspectiva "evangelização/libertação", perspectiva esta que resiste e, mesmo cedendo em vários aspectos, continua acreditando e apostando no Vaticano II e na tradição eclesial libertadora.

2 As marcas do modelo de pastoral dos "padres das décadas de 1970/1980"

O modelo de pastoral dos "padres das décadas de 1970/1980" se remete à renovação do Concílio Vaticano II e sua "recepção criativa" levada a cabo pela Igreja na América Latina, em torno à Conferência de Medellín (SOBRINO, 1985, p. 105-134). Renovação conciliar e tradição eclesial libertadora são suas marcas. O Concílio Vaticano II, um divisor de águas na Igreja católica, é uma questão-chave para entender a trajetória da Igreja desde então e a situação atual. Após mais de meio século sob seu influxo, apesar de determinados segmentos eclesiais terem tentado minimizar sua importância e transcendência, o Vaticano II tem sido um verdadeiro *kairós* e um "advento para o terceiro milênio" no dizer do Papa João Paulo II.

Influência especial e impacto profundo teve o Concílio na América Latina (GUTIÉRREZ, 1985, p. 213-237). Os bispos do subcontinente, se por um lado enquanto "padres conciliares" não foram propriamente "pais" do Vaticano II, contribuindo pouco nos debates e com suas conclusões, por outro, saíram dele como seus melhores "filhos", pois foram os primeiros a implementá-lo no continente e em suas Igrejas Locais. A Conferência de Medellín, realizada na primeira hora de seu processo de recepção, fez do Concílio um "ponto de partida", encarnando-o de maneira peculiar em um contexto marcado pela injustiça e a exclusão.

Num texto de dezesseis documentos, as *Conclusões de Medellín* recolhem os dezesseis documentos do Vaticano II em uma perspectiva libertadora, à luz da opção preferencial pelos pobres. *Medellín* dá à Igreja na América Latina uma palavra e um rosto próprio, deixando de ser uma Igreja "reflexo" de um cristianismo romanizado, para ser uma Igreja "fonte" (LIMA VAZ, 1968, p. 17-22). Em outras palavras, na fidelidade às intuições básicas e aos eixos fundamentais do Concílio, com *Medellín,* na América Latina não houve propriamente implantação, mas "encarnação" e "desdobramento" de suas proposições. Diríamos hoje, no processo de acolhida do Vaticano II em terras latino-americanas, que houve "inculturação", pois se fez do Vaticano II não apenas um "ponto de chegada", mas base para uma evangelização contextualizada, na perspectiva dos pobres e a partir da periferia. Este modo de acolhida do Vaticano II por parte da Igreja na América Latina, em *Medellín*, Jon Sobrino batizou de "recepção criativa".

O tempo se encarregaria de mostrar de que se tratava de uma perspectiva arrojada, que levaria a resultados que transcenderiam as fronteiras do continente. O caminho teve seus percalços. Depois de *Medellín* veio o freio da Conferência de Puebla (1979) à tradição libertadora latino-americana, seguida da Conferência de Santo Domingo (1992), que significou praticamente seu estancamento (HOUTART, 1975, p. 10-24). Seria preciso esperar a Conferência de Aparecida (2007), para que o Vaticano II, na perspectiva de *Medellín*, fosse resgatado e reimpulsionado e, com ele, a tradição libertadora da Igreja na América Latina e Caribe.

Sobretudo, no período entre *Puebla* e *Santo Domingo*, por causa de uma fé inquieta, não foram poucas as vozes silenciadas e os profetas colocados sob suspeita. Em muitos casos, a fidelidade à causa dos mais pobres redundou em sangue derramado, como testemunha a constelação de mártires das causas sociais, que tem em Dom Romero o primeiro deles canonizado (DUSSEL, 1981, p. 70-78). De maneira inesperada, com *Aparecida*, houve o "renascer de uma esperança", na medida em que se fez o resgate de um modo de ser Igreja, que em meio a um tempo de involução eclesial e entrincheiramento identitário, espera contra toda esperança. Ainda mais inusitada foi a eleição do Papa Francisco, que estancaria oficialmente o processo de involução eclesial, sem que seus atores, no entanto, não só continuem se distanciando do Vaticano II e da tradição eclesial libertadora, como têm radicalizado sua posição. Mas, a oposição ao resgate da renovação conciliar não tem impedido o papa avançar neste processo. Uma postura diferente dos "padres das décadas de 1970/1980", como mostram os dados da pesquisa, que não têm conseguido ser mais resilientes e consequentes com o caminho percorrido, cedendo terreno a práticas respaldadas, como diz *Aparecida*, em eclesiologias e espiritualidades pré-conciliares. Os "padres novos", já formados em outra perspectiva, em grande medida trilham outros caminhos, até porque nem sempre se lhes dá a conhecer o legado do Vaticano II e da trajetória da Igreja na América Latina. Os "padres das décadas de 1970/1980", entretanto, mesmo com os novos ares do novo pontificado, parecem não acreditar que o futuro da Igreja depende ainda em muito do que o Espírito soprou no Concílio e em sua recepção na caminhada da Igreja da América Latina. Já o Papa Francisco está convencido e luta por isso.

3 Pilares de um modelo pastoral que perdeu terreno

O modelo pastoral dos "padres das décadas de 1970/1980", como dissemos, tem dois referenciais: a renovação conciliar e sua "recepção criativa" em torno à Conferência de Medellín. A tradição eclesial libertadora é consequência e desdobramento das intuições básicas e eixos fundamentais do Concílio Vaticano II, em um contexto marcado pela injustiça e a exclusão. Dela é originário um modelo de pastoral, que tem pelo menos cinco pilares.

As Comunidades Eclesiais de Base

Um dos principais pilares da tradição libertadora são as Cebs (cf. AZE-VEDO, 1986). O Concílio, superando o binômio clero-leigos, concebeu a Igreja como a comunidade dos batizados, na comunhão da radical igualdade em dignidade de todos os ministérios. Para a *Lumen Gentium*, não há dois gêneros de cristãos, mas um só – os batizados – em uma comunidade toda ela ministerial (*LG* 10).

Tirando consequências desta nova autocompreeensão da Igreja, para *Medellín*, a comunhão eclesial precisa ser real e palpável, através de verdadeiras comunidades eclesiais, no seio da qual todos são sujeitos. Isso só é possível em pequenas comunidades, como nas Comunidades Eclesiais de Base (*Med* 7,4), concebidas como "célula inicial da estruturação eclesial, foco de evangelização" (*Med* 15,10). Trata-se de comunidades de tamanho humano, ambientais, inseridas na sociedade em uma perspectiva profética e transformadora. *Aparecida*, resgatando *Medellín*, reafirma as Cebs, assumindo a duas categorias de *Medellín* – célula inicial da estruturação eclesial e foco de evangelização (*DAp* 178). Reconhece que elas demonstram seu compromisso evangelizador entre os mais simples e afastados, expressão visível da opção preferencial pelos pobres (*DAp* 179). Por isso, para uma Igreja comunidade de comunidades, urge a setorização da paróquia em unidades territoriais menores (OLIVEROS, 2008, p. 183-193) e, dentro dos setores, criar comunidades de família, animadas e coordenadas por equipes de leigos (*DAp* 372).

Trata-se do modelo normativo da Igreja primitiva e antiga, a *domus ecclesiae*, que o Vaticano II resgata na eclesiologia Povo de Deus, em sua volta às fontes bíblicas e patrísticas. É a Igreja concebida como "eclesiogênese", continuamente se originando na proliferação da comunhão de pequenas comunidades (CODINA, 2008, p. 138-145). Nos dados da pesquisa, como vimos, não se tem muito presente a distância entre a eclesiologia subjacente às Cebs e a eclesiologia presente nos movimentos apostólicos.

As comunidades eclesiais como sujeito da evangelização

Um segundo pilar da tradição libertadora, que caracteriza o modelo de pastoral dos "padres das décadas de 1970/1980", são as comunidades eclesiais como os sujeitos da evangelização. O Vaticano II, ao afirmar a base laical da Igreja, fundada no tríplice múnus da Palavra, da Liturgia e da Caridade, faz da comunidade dos fiéis como um todo o sujeito eclesial, resgatando o *sensus fidelium*. Com isso, dá-se a passagem do binômio *clero-leigos* para o binômio *comunidade-ministérios* (*LG* 31).

Para *Medellín*, com o Vaticano II, se a comunidade dos batizados, em todos os seus membros, é o sujeito eclesial, então, é também a comunidade como um todo o sujeito da ação evangelizadora (*Med* 6,13; 9,6). Por isso, é preciso passar da paróquia tradicional, uma estrutura centralizadora e clerical, a comunidades de serviço no seio da sociedade, de forma propositiva e transformadora (*Med* 7,13). Para a *Conferência de Santo Domingo*, os leigos devem ser os protagonistas da evangelização, o que implica a promoção do laicato, livre de todo clericalismo e sem redução de sua atuação ao âmbito intraeclesial (*SD* 97). Para *Aparecida*, a Igreja como um todo precisa estar em estado permanente de missão, de modo que "cada comunidade seja um poderoso centro irradiador da vida em Cristo". Comunidades evangelizadoras para uma Igreja missionária (*DAp* 362).

Na pesquisa, ao se equiparar os movimentos apostólicos com as Cebs, se está contrapondo duas eclesiologias: uma pré-conciliar, que faz dos movimentos a extensão do braço do clero e, outra, a do Vaticano II, que faz da comunidade como um todo o sujeito da evangelização.

O pobre como sujeito e seu lugar social

Um terceiro pilar da tradição libertadora, que caracteriza o modelo de pastoral dos "padres das décadas de 1970/1980", é uma Igreja que assume o pobre como sujeito e também seu lugar social, a periferia (BOFF, 1986, p. 27). O Vaticano II conclamou a Igreja inserir-se no mundo, pois, embora ela não seja deste mundo, está no mundo e existe para a salvação do mundo (*LG* 48).

Medellín, entretanto, se perguntará: inserir-se no mundo, mas dentro de que mundo? Do mundo dos 20% dos incluídos ou do mundo dos 80% de excluídos? (GUTIÉRREZ, 2008, p. 126-139). É impossível evangelizar sem dar testemunho, sem estar com os pobres, sem solidarizar-se com sua situação, fazendo-se um com eles (*Med* 14,7). Para *Puebla*, a Igreja, conhecedora da situação de pobreza, marginalidade e injustiça da grande maioria da população, bem como de violação dos direitos humanos, deve ser cada vez mais a voz dos pobres, mesmo com o risco que isso implica (*DP* 1094). Para *Santo Domingo*, descobrir no rosto sofredor dos pobres o rosto do Senhor, é algo que desafia todos os cristãos a uma profunda conversão pessoal e eclesial (*SD* 178).

Aparecida ratifica e potencializa a opção pelos pobres, apoiando-se no Discurso Inaugural de Bento XVI: "a opção pelos pobres radica na fé cristológica" (*DAp* 392) (GUTIÉRREZ, 2008, p. 127-128). A Igreja na América

Latina precisa continuar sendo, com maior afinco, companheira de caminho de nossos irmãos mais pobres, inclusive até o martírio (*DAp* 396). Ela está convocada a ser "advogada da justiça e defensora dos pobres", diante das intoleráveis desigualdades, que clamam aos céus (*DAp* 395). Opção pelos pobres não é assistencialismo e nem deixar de tomar posição diante da exclusão que tem causas estruturais. Os dados da pesquisa atestam como se tem tomado distância do mundo dos pobres e como tem minguado o serviço da Igreja no meio deles.

Uma evangelização libertadora

Um quarto pilar da tradição libertadora, que caracteriza o modelo de pastoral dos "padres das décadas de 1970/1980", é uma evangelização libertadora. O Vaticano II, superando o dualismo matéria-espírito, sagrado-profano, história e meta-história, concebe a salvação como redenção da pessoa inteira e de todas as pessoas (*GS* 45).

Em consequência, para *Medellín*, como não há duas histórias, mas uma única história de salvação que se dá na história profana, a obra da salvação implica uma ação de libertação integral e de promoção humana a partir da intra-história (*Med* 2,14,a; 7,9; 7,13; 8,4; 8,6; 11,5). Na evangelização, é preciso estabelecer laços entre evangelização e promoção humana (*Med* 7,9). Toda libertação é já uma antecipação da plena redenção em Cristo (*Med* 4,9). Consequente com o Vaticano II que afirma a vontade de Deus de salvar em comunidade, a promoção humana implica o estabelecimento de estruturas justas, condição para uma sociedade justa. Assim, a salvação se faz libertação – "toda libertação é já uma antecipação da plena redenção em Cristo" (*Med* 4,9). "Não teremos continente novo, sem novas e renovadas estruturas" (*Med* 1,3), sem "o desenvolvimento integral de nossos povos" (*Med* 1,5). *Santo Domingo*, retomando *Medellín*, diz que a promoção humana significa passar de condições menos humanas a condições cada vez mais humanas (*SD* 162).

Para *Aparecida*, a promoção da vida plena em Cristo, na perspectiva do Reino, nos leva a assumir as tarefas prioritárias que contribuem com a dignificação não só dos cristãos, mas de todos os seres humanos. Necessidades urgentes nos levam a colaborar, consequentemente, com outras pessoas, organismos ou instituições, para organizar estruturas mais justas, no âmbito nacional e internacional (*DAp* 384). Como denuncia *Aparecida* e os dados da pesquisa atestam, em lugar de uma evangelização integral em determinados espaços da Igreja há a volta de espiritualidades pré-conciliares, desencarnadas e espiritualistas.

Os mártires das causas sociais

Um quinto pilar da tradição libertadora, que caracteriza o modelo de pastoral dos "padres das décadas de 1970/1980", sãos os mártires das causas sociais. Para o Vaticano II, a Igreja precisa exercer uma *diakonia* histórica, ou seja, um serviço no mundo (*GS* 42), que contribua para o progresso e o desenvolvimento humano e social (*GS* 43).

Por sua vez, *Medellín*, em sua opção pelos pobres e seu lugar social, faz da *diakonia* um serviço profético. Afirma que a missão evangelizadora se concretizará na denúncia da injustiça e da opressão, constituindo-se em um sinal de contradição para os opressores (*Med* 14,10). Lembra e encoraja que o serviço profético pode levar ao martírio, expressão da fidelidade à opção pelos pobres. Para *Aparecida*, o empenho da Igreja no continente em favor dos pobres redundou em perseguição e morte de muitos, que consideramos testemunhas da fé, nossos santos e santas, ainda não canonizados (*DAp* 98). Neste particular, constata que, em nossa experiência eclesial, as Cebs têm sido verdadeiras escolas de formação de cristãos comprometidos com sua fé, testemunhas de entrega generosa, até mesmo com o derramar do sangue de muitos de seus membros (*DAp* 178). Em nome da fé, deram a vida para que outros tivessem vida; foram consequentes com exigências históricas da mensagem evangélica. Trata-se de um testemunho que, sobretudo a perspectiva "institucional/carismática", tem dificuldade de reconhecer, com a tendência de ver os mártires das causas sociais, mais politizadores da fé do que inaugurando um novo perfil de santidade, já reconhecido pelo Papa Francisco na canonização de Dom Romero.

Como os dados da pesquisa atestam, estes e outros pilares do modelo de pastoral dos "padres das décadas de 1970/1980" estão longe de se constituírem em suporte para a prática pastoral da perspectiva "institucional/carismática", particularmente dos "padres novos" a ela alinhados. E o mais preocupante é que tenha perdido terreno na ação pastoral dos próprios "padres das décadas de 1970/1980". Continuam presentes, mas não mais com a mesma intensidade e entusiasmo. Não só mostram cansaço, como também distanciamento, mesmo sem regredir a modelos pré-conciliares. Como já são um contingente em menor número e este modelo de Igreja por décadas se afirmava ultrapassado, acabam acolhendo e convivendo com práticas impulsionadas ou fortalecidas pelos "padres novos", particularmente quando chegam a uma paróquia que os tiveram como predecessores.

4 Possíveis razões do processo de involução eclesial ainda vigente

Como explicar o distanciamento da renovação do Vaticano II e da tradição eclesial libertadora que os dados da pesquisa registram? De fato, nas últimas décadas, não só houve estancamento no processo de renovação do Vaticano II, como retrocesso em muitos campos (HUENERMANN, 2012, p. 284).

A tentativa de reforma da reforma do Vaticano II

O longo inverno eclesial (GONZÁLEZ FAUS, 1989, p. 67-84) que se estendeu até à renúncia do Papa Bento XVI, que por mais que se queira espiritualizá-la ou atribuí-la à idade avançada no pontífice, não deixa de ser expressão do esgotamento de um projeto de "reforma da reforma" do Vaticano II. A Conferência de Aparecida já havia constatado e denunciado o retrocesso: "[…] tem nos faltado coragem, persistência e docilidade à graça para levar adiante a renovação iniciada pelo Concílio Vaticano II e impulsionada pelas anteriores Conferências Gerais, para assegurar o rosto latino-americano e caribenho de nossa Igreja" (*DAp* 100h). Prova disso, diz o documento, são "[…] algumas tentativas de voltar a uma eclesiologia e espiritualidade anteriores à renovação do Vaticano II" (*DAp* 100b), acompanhadas da volta do clericalismo. Durante este período, sorrateiramente, em muitos aspectos se retrocedeu a práticas de Neocristandade e a uma postura apologética frente ao mundo, típica de uma Igreja autorreferencial, que o pontificado de Francisco busca superar com o resgate da renovação conciliar.

Durante estas três décadas, em base a este modelo, mudou-se o perfil de bispo e também de presbítero, depois de uma visita de inspeção por parte da Cúria Romana aos seminários, ainda na década de 1980. A partir de critérios passados às Nunciaturas apostólicas, implementou-se a eleição de um episcopado mais administrador do que pastor, mais qualificado no direito canônico do que em teologia. Da visita aos seminários, as novas orientações na formação levaram à ordenação de candidatos ao presbiterato mais identificados com o zelo da doutrina e a defesa da instituição eclesial, do que com uma evangelização integral no seio da sociedade moderna, autônoma e pluralista. Trata-se de um modo de ser Igreja, que se apoia sobre movimentos e associações apostólicas, do qual provém grande parte dos candidatos ao episcopado e ao presbiterato, pautados por uma missão centrípeta – *sair para fora* da Igreja para reconduzir as "ovelhas desgarradas" para o seio dela. O Papa Francisco está intervindo diretamente na mudança deste perfil, querendo bispos com "cheiro de ovelhas" e sem "psicologia de príncipes" e padres do meio do povo, inseridos nas periferias. Os resultados são minguados até agora, tanto que o processo de involução eclesial em relação à renovação do Vaticano II persiste e, em muitos lugares, de forma explícita, como no caso dos limites postos para a celebração da missa no rito tridentino.

Um projeto civilizacional em crise

Para entender as razões da involução da Igreja em relação à renovação conciliar, a hipótese mais plausível é o impacto da crise do projeto civilizacional moderno. Na medida em que o Vaticano II significou a reconciliação da Igreja com o mundo moderno, a crise da Modernidade afeta também diretamente o legado da renovação conciliar.

Sobram evidências de que estamos imersos em um tempo marcado por profundas transformações, que atingem todas as esferas da vida social, mergulhando-nos em um tempo de crise. Está aí a crise de paradigmas e das utopias, a crise das ciências e da razão, dos metarrelatos e das instituições, crise de identidade, das religiões, de valores, crise de sentido etc. Por um lado, a Modernidade propiciou as maiores conquistas da humanidade, mas, por outro, também é a responsável pelas maiores frustrações da história. Não há como não reconhecer valores seus, como democracia, liberdade, igualdade, ciência, estado de direito, tecnologia, autonomia da subjetividade, tolerância etc. Entretanto, além de serem conquistas que não chegaram a todos, deixando à margem multidões de descartados, a Modernidade se caracteriza pela *razão técnica-instrumental*, pela qual, à medida que reduziu tudo ao útil e aplicável, gerou um modo de vida e um modelo de economia, que coisifica o ser humano e depreda a natureza. E mais, a sociedade moderna fundada no mito do progresso deixou sem respostas as questões mais ligadas à finalidade do progresso e da aventura tecnológica, à realização humana e à felicidade pessoal, enfim, ao sentido da vida (VATTIMO, 1998, p. 640-646). Prova disso é a irrupção de novas realidades, frente às quais o projeto civilizacional moderno tornou-se curto e, com elas, a emergência de novas aspirações e valores.

A crise da Modernidade se impôs ainda na década de 1970 e tornou-se irrefutável com a queda do Muro de Berlin, em 1989. Praticamente, "tudo o que é sólido se desmancha no ar" (J. Beaudrillard), mergulhando-nos em uma *sociedade líquida* (BAUMAN, 2001; BENEDETTI, 2005, p. 17-18). É um tempo incômodo, pois está permeado de incertezas e angústias, mais ingente à criatividade do que ao plágio ou para agarrar-se a velhas seguranças de um passado sem retorno. Gerações diversas: negativamente a crise gera medo (que exagera o perigo e cria monstros); perplexidade (fica-se sem entender o que se passa e qual a saída); insegurança (sem saber que caminho escolher); angústia (pessoas desesperançadas, depressivas, agressivas)... E, positivamente, a crise desafia um novo nascimento (crise acrisola); impõe a urgência de se arriscar (coragem); desperta a criatividade (lançar-se a criar o novo); desafia a sonhar (com um mundo crescentemente melhor)... Como nos adverte a sabedoria oriental, crise não é "fim da história" ou "beco sem saída". Crise é encruzilhada, ocasião de novas oportunidades, mas à condição de não fugirmos dela. Crise é metamorfose, passagem, travessia, só que tanto para a morte como para um novo nascimento, dependendo de como a enfrentamos. Fugir dela, é presságio de um fim catastrófico; assumi-la, é prenúncio de um tempo pascal, de um novo começo (BRIGHENTI, 2004, p. 45-65).

Uma crise que impacta a Igreja

Também a instituição eclesial está mergulhada num tempo de crise. E nem poderia ser diferente, pois o mundo é constitutivo da Igreja. Não é o mundo que está na Igreja, mas é a Igreja que está no mundo. O Povo de Deus peregrina no seio de uma humanidade toda ela peregrinante. E o destino do Povo de Deus não é diferente do destino de toda a humanidade. E tal como na sociedade atual em relação à Modernidade, também na Igreja há dificuldade em situar-se no novo tempo, para interagir com ele e, sobretudo, há dificuldade em aprender e enriquecer-se com as novas realidades emergentes. E tal como no âmbito da sociedade, no seio da qual as diferentes hermenêuticas da crise da Modernidade se configuram em projetos sociais distintos, no âmbito eclesial, as diversas hermenêuticas do Vaticano II e da tradição latino-americana, também configuram modelos de pastoral diferentes e, em muitos aspectos, antagônicos (FLORISTÁN, 1984, p. 417-426).

Concretamente, frente à crise atual que gera insegurança, aqueles que se deixam levar pelo medo, instintivamente, vão buscar segurança. E segurança em tempos de travessia e do imperativo de criar o novo, somente falsas seguranças, que são basicamente duas: o tradicionalismo e o emocionalismo. No contexto atual, os que reagem à crise atual com uma visão retrospectiva da realidade, fazendo do passado um refúgio, se agarram à *pastoral de conservação*, o modelo de pastoral da Cristandade medieval, devocional e sacramentalista. Ou então resgatam a *pastoral coletiva*, o modelo de pastoral da Neocristandade, em postura apologética frente ao mundo moderno, defendendo a "tradição" e a "doutrina de sempre". O refluxo destes modelos se dá através dos movimentos e associações alinhados à Igreja pré-conciliar, postura assumida pelo clero mais jovem, em sua grande maioria (BRIGHENTI, 2015,

p. 23-34). O Concílio Vaticano II superou estes dois modelos, através do modelo caracterizado anteriormente e objeto de análise das questões em foco aqui.

A pastoral de conservação, assim denominada por *Medellín* (*Med* 6,1) e nomeada por *Aparecida* (*DAp* 370), é o modelo de pastoral do regime de Cristandade (FLORISTÁN, 1991, p. 269-270), que funciona centralizado no padre e na paróquia e, no seio desta, na matriz. Na pastoral de conservação, em sua configuração pré-tridentina, a prática da fé é de cunho devocional, centrada no culto aos santos e composta de procissões, romarias, milagres e promessas, práticas típicas do catolicismo popular medieval; e em sua configuração tridentina, a vivência cristã gira em torno do padre, baseada na recepção dos sacramentos e na observância dos mandamentos da Igreja. Já a *pastoral coletiva* é o modelo de pastoral do regime de Neocristandade (BRIGHENTI, 2012, p. 123-124), que teve seu auge no século XIX, quando a Igreja pré-moderna jogou suas últimas cartas no confronto com a Modernidade (cf. QUEIRUGA, 2000). Nela assume a defesa da instituição católica diante de uma sociedade anticlerical e a guarda das verdades da fé frente a uma razão secularizante. Ao desconstrucionismo dos metarrelatos e do relativismo reinante que geram vazio, incertezas e medo, contrapõe-se o "porto de certezas" da tradição religiosa e um elenco de verdades apoiadas numa racionalidade metafísica. Neste modelo de Igreja e de pastoral, em lugar do Vaticano II (MELLONI, 2005, 34-59), que teria se rendido à Modernidade, apregoa-se a "volta ao fundamento", guardado zelosamente pela tradição antimoderna, que acertadamente excomungaram em bloco a Modernidade (GONZÁLEZ FAUS, 1989, p. 67-84). A redogmatização da religião e o entrincheiramento identitário acabam sendo sua marca, apoiados na racionalidade pré-moderna. E onde anda a pastoral do Vaticano II e da tradição libertadora?

A Igreja do Vaticano II: brasas sob cinzas

Será que existem na Igreja também aqueles que, em meio à crise, olham para frente, com uma *visão prospectiva*? Sim, aqueles que fizeram do Vaticano II mais do que um ponto de chegada, um *ponto de partida*, como frisou Paulo VI em seu encerramento. Estes, já foram maioria, mas hoje são quase minoria. Em muitos lugares, são brasas sob cinzas. Ultimamente, entretanto, com a arejada de *Aparecida* e do pontificado do Papa Francisco ao resgatarem o Vaticano II e a tradição eclesial libertadora, as chamas voltaram a arder, ainda que tímidas em meio a tantas adversidades.

É a Igreja das pequenas comunidades inseridas profeticamente na sociedade, para além do paroquialismo e do universalismo dos movimentos supradiocesanos (LIÉGÉ, 1978, p. 243-256); é a Igreja da opção pelos pobres, que faz deles sujeitos de uma sociedade inclusiva e não meros objetos de caridade; é a Igreja da Campanha da Fraternidade e das pastorais sociais, alimentada na mística dos mártires e em uma espiritualidade libertadora; é a Igreja sinodal da pastoral orgânica e de conjunto em processos de planejamento participativo e dos conselhos e assembleias de pastoral; é a superação de uma Igreja autorreferencial, em relação ecumênica e inter-religiosa; enfim, é a Igreja que busca ser toda ela ministerial, para além do binômio clero-leigos etc.

Mas, esta é também uma Igreja *perplexa*. E não só porque precisa mudar a linguagem. As intuições básicas e eixos fundamentais do Vaticano II e da tradição libertadora continuam válidos, mas o contexto mudou e nos deparamos todos com novos desafios e a irrupção de novos valores. Como conjugar – *comunidade e autonomia* (há uma crise de compromisso comunitário, também por conta de comunitarismos); *militância e gratuidade* (o outro como alteridade gratuita e não simplesmente como imperativo ético); *utopia e vida presente* (a insustentabilidade de uma utopia concebida como dilatação indeterminada do futuro); *objetividade e subjetividade* (a veracidade e a legitimidade de diferentes versões do mesmo); *global e local* (não perder de vista o real da realidade diante de um globalismo que volatiza o real); *autoridade e consenso* (a verdade como consenso das diferenças no ato comunicativo dos diferentes) etc.

Concluindo

O modelo pastoral dos "padres das décadas de 1970/1980", que aqui esteve em análise, se remete à renovação conciliar, recebida criativamente pela Igreja na América Latina, que redundou na tradição eclesial libertadora, tecida em torno a *Medellín*. Não se trata, entretanto, de algo propriamente novo. É consequência e desdobramento das intuições básicas e eixos fundamentais do Concílio Vaticano II, em nosso próprio contexto. É neste meio que os "padres das décadas de 1970/1980" nasceram, se formaram e exercem seu ministério, hoje, com outras características. Já os "padres novos" nasceram e foram formados no contexto da "involução eclesial" nas décadas que antecederam o atual pontificado e, hoje, exercem seu ministério, desconcertados por um pontificado que resgata justamente o que lhes parecia página virada de um passado sem retorno. Depois de três décadas de "involução eclesial", durante as quais a tradição libertadora sofreu toda sorte de tribulações e mesmo punições, com *Aparecida* abriu-se um novo cenário eclesial, fortalecido com o pontificado do Papa Francisco, que tem reafirmado a renovação do Vaticano II na perspectiva de sua "recepção criativa" feita pela Igreja na América Latina.

Os dados globais da pesquisa, assim como atestam também os resultados da consulta aos agentes eclesiais em relação às questões aqui em foco, apontam para a vigência de duas perspectivas teológico-pastorais. Uma delas está alinhada à renovação do Vaticano II e à tradição libertadora da Igreja na América Latina, à qual se integram os "padres das décadas de 1970/1980", que convencionamos denominá-la "perspectiva evangelização/libertação". A outra é integrada por segmentos da Igreja que tomam distância da renovação conciliar e da tradição libertadora, à qual se alinham os "padres novos" e que denominamos "perspectiva institucional/carismática".

Os dados aqui analisados confirmam a hipótese de se tomar o Vaticano II como um divisor de águas na vida da Igreja e como uma chave hermenêutica obrigatória para abordar a situação da Igreja hoje, em particular para caracterizar o perfil dos "padres novos". Como pano de fundo da configuração das duas perspectivas, tal como já nos referimos, está a crise do projeto civilizacional moderno e, junto dela, também a crise do Vaticano II, com as quais a Igreja se reconciliou no Concílio. Sem que suas intuições básicas e os eixos fundamentais tenham caducado, no entanto, a crise atual obriga os "padres das décadas de 1970/1980" a ressituar a renovação conciliar e a tradição latino-americana no atual contexto e a fazer nele uma segunda recepção.

É assim que contribuirão, juntamente com todos os que guardam e vivem seu legado, para que os "padres novos" e os demais segmentos alinhados à perspectiva "institucional carismática" e outros descubram e encarnem no novo contexto em que vivemos a preciosa herança do Vaticano II, um *kairós* para a Igreja nos umbrais do terceiro milênio.

Referências

AZEVEDO, M. *Comunidades Eclesiais de Base e inculturação da fé*. São Paulo: Loyola, 1986.

BAUMAN, Z. *Modernidade líquida*. São Paulo: Zahar, 2001.

BENEDETTI, L.R. Quand un tissu social se déchire. In: MULLER, H.A.; VILLEPELET, M.D. *Risquer la foi dans nos sociétés* – Églises d'Amérique latine et d'Europe en dialogue. Paris: Karthala, 2005, p. 12-29.

BOFF, L. *Teología desde el lugar del pobre*. Santander: Sal Terrae, 1986.

BRIGHENTI, A. *A Igreja Perplexa*: A novas perguntas, novas respostas. São Paulo: Paulinas, 2004.

BRIGHENTI, A. A pastoral na vida da Igreja – Repensando a missão evangelizadora em tempos de mudança". In: CNBB. *Comissão episcopal para a Animação Bíblico-catequética*. Brasília: CNBB, 2012, p. 123-124.

BRIGHENTI, A. A ação pastoral em tempos de mudança: modelos obsoletos e balizas de um novo paradigma. *Vida Pastoral*, São Paulo, p. 23-34, 2015.

CODINA, V. A eclesiologia de Aparecida. In: AMERINDIA. *V Conferência de Aparecida* – Renascer de uma esperança. São Paulo: Paulinas, 2008. p. 138-145.

DUSSEL, E. *De Medellín a Puebla* – Uma década de sangue e esperança I: De Medellín a Sucre, *1968-1972*. São Paulo: Paulinas: 1981.

FLORISTÁN, C. Modelos de Iglesia subyacentes a la acción pastoral. *Concilium* 196, p. 417-426, 1984.

FLORISTÁN, C. *Teología Práctica* – Teoría y práxis de la acción pastoral. Salamanca: Sígueme, 1991.

GONZÁLEZ FAUS, J.I. El meollo de la involución eclesial. *Razón y Fe*, 220, n. 1089/1090, p. 67-84, 1989.

GUTIÉRREZ, G. La recepción del Vaticano II en América Latina. In: FLORISTÁN, C.; TAMAYO, J.J. (eds.). *El Vaticano II, veinte años después*. Madri: Cristiandad, 1985, p. 213-237.

GUTIÉRREZ, G. Aparecida: La opción preferencial por el pobre. In: AMERINDIA. *V Conferência de Aparecida* – Renascer de uma esperança. São Paulo: Paulinas, 2008, p. 126-139.

HOUTART, F. Le Conseil Épiscopal d'Amérique latine accentue son changement. *ICI*, Paris, n. 481, p. 10-24, 1975.

HUENERMANN, P. Silêncio frente ao Concílio Vaticano II? *Concilium*, 346, n. 3, p. 283-296, 2012.

LIÉGÉ, P. A. *Comunidad y comunidades en la Iglesia*. Madri: Herder, 1978.

LIMA VAZ, H.C. Igreja-reflexo *vs*. Igreja-fonte. *Cadernos Brasileiros*, n. 46, p. 17-22, 1968.

MELLONI, A. O que foi o Vaticano II? Breve guia para os juízos sobre o Concílio. *Concilium*, 312, n. 4, p. 34-59, 2005.

OLIVEROS, R. Igreja particular, paróquia e Cebs em Aparecida. In: AMERINDIA. *V Conferência de Aparecida* – Renascer de uma esperança. São Paulo: Paulinas, 2008, p. 183-193.

QUEIRUGA, A.T. *Fin del cristianismo premoderno*. Santander: Sal Terrae, 2000.

SOBRINO, J. El Vaticano II y la Iglesia latinoamericana". In: FLORISTÁN, C.; C.; TAMAYO J.J. (eds.). *El Vaticano II, veinte años después*. Madri: Cristiandad, 1985, p. 105-134.

VATTIMO, G. Posmodernidad. In: ORTIZ-OSÉS, A.; LANCEROS, P. *Diccionario de hermenéutica*. Bilbao: Universidad de Deusto, 1998, p. 640-646.

3
PERSPECTIVAS PASTORAIS E MUDANÇAS NA ESTRUTURA DA IGREJA

Com relação à visão de Igreja no mundo de hoje, o terceiro bloco de perguntas do questionário aplicado na pesquisa de campo termina com três outras questões relativas a que serviços de pastoral precisam ser criados hoje, que novas frentes pastorais precisam ser abertas e que mudanças na estrutura da Igreja são mais urgentes.

Quando se pergunta sobre quais os serviços pastorais mais importantes a serem desenvolvidos, hoje, todas as categorias de agentes eclesiais das duas perspectivas, com exceção das religiosas da perspectiva "institucional/carismática", são unânimes em nomear, em primeiro lugar – *processo de iniciação à vida cristã, especialmente com adultos, e catequese permanente:* padres novos (62,1%), leigos/as (36,5%), jovens (36,0%) e seminaristas (65,8%) da perspectiva "institucional/carismática" e padres (54,2%), leigos/as (33,5%), jovens (22,1%), seminaristas (48,9%) e religiosas (50,0%) da perspectiva "evangelização/libertação".

Por sua vez, as religiosas da perspectiva "institucional/carismática" nomeiam, em primeiro lugar, *um consistente programa de formação de leigos e leigas* (23,5%), alternativa reforçada pela nomeação, em segundo lugar, por padres (11,5%), leigos/as (13,2%) e religiosas (13,9%) da perspectiva "evangelização/libertação". Junto com a formação, de encontro com a iniciação cristã, em segundo lugar, os padres desta perspectiva nomeiam *promover a animação bíblica da vida cristã e de toda a pastoral* (11,5%). Chama a atenção que somente os "padres novos" nomeiem *criar escolas de ministérios leigos e instituí-los para o serviço nas comunidades* (16,7%). Resta saber que tipos de ministérios são por eles entendidos, pois ultimamente vem se designando "ministério" os diferentes atores ou grupos de serviços em torno à liturgia.

Questão 7 Quais os serviços pastorais mais importantes a serem desenvolvidos hoje?

1ª citação	Total	Perspectiva institucional/carismática					Perspectiva evangelização/libertação				
		Padres	Leigos	Jovens	Semina-ristas	Reli-giosas	Padres	Leigos	Jovens	Semina-ristas	Reli-giosas
Base:	743	61	83	45	70	45	96	127	44	52	81
Processo de iniciação à vida cristã, especialmente com adultos, e catequese permanente	43,2%	62,1%	36,5%	36,0%	65,8%	17,6%	54,2%	33,5%	22,1%	48,9%	50,0%
Um consistente programa de formação de leigos e leigas	10,6%	4,5%	3,9%	16,0%	5,1%	23,5%	11,5%	15,1%	9,6%	2,1%	13,9%
Despertar para a missão, missões populares e comunidades missionárias	9,4%	1,5%	3,9%	22,0%	7,6%	17,6%	5,2%	9,8%	16,3%	17,0%	11,1%
Funcionamento das pastorais sociais e trabalho direto com os pobres	6,9%	3,0%	0,0%	14,1%	1,3%	5,9%	4,2%	13,2%	12,5%	2,1%	9,7%
Implantar movimentos de Igreja em todas as paróquias	6,2%	3,0%	12,3%	2,0%	1,3%	5,9%	7,3%	8,9%	2,1%	4,3%	5,6%
Criar escolas de ministérios leigos e instituí-los para o serviço das comunidades	5,8%	16,7%	6,4%	0,0%	6,3%	2,9%	1,0%	6,9%	8,3%	4,3%	0,0%
Promover a animação bíblica da vida cristã e de toda a pastoral	5,5%	6,1%	3,9%	4,0%	1,3%	8,8%	2,1%	1,4%	11,7%	10,6%	2,8%
Pastoral da Visitação e da Acolhida (Igreja Samaritana)	5,2%	0,0%	2,5%	4,0%	8,9%	8,8%	11,5%	7,7%	4,2%	10,6%	1,4%
Dar oportunidade de missas de cura e libertação, novenas, devoções	3,0%	0,0%	10,5%	2,0%	0,0%	5,9%	4,2%	0,7%	8,3%	0,0%	4,2%
Implantar nas dioceses as Novas Comunidades de Vida e Aliança	2,4%	1,5%	11,9%	0,0%	2,5%	2,9%	0,0%	0,7%	0,0%	0,0%	1,4%
Outro	0,0%	0,0%	0,0%	0,0%	0,0%	0,0%	0,0%	0,0%	0,0%	0,0%	0,0%
Não responderam	1,8%	1,5%	8,2%	0,0%	0,0%	0,0%	0,0%	2,1%	5,0%	0,0%	0,0%
Total	100,0%	100,0%	100,0%	100,0%	100,0%	100,0%	100,0%	100,0%	100,0%	100,0%	100,0%

Também salta aos olhos que somente os leigos/as da perspectiva "institucional/carismática" nomeiem *implantar os movimentos de Igreja em todas as paróquias* (12,3%). Por sua vez, a missão não é uma preocupação de todos. *Despertar para a missão, missões populares e comunidades missionárias* não aparece em primeiro lugar e, em segundo lugar, somente para jovens (22,0%) e religiosas (17,6%) da perspectiva "institucional/ carismática", assim como para jovens (16,3%) e seminaristas (17,0%) da perspectiva "evangelização/libertação". Igualmente cabe registrar que os "padres das décadas de 1970/1980" valorizam mais que os "padres novos" a formação dos leigos/as, o despertar para a missão, a pastoral social e o serviço aos pobres, assim como a pastoral da visitação. Mas, somente os "padres novos" citam e, em terceiro lugar, a implantação na diocese das novas comunidades de vida e aliança (11,9%), o que também é coerente com seu perfil.

Questão 8 Que novas frentes pastorais precisam ser abertas hoje?

1ª citação	Total	Perspectiva institucional/carismática					Perspectiva evangelização/libertação				
		Padres	Leigos	Jovens	Semina-ristas	Reli-giosas	Padres	Leigos	Jovens	Semina-ristas	Reli-giosas
Base:	743	61	83	45	70	45	96	127	44	52	81
Aconselhamento pastoral e orientação espiritual	26,1%	33,8%	31,6%	21,2%	21,3%	25,7%	27,4%	19,1%	22,5%	33,3%	29,6%
Pastoral da Acolhida e da Visitação	16,0%	12,3%	8,9%	5,7%	18,8%	17,1%	23,2%	14,7%	33,6%	16,7%	12,7%
Escola de fé e compromisso social	11,6%	4,6%	1,0%	24,9%	12,5%	20,0%	8,4%	11,5%	20,7%	6,3%	19,7%
Escola de catequese, para formação de catequistas	10,0%	7,7%	6,8%	19,2%	17,5%	11,4%	13,7%	8,1%	1,7%	4,2%	11,3%
Pastoral Missionária, com formação e experiências missionárias	9,7%	6,2%	19,1%	13,6%	11,3%	5,7%	9,5%	12,0%	2,2%	6,3%	11,3%
Escola de ministérios e instituição de ministérios para leigos e leigas	9,2%	18,5%	7,3%	3,8%	0,0%	8,6%	11,6%	12,5%	0,0%	12,5%	11,3%
Escolas de Bíblia, para formação de agentes de pastoral bíblica e outros	8,6%	15,4%	10,3%	3,9%	3,8%	2,9%	4,2%	9,0%	10,5%	20,8%	1,4%
Implantar as Novas Comunidades de Vida e Aliança	3,3%	0,0%	10,8%	1,9%	1,3%	0,0%	0,0%	6,9%	1,7%	0,0%	0,0%
Implementar o diaconato permanente	1,6%	0,0%	1,6%	0,0%	1,3%	2,9%	2,1%	2,1%	2,2%	0,0%	2,8%
Pastoral dos Meios de Comunicação Social	1,3%	0,0%	0,0%	1,9%	6,3%	2,9%	0,0%	1,3%	0,0%	0,0%	0,0%
Outro	1,2%	0,0%	1,6%	1,9%	5,3%	2,9%	0,0%	0,7%	0,0%	0,0%	0,0%
Não responderam	1,5%	1,5%	1,0%	1,9%	0,0%	0,0%	0,0%	2,1%	5,0%	0,0%	0,0%
Total	100,0%	100,0%	100,0%	100,0%	100,0%	100,0%	100,0%	100,0%	100,0%	100,0%	100,0%

Com relação a que novas frentes pastorais precisam ser abertas, hoje, é quase unanimidade para as categorias de agentes eclesiais consultadas das duas perspectivas teológico-pastorais a alternativa *aconselhamento pastoral e orientação espiritual,* nomeada em primeira opção para: padres (33,8%), leigos/as (31,6%), seminaristas (21,3%) e religiosas (25,7%) da perspectiva "institucional/carismática" e para padres (27,4%), leigos (19,1%), seminaristas (33,3%) e religiosas (29,6%) da perspectiva "evangelização/libertação". Esta alternativa é reforçada pela indicação em segundo lugar pelos jovens (21,2%) da perspectiva "institucional/carismática" e pelos jovens (22,5%) da perspectiva "evangelização/libertação".

Em primeira opção, os jovens da perspectiva "institucional/carismática" nomeiam *a escola de fé e compromisso social* (24,9%), alternativa reforçada pelas religiosas tanto da perspectiva "institucional/carismática" (20,0%) como da perspectiva "evangelização/libertação" (19,7%). Já os jovens da perspectiva "evangelização/libertação" indicam, em primeira opção, a *pastoral da acolhida e da visitação* (33,6%), alternativa esta reforçada pela nomeação em segundo lugar, pelos seminaristas da perspectiva "institucional/ carismática" (18,8%) e pelos padres (23,8%) e leigos (14,7%) da perspectiva "evangelização/libertação".

Por sua vez, em segundo lugar, os "padres novos" da perspectiva "institucional/carismática" nomeiam *escola de ministérios e instituição de ministérios para leigos/as* (18,5%); os leigos/as indicam a *pastoral missionária, com formação e experiências missionárias* (19,1%); e os seminaristas da perspectiva "evangelização/libertação", *escolas de Bíblia* (20,8%). Chama a atenção a desconsideração com relação à implementação do diaconato permanente, nas duas perspectivas teológico-pastorais.

Com relação a que mudanças na estrutura da Igreja são mais urgentes, a maior convergência das categorias de agentes das duas perspectivas aponta, em primeira opção, para *a renovação da paróquia, especialmente sua setorização em unidades menores*: padres (47,8%), seminaristas (31,6%) e religiosas (31,3%) da perspectiva "institucional/carismática" e padres (42,7%), seminaristas (31,9%) e religiosas (26,0%) da perspectiva "evangelização/libertação".

Por sua vez, em primeira opção, indicam *o funcionamento de conselhos e assembleias de pastoral em todas as comunidades* – os jovens (31,7%) e religiosas (31,3%) da perspectiva "institucional/carismática" e os leigos/as (27,0%) e jovens (48,8%) da perspectiva "evangelização/libertação". Esta alternativa é reforçada pela indicação, em segundo lugar, por parte dos leigos/as (24,6%) e seminaristas (19,0%) da perspectiva "institucional/carismática" e pelas religiosas (15,1%) da perspectiva "evangelização/libertação". Chama a atenção que somente os leigos/as, e unicamente da perspectiva "institucional/carismática", nomeiem em primeira opção *o direito das comunidades terem a celebração da Eucaristia semanalmente* (25,1%).

A nomeação em segundo lugar converge para *repensar o modelo de ministério ordenado na Igreja,* alternativa nomeada pelas religiosas da perspectiva "institucional/carismática" (12,5%) e pelos padres (25,0%), leigos/as (23,7%), seminaristas (21,3%) e religiosas (23,3%) da perspectiva "evangelização/libertação". Interessante que o acento é dado por esta perspectiva e não pela outra. Chama a atenção que os "padres novos" nomeiem em segundo lugar *a criação de pequenas comunidades eclesiais a exemplo das Cebs* (13,4%), assim como que somente os jovens da perspectiva "institucional/carismática" nomeiem a necessidade de maior rotatividade dos padres nas paróquias (20,2%). Também que *a necessidade de criação de ministérios para as mulheres* seja nomeada somente pelos leigos/as da perspectiva "evangelização/libertação" e, ainda, em quarto lugar.

Questão 9 Que mudanças na estrutura da Igreja são mais urgentes hoje?

1ª citação	Total	Perspectiva institucional/carismática					Perspectiva evangelização/libertação				
		Padres	Leigos	Jovens	Semina-ristas	Reli-giosas	Padres	Leigos	Jovens	Semina-ristas	Reli-giosas
Base:	743	61	83	45	70	45	96	127	44	52	81
Renovação da paróquia, especialmente sua setorização em unidades menores	24,8%	47,8%	9,7%	6,0%	31,6%	31,3%	42,7%	18,6%	2,1%	31,9%	26,0%
Funcionamento de conselhos e assembleias de pastoral em todas as comunidades	20,6%	7,5%	24,6%	31,7%	9,0%	31,3%	5,2%	27,0%	48,8%	6,4%	15,1%
Repensar o modelo de ministério ordenado na Igreja	13,6%	1,5%	4,1%	1,9%	2,5%	12,5%	25,0%	23,7%	7,7%	21,3%	23,3%
Não multiplicar paróquias e criar redes de comunidades, com padres trabalhando em conjunto	9,4%	6,0%	11,3%	16,5%	2,5%	9,4%	13,5%	4,9%	22,0%	8,5%	8,2%
Criação de pequenas comunidades eclesiais, a exemplo das CEBs	7,1%	13,4%	11,8%	6,0%	7,6%	3,1%	4,2%	4,2%	8,0%	4,3%	12,3%
Dar o direito de as comunidades eclesiais terem a celebração eucarística semanalmente	6,4%	3,0%	25,1%	0,0%	11,4%	6,3%	4,2%	0,7%	1,8%	4,3%	4,1%
Maior rotatividade dos padres nas paróquias	5,9%	7,5%	6,2%	20,2%	6,3%	0,0%	1,0%	4,8%	3,6%	10,6%	0,0%
Instituição de ministérios para as mulheres	3,4%	1,5%	4,6%	6,0%	0,0%	6,3%	0,0%	9,1%	2,1%	0,0%	1,4%
Mais autonomia para as conferências episcopais nacionais	2,7%	9,0%	0,0%	0,0%	0,0%	0,0%	3,1%	0,0%	0,0%	10,6%	6,8%
Rever os critérios e forma de nomeação de bispos	1,5%	1,5%	1,5%	0,0%	2,5%	0,0%	1,0%	1,4%	0,0%	2,1%	2,7%
Outro	1,7%	0,0%	1,0%	9,7%	7,6%	0,0%	0,0%	0,0%	2,1%	0,0%	0,0%
Não responderam	2,7%	1,5%	0,0%	1,9%	8,9%	0,0%	0,0%	5,6%	1,8%	0,0%	0,0%
Total	100,0%	100,0%	100,0%	100,0%	100,0%	100,0%	100,0%	100,0%	100,0%	100,0%	100,0%

Analisando os dados levantados

MODELOS DE IGREJA A PARTIR DO PERFIL DOS "PADRES NOVOS"

Antônio Manzatto

A pesquisa sobre os "padres novos" não revela apenas o pensamento ou atitudes de padres recém-ordenados nas diversas dioceses brasileiras, principalmente naquelas em que a pesquisa foi realizada. Mais do que isso, revela comportamentos que são construtores, mais do que de cenários eclesiais, de verdadeiros modelos de Igreja que coexistem atualmente, de maneira nem sempre pacífica, no interior do catolicismo brasileiro. A eclesiologia católica exige a concretização de estruturas de Igreja porque não a compreende como simples realidade espiritual ou transcendente. A Igreja precisa historicizar-se para ser (DE LA FUENTE, 1998, p. 19), acontecendo em estruturações concretas que incluem formas de governo, de leituras teológicas e de práticas pastorais que revelam e constroem sua identidade. Tais modelos de Igreja não são projetados primeiramente a partir de conceitos teológicos ou doutrinais, mas a partir da prática efetivamente realizada por seus membros (LIBANIO, 2000, p. 23). Mais do que revelar o pensamento dos "padres novos", a pesquisa revela comportamentos que são construtores de Igreja. Em outras palavras, aquilo que os "padres novos" efetivamente realizam em sua prática pastoral, e não apenas em seus discursos, propõe e edifica um modelo de Igreja específico. No horizonte da pesquisa, definiu-se que o modelo "institucional/carismático" é aquele construído pela prática dos "padres novos", enquanto o modelo "evangelização/libertação" corresponde à prática dos "padres das décadas de 1970/1980". Não se trata de mera opção teológica ou ideológica, mas, acima de tudo, de uma prática: qual o modelo que a prática pastoral dos "padres novos" efetivamente constrói e em que ela se diferencia de outras práticas pastorais, essa é a questão. Ainda que vivamos tempos de centralidade clerical, não é apenas o comportamento dos padres que define um modelo de Igreja. Há mais, porque existem planos pastorais, definições de prioridades diocesanas, contextos diferenciados, sem esquecer que há o comportamento de leigos e leigas jovens ou adultos, de religiosos e religiosas e de movimentos eclesiais que contribui para a construção do modelo de Igreja pretendido.

Com isso define-se o quadro da presente análise, que é aquele de perceber como o comportamento pastoral dos "padres novos" e dos setores eclesiais que comungam as mesmas práticas define certo modelo de estruturação eclesial, enquanto outros comportamentos, aquele dos "padres das décadas de 1970/1980" e dos setores eclesiais da perspectiva "evangelização/libertação", por exemplo, definem outro modelo de Igreja. Também se vislumbram quais valores religiosos ou evangélicos cada modelo promove e como convivem entre si. A percepção é que, embora os modelos coexistam, as atitudes conservadoras são predominantes, se não hegemônicas. Em face disso, se colocam as questões de atualidade e, de maneira mais determinante, a questão da opção pelos pobres. Os pontos aqui abordados se referem ao futuro da ação eclesial indagando sobre serviços a serem desenvolvidos, frentes a serem abertas e estruturas que se querem urgentemente transformadas. Trata-se, pois, de perceber que tipo de Igreja se quer para os próximos anos e como ela é construída pelas práticas pastorais desenvolvidas pelos diversos agentes de Igreja. O presente texto retoma, com revisão e ampliação, aquele publicado na revista *Pistis & Praxis*, v. 13, n. 3, p. 1.154-1.178, set.--dez./2021, contemplando a mesma problemática.

1 O que se quer na pastoral

Como apresentado acima, o resultado da pesquisa parece apontar para um grande consenso eclesial, com praticamente todas as categorias de agentes de Igreja apontando os mesmos serviços pastorais que se quer implementar. Tal consenso, na verdade, pode esconder uma diversidade de compreensões que não são sem interesse.

Os dados das diversas propostas nos diferentes grupos de ação eclesial indagam sobre seu significado. Interessante perceber que, ao menos nas questões majoritárias, a posição dos seminaristas é muito próxima daquela dos padres de sua perspectiva. Isso confirma que estamos falando de uma tendência eclesial que, ao menos no que se refere ao comportamento dos ministros ordenados, permanecerá por tempos ainda. Por outro lado, é sintomático que o comportamento das religiosas seja mais livre com relação à prática clerical, o que indica que elas possuem outros pontos de referência para sua reflexão e ação que não aqueles do clero, como o carisma da congregação, a referência aos fundadores ou o tipo de obra em que atuam.

No que toca aos seminaristas, é sempre bom perceber não apenas os modelos clericais que são seguidos por eles, mas aqueles que lhes são propostos como referência. Na medida em que certos modelos clericais são apresentados, como os padres midiáticos ou espiritualistas, milagreiros, doutrinadores ou libertadores, se espera que sejam seguidos. Nem sempre é responsabilidade exclusiva dos formandos a escolha de modelos a serem imitados, pois alguns lhes são apresentados ou incentivados pela autoridade eclesial local. Por outro lado, é bom lembrar que todas as vocações sempre nascem do chão eclesial (CNBB, 2021a, p. 28), o que significa que os vocacionados têm sempre como referência a Igreja de onde provêm, seguindo esse modelo com naturalidade, com raras exceções. Os modelos de Igreja, como dito, surgem da prática pastoral e aqueles que ali vivem sua primeira ou mais importante experiência religiosa têm, quase que instintivamente, a referência de permanecer promovendo a mesma prática. É normal que se espere que os seminaristas oriundos de uma Igreja carismática tenham uma predileção especial por esse modelo de Igreja, e os jovens formados dentro dessa perspectiva a promovam com mais facilidade. Há que se notar, ainda, que os seminários e outros ambientes de formação da juventude são lugares onde os "padres novos" têm presença mais significativa, enquanto os ambientes de formação das religiosas seguem outra dinâmica.

Quanto aos serviços pastorais propriamente ditos que se quer implementar, salta aos olhos a preferência pela formação. Ela aparece nas propostas de implementação à iniciação à vida cristã, na preocupação catequética, nos projetos de formação para leigos e leigas e nas escolas de ministérios. Juntas, essas propostas alcançam a imensa maioria das indicações dos diversos grupos de agentes eclesiais de ambas as perspectivas. Apontam para certo tipo de consenso, ao menos aparentemente. Já a preocupação com as missões, com as pastorais sociais e com o acolhimento, todas elas somadas, mal chega a 1/3 das opiniões da juventude, o setor que mais manifesta sua preocupação com essas questões. Os outros setores de agentes eclesiais manifestam preocupação menor com os indicadores que apontam para realidades mais progressistas. Já a animação bíblica da pastoral não rivaliza com as propostas de criação de movimentos, de novas comunidades de vida e a implementação de missas de cura e libertação, exceção feita aos padres da perspectiva "evangelização/libertação". É legítimo pensar que tais indicativos apontam para uma Igreja de posições mais conservadoras do que aquela conhecida em outras épocas, sobretudo naqueles tempos em que floresceu na América Latina a prática pastoral libertadora que proporcionou o nascimento da Teologia da Libertação e da tradição eclesial latino-americana (BRIGHENTI; HERMANO, 2013). Isso é fruto do tipo de incentivo que durou décadas e se concretizou no modelo eclesial proposto nos pontificados de João Paulo II e de Bento XVI (MANZATTO, 2017, p. 37-39) e que ainda segue sendo implantado em muitos lugares do Brasil através do comportamento pastoral de seus bispos.

Nesse sentido é que deve ser lida a preocupação pastoral com a formação que a pesquisa aponta. É certo que o Documento de Aparecida muito insistiu na necessidade de formação dos cristãos e a entendeu necessária em todos os níveis, em realização gradual e permanente (CELAM, 2007, p. 130-133). Na esteira da tradição latino-americana, formada pelas anteriores Conferências Gerais dos Bispos do continente, a formação foi entendida dentro do processo de conscientização dos cristãos para sua prática eclesial e social, transformando-se em instrumental que municia para a leitura da realidade, a compreensão doutrinal e teológica comprometida e o discernimento necessário para a prática pastoral transformadora. Acrescente-se que o mesmo Documento de Aparecida insiste na dinâmica missionária da Igreja (CELAM, 2007, p. 165), de tal forma que a formação não pode ser entendida como intelectual apenas, mas sim de maneira mais completa porque se trata de formar discípulos de Jesus que são, necessariamente, missionários do Reino de Deus. Cabe lembrar que o paradigma missionário de *Aparecida* não é simplesmente o de fomentar a prática religiosa, mas sim o de fermentar a sociedade com os valores do Reino de Deus (BRIGHENTI, 2007, p. 54).

Como comprova a história, o Documento de Aparecida foi bastante comentado depois da Assembleia, mas não se transformou em dínamo da atividade eclesial latino-americana, como foram os de Medellín e Puebla. O próprio Papa Francisco já afirmou que o Documento de Aparecida não foi suficientemente implementado (FRANCISCO, 2013a), aliás, como muitos também o dizem no que se refere ao Concílio Vaticano II. A compreensão de formação que aparece nas respostas da pesquisa não parece situada na linha da proposta de *Aparecida* porque a preocupação com a missão não acompanha o discurso sobre formação, como o denunciam os números. Seja na questão da iniciação à vida cristã, em cursos para o laicato ou em escolas de ministérios, a formação parece ser compreendida como a conquista de um saber, intelectual e doutrinal, que cabe bem dentro do modelo eclesial proposto e construído nos papados anteriores e concretizado na prática dos "padres novos" como fomentador de uma Igreja institucional/carismática. O discurso é aquele que apresenta o magistério com a tarefa de ensinar como mestre, em detrimento da ação do pastor. Não se estranha, portanto, a insistência na iniciação à vida cristã e na catequese, proposta assumida pelos bispos e repetida pelo clero, marcadamente influenciados pelos movimentos eclesiais presentes atualmente na Igreja do Brasil. A ênfase se dá no conhecimento dos dogmas e na defesa da ortodoxia, fazendo com que a experiência cristã seja percebida como algo que se deve saber, um conhecimento que se deve possuir. A boa-nova proclamada por Jesus em seu evangelho é vista como conhecimento conceitual, não como sabedoria de vida concretamente vivenciada na comunidade (At 2,42-47).

Compreende-se por que Francisco condena o que ele chama de neognosticismo, onde o conhecer as afirmações doutrinais corresponde ao essencial da vivência cristã (FRANCISCO, 2018, n. 36-46). O referencial da fé vivida desaparece para que se afirme, apenas, o conhecimento como caminho de salvação, em uma espécie de revitalização do gnosticismo dos primeiros séculos. De experiência vivida e testemunho realizado até o sangue, o cristianismo torna-se um simples compêndio doutrinal que é preciso conhecer. A prática pastoral do cuidado para com os mais fracos desaparece, restando o esforço de fazer a verdade cristã ser conhecida e explicada, entendendo-se essa verdade somente como doutrinal, não como prática. De *ethos* existencial, a fé passa a ser mero conhecimento que se adquire e no qual se evolui. A ideia é aquela de que se alguém conhece a verdade, tudo está resolvido. Não apenas o caminho de salvação passa da prática do amor para a afirmação doutrinal, como também, por isso mesmo, se elitiza o cristianismo, tornando-o possível apenas para aqueles que podem conhecer as verdades dogmáticas. No reverso, a mistificação reaparece com força porque se fecham as afirmações doutrinais dentro do círculo religioso onde não há necessidade de demonstração da verdade, mas apenas de sua afirmação. A religião, assim, funciona como mecanismo de dominação dos mais frágeis da sociedade, e o cristianismo perde sua força de libertação e transformação.

Esse é o cenário que nos permite entender o comportamento atual do conjunto da Igreja do Brasil, que parece mais marcada pelo clericalismo conservador do que pela novidade do discipulado missionário. É verdade que a proposta formativa da perspectiva "evangelização/libertação" ainda existe e convive, não sem problemas, com a perspectiva dominante. O período de pandemia que atravessamos mostrou como, através das mídias sociais, setores de Igreja souberam trabalhar a questão da formação de maneira a ajudar a esclarecer a consciência dos cristãos e incentivar sua ação. Foram inúmeros cursos, palestras e emissões que procuraram ajudar o crescimento do espírito crítico das pessoas para que pudessem melhor se situar, como sujeitos adultos e autônomos, na Igreja e na sociedade. Essas ações, que correspondem mais ao projeto de formação de uma Igreja libertadora, não circularam, porém, com a mesma facilidade nem com os mesmos incentivos ou recursos que os comportamentos litúrgicos, catequéticos ou simplesmente devocionais que também povoaram as redes sociais.

Isso significa que o discurso sobre a importância da formação pode ser assumido tanto pela perspectiva "institucional/carismática" quanto pela perspectiva "evangelização/libertação". A questão é o objetivo que se quer atingir com a prática formativa, se o simples conhecimento das verdades religiosas ou se a conscientização que motiva e capacita para a prática de vida que chega à transformação da sociedade. Nesse sentido é importante verificar, na pesquisa, como as duas perspectivas se situam na orientação do modelo eclesial a ser construído, seja favorecendo a missão e as ações mais voltadas ao socorro aos pobres, ou favorecendo o desenvolvimento de novos movimentos e comunidades ou as missas de cura e outros comportamentos devocionais. Os primeiros são mais referidos pela gente da perspectiva "evangelização/libertação", os outros são preferidos pelos agentes da perspectiva "institucional/carismática". A referência à Escritura, nesse aspecto, torna-se crucial e é instrutivo perceber sua centralidade para a vida cristã e pastoral muito mais afirmada pela perspectiva "evangelização/libertação" que pela perspectiva dos "padres novos", que se referem mais amiúde ao catecismo e ao Direito Canônico. Claro que não se trata de escolher entre a

Bíblia ou textos magisteriais, mas é instrutivo perceber como sua influência é priorizada na prática pastoral. A distinção entre os modelos de Igreja que se quer construir é bastante nítida nas propostas sobre os serviços pastorais que se quer desenvolver atualmente.

2 Onde a pastoral precisa ser criativa

O futuro nos é desconhecido e, por isso, desafiador. Ele não está escrito nem definido, mas depende daquilo que a humanidade resolver construir. Quando se pensa em frentes pastorais a serem abertas, têm-se claramente a indagação sobre qual futuro se quer construir, qual o modelo de Igreja que melhor responderá aos desafios que o futuro trará e não apenas àqueles que o presente já nos propõe. Quando a pesquisa foi realizada, não se tinha ideia que uma pandemia como a da covid-19 pudesse atingir a humanidade toda, da forma que efetivamente aconteceu. Diante dela, todas as propostas pastorais precisam ser revistas porque a crise sanitária não foi um hiato passageiro, mas algo que marcou profundamente a humanidade, mais não fosse pelo número de mortos que produziu. Diante dela é legítimo perguntar sobre a forma de a Igreja permanecer fiel à sua missão e ainda corresponder às necessidades urgentes da humanidade. Foi profundamente questionadora a figura do papa atravessando solitário a Praça de São Pedro, em março de 2020 (FRANCISCO, 2021a); por outro lado, não foi sem estranheza que se viu o movimento de católicos exigindo a volta de missas presenciais em pleno período de contaminação, no qual as autoridades sanitárias aconselhavam o distanciamento social. Também aqui aparece, nitidamente, a distinção entre modelos eclesiais que correspondem, na verdade, a compreensões diversas sobre a forma de viver o cristianismo. O que está em jogo, finalmente, é a credibilidade da fé cristã, sua pertinência à vida da humanidade nos tempos atuais e como manter, em tudo isso, a fidelidade ao evangelho de Jesus. A relevância do Concílio Vaticano II, da tradição eclesial latino-americana e da opção preferencial pelos pobres, caminhos que a Igreja percorreu na atualidade, são as balizas mais seguras para se perceber formas de vivência do cristianismo em fidelidade ao Evangelho.

Uma questão que não é sem interesse é aquela de pensar, em teologia cristã, a temporalidade e a dimensão de futuro (GONÇALVES; FAVRET-TO, 2016, p. 269). Muitos percebem o tempo como um universo fechado, com o final se identificando com o início e, assim como o passado está definido, também o futuro estaria escrito. Ditos como "o futuro a Deus pertence", ou "Deus é quem sabe" ou até mesmo "se Deus quiser", mesmo enquanto revelam a fé e confiança em Deus, também o tornam agente direto na temporalidade e nos acontecimentos humanos, não raro de maneira exclusiva. Como existe a convicção cristã de que a ação de Deus é de salvação, há quem transforme a certeza de fé em certeza científica e conclua que o futuro está, se não escrito em seus detalhes, ao menos completamente determinado. Resta ao humano aceitar o "plano de Deus", pois tudo "está sob seu poder" e, assim, todas as coisas que acontecem são da "vontade de Deus": Deus quis assim! Tais afirmações, que ecoam formas de compreensão praticamente literais de ditos bíblicos, alimentam comportamentos de religiosidade que afirmam a realidade divina, mas acabam negando a importância da ação humana e não percebem o futuro como uma construção ou como dom de uma oportunidade, mas como uma realidade já definida. Nessa compreensão, o futuro não se constrói, se aceita. Isso ocasiona que, em tempos de pandemia, apareçam as perguntas de por que Deus enviou a doença, por que Deus não nos livra dela, o que Deus quer nos dizer com a pandemia e assim por diante. Ao mesmo tempo em que se afirma a confiança na ação de Deus, também se retira do humano qualquer possibilidade de ação e a história passa a ser ambiente onde atuam exclusivamente forças mágicas e transcendentes. Estamos a um passo de mistificações que favorecem a dominação.

Se existe temor do futuro porque se não o conhece, na verdade ele será o que se fizer que ele seja. Claro que a ação humana é afetada por múltiplas variantes incontroláveis como doenças, tragédias naturais ou acidentes de percurso, mas isso não invalida a convicção que o humano age como sujeito de sua história, se não o único, ao menos de maneira determinante. Não se nega a ação de Deus, mas se o percebe como quem acompanha o desenvolvimento da história humana, como um pai que ama seus filhos e não como feitor que se compraz no sofrimento de seus escravos. De fato, a ideia que se tem de Deus é determinante nos projetos pastorais que se constroem e nas frentes pastorais que se quer que sejam abertas. Trata-se, em última análise, de perceber como Deus convida seus filhos a seguirem caminhos que constroem a paz e a solidariedade. Evidentemente isso tem repercussões sobre a maneira de se compreender a Igreja, já que ela sempre será vista como a Igreja de Deus (DE LA FUENTE, 1998, p. 37). A afirmação de um Deus que age de cima para baixo levará a uma compreensão de Igreja que implementará práticas pastorais com ênfase, por exemplo, na submissão e obediência, no devocionismo e em mistificações fáceis. Já a fé no Deus que se revela na história exigirá uma Igreja voltada para a realidade a fim de discernir os caminhos trilhados por ele, onde se manifesta sua presença e de que maneira se pode perceber sua ação (XAVIER, 2021, p. 87). São compreensões distintas de Igreja que motivam práticas pastorais diferentes, e que podem destacar, por exemplo, o compromisso de atenção e o socorro aos pobres e sofredores, uma espiritualidade de misericórdia e o envolvimento com a história.

Nessa perspectiva, vale pensar um pouco nas respostas que foram dadas à pesquisa. Salta aos olhos a quase unanimidade em se apontar, como nova frente pastoral, o aconselhamento pessoal e a orientação espiritual. É curioso que isso seja apontado como nova frente pastoral quando, na verdade, é antiquíssimo comportamento eclesial. É verdade que nos tempos do crescimento das Comunidades Eclesiais de Base e do florescimento da Teologia da Libertação tal ação não alcançou destaque, embora fosse realizada. Duas observações devem ser levadas em consideração: a prática comunitária fez com que a orientação espiritual e o aconselhamento fossem realizados não somente por padres e não apenas de maneira individual; e o fato de a orientação passar pelo papel que as lideranças leigas desenvolviam nas comunidades, pela participação de profissionais capacitados em trabalhos de orientação psicológica e pela partilha de vida que estava na base da compreensão comunitária.

A retomada mais recente dos aconselhamentos pessoais e da direção espiritual no formato antigo tem seu foco no desenvolvimento dos novos movimentos eclesiais que cultivam bastante tal tipo de ação e influenciam a perspectiva "institucional/carismática". De um lado, valoriza-se a personalização da pertença comunitária ao mesmo tempo em que se recupera a dinâmica terapêutica da prática religiosa, e isso não são coisas sem importância. A valorização de cada pessoa que vive a comunidade é extremamente importante em tempos de massificação e anonimato. As celebrações que reúnem muita gente são relevantes porque dão o quadro da massa, a imensa quantidade de pessoas que comungam a mesma fé; mas a individualização da pertença pela atenção do pastor faz com que cada membro da comunidade se sinta efetivamente a ela integrado. Também o aspecto terapêutico da religião é algo a destacar, e não apenas nas curas miraculosas, mas no fato de poder olhar para a vida de outra forma, a partir de olhares distintos que podem ajudar a encontrar caminhos alternativos de vida em nossa sociedade. Por isso não é ruim a retomada da valorização do aconselhamento e da direção espiritual, apontados como importante pelas duas perspectivas eclesiais.

Há que se ter atenção, porém, a possíveis problemas ou desvios nesse tipo de ação. O atendimento individual pode ocultar a importância da dinâmica comunitária, essencial ao cristianismo. Tal aspecto corresponde ao anseio neoliberal de consumir a religião segundo a preferência de cada um. A sociedade atual tem características individualistas extremadas, e isso passou a fazer parte também do horizonte religioso. A busca de orações exclusivamente individuais, a forma pessoal de cada um pensar sua prática religiosa e, nesse prisma, as orientações pessoais podem levar a uma individualização que fere o cristianismo em sua essência, porque aí já não será o amor a mola mestra do comportamento de fé, mas sim o bem-estar individual, nitidamente narcisista (LIPOVETSCKY, 2007, p. 138). Outra questão que é preciso lembrar é o fato de que a direção espiritual deve ajudar a formar adultos autônomos na fé e não infantilizar os crentes para torná-los dependentes da autoridade. Por isso é preciso critério e cuidado no fomento de tais práticas, pois exageros já foram vistos e denunciados. Afinal, em uma sociedade doente que cada vez mais prejudica, em suas várias formas de influência, a saúde mental dos indivíduos, a tentação de resolver problemas psicológicos de forma mágica, pela fé, pela oração ou pela pregação, é grande e já trouxe não poucos problemas a muitos.

O implemento de tal iniciativa deve ser feito dentro de um quadro pastoral mais amplo, e, na pesquisa, as respostas subsequentes são esclarecedoras. A pastoral de acolhida e visitação foi apontada como importante, e figura mesmo em primeiro lugar segundo a visão dos jovens da "perspectiva evangelização/libertação". Isso pode significar que o aconselhamento pastoral precisa ser incluído em uma dinâmica missionária, no acolhimento de todas as pessoas, com prioridade para os mais sofredores, e na prática de visitação que quer humanizar a pertença comunitária. Assim, a pastoral de visitação não é simples proselitismo, mas prática evangélica que vai ao encontro de quem está fora, está excluído e sofre. Igualmente, o acolhimento não significa apenas receber bem na comunidade, mas fazer com que cada um tenha seu espaço vivencial garantido no âmbito da vida comunitária, sem discriminações. O acolhimento é essa garantia de espaço e lugar para todos, sem exclusão, e a visitação é o cuidado com aqueles que estão distantes e com os que mais sofrem. A dinâmica é missionária, na prática de Igreja em saída, conforme a insistência do Papa Francisco (FRANCISCO, 2013b, p. 20-23). Em semelhante quadro, a prática da escuta e do aconselhamento tem seu lugar porque ajuda a formar comunidade. Assim, ainda que as respostas sejam idênticas, as perspectivas eclesiológicas permanecem distintas segundo o modelo que procuram construir.

A formação reaparece como importante na sequência e, o que não deixa de ser curioso, são os jovens da "perspectiva institucional/carismática" que mais insistem na necessidade de uma formação política, seguidos pelos jovens da outra perspectiva. Isso demonstra que a juventude sente falta de uma formação específica, que já foi trabalhada em outros tempos, mas que atualmente permanece dormente. Aqui também é preciso olhar com cuidado o objetivo de cada perspectiva, porque podem estar em posições diferentes apesar de dizerem a mesma coisa. Os "padres das décadas de 1970/1980" trabalharam bastante a formação política das comunidades, sobretudo no horizonte das Cebs, e foi isso que ajudou o país a se transformar, saindo da ditadura militar e encontrando caminhos de democracia. Parece ser nesse horizonte que se situam os agentes eclesiais da "perspectiva evangelização/libertação" quando afirmam a necessidade de formação no horizonte da fé e do compromisso social. Talvez não seja o mesmo horizonte da "perspectiva institucional/carismática" que insiste bastante, por exemplo, no conhecimento da Doutrina Social da Igreja, mas para conhecer apenas. Trata-se da situação já comentada da importância de se adquirir conhecimento, como se o fato de conhecer a Doutrina Social da Igreja levasse os católicos ao comprometimento com a transformação da sociedade. Temos visto muitos setores eclesiais, normalmente ligados à perspectiva dos "padres novos", assumirem posições políticas não apenas conservadoras, mas em apoio à necropolítica genocida, como lembrava ainda a Campanha da Fraternidade 2021 (CNBB, 2021b, p. 29). O saber, ainda que da Doutrina Social da Igreja, pode se transformar em instrumento de dominação, e isso é um perigo.

Se, na pesquisa, o incentivo ao Diaconato Permanente ou às novas comunidades não é visto como primordial, causa certa estranheza a não preocupação com a pastoral dos meios de comunicação social. O indicativo pode ser o de dizer que esse trabalho já é suficientemente realizado, que não é um trabalho importante ou que a realidade da sociedade já não dá o mesmo destaque aos meios tradicionais de comunicação. Nas últimas décadas foram muitas as transformações pelas quais passou a relação da Igreja com os meios de comunicação. Há uma imensa gama de meios católicos de comunicação, como emissoras de rádio, editoras e redes nacionais de televisão. Aliás, a presença religiosa nesses meios é realmente muito grande, haja vista como Igrejas protestantes têm trabalhado neles. Mas é inegável que tais meios perderam muito da influência social da qual desfrutaram em outros tempos, e talvez por isso não tenha havido preocupação com a atuação pastoral nessa área. Atualmente o papel da internet e das redes sociais cresceu de maneira assustadora, sobretudo entre os jovens. A pandemia revelou o quanto é importante a presença na rede e, por outro lado, o quanto a Igreja está dela ausente e não conhece seus mecanismos de funcionamento e influência. A cultura digital, de maneira geral, está ausente da vida eclesial e de suas preocupações pastorais e, no entanto, é ela que marca de maneira mais característica o tempo atual.

Esses elementos mostram, ainda uma vez, a distinção entre as duas perspectivas eclesiais que, embora possam concordar nas frentes pastorais a serem abertas, as compreendem de maneira diversa. A questão não será, para o futuro, quais frentes se abrem, mas o que se busca com elas, quais seus objetivos. É claro que há necessidade de novas frentes pastorais para se fazer face aos novos desafios da sociedade, e a pandemia foi ocasião para se perceber os limites das ideias e iniciativas pastorais atuais. A presença da Igreja nas redes sociais, por exemplo, é um indicativo. Mas o que é preciso ter em mente quais são os objetivos a alcançar com tais frentes. As duas perspectivas, por serem distintas, têm claramente objetivos diferentes. Em algum momento do futuro será necessário trabalhar a fratura que isso ocasionou no tecido eclesiástico, e o Papa Francisco já deu vários indicativos nesse sentido (FRANCISCO, 2021b).

3 Onde é preciso avançar

Como se pode perceber, a questão aqui é: para a realização das novas iniciativas pastorais e a abertura de novas frentes, quais transformações estruturais deveriam ser realizadas na Igreja para que fosse possível implementá-las. Subjacente está a convicção de que estruturas eclesiais precisam ser renovadas ou transformadas porque já não respondem à realidade do ambiente. Por um lado, tal convicção vem do espírito do Vaticano II que implementou uma atualização eclesial que produziu muitos frutos de vida, como testemunham as próprias Igrejas latino-americanas; por outro lado, existe também a convicção de que se vive atualmente uma mudança de época (CNBB, 2019, p. 28), e a realidade contemporânea já é bastante distinta daquela dos anos de 1960. Quando iniciou seu papado em 2013, Francisco já dizia da necessidade de reformas na Igreja, umas tantas das quais ele efetivamente implementou, outras que sugeriu e outras ainda que aguardam o momento oportuno para acontecerem. Assim, diante desse quadro, a questão é saber como as diferentes perspectivas pensam as mudanças necessárias na estrutura eclesial.

Há uma primeira concordância da maioria dos agentes de que é preciso renovar a estrutura paroquial, que dirá sua vida. Já o Documento de Aparecida apontava tal necessidade (CELAM, 2007, p. 168) porque a paróquia, em sua afirmação tradicional, já não responde à dinâmica da vida contemporânea, sobretudo a urbana. Característica da paróquia é sua geografia, mas a vida urbana supõe uma mobilidade à qual a geografia paroquial não responde. A dinâmica missionária foi enfatizada pelo Documento de Aparecida como motivação para a renovação da estrutura paroquial, e mais recentemente a CNBB trabalhou a proposta da Paróquia como comunidade de comunidades (CNBB, 2014), inclusive sugerindo sua divisão em unidades menores para maior efetividade pastoral. Sob esse aspecto, a convergência na resposta pode, simplesmente, fazer eco ao discurso magisterial, o que denunciaria a importância das afirmações oficiais para o envolvimento dos agentes eclesiais. Fato é que a atual formatação da paróquia já não responde ao que se espera do trabalho evangelizador da Igreja, e isso ambas as perspectivas percebem. Sua divisão em unidades menores, ainda que no estilo das Cebs, pode também não ser a solução porque não contempla a característica essencial da vida paroquial que se organiza a partir e em função dos sacramentos e da liturgia da comunidade. Claro que isso é necessário, mas, se ocupa toda a preocupação paroquial, já não há espaço para que assuma sua função evangelizadora, delegando tal responsabilidade aos movimentos, aos meios de comunicação ou a pregadores isolados. Com isso, a vida paroquial fica restrita aos sacramentos e à catequese que em torno deles gira, adicionando-se práticas devocionais e festividades com finalidade econômica. Isso se torna evidente quando se percebe que os leigos da perspectiva "institucional/carismática" querem garantir o direito à celebração ao menos semanal da Eucaristia, em ênfase sacramental. O caminho de renovação da paróquia, já apontado por Aparecida, seria o da missionariedade, mas isso não desabrochou por conta do modelo eclesial dominante que ainda afirma o privilégio da sacramentalização sobre a evangelização.

Há outro aspecto com relação às paróquias que precisa ser contemplado e que se torna cada vez mais candente, que é a questão econômica. A prática religiosa tem, efetivamente, diminuído no Brasil, o que significa que as doações para a vida paroquial e religiosa, de maneira geral, também diminuem. Muitas paróquias estão obrigadas à multiplicação de festividades para angariar fundos para sua manutenção e iniciativas. Acrescente-se a isso o fato de que as demandas por recursos financeiros aumentaram significativamente, com menos gente para contribuir para as despesas que se multiplicam. Se no passado o fiel contribuía com sua paróquia, hoje ele é solicitado a colaborar também com o movimento eclesial, com os meios de comunicação, com as vocações ou com iniciativas as mais diversas, o que faz com que o mesmo sujeito precise dividir sua contribuição entre diversas demandas. Menos gente contribuindo e mais recursos sendo necessários, encarecem o produto final. O modelo protestante é diferente, não apenas pela forma de contribuição, mas também pela alocação dos recursos. As paróquias católicas, ao lado de suas despesas de manutenção e de custeio pastoral, têm a obrigação do sustento do padre, o que em determinadas situações pode demandar recursos consideráveis. É de se notar que a transformação da estrutura paroquial demandada não contempla a profissionalização dos padres, coisa que acontece com os diáconos permanentes. O sustento do padre vem de seu trabalho pastoral, o que justifica sua dedicação integral a essa atividade. Muitas vezes seu trabalho pastoral não se esgota na paróquia ou, mais raramente, não a contempla, sendo desenvolvido em outros horizontes, como o da educação, da comunicação, da assistência ou outras ainda. Se a fonte de renda do padre é, unicamente, a paróquia, percebem-se os problemas que decorrem, até porque o sustento do padre inclui moradia e, não raro, transporte e saúde. Outros trabalhos pastorais acabam não acontecendo por falta de recursos humanos e econômicos, muitas vezes ligados entre si. Talvez aqui resida uma das razões pelas quais existem resistências à transformação da estrutura paroquial, porque ela é a base da vida econômica do padre e de outras estruturas eclesiais.

A questão do clericalismo é crucial por conta da forma de se compreender a dinâmica do ministério ordenado dentro de cada perspectiva eclesial. O próprio Papa Francisco por diversas vezes já chamou a atenção para tal perigo que não apenas afasta os leigos de suas atividades e responsabilidades eclesiais, mas coloca o padre e sua atuação como determinantes do jeito de ser Igreja. A preocupação com a atuação dos padres novos é um indicativo de que o clero é preocupação fundamental e peça de definição na ação pastoral e na forma de compreensão eclesial. A questão, evidentemente, não é a de se ter ou não padres, mas de eles guardarem para si todo o poder e todos os ministérios, transformando leigos e leigas em simples auxiliares. Mais ainda, o clericalismo reafirma a especificidade do sacerdócio ministerial por conta exatamente da sacramentalização que foi apontada acima. É o sacerdote quem preside a celebração dos sacramentos e, se isso é definitivo do ser eclesial, então não há Igreja sem ele, donde o clericalismo. Na questão dos recursos financeiros de que se falava, basta ver os recursos investidos na formação do clero e o que é investido na formação de leigos e leigas: a discrepância é brutal. Ponto importante é a ligação que se estabelece entre o sacramento da ordem e o exercício do poder na Igreja, configurando um problema teológico que pode ser angustiante (DE LA FUENTE, 1998, p. 177).

Sim, o clericalismo faz parte das estruturas eclesiais que precisam ser transformadas, porque ele não é necessário para a existência e as atividades da Igreja. Ao contrário, na maioria das vezes dificulta a vivência eclesial participativa. Na pesquisa, a necessidade de se repensar a forma de vivência do ministério ordenado é apontada pelos agentes da perspectiva "evangelização/

libertação", e não pela outra perspectiva. A questão não se relaciona, primeiramente, com o celibato, como se pode apressadamente pensar. Ainda que isso possa estar no horizonte, há outras questões que envolvem a necessária mudança na maneira de viver o ministério ordenado, como o clericalismo e a centralização do poder. Por isso é importante o que a pesquisa revela e que é afirmado em segundo lugar por ambas as perspectivas, que é a efetivação do funcionamento dos conselhos e dos organismos de participação. Efetivamente uma maneira de se transformar a dinâmica paroquial é pela diminuição do clericalismo e pelo fortalecimento dos instrumentos participativos na vida da comunidade. Além do que já foi apontado, perceba-se que os leigos não moram no templo e sua vida é orientada, basicamente, para a sociedade. Se protagonistas da vida paroquial, esta será levada para os lugares que frequentam e a dinâmica missionária aparecerá na fermentação da vida social com os valores e ensinamentos evangélicos, assim como propunha *Aparecida*. Assumindo diversos e diferentes tipos de ministérios na vida comunitária, o laicato não apenas realiza sua própria vocação humana e cristã, mas também contribui para ajudar na definição do papel do ministério ordenado, mostrando não apenas seus limites, mas sua especificidade. Afinal, ter o ministério da síntese não significa ser a síntese de todos os ministérios. É ainda instrutivo perceber, na pesquisa, essa afirmação realizada pelos leigos e por religiosas, mas não pelos padres, sejam os novos ou os da geração 1970/1980. Se eles reconhecem que há que haver transformações na maneira de se compreender e vivenciar os ministérios ordenados, a responsabilização de leigos e leigas na vida da Igreja parece que ainda carece de clareza no pensamento dos padres.

Aqui se destaca um ponto relevante e atual que é a questão da sinodalidade. O Papa Francisco tem insistido nesse ponto da natureza eclesial, e o próximo sínodo dos bispos terá esse tema. Está presente na Assembleia Eclesial Latino-Americana que aconteceu em 2021 com dinâmica sinodal. A perspectiva é a de participação de todos para que se faça um caminho em conjunto, como a dinâmica da vida comunitária anunciada em Atos dos Apóstolos (At 2,42-47). Quando se pensa na tradição eclesial latino-americana, com a importância que tiveram as Conferências Gerais dos Bispos da América Latina e Caribe, sobretudo *Medellín*, *Puebla* e *Aparecida,* e a importância que tiveram as Comunidades Eclesiais de Base e sua dinâmica participativa, compreende-se como no continente se conhece bem a prática sinodal. Ainda que com nomes diferentes, como assembleias ou conferências, a dinâmica sinodal esteve presente na vida da Igreja da América Latina, mas acabou substituída pela centralização do poder e pela insistência na clericalização, em um posicionamento eclesiológico fortemente secundado pelos chamados novos movimentos eclesiais. Aqui se percebe a importância da política de nomeações episcopais e da função das Conferências nacionais, embora tais aspectos não sejam apontados com destaque pelas respostas da pesquisa. É certo que as coisas não se resolvem de cima para baixo, mas já se falou da importância que o discurso oficial tem para encaminhar a prática pastoral na Igreja do Brasil. Assim, a qualidade pastoral do episcopado passa a ser questão determinante para a prática eclesial com vistas à construção de uma Igreja renovada, missionária e sinodal que, no discurso, aparece como objetivo nas duas perspectivas, embora com *nuances* distintas e com a busca de objetivos que são bem diferenciados.

Conclusão

A pesquisa realizada demonstra uma clara distinção entre o projeto eclesiológico dos "padres novos" e dos agentes eclesiais que comungam da mesma perspectiva "institucional/carismática", e aquele ensaiado pela prática dos agentes eclesiais que partilham a perspectiva "evangelização/libertação". Tal distinção repercute formas distintas de compreensão do ser de Deus, da ação salvadora de Jesus e do que seja a Igreja, em seu comportamento e sua forma de organização. São posturas eclesiológicas diferentes que permanecem em tensão e, no movimento da história, ora uma, ora outra estabelece certa hegemonia que não chega, porém, a fazer com que a outra desapareça. Por isso, ainda que as linguagens se aproximem ou que as propostas pastorais tenham semelhança, ainda que os discursos sejam parecidos, aquilo que se busca, os objetivos da ação eclesial, permanecem distantes por conta das diferenças de compreensões e de posturas.

A Igreja Católica, exatamente por ser católica, possibilita a convivência de correntes teológicas e pastorais bastante distintas em seu seio. Desde a Antiguidade é comum que se vivencie no catolicismo visões diferentes do que significa ser cristão, como, por exemplo, no estabelecimento das antigas escolas de Alexandria e Antioquia, que não tinham receio de apontar suas diferenças. O mesmo acontece no período medieval e na época contemporânea. As diferentes visões, compreensões e formas de comportamento eclesial afirmaram-se mesmo necessárias quando se passou a perceber a importância que os contextos históricos possuem na determinação da forma de a Igreja ser e realizar sua missão. Na verdade, as diferenças parecem que não são impedimentos para o estabelecimento da comunhão na Igreja Católica, tanto que sua unidade permaneceu sempre fortemente ancorada na história. Foram encontradas maneiras de fazer face aos problemas surgidos por dificuldades de convivência de correntes diferentes, como os sínodos e os concílios ecumênicos, por exemplo, que desde cedo passaram a fazer parte do horizonte eclesial. A comunhão foi uma busca constantemente mantida ao longo da história, evitando-se com isso a pasteurização de comportamentos. Admitindo a diversidade, o catolicismo não pode, contudo, suportar divisões que ocasionam rupturas, como os cismas, que também conheceu ao longo da história.

O que foi visto no passado também pode ser percebido atualmente. As perspectivas "institucional/carismática" e "evangelização/libertação" convivem há tempo dentro da realidade brasileira e conseguem manter certa convivência respeitosa, exceção das vezes em que uma delas quer impor-se como a única maneira possível de vivenciar a fé católica nos tempos atuais. Exclusivismo sempre acaba gerando rupturas. A admissão da pluralidade exige respeito às diferentes posições e formas de leitura da vida, e a busca da unidade não pode significar o combate e a destruição às outras formas de pensamento. Atitudes beligerantes e de exercício de força, até por ameaças, têm o condão de provocar rupturas, da mesma forma que a justificativa de diferenças pode ocultar vontades de separação. Temos visto exemplos claros disso na atualidade, como quando o Papa Francisco se viu obrigado a intervir na questão das missas em latim (FRANCISCO, 2021b) porque defensores desse comportamento aproveitavam-se dele para negar o magistério e o Concílio Vaticano II, em clara posição de ruptura institucional. A recente Campanha da Fraternidade, realizada de forma ecumênica, recebeu não apenas críticas, mas aberto combate vindo de setores tradicionalistas que ameaçavam até mesmo a integridade dos agentes eclesiais. A pandemia, que obrigou os templos a fecharem suas portas, foi ocasião para o reaparecimento de grupos tradicionalistas que exigiam seu direito à eucaristia, com campanhas abertas contra os bispos e as organizações diocesanas. As redes sociais estão repletas de comportamentos beligerantes e cismáticos, com testemunhos de violência que não promovem a comunhão e, por isso, não são propriamente cristãos.

Tal situação terá de ser enfrentada, mais dia menos dia, não no sentido da imposição de uma única maneira de ser Igreja à totalidade do Povo de Deus, mas sim de denunciar os interesses e a força dos setores cismáticos e separatistas. O critério para discernir quais posturas são admissíveis e quais são cismáticas, é o próprio evangelho de Jesus, aquele que veio para que todos tenham vida em plenitude (Jo 10,10). O Papa Francisco tem tido inúmeras iniciativas, muito claras, no que toca a necessidade de se guardar a comunhão e, também, a necessidade de a Igreja permanecer fiel à sua missão, reunindo a humanidade no mutirão de construção do Reino que é de Deus, mas que já está presente na história. As forças do império, o antirreino, permanecem ativas e continuam querendo destruí-lo, e é preciso ter discernimento para perceber onde está a presença do Espírito de Deus e onde está a presença do espírito mundano.

Em termos mais propriamente pastorais, será necessário contemplar as realidades contemporâneas para que se possa encontrar maneiras de ajudar as pessoas a viverem e, mais ainda, a construírem seu próprio destino em ritmo de fraternidade. Aqui se joga a credibilidade da fé eclesial. O Papa Francisco tem feito propostas e realizado ações bastante concretas a respeito, como o Pacto Global pela Educação, as propostas referentes à Economia de Francisco, a instituição do Dia dos Pobres, do Dia dos Idosos, sua atenção para com os refugiados e outras tantas iniciativas. Cabe às Igrejas Locais desenvolver projetos semelhantes que contemplem a realidade dos pobres, as questões do meio ambiente, a triste situação política do país e ainda enfrente as consequências da pandemia, no que ela causou de sofrimento e em outras situações provocadas pelo mau gerenciamento da situação. A pastoral das redes sociais, tão necessária, constitui-se em nova frente pastoral extremamente relevante para o trabalho evangelizador da Igreja. Afinal, a pandemia mostrou os limites das organizações pastorais e indicou a necessidade de não apenas repensá-las, mas de as ressituar diante da realidade concreta. O Evangelho de Jesus continua pertinente aos tempos atuais, mas será preciso atualizar as maneiras de anunciá-lo e de vivenciá-lo, em testemunho de fraternidade, para que ele seja compreendido como pertinente e significativo para a humanidade contemporânea.

Referências

BRIGHENTI, A. *A desafiante proposta de Aparecida*. São Paulo: Paulinas, 2007.

BRIGHENTI, A. & HERMANO, R. (orgs.). *Teologia da Libertação em prospectiva*. São Paulo: Paulinas/Paulus, 2013.

CONFERÊNCIA NACIONAL DOS BISPOS DO BRASIL (CNBB). *Comunidade de Comunidades*: uma nova paróquia. Brasília: CNBB, 2014.

CONFERÊNCIA NACIONAL DOS BISPOS DO BRASIL (CNBB). *Diretrizes Gerais da Ação Evangelizadora da Igreja no Brasil 2019-2023*. Brasília: CNBB, 2019.

CONFERÊNCIA NACIONAL DOS BISPOS DO BRASIL (CNBB). *Documento Final do 4º Congresso Vocacional Brasileiro*. Brasília: CNBB, 2021.

CONFERÊNCIA NACIONAL DOS BISPOS DO BRASIL (CNBB). *Campanha da Fraternidade Ecumênica 2021* – Texto base. Brasília: CNBB, 2021.

CONSELHO EPISCOPAL LATINO-AMERICANO (CELAM). *Documento de Aparecida*. São Paulo: Paulus/Paulinas/CNBB, 2007.

DE LA FUENTE, E.B. *Eclesiologia*. Madri: BAC, 1998.

FRANCISCO, *Discurso do Santo Padre aos bispos responsáveis do Celam*, 28/07/2013 [Disponível em https://www.vatican.va/content/francesco/pt/speeches/2013/july/ documents/papa- francesco_20130728_gmg-celam-rio.html – Acesso em 01/08/2021].

FRANCISCO. *Gaudete et Exsultate*, 2018.

FRANCISCO. *Por que sois tão medrosos?* São Paulo: Paulus/Paulinas/CNBB/Fons Sapientiae, 2021.

FRANCISCO. *Traditionis Custodes*, 2021.

GONÇALVES, P.S.L.; FAVRETTO, A.B. O tempo escatológico à luz do método transcendental. *Revista de Cultura Teológica*, v. 87, p. 250-281, 2016.

LIBANIO, J.B. *Cenários de Igreja*. São Paulo: Loyola, 2000.

LIPOVETSCKY, G. *A sociedade da decepção*. Barueri: Manole, 2007.

MANZATTO, A. A situação eclesial atual. In: GODOY, M.; AQUINO JUNIOR, F. (orgs.). *50 anos de Medellin*. São Paulo: Paulinas, 2017, p. 28-41.

XAVIER, D. *Teologia Fundamental*. Petrópolis: Vozes, 2021.

Considerações finais relativas à visão de Igreja

UMA IGREJA SINODAL PARA SUPERAR O CLERICALISMO

César Kuzma

Os três textos que acompanhamos acima, de autoria de Vitor Hugo Mendes, Agenor Brighenti e Antônio Manzatto, oferecem a nós uma reflexão crítica e qualitativa da visão de Igreja dos católicos no Brasil e o perfil dos "padres novos", objeto específico da pesquisa realizada e que foi analisada pelos autores, que classifica este perfil em duas perspectivas sociopastorais: a perspectiva "institucional/carismática" e a perspectiva "evangelização/libertação". Conforme demonstram os demais textos deste livro, as duas perspectivas se articulam e se desenvolvem, por um lado, em um movimento decorrente do Vaticano II e da recepção criativa que se teve do Concílio com a Conferência de Medellín (e que segue por Puebla até Aparecida), que, por sua vez, levou à Teologia da Libertação e a um modelo próprio e novo de atuação eclesial e pastoral no continente latino-americano e caribenho; mas também, por outro lado, a um movimento no pós-Vaticano II e Medellín, sobretudo a partir de meados da década de 80 do século XX, com mais força na década de 1990, em que se percebe um maior distanciamento da renovação conciliar e do magistério latino-americano e a um caminho de retorno a práticas pré-conciliares e antigas expressões, devocionismos e fortalecimento institucional, principalmente na figura dos ministros ordenados, especialmente os presbíteros. E aqui podemos destacar os "padres novos", com um perfil bem específico. Se na primeira perspectiva havia a valorização de uma eclesiologia do Povo de Deus e da dimensão comunitária da fé, na segunda vemos o crescimento de práticas intrainstitucionais, que reforçam o clericalismo e mantêm o povo (a comunidade) em uma dependência passiva e submissa. Poder e serviço se confundem e, como consequência, o conteúdo da evangelização muda o foco e a direção. Diante da nova situação impõe-se a pergunta: a que e a quem se destina a missão da Igreja? Se a Igreja existe para evangelizar, aquilo que se entende por esta ação traz razões e entendimentos diferentes, logo, outras práticas e intenções.

É evidente que há pontos de interlocução entre as duas perspectivas e elas não estão colocadas de modo separado em nossas comunidades e na realidade brasileira. Elas coexistem e se entrecruzam em vários aspectos. O que foi constatado pela pesquisa de campo e pela análise dos dados levantados pelos autores é que há "tendências" e estas tendências dão contorno mais nítido aos modelos, tanto para um lado quanto para o outro. Assim sendo, frente às novas exigências da evangelização e do papel da Igreja na sociedade, os desafios que se apresentam no contexto atual convidam a redescobrir aspectos fundamentais do Vaticano II que podem legitimar a ação evangelizadora da Igreja e o seu serviço ao mundo na ótica do Reino de Deus, com a força e a diversidade de carismas, mas na intenção – sempre – de caminhar juntos, de forma "sinodal", para uma "Igreja em saída" (*EG* 24), da forma como pede e insiste o Papa Francisco. Para tanto, o discernimento crítico é uma condição necessária para toda a Igreja e esta é uma atitude que nos convida a olhar atentamente para o Evangelho, a ouvir o Espírito e a seguir os passos de Jesus, fazendo da sua práxis de vida a nossa práxis eclesial, da sua missão a nossa missão, de suas opções as nossas opções. A Igreja se faz Igreja no caminho de Jesus e este é um dado irrenunciável. A pesquisa não quis e não quer competir modelos eclesiais, mas sim oferecer dados e reflexões de uma realidade que aí está e, desta forma, convidar a todos – toda Igreja – a uma continuidade aberta pelo Concílio e que é retomada com força no Pontificado de Francisco, no resgate de uma agenda inacabada ou interrompida de suas projeções (SCANNONE, 2017, p. 181-204). Trata-se, pois, de abrir-se ao novo, tendo consciência do caminho percorrido e em atitude de memória agradecida, uma condição que nos lança a novos horizontes e desafios. Na linha de Francisco, dizemos que o olhar atento a Jesus sempre abre algo novo, sempre nos renova, fazendo nova e autêntica toda a ação evangelizadora (*EG*11).

Deste modo, em tom conclusivo para esta segunda parte e em tom reflexivo para com o conteúdo apresentado, faremos na sequência algumas breves considerações, no intuito de contribuir para o debate e o discernimento pastoral.

1 Visões de Igreja e modelos de pastoral

Ao analisar o perfil dos "padres novos", de forma qualitativa e a partir dos dados levantados pela pesquisa de campo, gráficos e respostas obtidas na pesquisa, os três textos desta segunda parte trazem uma reflexão profunda e pertinente sobre a "visão de Igreja" que os católicos no Brasil têm, a forma como eles se situam e se sentem dentro dela, como instituição e comunidade, e como é que eles, nas diversas expressões vocacionais e ministérios, entendem e enxergam a missão eclesial. É de onde surgirão os "modelos de pastoral", ponto de destaque na pesquisa e no aprofundamento deste trabalho. Esta é uma prerrogativa importante, porque a visão de Igreja que temos (e que se tem) acusa a forma como entendemos (e como se entendem) as questões de fé e a maneira como, a partir disso, devemos reagir e interagir com o mundo à nossa volta. O modo como se definem os compromissos, os modelos pastorais assumidos e o que se compreende da ação evangelizadora decorrem desta percepção. Sabemos, de antemão, que o sentimento de pertença e de identificação eclesial é muito vasto, o que pode caracterizar a percepção que se tem sobre a Igreja e sobre seu papel na evangelização e na história. É uma condição que devem levar em consideração aqueles e aquelas que são atuantes na prática eclesial e aqueles e aquelas que apenas se identificam com a comunidade/Igreja, muitas vezes por tradição e questão social, ou até mesmo herança familiar e local. Trata-se de uma leitura importante. Com isso, não se está preconizando uma visão única, muito pelo contrário, a Igreja é rica em sua diversidade e a autenticidade de sua proposta demanda da sua fidelidade ao Evangelho.

Mas, voltemos às perguntas primárias: para que serve a Igreja? Qual é a sua missão? O que entendemos por Igreja? São perguntas feitas de modo direto, aparentemente simples, mas que facilmente trazem um retorno da forma como se vê e se entende as questões de fé, logo, a nossa visão de Igreja. Isto pode ser algo que se recebe de berço, em alguns casos, e/ou que se constrói nas relações interpessoais que fazemos em nosso cotidiano, dos contatos, das experiências e vivências, nas formações e das localidades onde nós nos situamos. O que devemos ter em mente é que a Igreja não é estranha à história, mas faz parte dela, interage com ela e responde a ela, por isso é sacramento (*LG* 1), sacramento de salvação oferecido por Deus, que se concretiza historicamente "num povo peregrino e evangelizador" (*EG* 111). É a Igreja "Povo de Deus" que vive a experiência do Ressuscitado e segue nos passos do Crucificado, sendo sinal e semente de Vida no mundo onde estamos.

Sabemos que o mundo moderno e a urbanização das nossas cidades também fizeram com que a religião se tornasse um detalhe a mais, em meio a tantos afazeres que nos toca o dia a dia. Uma atitude que pode trazer um esfriamento para as grandes causas humanas, políticas e sociais e gerar, assim, um certo aburguesamento da fé, da prática eclesial, uma religião/igreja que se entende como sendo um movimento de elite, fechada em si mesma. Esta é uma visão possível e que não passa longe das nossas comunidades e que, por certo, nos desafia. Algo diferente do que se vive nas periferias das grandes cidades e em lugares distantes dos centros urbanos, onde a vivência religiosa, eclesial, é como uma extensão da vida pessoal, social e familiar. Nada lhe é estranho. Não é por acaso que esta condição se fez favorável para as Comunidades Eclesiais de Base (Cebs) e para outras práticas pastorais, comprometidas com urgências que nos interpelam na vida e na fé. Ainda que estes dois exemplos sejam realidades bem presentes, a situação se faz mais complexa e podemos encontrar visões diferentes em realidades assim. A realidade complexa também faz com que a Igreja se perceba igualmente perplexa (BRIGHENTI, 2004). Até porque, hoje, as influências chegam por diversos formatos e mídias, e esta é uma realidade que impacta a formação eclesial, principalmente dos jovens, que se veem atraídos por um discurso diferente. Em meio às incertezas e inseguranças da vida, muitos buscam em práticas de espiritualidade ou em pessoas de referência aquilo que a vida, no concreto, não pode oferecer. Às vezes, até, como fuga. Não é difícil de constatar que jovens de periferia e de origem engajados em comunidades, cujos pais viveram uma dinâmica pastoral na perspectiva "evangelização/

libertação", ao seguirem para uma formação religiosa e/ou presbiteral se vejam envolvidos e assumam a linha "institucional/carismática", abandonando as origens e acolhendo um dado novo. O movimento contrário também existe e pode ser constatado, mas é menor, haja vista a maneira como se articulam hoje as dinâmicas eclesiais e pastorais, a formação nos seminários, os modelos predominantes, as influências digitais, o que nos leva a uma interrogação necessária e que os textos acima nos oferecem, ao perguntar, por exemplo, sobre que ações do "modelo de pastoral" dos anos de 1970/1980 ainda continuam válidas e quais são as lacunas que foram deixadas. É evidente que existem direcionamentos institucionais que favorecem esta movimentação, mas também existem mobilizações nas bases, na maneira como as pessoas interpretam a dinâmica eclesial e se movimentam em torno a ela. Um elemento que vem à tona e que a pesquisa e as análises nos relatam, é que há também um desconhecimento do dado histórico e dos conteúdos do Vaticano II, das Conferências Gerais da Igreja na América Latina e Caribe e de seus documentos e da própria Teologia da Libertação em si. Este desconhecimento leva à desinformação e até à negação.

O fato é que, a visão que temos da Igreja, é algo que se constrói coletivamente e ela é um fator decisivo para o que se pretende viver pastoralmente; é algo que impacta a nossa relação interna e externa à comunidade, influencia as nossas formações e discussões e a construção de nosso modelo ministerial. A Igreja não é uma ideia, ela é uma realidade que acontece na história, em meio a ela, marcada por ela.

Olhando para aquilo que os textos nos oferecem sobre estas visões de Igreja e modelos de pastoral em suas análises e tendo por base as duas perspectivas que foram adotadas na pesquisa (evangelização/libertação e institucional/carismática), os três textos apontam, primeiramente, para a renovação do Vaticano II e a recepção "criativa" do Concílio na realidade latino-americana e caribenha, de Medellín até Aparecida. Apontam, também, para o modo como esta realidade se fez presente na formação de comunidades e de agentes de pastoral, alicerçados por uma teologia própria, a Teologia da Libertação, o que, naquela ocasião, trazia um "rosto novo" ao clero (e às comunidades) das décadas de 1970/1980, ainda com reflexos posteriores na década de 1990, chegando até os dias atuais. Depois, a reflexão apresentada faz notar avanços e retrocessos, quando o distanciamento do modelo do Vaticano II e das Conferências Episcopais faz surgir um movimento novo, uma nova/ou outra tendência, chamemos assim, que insiste em outras práticas, pré-conciliares (em alguns casos), altamente devocionais, algumas delas ligadas a movimentos que se baseiam em estruturas de poder e institucionais que privam as comunidades e os agentes de pastoral de exercerem com mais autonomia a condição de sujeitos, uma realidade própria da vida batismal (*DAp* 497a). São "modelos pastorais", "visões de Igreja", que determinam um modo de "ser cristão", que abarcam a comunidade como um todo, pois são maneiras de se expressar e viver a fé. Nesta expressão eclesial encontramos aqueles e aquelas que permanecem de modo passivo e aqueles e aquelas que exercem ações pastorais, bem como aqueles que, partindo da comunidade, decidem por seguir um caminho ministerial ordenado, trazendo, então, ou se inserindo, neste novo perfil de presbítero, um tanto distante da linha conciliar e mais envolvido em outras práticas e atitudes. Por um lado, alguns deles, abertos a uma tendência carismática que se faz presente no cristianismo como um todo, mas, por outro lado, ou, em alguns grupos de forma específica, com forte acento institucional, com rigidez na forma, com uma tendência ascética na moral e nos costumes, firmados na estrutura hierárquica e em esferas de poder, que abrange desde a formação seminarística até as escolhas e nomeações episcopais. É um movimento que se alimenta e se sustenta de sua própria estrutura.

Os textos apresentados nos fazem entender ainda que o que denominamos de "padres novos" são, na verdade, reflexo de uma visão de Igreja que se instituiu e que se construiu e que hoje precisa refazer a experiência do mistério, assim como toda a Igreja e em todas as suas formas e expressões, num chamado constante à renovação e à reforma que é querida e guiada pelo Espírito (*LG* 8), para que a Igreja possa perceber os sinais dos tempos e interpretá-los à luz do Evangelho, a fim de oferecer respostas, de forma apropriada a cada geração, de forma autêntica e livre (*GS* 4). Todos somos chamados a uma conversão pastoral, ninguém está excluído ou dispensado, pois o caráter peregrino é parte constitutiva do ser Igreja e este aspecto nos faz caminhar e avançar na história (*LG* 48). No dizer de Francisco, todos somos chamados a "uma renovação eclesial inadiável", que seja "capaz de transformar tudo, para que os costumes, os estilos, os horários, a linguagem e toda a estrutura eclesial se tornem um canal proporcionado mais à evangelização do mundo atual que à autopreservação" (*EG* 27).

Deste modo, seguindo e tendo por base as reflexões dos textos acima, constatamos e firmamos com os autores que a ideia de ministerialidade e o perfil dos padres e agentes de pastoral não é algo que se constrói em separado da visão e modelo de Igreja que se vive. É evidente que há exceções, como diz Francisco, "a realidade é superior à ideia" (*EG* 233), e ela deve ser observada sempre. Todavia, entendemos que a realidade vivida na fé, impacta o modo de se expressar e se entender a mesma fé, o modo de formar e viver em comunidade, de entender as vocações e ministérios. Assim, os "perfis" que surgem representam um modelo que se historiciza de maneira horizontal em várias partes e seguimentos. Por esta razão que Francisco nos convida a mudanças de mentalidades e de estruturas, pois as mentalidades sustentam as estruturas vigentes e as estruturas vigentes formam as mentalidades atuais. Sem uma mudança profunda, uma transformação total, nada acontece. Por isso se fala em conversão. O chamado é para algo novo.

2 Superar desafios: o clericalismo e suas extensões

Ao nos depararmos com os resultados que foram colhidos e apresentados na pesquisa e ao confrontarmos estes mesmos resultados com as análises dos autores nos textos acima, nós nos deparamos com enormes desafios nos âmbitos eclesiológico e pastoral. Não são desafios fáceis de serem superados, pois são situações que tocam a fundo as realidades estruturais em que estamos inseridos e a forma como nós as percebemos e nos colocamos diante delas. Ao mesmo tempo em que temos um olhar externo para o dado investigado, em análise crítica, também estamos dentro do processo e somos movimentados por este mesmo drama. São questões históricas, que foram se moldando e se construindo ao longo dos anos e que se robustecem em pilares rígidos, os quais, muitas vezes, impedem uma aproximação ou interrogação sobre o próprio problema.

Quando observamos os dados que marcam o perfil dos "padres novos" e com este perfil a visão de Igreja que abarca e impacta a grande maioria dos católicos no Brasil, fica evidente para nós que a imagem de Igreja que se reproduz insiste, muitas vezes, em sobrepor um forte peso institucional sobre as demais vocações e ministérios, e tenta, por assim dizer, dar orientação e ter controle de toda situação. Neste perfil, o presbítero se torna e é tratado como superior, alguém maior. Inclusive as práticas trazidas em contraponto à proposta do Vaticano II fortalecem esta visão, seja pelo devocionismo e/ ou ar de sagrado, que cria na imagem do padre uma figura sobrenatural e de maior importância frente aos demais, seja pela passividade da comunidade que se vê religiosa, sim, mas sem uma interação profunda entre fé e vida, entre fé e compromisso social, entre fé e a responsabilidade que se assume na missão do Reino. Esta é uma atitude que parte do próprio presbítero, influenciado pela visão de Igreja que predomina e pela maneira como recebeu a sua formação, e é uma atitude que parte também da própria comunidade, que envolvida nesta mesma visão de Igreja segue por este caminho, muitas vezes, sem uma atenção crítica sobre as causas e consequências desta condição. Trata-se de um mal que atinge toda a estrutura eclesial e que, a partir dele, temos uma porta aberta para outros males, para novas questões que impedem a Igreja de cumprir o seu papel e de avançar em seu chamado primeiro. Este mal tem um nome e é importante destacá-lo aqui, pois é uma enfermidade que necessita ser enfrentada e superada, tanto na sua origem como em suas extensões. Falamos aqui do "clericalismo". O clericalismo causa um desvio da missão da Igreja, que deixa de ser de serviço e se transforma em uma estrutura de poder. Trata-se de uma falsa compreensão de autoridade na Igreja, desde a perspectiva de poder e de manipulação de consciências. Esta é uma realidade que insistiu Francisco em sua "Carta ao Povo de Deus", em 2018, tratando do problema dos abusos sexuais e apontando o clericalismo com uma das grandes causas deste problema. É uma realidade presente em muitas estruturas eclesiásticas e sua forma de atuar está marcada pela violência, pelo autoritarismo, pelo abuso, pela dominação e intimidação (KUZMA, 2020, p. 80-81). É uma condição que se trasveste de traços religiosos, tradicionais, posturas e vestimentas, rigor e moralismos, como algo que é imposto e não discernido em comunidade. A postura clericalista afasta o ministro da comunidade, pois este se vê e é visto de modo diferente, em nível superior e com uma pretensão de autoridade que é colocada, nem sempre reconhecida e construída com o povo, num tom de serviço.

Infelizmente, este é um mal que também atinge muitos leigos e leigas, que se veem envolvidos por esta dinâmica viciosa e não avançam naquilo que é próprio da sua vocação. Foi o que disse o Papa Francisco em uma Carta enviada ao Cardeal Marc Ouellet, em 2016, com destaque aos leigos da América Latina, aludindo que se trata de uma enfermidade, de um mal, que o clericalismo não só anula a personalidade dos cristãos, mas diminui e subestima a graça batismal, presente em todo o Povo de Deus. Em 2018, na mesma "Carta ao Povo de Deus", Francisco segue a linha adotada na *Evangelii Gaudium* e em outros de seus discursos e convida a Igreja a dizer "não" a toda forma de clericalismo.

Todavia, o olhar atento ao problema do clericalismo nos convida a olhar também para a sua base e para as suas extensões, para aquilo que o sustenta nesta condição de poder e para aquilo que o alimenta e o faz crescer. O teólogo jesuíta James Keenan chama a este mal (de base) de "hierarquicalismo", uma estrutura de poder que está na base e que sustenta o clericalismo. Ela o alimenta e é alimentada por ele (KEENAN, 2022). Se por um lado existe uma cultura do clericalismo, que impede a Igreja em avançar para uma dinâmica de saída e de caminho sinodal e que causa inúmeros males (internos e externos à comunidade), existe também, segundo Keenan, uma cultura do hierarquicalismo, que se encontra em esferas mais altas na estrutura eclesial, no episcopado, e que mantém o clericalismo, pois esta é uma condição e situação que a favorece. A tese defendida por Keenan nos ajuda a entender a formação do perfil dos "padres novos", pois é de onde se tem a base da formação dos seminários e dos direcionamentos pastorais nas dioceses. Por certo, a mudança no perfil do episcopado em período pós-conciliar, durante os pontificados de João Paulo II e Bento XVI, favoreceu este movimento e, até o momento, a reforma apontada por Francisco não conseguiu modificar este caminho, naquilo que toca a escolha e nomeação dos novos bispos e o papel que corresponde às nunciaturas e às conferências episcopais. Não se trata de uma generalização, o que seria injusto com muitos pastores que assumem em sua missão a causa do evangelho, tanto como bispos e como padres, como também religiosos(as) e leigos(as). O que se observa são tendências, da mesma maneira como a pesquisa qualitativa nos mostrou uma "tendência no perfil dos padres novos". Este "perfil de episcopado" nasce deste "perfil de padres novos" e vice-versa, desta cultura eclesial que parece predominar na atualidade e que será, por sua vez, base de sustentação deste perfil, uma situação que vai solidificando uma visão de Igreja e um modelo pastoral.

Esta linha de pensamento de Keenan favorece o enfrentamento de problemas decorrentes do clericalismo, principalmente no que diz respeito aos abusos sexuais e a maneira como a estrutura eclesiástica trata estas situações, bem como a proteção e um certo corporativismo clerical, isolando ainda mais os ministros ordenados de suas comunidades. Por esta razão, a reforma sonhada por Francisco precisa ser, de fato, "inadiável", como ele mesmo apresentou na *Evangelii Gaudium* (*EG* 27). Ao se seguir formando para o clericalismo, o resultado futuro não será em nada diferente do que estamos vendo. Faz-se necessário, de modo urgente, resgatar a renovação do Vaticano II e a identidade de uma Igreja que é Povo de Deus, no fortalecimento do Batismo e na clara intenção do serviço. Quem assume um ministério, um serviço eclesial, deve se colocar à disposição dos demais, na base da comunidade, para servi-la e edificá-la, a partir dos dons e carismas que recebeu (1Cor 12,1 11). Francisco traz a imagem da pirâmide invertida (FRANCISCO, 2015) e esta é uma imagem que nos ajuda a superar este desafio.

Ao voltarmos o olhar para as análises que foram feitas da pesquisa e em atenção às duas perspectivas apontadas, vemos a importância de colocar em pauta as resoluções e desdobramentos do Vaticano II, assim como a continuidade e a recepção criativa ajudam a abrir espaço e como que a recusa e os afastamentos contribuem para uma visão diferente, que causa problemas que devem ser superados. É importante destacar que não se trata de ser do modelo "evangelização/libertação" ou do modelo "institucional/carismático". Isso, de *per si*, não responde à positividade do processo. Como dissemos, a pesquisa mostra tendências. A questão de fundo levantada é sobre o acolhimento e o reconhecimento do Vaticano II, das Conferências Gerais e de seus documentos em nossas práticas pastorais, e como que estas "bases eclesiológicas" sustentam e garantem a nossa visão de Igreja. É o que constatamos no pontificado de Francisco, a abertura para uma Igreja sinodal e em saída, de discípulos missionários. O contraponto e a recusa é que se fazem perigosos.

Gostaríamos de insistir que este contraponto ao Vaticano II, que se percebe em alguns grupos e eventos, deve ser visto de vários ângulos. De fato, há grupos e expressões que se afastam e insistem em uma oposição. Todavia, há aqueles que são levados a isso pela incompreensão, pela má formação, pelo meio em que estão inseridos e até mesmo por indiferença. Esta realidade vale também para as reações frente ao Papa Francisco e à proposta de seu Pontificado. Há aqueles que o acompanham e recepcionam na prática as suas orientações. Há aqueles que o veem apenas como papa, naquilo que a tradição católica representa, até num devocionismo (uma papolatria), mas sem expressar qualquer reação às suas falas, discursos e documentos. É a típica reação sagrada ao sentimento que se tem pelo bispo de Roma, na tradição da Igreja. Em contrapartida, há aqueles que se opõem diretamente, inclusive alguns bispos e cardeais. Os últimos Sínodos mostraram isso claramente. E há ainda aqueles que não se contrapõem ao papa e não o enfrentam diretamente, podemos dizer que até frequentam as altas salas do Vaticano e se encontram com o papa algumas vezes, mas em suas bases, em suas comunidades, nada muda, seguem por outro caminho ou trazem para a comunidade outra leitura dos eventos e dos documentos deles decorrentes. É a indiferença fomentada por um carreirismo eclesiástico que se faz presente, o que não deixa de ser também uma forma de oposição. Estas realidades todas marcam de forma direta o perfil dos "padres novos", apontam desafios e nos convidam a um enfrentamento.

Conforme já dissemos acima, serviço e poder se confundem e a dimensão do poder, fortalecida pelo peso institucional e jurídico, ganha maior peso e se destaca. Tudo isso poderia parecer normal se tratássemos de qualquer outra instituição ou até mesmo de uma expressão/tradição religiosa. No entanto, tendo em vista a essência do que entendemos por Igreja e fundamentados por aquilo que se firmou no Concílio Vaticano II, na

Lumen Gentium, esta instituição, Igreja, não pode ser vista apenas no seu aspecto físico e formal. A Igreja é carisma e instituição, uma realidade que nasce de um mistério maior, que transcende toda a tentativa de expressão humana, podendo se fazer perceptível em um povo que se compreende em diversidade social e cultural e que se abre ao mistério, deixando-se guiar por ele, num sentimento de *communio*, formando uma unidade peregrina e em caminho, atenta aos sinais dos tempos e aos passos de Jesus. Esta teologia conciliar reforça a ideia de uma Igreja que é Povo de Deus e que, como Povo, faz a experiência do mistério. Há diversidade de carismas e de serviços, de atuação e de responsabilidades, mas todos são iguais em dignidade e todos são chamados ao serviço e à edificação do mesmo corpo, que é a Igreja (*LG* 32).

Em resumo, reforçamos nesta parte aquilo que dissemos acima: que a Igreja se faz Igreja no caminho de Jesus e este é um dado irrenunciável. Somos Igreja pelo seguimento, no acolher da mesma práxis, no assumir das mesmas opções, na decisão de carregar a cruz de Jesus e com ela se fazer solidário com todos aqueles e aquelas que encontramos pelo caminho. O Evangelho de Jesus nos diz que o maior é aquele que serve (Lc 22,24-27), que se dispõe a lavar os pés dos seus irmãos (Jo 13,4-5), e a dar a eles a sua vida (Jo 15,13). Esta é a autoridade que deve existir na Igreja e que deve configurar o perfil de padres, bispos, religiosos(as) e leigos(as), em um autêntico modelo de pastoral. A autoridade dos que servem.

3 Em busca da sinodalidade

Todo este estudo e caminho que estamos percorrendo nos trazem a este ponto, a este dado que nos é apresentado com o Pontificado do Papa Francisco e que nos convida a um caminho de sinodalidade, onde a Igreja possa redescobrir a sua força batismal e se deixe conduzir pela força do Espírito, caminhando e seguindo como Povo, como Povo de Deus. Não se trata de algo pronto, mas algo que deve ser construído e fomentado; portanto, uma busca. Uma Igreja sinodal é uma Igreja que não está pronta, mas que somos chamados a construir, a discernir, a persistir. Uma Igreja sinodal é uma Igreja que é povo de Deus, em toda a sua dinâmica e diversidade e que aponta para a unidade. Uma condição que favorece um novo momento para os cristãos, em respeito a todas as vocações e ministérios. Todos fazem parte deste "sonho eclesial", deste convite ao novo, que vai exigir, porém, uma nova estrutura, uma mudança de mentalidades, uma conversão pastoral. Sem mudanças significativas, nada vai acontecer e a Igreja em saída, de forma sinodal e para todas as periferias, sonhada por Francisco, se tornará apenas uma ideia e uma pauta magisterial. Pensamos, no entanto, que este chamado é um convite do Espírito, pois ele é o primeiro agente da evangelização e é ele que sustenta a Igreja nos passos de Jesus e a renova cotidianamente na história.

O Evangelho de João nos traz a mensagem do paráclito, que vem para nos acompanhar e nos colocar nos passos de Jesus (Jo 14,26). O testemunho do seguimento se faz forte pela graça do Espírito que atua em nós, que atualiza a mensagem do Evangelho e nos garante em uma promessa que se abre e nos chama a um tempo novo. Nós não estamos órfãos, não estamos sozinhos, Ele, o Espírito, está conosco e nos reúne no amor de Deus. Nele, somos um só corpo, um só Povo, uma só Igreja. Nele fazemos a experiência da comunidade e da humanidade, sentimos com a Igreja e sentimos com o mundo (*LG*, n. 12a), num convite à esperança que faz novas todas as coisas. Este é o princípio da sinodalidade e este é o chamado para a Igreja na atualidade. Este é o novo tempo.

Uma Igreja que se decide pelo caminho da sinodalidade é uma Igreja que toma a decisão de caminhar juntos, que assume a necessidade de uma mudança profunda em sua forma de ser, que decide por escutar a tudo e a todos e se faz próxima, se faz solidária. Ninguém fica pelo caminho e ninguém se faz mais importante ou se coloca acima dos demais, pois todos fazem parte de um povo que é peregrino e que se alimenta da promessa do Reino de Deus, um Reino que nos é antecipado em esperança e que, na experiência do Espírito, somos chamados a construir, a anunciar, a fazer com que ele se torne presente na história. Desta maneira, somos chamados a viver a dinâmica da unidade que se faz valer pela diversidade, nas muitas vozes e nas muitas mãos, nos muitos rostos e nas muitas esperanças que se articulam em direção à grande esperança, ao Reino que se realiza e que nos abre um futuro novo. A Igreja, como sinal do Reino, vive em si mesma esta experiência, de forma antecipada e sacramental, na realidade do seu Povo que se faz um, assim como nós e todo o mundo é chamado a ser um com Deus.

Assim sendo, constatamos que a ampla pesquisa que foi realizada e as análises trazidas neste livro apontam para situações que trazem desafios, que trazem perguntas e questionamentos sobre o modo de ser Igreja e da compreensão que se tem da ministerialidade, do serviço, das formações e do entendimento das estruturas eclesiais. Questões que nos interpelam para novas frentes de ação, para mudanças e para um autêntico acompanhamento destas realidades que nos interpelam. O Pontificado de Francisco nos chama a este momento novo, a uma Igreja em saída. Uma Igreja que se faz sinodal, que caminha junto, como um só povo. Uma Igreja de "discípulos missionários". Todos. Este sim é um chamado novo, estendido a todos e que deve ser buscado pelas duas perspectivas aqui analisadas, seja ela a "evangelização/ libertação" seja ela a "institucional/carismática". É claro que neste processo vai haver críticas, que vai haver resistências. Muito do que se entende por este modelo de "padres novos" e das visões de Igreja que a ele representam resulta de críticas ou resistências ao Vaticano II, às Conferências Gerais dos Bispos da América Latina, à Teologia da Libertação, à CNBB, até, em alguns casos, ao Papa Francisco etc. Estas críticas existem e vão se fazer presentes. Vale aqui o alerta de Jesus, quando ele e seus discípulos foram confrontados pelos fariseus, em atenção às suas práticas. Na ocasião, disse Jesus: "o vinho novo se põe em odres novos" (Mt 9,17). Este é o desafio, acolher e avançar com o novo que nos é dado pelo Evangelho, no seguir a linha conciliar e do que se avançou pastoralmente na Igreja da América Latina e do Caribe, em especial, na realidade do Brasil. São situações que nos exigem uma conversão pastoral, que deve ser espiritual, sobretudo, mas também estrutural, em atenção ao real e ao concreto.

Referências

BRIGHENTI, A. *A Igreja perplexa*: a novas perguntas, novas respostas. São Paulo: Paulinas, 2004.

CELAM. *Documento de Aparecida* – Texto conclusivo da V Conferência Geral do Episcopado Latino-Americano e do Caribe. São Paulo: Paulus, 2007.

FRANCISCO. *Evangelii Gaudium.* São Paulo: Loyola, Paulus, 2013.

FRANCISCO. *Comemoração do cinquentenário da instituição do Sínodo dos Bispos* – Discurso do Papa Francisco, 17/10/2015 [Disponível em https://www.vatican.va/content/francesco/pt/speeches/2015/october/documents/papa--francesco_20151017_50-anniversario-sinodo.html – Acesso em: 06/03/2022].

FRANCISCO. *Carta do Papa Francisco ao Povo de Deus*, de 20/08/2018 [Disponível em https://www.vatican.va/content/francesco/pt/letters/2018/documents/papa-francesco_20180820_lettera-popolo-didio.html – Acesso em 06/03/2022].

FRANCISCO. *Carta do Papa Francisco ao Cardeal Marc Ouellet*, 19/03/2016 [Disponível em https://www.vatican.va/content/francesco/pt/letters/2016/documents/papa-francesco_20160319_pont-comm-america-latina.html – Acesso em 06/03/2022].

KEENAN, J. Hierarquicalism. *Theological Estudies*, v. 83(1), p. 84-108, 2022.

KUZMA, C. La Iglesia frente a los abusos – El clamor de las víctimas como punto de interpelación teológica. In: TREVIZO, D.P. (ed.). *Teología y preven-*

ción – Estudio sobre los abusos sexuales en la Iglesia. Milão: Sal Terrae, 2020, p. 65-94.

SCANNONE, J.C. *La teología el Pueblo*: raíces teológicas del Papa Francisco. Milão: Sal Terrae, 2017.

VATICANO II. *Compêndio do Vaticano II – Constituições, decretos, declarações.* Petrópolis: Vozes, 1968.

PARTE III

A VISÃO DOS CATÓLICOS NO BRASIL SOBRE OS PRESBÍTEROS E O PERFIL DOS "PADRES NOVOS"

INTRODUZINDO...

A Parte III apresenta os dados coletados pelo terceiro bloco de perguntas do questionário aplicado na pesquisa de campo, relativo à visão dos entrevistados sobre a vida e o ministério dos presbíteros na Igreja e no mundo de hoje, seguidos de uma análise com foco na caracterização do perfil dos "padres novos" no Brasil. O teor das questões desse bloco diz respeito ao que está superado e o que continua válido na forma de exercício do ministério dos padres das "décadas de 1970-1980"; ao que não tem futuro na forma de exercício do ministério dos "padres novos"; sobre como está o processo de formação dos presbíteros hoje e o que motiva ou desmotiva os jovens a serem padres; como está a relação entre os presbíteros e o bispo na diocese; e, finalmente, qual seria o modo mais adequado para um presbítero vestir-se para cumprir sua missão.

A finalidade desse terceiro bloco de perguntas é identificar a visão dos "padres novos" sobre a vida e o ministério dos presbíteros na Igreja e no mundo de hoje, situando-os em relação às demais categorias de agentes eclesiais consultados (leigos/as, jovens, seminaristas, religiosas) de cada uma das perspectivas sociopastorais – a perspectiva "institucional/carismática", à qual eles se alinham, e a perspectiva "evangelização/libertação", à qual se alinham os "padres das décadas de 1970/1980".

Em busca do perfil dos "padres novos" no Brasil é – quando os relacionamos com a geração de presbíteros das décadas de 1970/1980 – que sua identidade se delineia com mais nitidez. Como se poderá constatar nos dados levantados, não só o modelo de Igreja do Vaticano II e da tradição da Igreja na América Latina encolheu nos últimos tempos, como os "padres novos", resolutamente, tomam distância dele. A começar pelos seminaristas, em especial os alinhados à perspectiva "institucional/carismática", mas também as demais categorias de agentes desta perspectiva. Comumente se costuma dizer que "o hábito não faz o monge", mas segundo os dados levantados por esta pesquisa, faz. O apreço pela batina ou pelo *clergyman* está alinhado a nostalgias de um passado sem retorno, tal como denunciou *Aparecida* no retorno de "eclesiologias e espiritualidades anteriores à renovação do Vaticano II" (*DAp* 100). Não há desqualificação explícita, seja do Vaticano II, seja da tradição eclesial libertadora, mas ela fica estampada nas práticas pastorais e em comportamentos muito distintos da geração anterior de presbíteros. Isso não desqualifica novidades e valores que trazem, como a valorização do afetivo, das relações interpessoais e dos meios de comunicação social.

Com relação aos dados apresentados e analisados nesta Parte III, tal como nas Partes anteriores, eles aparecem em tabelas. Na primeira coluna, aparecem os dados da totalidade das amostras ou categorias de agentes eclesiais consultados das duas perspectivas juntas, mas que não os levaremos em conta neste relatório, pois já foi objeto de análise no primeiro livro. Na sequência, aparecem os dados relativos a cada uma das cinco categorias de agentes eclesiais consultados (padres, leigos/as, jovens, seminaristas e religiosas), por perspectiva, objeto da análise, aqui.

Como se poderá constatar, no relatório dos dados que aparece na sequência da tabela, como objeto central da pesquisa é a busca do perfil dos "padres novos" no Brasil, os dados das categorias de agentes eclesiais consultados são sempre lidos em relação às duas perspectivas sociopastorais – à perspectiva "institucional/carismática", à qual se alinham os "padres novos", e à perspectiva "evangelização/libertação", à qual se alinham os "padres das décadas de 1970/1980".

Também nesta Parte III, os dados levantados pelas dez perguntas do questionário relativas à vida e o ministério dos presbíteros na Igreja e no mundo de hoje serão apresentados em três blocos. O primeiro, *Padres da renovação do Vaticano II e novidades dos "padres novos"*, é composto pelas perguntas: O que está superado do modelo de ministério dos presbíteros das décadas de 1970/1980? O que continua válido do modelo de ministério dos presbíteros das décadas de 1970/1980? Quais as principais novidades que os "padres novos" trazem no exercício de seu ministério? O que não tem futuro no modo dos "padres novos" exercerem o ministério? Após o relatório dos dados levantados por estas perguntas, vem a análise de Benedito Ferraro. O segundo bloco – *A vocação e a formação dos presbíteros* – é composto pelas perguntas: Como está o processo de formação dos futuros presbíteros, hoje? O que parece motivar um jovem ser padre, hoje? O que parece desmotivar um jovem a ser padre, hoje? Após o relatório dos dados levantados por estas perguntas, vem a análise de Alzirinha Rocha de Souza. O terceiro bloco – *A vida dos presbíteros e sua relação com o presbitério* – é composto pelas perguntas: Como está a vida e a relação do presbitério de sua diocese, entre seus membros e com o bispo? Como vê os presbíteros, em geral? Para cumprir sua missão, qual o modo mais adequado para um presbítero vestir-se, hoje? Após o relatório dos dados levantados por estas perguntas, vem a análise de Manoel José de Godoy.

Fechando a análise dos dados da Parte III, estão as *Considerações finais relativas à vida e o ministério dos presbíteros na Igreja e no mundo de hoje*, feitas por Luiz Carlos Susin, intitulada – *"Padres novos" e modos novos de ser profeta, pastor, sacerdote*.

1
PADRES DA RENOVAÇÃO DO VATICANO II E NOVIDADES DOS "PADRES NOVOS"

O terceiro bloco de perguntas começa com as quatro questões relativas ao que está superado e o que continua válido no modelo de ministério dos presbíteros "das décadas de 1970/1980", assim como quais as novidades que os "padres novos" trazem e o que não tem futuro no exercício de seu ministério.

Questão 1 O que está superado do modelo de ministério dos presbíteros das décadas de 1970/1980?

1ª citação	Total	Perspectiva institucional/carismática					Perspectiva evangelização/libertação				
		Padres	Leigos	Jovens	Semina-ristas	Reli-giosas	Padres	Leigos	Jovens	Semina-ristas	Reli-giosas
Base:	743	61	83	45	70	45	96	127	44	52	81
A linguagem: falar de libertação, pobres, luta, compromisso social, comunidade	27,3%	24,6%	48,2%	11,3%	35,0%	46,9%	28,1%	21,8%	26,4%	18,8%	18,1%
Preconceitos em relação à renovação carismática	10,6%	4,6%	6,1%	20,7%	7,5%	12,5%	6,3%	16,7%	3,9%	6,3%	18,1%
Não separar tempo para si, para o lazer e cuidado pessoal	8,7%	32,3%	1,5%	15,1%	1,3%	0,0%	14,6%	2,1%	4,5%	14,6%	6,9%
Desconfiança dos movimentos de Igreja; primavera para a Igreja	8,4%	4,6%	5,9%	3,8%	10,0%	3,1%	13,5%	9,7%	0,0%	16,7%	11,1%
Desleixo na liturgia, com os paramentos, com o modo de se vestir	6,8%	4,6%	1,0%	3,8%	7,5%	6,3%	9,4%	9,1%	0,0%	18,8%	5,6%
Implantar CEBs quando as pessoas não querem nem participam	6,7%	13,8%	9,6%	5,7%	12,5%	0,0%	8,3%	2,1%	2,3%	8,3%	2,8%
Liturgia mais para o compromisso do que para a festa; vivência pessoal	5,2%	1,5%	6,1%	5,7%	11,3%	6,3%	2,1%	3,5%	0,0%	6,3%	8,3%
Implantar pastorais sociais quando as pessoas querem resolver seus problemas pessoais	4,8%	6,2%	3,5%	1,9%	2,5%	12,5%	4,2%	4,2%	5,6%	2,1%	12,5%
Engajamento nas lutas e reivindicações dos movimentos sociais	4,0%	0,0%	1,0%	0,0%	2,5%	0,0%	6,3%	4,9%	10,6%	0,0%	8,3%
Não acolher e nem promover as devoções tradicionais e as novenas	3,7%	1,5%	2,5%	0,0%	2,5%	9,4%	2,1%	3,5%	2,3%	8,3%	8,3%
Outro	1,3%	4,6%	0,0%	1,9%	0,0%	0,0%	4,2%	0,7%	2,3%	0,0%	0,0%
Não responderam	12,4%	1,5%	14,6%	30,2%	7,5%	3,1%	1,0%	21,7%	42,1%	0,0%	0,0%
Total	100,0%	100,0%	100,0%	100,0%	100,0%	100,0%	100,0%	100,0%	100,0%	100,0%	100,0%

A respeito do que está superado, hoje, do modelo de ministério dos presbíteros das décadas de 1970/1980, a maior convergência está em apontar em primeira opção *a linguagem: falar de libertação, pobres, luta, compromisso social, comunidade* – leigos (48,2%), seminaristas (35,0%) e religiosas (46,9%) da perspectiva "institucional/carismática" e padres (28,1%), leigos/as (28,8%), jovens (26,4%), seminaristas (18,8%) e religiosas (18,1%) da perspectiva "evangelização/libertação". Esta alternativa é reforçada pelos "padres novos", que também a nomeiam em segundo lugar (24,6%), mas indicando em primeira opção *não tirar tempo para si, para o lazer e o cuidado pessoal* (32,3%), o que parece coerente com sua conhecida prática. Esta alternativa é também indicada, em segundo lugar, pelos jovens da perspectiva "institucional/carismática" (15,1%) e pelos padres (14,6%) e seminaristas (14,6%) da perspectiva "evangelização/libertação".

Os jovens da perspectiva "institucional/carismática" indicam em primeira opção *os preconceitos em relação à renovação carismática* (20,7%), assim como as religiosas da perspectiva "evangelização/libertação" (18,1%), alternativa esta reforçada pela indicação, em segundo lugar, pelas religiosas da perspectiva "institucional/carismática" (12,5%) e pelos leigos/as da perspectiva "evangelização/libertação" (16,7%). Chama a atenção que os seminaristas da perspectiva "evangelização/libertação" indiquem, em segundo lugar, *implantar Cebs, que as pessoas não querem e nem funcionam* (12,5%), alternativa esta reforçada pelos "padres novos", que a indicam em terceiro lugar (13,8%).

Com relação ao que continua válido do modelo de ministério dos presbíteros das décadas de 1970/1980, há uma grande dispersão nas respostas, mas com duas alternativas com maior incidência. Uma delas é *insistir na dimensão comunitária e social da fé, contra todo o intimismo e espiritualismo*, alternativa esta indicada em primeira opção pelos seminaristas da perspectiva "institucional/carismática" (21,5%) e pelos padres (34,0%), seminaristas (34,0%) e religiosas (33,3%) da perspectiva "evangelização/libertação". A segunda alternativa de maior consenso é *uma pastoral social consistente e estruturada, expressão do Evangelho social*, indicada por padres (23,5%) e leigos (16,6%) da perspectiva "institucional/carismática" e pelos leigos/as (20,1%) e jovens (27,4%) da perspectiva "evangelização/libertação". Esta alternativa é reforçada pela nomeação em segundo lugar pelos seminaristas da perspectiva "institucional/carismática" (17,7%) e pelos padres (14,4%) e religiosas (13,9%) da perspectiva "evangelização/libertação".

Questão 2 O que continua válido do modelo de ministério dos presbíteros das décadas de 1970/1980?

1ª citação	Total	Perspectiva institucional/carismática					Perspectiva evangelização/libertação				
		Padres	Leigos	Jovens	Semina-ristas	Reli-giosas	Padres	Leigos	Jovens	Semina-ristas	Reli-giosas
Base:	743	61	83	45	70	45	96	127	44	52	81
Insistir na dimensão comunitária e social da fé, contra todo o intimismo e espiritualismo	18,9%	20,6%	6,3%	12,1%	21,5%	5,7%	34,0%	13,2%	5,9%	34,0%	33,3%
Uma pastoral social consistente e estruturada, expressão do evangelho social	16,5%	23,5%	16,6%	4,2%	17,7%	11,4%	14,4%	20,1%	27,4%	10,6%	13,9%
Compromisso com a opção pelos pobres, com uma sociedade justa e solidária	14,8%	16,2%	5,2%	11,7%	12,7%	17,1%	14,4%	16,5%	22,9%	12,8%	18,1%
Comunidades eclesiais com planejamento, conselhos e assembleias de pastoral	12,5%	22,1%	12,0%	17,8%	15,2%	34,3%	9,3%	4,2%	3,8%	19,1%	11,1%
Menos centralização na matriz e no padre e mais autonomia aos leigos e leigas	8,1%	8,8%	14,8%	1,9%	10,1%	8,6%	5,2%	8,2%	10,3%	2,1%	11,1%
Vestir-se com mais simplicidade e sem pompas na liturgia	6,9%	0,0%	14,9%	2,1%	0,0%	5,7%	10,3%	12,6%	1,7%	0,0%	2,8%
Priorizar as pequenas comunidades eclesiais em relação aos movimentos	6,2%	2,9%	11,9%	3,9%	1,3%	8,6%	11,3%	4,9%	1,7%	4,3%	6,9%
Nada ficou, tudo fracassou, o mundo é outro e a pastoral deve ser outra	2,4%	1,5%	1,6%	0,0%	2,5%	0,0%	0,0%	6,9%	0,0%	0,0%	2,8%
O testemunho dos mártires das causas sociais	2,2%	1,5%	1,0%	11,4%	0,0%	2,9%	1,0%	1,4%	3,8%	2,1%	0,0%
Foi válido o testemunho de entrega e dedicação, mas hoje é preciso fazer outra coisa	2,1%	2,9%	1,6%	0,0%	5,1%	2,9%	0,0%	0,7%	8,6%	2,1%	0,0%
Outro	0,7%	0,0%	0,0%	0,0%	0,0%	0,0%	0,0%	0,0%	0,0%	10,6%	0,0%
Não responderam	8,8%	0,0%	14,1%	31,9%	3,9%	2,9%	0,0%	11,2%	13,8%	2,1%	0,0%
Total	100,0%	100,0%	100,0%	100,0%	100,0%	100,0%	100,0%	100,0%	100,0%	100,0%	100,0%

A terceira alternativa com maior consenso apontada por agentes eclesiais com relação ao que continua válido do modelo de ministério dos presbíteros das "décadas de 1970/1980" são *comunidades eclesiais com planejamento, conselhos e assembleias de pastoral*, apontada pelos jovens (17,8%) e religiosas (34,3%) da perspectiva "institucional/carismática". Esta alternativa é reforçada pela indicação em segundo lugar pelos "padres novos" (22,1%) e pelos seminaristas da perspectiva "evangelização/libertação" (19,1%).

Chama a atenção que somente os jovens da perspectiva "institucional/carismática" indiquem e, ainda em segundo lugar, *o testemunho dos mártires das causas sociais* (14,4%). Também o baixo índice da alternativa *priorizar as pequenas comunidades eclesiais em relação aos movimentos*, indicada somente pelos padres da perspectiva "evangelização/libertação" em terceiro lugar (11,3%) e pelos leigos/as da perspectiva "institucional/carismática" em quinto lugar (11,9%).

Indagados sobre quais as principais novidades que os "padres novos" trazem no exercício de seu ministério, a convergência recai sobre *a valorização do afetivo, da emoção, do sentimento e das relações interpessoais*. Esta alternativa é mais reconhecida pela perspectiva "evangelização/libertação" do que pela perspectiva "institucional/carismática" – jovens (33,5%) e religiosas (30,3%) da perspectiva "institucional/carismática" e padres (29,9%), jovens (37,5%), seminaristas (21,3%) e religiosas (20,8%) da perspectiva "evangelização/libertação". Esta alternativa é reforçada pela indicação, em segundo lugar, pelos leigos/as da perspectiva "institucional/carismática" (15,9%).

Questão 3 Quais as principais novidades que os "padres novos" trazem no exercício de seu ministério?

1ª citação	Total	Perspectiva institucional/carismática					Perspectiva evangelização/libertação				
		Padres	Leigos	Jovens	Semina-ristas	Reli-giosas	Padres	Leigos	Jovens	Semina-ristas	Reli-giosas
Base:	743	61	83	45	70	45	96	127	44	52	81
A valorização do afetivo, da emoção, do sentimento e das relações interpessoais	22,1%	11,9%	15,9%	33,5%	17,7%	30,3%	29,9%	16,6%	37,5%	21,3%	20,8%
O uso dos meios de comunicação social para seus eventos e atividades	15,5%	32,8%	13,2%	0,0%	19,0%	6,1%	10,3%	15,8%	31,1%	10,6%	13,9%
Mais atenção às pessoas e aos problemas pessoais, afetivos, de saúde, econômicos	12,9%	14,9%	27,7%	16,6%	11,4%	15,2%	7,2%	13,2%	5,5%	10,6%	5,6%
Liturgias mais animadas, pregação mais voltada para a situação da pessoa	9,9%	1,5%	13,0%	2,1%	17,7%	3,0%	3,1%	18,5%	1,6%	0,0%	15,3%
Há mais tradicionalismo e volta ao passado do que novidades	6,8%	4,5%	7,6%	0,0%	0,0%	3,0%	22,7%	5,5%	2,3%	2,1%	8,3%
Sensibilidade à dimensão terapêutica da religião (novenas milagrosas, missas de cura)	6,6%	1,5%	9,1%	4,2%	1,3%	9,1%	9,3%	7,5%	0,0%	10,6%	11,1%
Mais cuidado de si, com tempo para a vida pessoal, o lazer e o convívio	6,1%	16,4%	1,5%	0,0%	3,8%	6,1%	3,1%	11,2%	2,3%	4,3%	5,6%
Ação pastoral mais de eventos do que de processos comunitários	5,8%	4,5%	4,5%	4,2%	1,3%	15,2%	7,2%	1,3%	4,5%	19,1%	13,9%
Valorização do sagrado expressada na maneira de se vestir na liturgia e fora dela	5,8%	1,5%	1,5%	14,6%	17,7%	8,1%	5,2%	4,9%	0,0%	4,3%	2,8%
Apoio aos movimentos e às Novas Comunidades de Vida	4,0%	9,0%	1,5%	4,2%	2,5%	6,1%	1,0%	2,7%	10,3%	6,4%	2,8%
Outro: Reafirmação dos valores tradicionais	1,7%	1,5%	1,5%	10,4%	0,0%	0,0%	1,0%	0,0%	0,0%	10,6%	0,0%
Não responderam	2,8%	0,0%	3,0%	10,4%	7,6%	0,0%	0,0%	2,8%	4,8%	0,0%	0,0%
Total	100,0%	100,0%	100,0%	100,0%	100,0%	100,0%	100,0%	100,0%	100,0%	100,0%	100,0%

Os "padres novos" indicam em primeira opção *o uso dos meios de comunicação sociais para seus eventos e atividades* (32,8%). Esta alternativa é reforçada pela indica*ção, em segundo lug*ar, por parte dos jovens (31,1%) e seminaristas (10,6%) da perspectiva "evangelização/libertação". Já os leigos/as (27,7%) e os seminaristas (19,0) da perspectiva "institucional/carismática" indicam em primeira opção *maior atenção às pessoas, e aos problemas pessoais, afetivos, de saúde, econômicos,* alternativa reforçada pela indicação em segundo lugar por jovens (16,6%) e religiosas (15,2%) da perspectiva "institucional/carismática". Finalmente, *liturgias mais animadas e pregação voltada para a situação da pessoa* é a alternativa indicada em primeira opção pelos seminaristas da perspectiva "institucional/carismática" (17,7%) e pelos leigos/as da perspectiva "evangelização/libertação" (18,5%). Reforçam esta alternativa as religiosas desta mesma perspectiva, nomeando-a em segundo lugar (15,3%).

Os seminaristas da perspectiva "institucional/carismática" indicam, em primeira opção, *a valorização do afetivo, da emoção, do sentimento e das relações interpessoais* (17,1%) e também, com o mesmo índice, *liturgias mais animadas e pregação voltada para a situação da pessoa e a valorização do sagrado*, expressada na maneira de vestir-se na liturgia e fora dela.

Chama a atenção que enquanto os "padres novos" nomeiam, em segundo lugar, como principal novidade que eles trazem no exercício de seu ministério um *maior cuidado de si, com tempo para a vida pessoal, para o lazer e o convívio* (16,4%), os padres da perspectiva "evangelização/libertação" dizem que neles *há mais tradicionalismo e volta ao passado que novidades* (22,7%).

Questão 4 O que não tem futuro no modo dos "padres novos" exercerem o ministério?

1ª citação	Total	Perspectiva institucional/carismática					Perspectiva evangelização/libertação				
		Padres	Leigos	Jovens	Semina-ristas	Reli-giosas	Padres	Leigos	Jovens	Semina-ristas	Reli-giosas
Base:	743	61	83	45	70	45	96	127	44	52	81
O tradicionalismo, o devocionismo e o milagrismo, pois a história caminha para frente	21,0%	33,8%	17,4%	5,8%	23,1%	29,4%	34,7%	18,1%	33,8%	31,9%	12,5%
Uma pastoral de eventos e atividades isoladas, não de processos comunitários	18,2%	16,4%	13,8%	29,6%	12,8%	17,6%	17,9%	28,4%	4,3%	12,8%	23,6%
Uma prática religiosa a serviço dos indivíduos, com respostas imediatas	11,6%	9,0%	10,3%	7,4%	15,4%	8,8%	11,6%	6,2%	23,8%	6,4%	6,9%
Entrar no mercado do religioso e adotar tudo o que agrada e reúne gente	10,6%	25,4%	9,7%	15,4%	17,9%	23,5%	8,4%	11,2%	0,0%	6,4%	11,1%
A preocupação com trajes eclesiásticos, a estética da liturgia	10,2%	6,0%	8,7%	5,8%	5,1%	2,9%	11,6%	10,7%	7,3%	4,3%	23,6%
Uma Igreja sem profecia, com escasso compromisso em prol de uma sociedade justa e solidária	9,6%	11,9%	8,2%	23,9%	2,6%	5,9%	9,5%	5,6%	2,2%	27,7%	19,4%
Estar focado nos problemas pessoais e colocar em segundo plano os sociais e estruturais	5,5%	4,5%	5,1%	0,0%	6,4%	2,9%	5,3%	10,0%	4,3%	0,0%	1,4%
O modelo de vida e de ação dos "padres novos", hoje, será o amanhã da Igreja	3,3%	9,0%	6,2%	0,0%	1,3%	5,9%	0,0%	3,4%	10,3%	4,3%	1,4%
Focar a atenção ao emocional, as pessoas, mas não a falta de compromisso com o social	2,7%	0,0%	7,7%	2,0%	0,0%	2,9%	0,0%	0,0%	8,6%	2,1%	0,0%
Como as respostas de ontem já não respondem, é normal que estejam buscando inovar	1,4%	9,0%	0,0%	0,0%	2,6%	0,0%	1,1%	0,0%	0,0%	2,1%	0,0%
Outro	0,1%	7,5%	0,0%	0,0%	0,0%	0,0%	0,0%	0,0%	0,0%	0,0%	0,0%
Não responderam	5,7%	1,5%	12,8%	10,0%	12,8%	0,0%	0,0%	6,4%	5,2%	2,1%	0,0%
Total	100,0%	100,0%	100,0%	100,0%	100,0%	100,0%	100,0%	100,0%	100,0%	100,0%	100,0%

Com respeito ao que não tem futuro no modo dos "padres novos" exercerem o ministério, a maior convergência está em apontar, em primeira opção, *o tradicionalismo, o devocionismo e milagrismos* – leigos (17,4%), seminaristas (25,1%) e religiosas (29,1%) da perspectiva "institucional/carismática"; e padres (34,7%), jovens (33,8%) e seminaristas (31,9%) da perspectiva "evangelização/libertação". Esta alternativa é também apontada, em segundo lugar, pelos próprios "padres novos" (16,4%) e pelos leigos/as (18,1%) da perspectiva "evangelização/libertação".

Na sequência, a alternativa com maior convergência apontada em primeiro lugar é *uma pastoral de eventos e atividades isoladas, sem processo comunitário*, indicada pelos jovens da perspectiva "institucional/carismática" (29,6%) e pelos leigos (28,4%) e religiosas (23,6%) da perspectiva "evangelização/libertação". Esta alternativa é reforçada pela indicação em segundo lugar também pelos leigos/as da perspectiva "institucional/carismática" (13,8%) e pelos padres da perspectiva "evangelização/libertação" (17,9%).

Já os "padres novos" indicam em primeiro lugar *uma prática religiosa a serviço dos indivíduos, com respostas imediatas* (25,4%), alternativa esta também assinalada, em segundo lugar, pelos jovens da perspectiva "evangelização/libertação" (23,8%). Por sua vez, as religiosas da perspectiva "evangelização/libertação" indicam, em primeiro lugar, duas alternativas com o mesmo índice (23,6%): *a preocupação com os trajes e a estética na liturgia* e *uma Igreja sem profecia, com escasso compromisso com uma sociedade justa e solidária*, alternativa esta também indicada pelos jovens (23,9%) e religiosas (19,4%) da perspectiva "institucional/carismática".

Analisando os dados levantados

EXERCÍCIO DE MINISTÉRIO PRESBITERAL E PERFIL DOS "PADRES NOVOS"

Benedito Ferraro

Em análise, dados sobre o exercício do ministério presbiteral na Igreja e no mundo de hoje, levantados por quatro questões relativas ao que está superado e o que continua válido na forma de exercício do ministério dos padres das "décadas de 1970/1980", bem como às novidades que os "padres novos" trazem e ao que não tem futuro na forma de exercício de seu ministério. São dados oriundos de cada categoria de agentes eclesiais consultados (*padres, leigos/as, jovens, seminaristas e religiosas*), por perspectiva teológico-pastoral – a perspectiva "institucional/carismática", à qual se alinham os "padres novos", e a perspectiva "evangelização/libertação", à qual se alinham os "padres das décadas de 1970/1980". Sendo que o objeto central da pesquisa é a busca do perfil dos "padres novos" no Brasil, os dados das categorias de agentes eclesiais consultados da perspectiva "institucional/carismática", à qual se alinham os "padres novos", serão lidos sempre em relação aos dados das categorias de amostras da perspectiva "evangelização/libertação", à qual se alinham os "padres das décadas de 1970/1980".

Os dados que procuraremos analisar mostram posturas diferentes na ação pastoral, que se refletem em diferentes compreensões de Igreja, interpretações diferenciadas do Concílio Vaticano II e repercussões sociais e políticas em relação à sociedade vigente. Será possível observar estilos e opções diferentes, mas sempre construídos a partir das práticas e opções conforme modelos teológicos e pastorais assumidos pelas diferentes categorias de agentes, no seio de sua respectiva perspectiva sociopastoral. Vamos analisar os dados relativos a cada questão separadamente, deixando para as considerações finais alguma referência de análise do conjunto delas. O que vamos aqui apresentar, em grande parte recolhe o que se elaborou em forma de artigo para o dossiê publicado pela revista *Pistis & Praxis*, v. 13, n. 3, p. 1.179-1.206, set.-dez./2021.

1 O que está superado do modelo de ministério dos presbíteros das décadas de 1970/1980

A respeito do que está superado, hoje, do modelo de ministério dos presbíteros das décadas de 1970/1980, a maior convergência está em apontar em primeira opção *a linguagem: falar de libertação, pobres, luta, compromisso social, comunidade.* Esta alternativa é reforçada pelos "padres novos", que também a nomeiam em segundo lugar, mas indicando em primeira opção *não tirar tempo para si, para o lazer e o cuidado pessoal*, o que parece coerente com sua conhecida prática. Esta alternativa é também indicada, em segundo lugar, pelos jovens da perspectiva "institucional/carismática" e pelos padres e seminaristas (14,6%) da perspectiva "evangelização/libertação".

Os jovens da perspectiva "institucional/carismática" indicam em primeira opção *os preconceitos em relação à renovação carismática*, assim como as religiosas da perspectiva "evangelização/libertação", alternativa esta reforçada pela indicação, em segundo lugar, pelas religiosas da perspectiva "institucional/carismática" e pelos leigos/as da perspectiva "evangelização/libertação". Chama a atenção que os seminaristas da perspectiva "evangelização/ libertação" indiquem, em segundo lugar, *implantar Cebs, que as pessoas não querem e nem funcionam*, alternativa esta reforçada pelos "padres novos", que a indicam em terceiro lugar.

Significativa é a resposta relacionada às Comunidades Eclesiais de Base (Cebs), que acompanham o trabalho dos Padres da perspectiva "evangelização/libertação" e que são rejeitadas pelos padres da perspectiva "institucional/carismática" (13,8%) e também pelos seminaristas (12,5%). Certamente, as Comunidades Eclesiais de Base (Cebs) são um dos carros-chefe da perspectiva "evangelização/libertação". Sendo os seminaristas jovens, em sua maioria, uma negação deste modelo eclesial que enfraquece a dinâmica da libertação.

Primeira hipótese de análise: o avanço e a ascensão dos movimentos populares e fortalecimento da Teologia da Libertação

João Pedro Stédile, ao analisar o Movimento dos Sem Terra (MST), mostra que os movimentos sociais populares e o movimento sindical estavam num processo de ascenso (ascensão):

> Fator que influenciou no surgimento do Movimento foram os fatos da própria sociedade brasileira, que iniciou as lutas pela democratização contra a ditadura militar. Ao final da década de 1970, mais precisamente em 1978 e 1979, quando começaram as primeiras greves no ABC paulista, criou-se um clima de luta social em que os camponeses perderam o tradicional medo da polícia e da repressão... Geraram-se condições para que se multiplicassem em todo o país inúmeras ocupações de terras e inúmeras mobilizações (STÉDILE, 2001, p. 109-110).

Foi no bojo deste ascenso (ascensão) das lutas sociais que podemos compreender a fundação de inúmeras entidades e organismos que motivaram o modelo de ministério dos presbíteros das décadas de 1970/1980: Fundação do PT (Partido dos Trabalhadores), em 10 de fevereiro de 1980, em São Paulo; da CUT (Central Única dos Trabalhadores), em 28 de agosto de 1983, em São Bernardo do Campo; da CMP (Central de Movimentos Populares), entidade que agrupa diversos movimentos sociais brasileiros: moradia, saúde, mulheres, negros, economia solidária), em 1993; do CIMI (Conselho Indigenista Missionário), com o objetivo de lutar pelo direito à diversidade cultural dos povos indígenas fortalecendo a autonomia destes povos na construção de projetos alternativos, pluriétnicos); da CPT (Comissão Pastoral da Terra), em 22 de junho de 1975; da PO (Pastoral Operária), Pastoral Social a serviço da classe trabalhadora urbana, organizada, composta e dirigida pelos trabalhadores/as, em 1970 em São Paulo e no Brasil em 1976. Nesse período, iniciavam-se também os encontros Intereclesiais das Cebs (Comunidades Eclesiais de Base do Brasil), com seu I Encontro Intereclesial das Cebs realizado em 1975, em Vitória/ES; o II Encontro Intereclesial das Cebs, realizado em 1976 também em Vitória/ES; o III Encontro Intereclesial das Cebs, realizado em 1978, em João Pessoa/PB; o IV Encontro Intereclesial Cebs, realizado em 1981, em Itaici-Indaiatuba/SP; o V Encontro Intereclesial das Cebs, realizado em 1983, em Canindé/CE; o VI Encontro Intereclesial das Cebs, realizado em 1986, em Trindade/GO; o VII Encontro Intereclesial das Cebs, realizado em 1989, em Duque de Caxias/RJ; o VIII Encontro Intereclesial das Cebs, realizado em 1992, em Santa Maria/RS; o IX Encontro Intereclesial das Cebs, realizado em 1997, em São Luís/MA; o X Encontro Intereclesial das Cebs, realizado em 2000, em Ilhéus/BA; o XI Encontro Intereclesial das Cebs, realizado em 2005, em Ipatinga/MG; o XII Encontro Intereclesial das Cebs, realizado em 2009, em Porto Velho/RO; o XIII Encontro Intereclesial das Cebs, realizado em 2014, em Juazeiro do Norte/CE; e o XIV Encontro Intereclesial das Cebs, realizado em 2018, em Londrina/PR. O XV Encontro Intereclesial das Cebs está sendo preparado e deverá acontecer em Rondonópolis/MT, nos dias 18 a 23 de julho de 2023.

Esses momentos fortes animam e impulsionam as lutas de libertação na perspectiva da força histórica dos pobres, realizando a ligação fé-vida, como é bem explicitada por Gustavo Gutiérrez:

> A inserção nas lutas populares pela libertação tem sido, e é, o início de um novo modo de viver, transmitir e celebrar a fé para muitos cristãos da América Latina. Provenham eles das próprias classes populares ou de outros setores sociais, em ambos os casos se observa – embora com rupturas e por caminhos diferentes – uma consciente e clara identificação com os interesses e combates dos oprimidos do continente. Esse é o fato maior da comunidade cristã da América Latina nos últimos anos. Esse fato tem sido e continua sendo a matriz do esforço de esclarecimento teológico que levou à Teologia da Libertação. Com efeito, a Teologia da Libertação não é compreensível sem relação com essa prática (GUTIÉRREZ, 1981, p. 245).

Notamos também um avanço da Teologia da Libertação no período, por parte do ministério dos padres da perspectiva da "evangelização/libertação", como um movimento que se alastrava pelo mundo afora:

Só entenderemos adequadamente a Teologia de Libertação se a situarmos para além do espaço eclesial e dentro do movimento histórico maior que varreu as sociedades ocidentais no final dos anos 60 do século passado. Um clamor por liberdade e libertação tomou conta dos jovens europeus, depois norte-americanos e por fim dos latino-americanos. Em todos os âmbitos, na cultura, na política, nos hábitos na vida cotidiana derrubaram-se esquemas tidos por opressivos. Como as Igrejas estão dentro do mundo, membros numerosos delas foram tomados por este Weltgeist. Trouxeram para dentro das Igrejas tais anseios por libertação. Começaram a se perguntar: que contribuição nós cristãos e cristãs podemos dar a partir do capital específico da fé cristã, da mensagem de Jesus que se mostrou, segundo os evangelhos, libertador? Esta questão era colocada por cristãos e cristãs, que já militavam politicamente nos meios populares e nos partidos que queriam a transformação da sociedade (BOFF, 2011).

Este avanço da Teologia da Libertação, que reforçava o modelo de ministério dos padres da perspectiva da "evangelização/libertação", recebeu críticas em dois documentos da Congregação para a Doutrina da Fé, sinalizando uma reação no interior da Igreja: Instrução sobre alguns aspectos da Teologia da Libertação (*Libertatis Nuntius*, 1984) e Instrução sobre a Liberdade Cristã e a Libertação (*Libertatis Conscientia*, 1986):

A irradiação da Teologia da Libertação alcançou o aparelho central da Igreja Católica, o Vaticano. Influenciadas pelos setores mais conservadores da própria Igreja latino-americana e das elites políticas conservadoras, as instâncias doutrinárias sob o então Card. Joseph Ratzinger reagiram, em 1984 e 1986, com críticas contra a Teologia da Libertação. Mas se bem repararmos, não se fazem condenações cerradas. Tais autoridades chamam a atenção para dois perigos que acossam este tipo de teologia: a redução da fé à política e o uso não crítico de categorias marxistas. Perigos não são erros. Evitados, eles deixam o caminho aberto e nunca invalidam a coragem do pensamento criativo. Apesar das suspeitas e manipulações que se fizeram destes dois documentos oficiais, a Teologia da Libertação pôde continuar com sua obra. Por esta razão entendemos que o Papa João Paulo II, com mais espírito pastoral do que doutrinal, tenha enviado uma Mensagem ao Episcopado do Brasil no dia 6 de abril de 1986 na qual declara que a Teologia da Libertação, em condições de opressão, "não é somente útil, mas, também necessária"[1] (BOFF, 2011).

---

1. Parece-nos importante transcrever esta parte da mensagem do Papa João Paulo II para podermos compreender as críticas e observar o conflito que se instalou e que terá repercussões no cenário internacional com os ataques contra a Teologia da Libertação: "Na medida em que se

Além das críticas advindas do interior da Igreja, assistimos, no cenário internacional, a um ataque à Teologia da Libertação e à prática libertária que trazia em seu seio por setores ligados ao sistema capitalista: Em 1968, Rockefeller, depois de um giro pela América Latina, afirmou: "Se a Igreja latino-americana realizar os documentos de Medellín, os interesses dos Estados Unidos estarão em perigo na América Latina" (*Relatório Rockefeller*). Também no governo do presidente Reagan, este alarme se tornou uma verdadeira guerra contra a Teologia da Libertação: "A política exterior dos Estados Unidos deve começar a enfrentar (e não simplesmente reagir posteriormente) a Teologia da Libertação, tal como é utilizada na América Latina pelo clero da Teologia da Libertação" (*Documento de Santa Fé*)[2].

Com esta primeira hipótese de análise, queremos relembrar que o contexto sócio-histórico faz parte integrante do pensar teológico e também do agir, da práxis histórica dos presbíteros. Importante a observação de Otto Maduro ao fazer esta afirmação em relação à religião: "Toda religião, em cada caso concreto, existe e opera numa sociedade concreta e determinada. Não existe nem opera na sociedade abstrata e geral, mas numa sociedade concreta e particular, localizada no espaço e no tempo, com uma população e recursos limitados e estruturados de uma maneira peculiar" (MADURO,

---

empenha por encontrar aquelas respostas justas – penetradas de compreensão para com a rica experiência da Igreja neste País, tão eficazes e construtivas quanto possível e ao mesmo tempo consonantes e coerentes com os ensinamentos do Evangelho, da Tradição viva e do perene Magistério da Igreja – estamos convencidos, nós e os Senhores, de que a Teologia da Libertação é não só oportuna mas útil e necessária. Ela deve constituir uma nova etapa – em estreita conexão com as anteriores – daquela reflexão teológica iniciada com a Tradição apostólica e continuada com os grandes Padres e Doutores, com o Magistério ordinário e extraordinário e, na época mais recente, com o rico património da Doutrina Social da Igreja, expressa em documentos que vão da *Rerum Novarum* à *Laborem Exercens*. Penso que, neste campo, a Igreja no Brasil possa desempenhar um papel importante e delicado ao mesmo tempo: o de criar espaço e condições para que se desenvolva, em perfeita sintonia com a fecunda doutrina contida nas duas citadas Instruções, uma reflexão teológica plenamente aderente ao constante ensinamento da Igreja em matéria social e, ao mesmo tempo, apta a inspirar uma práxis eficaz em favor da justiça social e da equidade, da salvaguarda dos direitos humanos, da construção de uma sociedade humana baseada na fraternidade e na concórdia, na verdade e na caridade. Deste modo se poderia romper a pretensa fatalidade dos sistemas – incapazes, um e outro de assegurar a libertação trazida por Jesus Cristo – o capitalismo desenfreado e o coletivismo ou capitalismo de Estado. Tal papel, se cumprido, será certamente um serviço que a Igreja pode prestar ao país e ao quase continente latino-americano, como também a muitas outras regiões do mundo onde os mesmos desafios se apresentam com análoga gravidade" (n. 5).

2. O Documento de Santa Fé II é ainda mais direto: "Es en este contexto en el que se debe entender la teología de la liberación: como una doctrina política disfrazada de creencia religiosa con un significado anti-papal y anti-libre empresas destinada a debilitar la independencia de la sociedad frente al control estatista. Es un regreso al galicanismo del siglo XVII, cuando los soberanos por derecho divino buscaban cómo subordinar a la Iglesia tradicionalmente independiente. De esta forma, vemos la innovación de la doctrina marxista injertada en un antiguo fenómeno cultural y religioso" (Santa Fé II).

1981, p. 73). Esta afirmação de Otto Maduro pode ser aplicada também à práxis presbiteral realizada pelos padres da perspectiva da "evangelização/ libertação", inserida e realizada em um contexto de conflito e com muitos elementos que apontavam caminhos de libertação em todas as dimensões da vida: econômica, social, política, cultural. Esta práxis presbiteral libertadora refletia o pensamento do Vaticano II, de modo especial, a partir da *Gaudium et Spes*: "Alegrias e as esperanças, as tristezas e as angústias dos seres humanos de hoje, sobretudo dos pobres e de todos os que sofrem, são também as alegrias e as esperanças, as tristezas e as angústias dos discípulos/as de Cristo. Não se encontra nada verdadeiramente humano que não lhes ressoe no coração. [...] Portanto, a comunidade cristã se sente verdadeiramente solidária com o gênero humano e com sua história" (*GS* 1). A Igreja está no seu tempo! Os padres da perspectiva da "evangelização/ libertação" atuam dentro deste contexto, onde Igreja e Sociedade recebem e vivem influências mútuas.

Segunda hipótese de análise: o refluxo e o arrefecimento das lutas libertárias frente ao avanço do neoliberalismo com seus valores contrários à ação comunitária, coletiva e política

Contrapondo-se à dinâmica ascensional[3] dos Movimentos Populares, dos Sindicatos combativos, das lutas dos Povos Indígenas no Brasil e também em vários países da América Latina como Bolívia, Equador, México com valores alicerçados na solidariedade, na comunidade, na partilha, há um movimento contrário a partir da implantação do modelo neoliberal na América Latina e Caribe, que vai minando as conquistas econômicas, políticas, sociais, culturais e introduzindo o individualismo, o egoísmo, a indiferença, a autossuficiência, a competição em oposição a valores como gratuidade, solidariedade, partilha, com a sedução do discurso neoliberal e mesmo ultraneoliberal como o grande solucionador dos conflitos. Como nos alertava Hugo Assmann, encontramos um confronto de valores, uma verdadeira luta de valores, uma luta de deuses; e quem ganha os valores acaba conquistando o projeto:

---

3. Segundo Stédile, "o Brasil passa por uma grave crise econômica, política, social e ambiental, como todo o continente. Diante disso, os governos subordinados aos interesses dos Estados Unidos e das suas empresas estão implementando políticas neoliberais cada vez mais selvagens: o que significa tirar direitos dos trabalhadores, conquistados ao longo de séculos, apropriar-se dos recursos públicos e do orçamento, reduzindo ao mínimo as despesas sociais de educação, saúde etc., apropriar-se dos recursos naturais e impor medidas repressivas contra as manifestações. Porém, no Brasil e em toda a parte, há reações, mobilizações populares. Embora estejamos resistindo, estamos em uma situação de refluxo do movimento de massa em geral, em todo o continente" (STÉDILE, 2016).

Luta de valores = Luta de classes

Valores neoliberais	Valores do Reino de Deus
Rentabilidade	Gratuidade
Competitividade	Solidariedade
Lucratividade	Partilha

Fonte própria

Frei Betto mostra a importância de se estabelecer critérios éticos que possam propiciar base para o diálogo das Igrejas e Religiões no sentido de somar esforços e ganhar os valores relacionados ao humanismo, ao Reino de Deus, à sociedade do bem viver e bem conviver: "*Ética da libertação* em um mundo dominando por múltiplas opressões; *ética da justiça* nessa realidade estruturalmente injusta; *ética da gratuidade* nessa cultura mercantilista onde imperam os interesses e o negócio; *ética da compaixão* num mundo marcado pela dor de tantas vítimas; *a ética da acolhida*, já que há tantas exclusões à nossa volta; *ética da vida* frente a tantos sinais de morte que ameaçam a natureza e os pobres" (FREI BETTO, 2021, p. 126).

O sistema neoliberal indica o mercado como o artífice da vida; porém o Papa Francisco critica esta sua pretensão idolátrica de ser "deus":

> O mercado, por si só, não resolve tudo, embora às vezes nos queiram fazer crer neste dogma de fé neoliberal. Trata-se dum pensamento pobre, repetitivo, que propõe sempre as mesmas receitas perante qualquer desafio que surja. O neoliberalismo reproduz-se sempre igual a si mesmo, recorrendo à mágica teoria do "derrame" ou do "gotejamento" – sem a nomear – como única via para resolver os problemas sociais (*Fratelli Tutti*, 168).

Não houve, neste período de hegemonia do sistema neoliberal, uma crítica contundente do Magistério eclesial, como vemos hoje na palavra do Papa Francisco:

> O fim da história não foi como previsto, tendo as receitas dogmáticas da teoria econômica imperante demonstrado que elas mesmas não são infalíveis. A fragilidade dos sistemas mundiais perante a pandemia evidenciou que nem tudo se resolve com a liberdade de mercado e que, além de reabilitar uma política saudável que não esteja sujeita aos ditames das finanças, "devemos voltar a pôr a dignidade humana no centro e sobre este pilar devem ser construídas as estruturas sociais alternativas de que precisamos (*Fratelli Tutti*, 168)[4].

---

4. Houve tomadas de posição por parte de alguns setores da Igreja Católica, como a Companhia de Jesus, que lançou o Documento "O Neoliberalismo na América Latina: Carta dos Superiores Provinciais da Companhia de Jesus da América Latina – Documento de Trabalho", com uma

Sem este tipo de crítica radical ao sistema neoliberal por parte do magistério da Igreja, os "valores" neoliberais acabaram colocando em xeque a linguagem sobre o "pobre, libertação, compromisso social, comunidade", utilizando a fascinação gerada pela ideologia neoliberal individualista e privatizante. Esta parece ser a razão da expressiva resposta de 28,1%, por parte dos padres da perspectiva da "evangelização/libertação" e de 48,2% dos leigos da perspectiva "institucional/carismática" à questão do "que está superado, hoje, do modelo de ministério dos presbíteros das décadas de 1970/1980", ao se referirem à "linguagem: falar da libertação, pobres, luta, compromisso social, comunidade". Na verdade, embora não tenham perdido a perspectiva da libertação, atitude que exigia e exige a ligação da fé com a vida em todas as dimensões: ligação fé e economia, fé e política, fé e ideologia (culturas) e, hoje, fé e ecologia na perspectiva do Cuidado da Casa Comum, como nos lembra o Papa Francisco na *Laudato Si'*, o refluxo do movimento popular acabou por ofuscar a linguagem libertária.

As décadas de 1970/1980, na perspectiva dos padres da perspectiva "evangelização/libertação", mesmo sendo um período de muita esperança, exigiu de todos e todas que assumiram esta perspectiva de transformação da sociedade muito esforço, muita coragem e muitos sacrifícios, com o assassinato de muitos e muitas mártires participantes das Comunidades Eclesiais de Base – leigos, leigas, religiosas, religiosos, padres, bispos – tornando o martírio uma das marcas da Igreja Latino-americana e Caribenha:

> Na experiência eclesial de algumas Igrejas da América Latina e do Caribe, as Comunidades Eclesiais de Base têm sido escolas que têm ajudado a formar cristãos comprometidos com sua fé, discípulos e missionários do Senhor, como testemunha a entrega generosa, até derramar o sangue de muitos de seus membros (*Documento de Aparecida*, 178) [...] Comprometemo-nos a trabalhar para que a nossa Igreja Latino-americana e Caribenha continue sendo, com

---

contundente crítica ao sistema neoliberal: "O neoliberalismo, tal qual entendido e praticado na América Latina, é uma concepção radical do capitalismo que tende a absolutizar o mercado, até convertê-lo em meio, em método e fim de todo comportamento humano inteligente e racional. Segundo essa concepção, ficam subordinados ao mercado a vida das pessoas, o comportamento da sociedade e a política dos governos. O mercado absolutista não aceita nenhuma forma de regulamentação. É livre, sem restrições financeiras, trabalhistas, tecnológicas ou administrativas" (n. 8). Mais adiante se propõe o enfrentamento: "Fazer oposição ao neoliberalismo significa, antes de tudo, afirmar que não existem instituições absolutas, capazes de explicar ou conduzir a história humana em toda a sua complexidade. O homem e a mulher são irredutíveis ao mercado, ao Estado ou a qualquer outro poder ou instituição que pretenda impor-se como totalitária. Significa proteger a liberdade humana, afirmando que o único absoluto é Deus e que seu mandamento de amor se expressa socialmente na justiça e na solidariedade. Significa, finalmente, denunciar as ideologias totalitárias, pois elas, quando conseguiram se impor, só apresentaram como resultado injustiça, exclusão e violência" (n. 11).

maior afinco, companheira de caminho de nossos irmãos mais pobres, inclusive até o martírio. Hoje queremos ratificar e potencializar a opção preferencial pelos pobres feita nas Conferências anteriores. Que seja preferencial implica que deva atravessar todas as nossas estruturas e prioridades pastorais. A Igreja latino-americana é chamada a ser sacramento de amor, solidariedade e justiça entre nossos povos (*Documento de Aparecida*, 396).

Ao apontar que a linguagem sobre o pobre está superada, certamente tal afirmação, presente como primeira indicação, inclui uma tentativa de criticar também a opção pelos pobres. Esta opção pelos pobres tem sido debatida a partir do Vaticano II, mesmo que de forma latente, mas assumida por *Medellín* (1968), *Puebla* (1979), *Aparecida* (2007) gerando intensa discussão com muitas tensões, incompreensões e tentativas de amortecer suas implicações práticas, quer no interior da Igreja como também no interior da sociedade. Nascida na década de 60 tem suas raízes na Bíblia e, também, na caminhada das Comunidades Eclesiais de Base (Cebs), como vemos explicitada no canto: "Javé, o Deus dos pobres, do povo sofredor, aqui nos reunimos para cantar o seu louvor. Pra nos dar esperança e contar com sua mão na construção do Reino, Reino novo, povo irmão". O Livro do Êxodo mostra um Deus que age na história como libertador: "Eu vi, eu vi a miséria do meu povo que está no Egito. Ouvi seu grito por causa de seus opressores; pois eu conheço as suas angústias. Por isso desci a fim de libertá-lo da mão dos egípcios, e para fazê-lo subir desta terra para uma terra boa e vasta, terra que mana leite e mel" (Ex 3,7-8b). Esta tradição do Deus libertador se expressa na profissão de fé do povo libertado: "Eu sou *Iahweh* teu Deus, que te fez sair da terra do Egito, da casa da escravidão" (Ex 20,2). Gustavo Gutiérrez afirma que esta opção sai do coração de Deus:

> O motivo último do compromisso com os pobres e oprimidos não está na análise social que empregamos, em nossa compaixão humana ou na experiência direta que possamos ter da pobreza. São todas razões válidas que sem dúvida desempenham um papel importante em nosso compromisso, mas, como cristãos, tal compromisso se baseia fundamentalmente no Deus de nossa fé. É uma opção teocêntrica e profética que deita as raízes na gratuidade do amor de Deus e é exigida por ela (GUTIÉRREZ, 2000, p. 25).

Bento XVI afirma que a opção pelos pobres está implícita na fé cristã e faz parte integrante do discipulado como seguimento de Jesus Cristo: "Nossa fé proclama que Jesus Cristo é o rosto humano de Deus e o rosto divino do ser humano". Por isso "a opção preferencial pelos pobres está implícita na fé cristológica naquele Deus que se fez pobre por nós, enriquecendo-nos com sua pobreza. Esta opção nasce de nossa fé em Jesus Cristo, o Deus feito humano, que se fez nosso irmão (cf. Hb 211-12)" (*Documento de Aparecida*, 392).

O Papa Francisco assume também a opção pelos pobres: "Hoje e sempre, os pobres são os destinatários do Evangelho e a evangelização dirigida gratuitamente a eles é sinal do Reino que Jesus veio trazer. Há que afirmar sem rodeios que existe um vínculo indissolúvel entre a nossa fé e os pobres. Não os deixemos jamais sozinhos" (*Evangelii Gaudium* 48; cf. tb. 191, 193, 198). A opção pelos pobres continua sendo a pedra de toque da Igreja: "A opção pelos pobres é uma das características que marca a rosto da Igreja latino-americana e caribenha" (*Documento de Aparecida*, 391)[5].

Talvez nesta indicação de que a linguagem sobre o pobre tenha que ser superada, podemos encontrar a reflexão de Frei Betto ao dizer que teríamos que repensar a categoria pobre e refleti-la à luz das classes sociais:

> Todos nós tínhamos (e temos) forte anteparo contra a pobreza (relações familiares, congregação ou ordem religiosa, remuneração de trabalhos, projetos de apoio à pastoral etc.), o que certamente não passava despercebido pelas comunidades. Assim, me pergunto se não deveríamos ter enfatizado mais a categoria de classes sociais, desvendando as entranhas da luta de classes, da desigualdade social, e os mecanismos de alienação e mais-valia. Quase beiramos a canonização da pobreza... Quiçá deveríamos ter trabalhado mais as contradições sociais que dividem a população em classes antagônicas e enfatizar as causas desse antagonismo, e de como ele é condenado pela Palavra de Deus. Até porque, a rigor, não há pobres, há empobrecidos, pessoas que, involuntariamente, foram induzidas à situação de carência de bens essenciais à vida digna (BETTO, 2020).

Ao analisarmos o ministério dos presbíteros das décadas de 1970/1980, notamos algumas características que os definem como agentes articulados com os movimentos libertários e muitos próximos do Vaticano II na pers-

---

5. "O Documento de Aparecida reafirma, sem sombra de dúvidas, a validade teológica e pastoral da opção preferencial pelos pobres e dedica-lhe nada menos do que oito parágrafos para "ratificar e potencializar a opção preferencial pelos pobres feita nas Conferências anteriores" (*DAp* 396). No conjunto do texto, o Documento de Aparecida refere-se à pobreza no sentido corrente da palavra; ou seja, como insuficiência de bens materiais. Isso fica claro não só ao usar a expressão "pobre ou necessitado" (n. 272) e contrastar pobre e rico (n. 147), mas também porque, onde o documento quer ampliar o alcance pastoral dessa opção, ele acrescenta outras categorias. Assim, fala de pobres e "vulneráveis" (n. 147), "marginalizados" (n. 105), "pequenos" (n. 140), "aflitos e enfermos" (n. 257) e "os que mais sofrem" (n. 516, 537 e 550)" (RIBEIRO DE OLIVEIRA, 2011, p. 10).

pectiva indicada pela *Gaudium et Spes*. Afirmam pela sua prática uma Igreja Povo de Deus, aberta ao mundo e com uma dimensão ecumênica e do diálogo inter-religioso, valorizando a sinodalidade e a participação dos leigos e leigas. Na dinâmica da Igreja latino-americana e caribenha, assumem as indicações de Medellín, Puebla, Santo Domingo e Aparecida em relação à opção pelos pobres, à Teologia da Libertação, à Leitura Popular da Bíblia incentivada pelo CEBI, como também assumem o método ver-julgar-agir[6] advindo da Ação Católica e da JOC.

Ao analisarmos as respostas dos "padres novos", percebemos um distanciamento das orientações emanadas do Concílio Vaticano II como também indicadas pelas conferências episcopais de *Medellín* a *Aparecida*. Os padres novos preocupam-se mais com o cuidado pessoal, como nos revela a indicação de 32,3% ao afirmarem o "não tirar tempo para si, para o lazer e o cuidado pessoal" que criticam nos padres das décadas de 1970/1980. Preocupam-se mais com o poder sacerdotal e menos com a dinâmica do diálogo e do serviço ao mundo de hoje, distanciando-se desse modo da *Gaudium et Spes*, que sinaliza o fim do divórcio entre Igreja e Mundo: "O 'novo' clero carrega as marcas do moderno, do gosto pela festa e pelo espetáculo, e do arcaico – a tendência mágico-fundamentalista, o legalismo, o cultivo dos sinais distintivos de poder e *status*" (BENEDETTI, 1999, p. 88).

2 O que continua válido do modelo de ministério dos presbíteros das "décadas de 1970/1980"

Na segunda pergunta, com relação ao que continua válido do modelo de ministério dos presbíteros das "décadas de 1970/1980", os dados mostram que há uma grande dispersão nas respostas, mas com duas alternativas com maior incidência. Uma delas é *insistir na dimensão comunitária e social da fé, contra todo o intimismo e espiritualismo*. A segunda alternativa de maior consenso é *uma pastoral social consistente e estruturada, expressão do Evangelho social*. A terceira alternativa com maior consenso apontada por agentes

---

6. "Nas sínteses das conferências episcopais, apresentadas no começo da assembleia de Aparecida, ficou evidente como este método ajudou nosso povo a encontrar caminhos de libertação. Ele faz parte do trabalho pastoral e está presente na vida de muitas de nossas Igrejas particulares, paróquias e, de modo mais constante, nas CEBs e pastorais sociais. Por isso entende-se que os bispos tenham lutado para mantê-lo, uma vez que ele representou a caminhada eclesial do continente (*DA*, n. 19-20) [...]. A comunidade eclesial, sem preocupar-se com suspeitas alarmistas, valeu-se do método para pôr em prática sua fé e precisar sua missão, como também sua reflexão teológica. Isso quer dizer que o método faz ver com os olhos do Pai, julgar coerentemente com os ensinamentos e testemunhos de Jesus e sua comunidade e agir sob a influência do Espírito. Bastante trinitário!" (MARINS, 2008, p. 50-51).

eclesiais com relação ao que continua válido do modelo de ministério dos presbíteros das "décadas de 1970/1980" são *comunidades eclesiais com planejamento, conselhos e assembleias de pastoral.*

Chama a atenção que somente os jovens da perspectiva "institucional/ carismática" indiquem e, ainda em segundo lugar, *o testemunho dos mártires das causas sociais.* Também o baixo índice da alternativa *priorizar as pequenas comunidades eclesiais em relação aos movimentos,* indicada somente pelos padres da perspectiva "evangelização/libertação", em terceiro lugar; pelos leigos/as da perspectiva "institucional/carismática", em quinto lugar.

Dimensão comunitária e social da fé

Apesar de o neoliberalismo insistir no individualismo e na superação dos conflitos a partir de uma visão intimista com reforço da subjetividade, há um movimento contrário que insiste no coletivo, na saída comunitária. Vemos esta tendência nos Fóruns Sociais Mundiais, especialmente no Fórum Mundial de Teologia e Libertação, nas Semanas Sociais Brasileiras (atualmente em sua 6ª edição), iniciadas pela CNBB, mas hoje sendo realizadas com a participação das Pastorais Sociais, das Comunidades Eclesiais de Base, de Movimentos Sociais, de Partidos Políticos. O mesmo podemos dizer do Grito dos Excluídos e Excluídas em sua 27ª edição. Esta tendência está presente nos Encontros Intereclesiais das Cebs, caminhando para o XV Intereclesial, em Rondonópolis, em 2023. Esta dimensão apontada como primeira opção por parte dos seminaristas da perspectiva "institucional/carismática" (21,5%) e pelos padres (34,0%), seminaristas (34,0%) e religiosas (33,3%) da perspectiva "evangelização/libertação" é o resultado da ligação da fé com a vida, especialmente no que se refere a sua ligação com a dimensão social e política (cf. *Puebla*, p. 513-516; GUTIÉRREZ, 1981, p. 245).

A insistência na *dimensão comunitária e social da fé contra todo o intimismo e espiritualismo* aponta para uma espiritualidade com "os pés no chão", levando em consideração o social, o econômico, o político, o cultural, o ecológico. Uma espiritualidade realista que se caracteriza pela constante referência à realidade. Tendo uma verdadeira "paixão" pela realidade, sendo "honesto com o real" (ELLACURÍA, 1991, p. 323). Toda ação, toda abordagem, toda teoria, todo estudo, toda vivência, todo projeto deve partir da realidade e voltar à realidade. *Ter os pés no chão* significa também *partir de baixo para cima.* Ter visão indutiva. Respeitar a participação da base. Ainda nesta indicação do que continua válido no ministério dos padres da perspectiva "evangelização/libertação", especialmente na dimensão comunitária da fé, podemos compreender a importância das Comunidades Eclesiais de Base

(Cebs) que, durante décadas (1957-2021), foram incentivadoras de uma prática comunitária libertária, através da participação dos cristãos e cristãs na luta política de libertação dos pobres contra toda pobreza[7] e agindo sempre de forma circular nas práticas de planejamento, conselhos e assembleias de pastoral, exercitando a dinâmica da sinodalidade.

Como frisamos, chama a atenção que somente os jovens da perspectiva "institucional/carismática" indiquem e, ainda em segundo lugar, *o testemunho dos mártires das causas sociais*. O martírio é uma das marcas da Igreja na América Latina e Caribe (*Documento de Aparecida*, 178) e, também no Brasil, como apelo ao seguimento do Mártir Jesus (Dom Pedro Casaldáliga) e como sinal da validade do engajamento na ação de transformação da sociedade através da entrega generosa até derramar o sangue para testemunhar o amor pela vida dos irmãos e irmãs, sempre buscando a libertação em todas as dimensões da vida.

Em relação aos "padres novos", ao responderem sobre *"o que continua válido do modelo de ministério dos presbíteros* das "décadas de 1970/1980", surge uma pequena luz na perspectiva de se *"insistir na dimensão comunitária e social da fé, contra todo o intimismo e espiritualismo"* com a indicação de 20,6% por parte dos padres da perspectiva "institucional/carismática", reforçada pela outra alternativa de se firmar *"uma pastoral social consistente e estruturada, expressão do Evangelho social,* indicada com 23,5% pelos padres da perspectiva "institucional/carismática". Também significativo é a aceitação de "comunidades eclesiais com planejamento, conselhos e assembleias de pastoral" indicada pelos "padres novos" com 22,1%. Nesta mesma linha, seria interessante sublinhar "o testemunho dos mártires das causas sociais" com 14,4% indicado pelos jovens da perspectiva "institucional/carismática". O testemunho dos jovens poderá influenciar os "padres novos".

3 Principais novidades que os "padres novos" trazem no exercício de seu ministério presbiteral

Vimos que, com relação às principais novidades que os "padres novos" trazem no exercício de seu ministério, a convergência recai sobre *a valorização do afetivo, da emoção, do sentimento e das relações interpessoais.* Esta alternativa é mais reconhecida pela perspectiva "evangelização/liberta-

---

7. Cf. CONFERÊNCIA NACIONAL DOS BISPOS DO BRASIL. *Comunidades Eclesiais de Base na Igreja do Brasil.* Documentos da CNBB, 25. São Paulo: Paulinas, 1982, n. 56, 57, 58, 59. • CNBB. *Mensagem ao Povo de Deus sobre as Comunidades Eclesiais de Base.* Documentos da CNBB, 92. São Paulo: Paulinas, 2010, p. 18-19.

ção" do que pela perspectiva "institucional/carismática". Esta alternativa é reforçada pela indicação, em segundo lugar, pelos leigos/as da perspectiva "institucional/carismática".

Os "padres novos" indicam em primeira opção *o uso dos meios de comunicação sociais para seus eventos e atividades.* Esta alternativa é reforçada pela indicação, em segundo lugar, por parte dos jovens e seminaristas da perspectiva "evangelização/libertação". Os seminaristas da perspectiva "institucional/carismática" indicam, em primeira opção, *a valorização do afetivo, da emoção, do sentimento e das relações interpessoais* e também *liturgias mais animadas e pregação voltada para a situação da pessoa e a valorização do sagrado,* expressada na maneira de vestir-se na liturgia e fora dela.

A valorização do afetivo e da emoção

Como se pode constatar, a *valorização* do *afetivo, da emoção, do sentimento e das relações interpessoais* é a alternativa mais reconhecida pela "perspectiva "evangelização/libertação". Considerando que, normalmente, os seminaristas são jovens, é bem significativa esta convergência nesta perspectiva. Tem a ver com a espiritualidade que leva em conta a subjetividade e se expressa na perspectiva da espiritualidade *"com o cora*ção". O movimento carismático, tanto católico quanto protestante, assim como a influência do mundo oriental, estão chamando nossa atenção para o valor e importância da subjetividade. Como afirma Leonardo Boff:

> O processo de mundialização não se faz somente via economia, mercados articulados mundialmente, via ciência e técnica, mas também via subjetividade, mística, aprendizado uns dos outros, para descobrir a riqueza que carregamos sem saber, da qual nós, ocidentais, somos às vezes extremamente pobres. Uma vez, conversando com um mestre zen-budista de Sri Lanka, ele me disse: "O erro de vocês é que têm o centro em cima, na cabeça, por isso tudo está errado em vocês. Como fazer girar o corpo humano se o centro está ali? É uma cambalhota desorganizada. A Bíblia", acrescentou, "é um pouco melhor, porque ela empurra o centro para o coração. Nós, orientais, o temos na barriga, no umbigo. Nós sentimos, pensamos e organizamos o mundo a partir do centro umbilical, onde toda energia nos chega e toda energia sai, e, assim, entramos no equilíbrio cósmico. Vocês são desiquilibrados e lançam seu desiquilíbrio ao mundo inteiro (BOFF; BETTO,1994, p. 110).

A dinâmica bíblica, sobretudo no Novo Testamento, tal como atestam as referências na sequência, falam que o amor de Jesus é um amor que toca as entranhas, confirmando a perspectiva que viemos apresentando. Como frisam estes autores:

> Encontramos uma bela expressão nos evangelhos, que aparece apenas doze vezes, e é empregada exclusivamente em referência a Jesus ou a seu Pai. A expressão é "ser movido de compaixão". O verbo grego *splagchnizomai* nos revela o significado profundo e forte desta expressão. As *splanchna* eram as entranhas do corpo ou, como poderíamos dizer atualmente, as vísceras. Elas são o lugar onde estão localizadas as nossas emoções mais íntimas e mais intensas. Constituem o centro donde brota tanto o amor apaixonado como o ódio apaixonado... Na verdade, a compaixão é uma emoção tão profunda, central e poderosa em Jesus, que só pode ser descrita como um movimento do útero (âmago) de Deus. Nele, está oculta toda a ternura e toda a bondade divina. Nele, Deus é pai e mãe, irmão e irmã, filho e filha. Nele, todos os sentimentos, emoções e paixões são uma só coisa no amor divino (NOUWEN, H.J.M.; McNEILL, D.P.; MORRISON, D.A., 1998, p. 26-27).

O uso dos meios de comunicação

Com relação ao *uso dos meios de comunicação sociais para seus eventos e atividades,* vimos que é indicado pelos "padres novos" em primeira opção (32,8%) e em segundo lugar, por parte dos jovens (31,1%) e seminaristas (10,6%) da perspectiva "evangelização/libertação". Esta convergência está em sintonia com as grandes mudanças operadas no mundo da comunicação, sobretudo a partir dos meios de comunicação que empregam a internet. Busca compreender e identificar as principais características do ciberespaço e as mudanças geracionais e como os/as jovens se relacionam com a internet. Neste caso, também indica a necessidade de se elaborar linguagens para a compreensão dos termos próprios do universo cibernético como o virtual, digital e on-line.

Esta indicação está também relacionada com a certeza de que falar de juventudes, é falar de diversas expressões juvenis, de distintos modos de ser e de viver na história. A evangelização das juventudes é um dos grandes desafios que as Igrejas cristãs enfrentam hoje. Este desafio está acoplado com o desafio de trabalhar com os/as que utilizam os novos meios de comunicação, especialmente a internet:

> O mundo experimenta uma "explosão" tecnológica mais ampla e mais rápida, que leva à transição de uma "era dos meios de massa" para uma "era da massa de meios". Isso gera uma ecologia midiática muito mais complexa, em que qualquer "ser comunicacional" tem uma chance de sobreviver. Em uma sociedade de comunicação e da conexão ubíquas, a criação, o armazenamento, a gestão, a dis-

tribuição e o consumo de informações e conteúdos se "socializam", envolvendo não mais apenas as grandes empresas de comunicação ou as principais instituições sociais (como a Igreja), mas também, potencialmente, cada pessoa, graças ao acesso facilitado a tecnologias da informação de alcance global e instantâneo (SBARDE-LOTTO, 2017, p. 285-286)[8].

Certamente *"a valorização do afetivo, da emoção, do sentimento e das relações interpessoais"* é uma das grandes novidades do ministério dos "padres novos", buscando tocar o "coração" das pessoas e levando em consideração a importância da subjetividade. Ao lado desta novidade, podemos dizer que outra grande contribuição dos "novos padres" é *"o uso dos meios de comunicação sociais"*, potencializado, nestes dois últimos anos, com a pandemia que exige novas formas de comunicação.

4 O que não tem futuro no modo dos "padres novos" exercerem o ministério presbiteral

Na quarta questão, com relação ao que não tem futuro no modo dos "padres novos" exercerem o ministério, vimos que a maior convergência está em apontar, em primeira opção, *o tradicionalismo, o devocionismo e milagrismos*. Na sequência, a alternativa com maior convergência apontada em primeiro lugar é *uma pastoral de eventos e atividades isoladas, sem processo comunitário*.

Já os "padres novos" indicam, em primeiro lugar, *uma prática religiosa a serviço dos indivíduos, com respostas imediatas*, alternativa esta também assinalada, em segundo lugar, pelos jovens da perspectiva "evangelização/ libertação". Por sua vez, as religiosas da perspectiva "evangelização/libertação" indicam, em primeiro lugar, duas alternativas com o mesmo índice (23,6%) – *a preocupação com os trajes e a estética na liturgia* e *uma Igreja sem profecia, com escasso compromisso com uma sociedade justa e solidária*, alternativa esta também indicada pelos jovens (23,9%) e religiosas (19,4%) da perspectiva "institucional/carismática".

---

8. Embora o Documento de Santo Domingo (1992) se afaste significativamente das propostas de Medellín, apresenta uma proposta pertinente em relação aos/às jovens ao recomendar o método ver, julgar e agir e apontar os mais diferentes espaços para a comunicação das/os jovens e com os/as jovens: "Que abra aos adolescentes e jovens espaços de participação na Igreja. Que o processo educativo se realize através de uma pedagogia experiencial, participativa e transformadora. Que promova o protagonismo através da metodologia do ver, julgar, agir, revisar e celebrar. Tal pedagogia tem de integrar o crescimento da fé no processo de crescimento humano, tendo em conta os diversos elementos, como o esporte, a festa, a música, o teatro" (*Santo Domingo*, 119). Hoje, poderíamos acrescentar o uso e o controle dos meios de comunicação social, sobretudo os que se utilizam da internet. Este é o desafio presente na expressiva indicação das novidades dos "padres jovens".

O esvaziamento semântico da categoria "pobre"

Estas indicações mostram uma desconfiança na forma de se compreender o ministério no contexto atual, sobretudo na dinâmica da globalização que vai gerando cada dia mais "novos rostos de pobres" e marginalizados na sociedade. A dinâmica de *"ser honestos com o real"* (ELLACURÍA, 1991, p. 323) indica que não se pode simplesmente "fechar-se à realidade" numa tentativa de "fugir do mundo" e de seus conflitos. O Documento de Aparecida nos mostra a complexidade do contexto atual:

> A globalização faz emergir, em nossos povos, novos rostos pobres. Com especial atenção e em continuidade com as Conferências Gerais anteriores, fixamos nosso olhar nos rostos dos novos excluídos: os migrantes, as vítimas da violência, os deslocados e refugiados, as vítimas do tráfico de pessoas e sequestros, os desaparecidos, os enfermos de HIV e de enfermidades endêmicas, os tóxico-dependentes, idosos, meninos e meninas que são vítimas da prostituição, pornografia e violência ou do trabalho infantil, mulheres maltratadas, vítimas da exclusão e do tráfico para a exploração sexual, pessoas com capacidades diferentes, grandes grupos de desempregados/as, os excluídos pelo analfabetismo tecnológico, as pessoas que vivem na rua das grandes cidades, os indígenas e afro-americanos, agricultores sem terra e os mineiros. A Igreja, com sua Pastoral Social, deve dar acolhida e acompanhar essas pessoas excluídas nas respectivas esferas (*Documento de Aparecida,* 402).

Pedro Ribeiro de Oliveira faz uma crítica ao alargamento semântico da categoria pobre, presente neste n. 402 do Documento de Aparecida, ao "descarta-se, assim, a incômoda radicalidade da categoria pobre por meio de uma interpretação que, alegando ampliar seu alcance, termina por esvaziar seu sentido" (RIBEIRO DE OLIVEIRA, 2011, p. 11) e que mostra as dificuldades implicadas na categoria "pobre" que "pode ser facilmente detectada na linguagem corrente porque, como a percepção subjetiva mostra a existência de gente acima e gente abaixo na escala socioeconômica, a pessoa não se assume nem como "rica" nem como "pobre", pois "rico" é quem tem mais do que eu, e "pobre", quem tem menos... Assim, exceto nos pontos extremos, nem pobres nem ricos se consideram como tais, pois se sentem parte das "classes médias"[9] (RIBEIRO DE OLIVEIRA, 2011, p. 11-12).

---

9. Como já indicamos, frente a esta indefinição do conceito pobre, Frei Betto argumenta: "Assim, me pergunto se não deveríamos ter enfatizado mais a categoria de classes sociais, desvendando as entranhas da luta de classes, da desigualdade social, e os mecanismos de alienação e mais-valia" (BETTO, 2020).

Mesmo levando-se em consideração esta crítica, parece-nos que não se pode negar a dura realidade dos pobres, e por isso não se pode pautar uma ação eclesial apenas com *"uma pastoral de eventos e atividades isoladas, sem processo comunitário"*, como indicada pelos jovens da perspectiva "institucional/carismática" e pelos leigos e religiosas da perspectiva "evangelização/ libertação". Fechar os olhos para esta realidade gritante, presente em todos os quadrantes do Brasil, inviabiliza toda e qualquer pertença à Igreja que é chamada por Jesus Cristo a ser misericordiosa, samaritana, com todos e todas que estejam caídos à beira do caminho.

Na *Fratelli Tutti*, o Papa Francisco, ao refletir sobre o texto de Lc 10,25-37, indica esta impossibilidade de nos fecharmos continuamente a olhar quem está caído ao nosso lado:

> Com quem te identificas? É uma pergunta sem rodeios, direta e determinante: a qual deles te assemelhas? Precisamos de reconhecer a tentação que nos cerca de se desinteressar dos outros, especialmente dos mais frágeis. Digamos que crescemos em muitos aspectos, mas somos analfabetos no acompanhar, cuidar e sustentar os mais frágeis e vulneráveis das nossas sociedades desenvolvidas. Habituamo-nos a olhar para o outro lado, passar à margem, ignorar as situações até elas nos caírem diretamente em cima (*Fratelli Tutti,* 64) [...]. Além disso, como estamos todos muito concentrados nas nossas necessidades, ver alguém que está mal incomoda-nos, perturba-nos, porque não queremos perder tempo por culpa dos problemas alheios. São sintomas duma sociedade enferma, pois procura construir-se de costas para o sofrimento (*Fratelli Tutti,* 65). [...] Enquanto caminhamos, inevitavelmente embatemos no homem ferido. Hoje, há cada vez mais feridos. A inclusão ou exclusão da pessoa que sofre na margem da estrada define todos os projetos econômicos, políticos, sociais e religiosos (*Fratelli Tutti,* 69).

Dificilmente, diante da situação de vida dos pobres vivendo em extrema vulnerabilidade, possa prosperar uma atitude que coloca em segundo plano a vida real dos pobres, como nos indica Leonardo Boff:

> O *punctum stantis et cadentis* da Teologia da Libertação é o pobre concreto, suas opressões, a degradação de suas vidas e os padecimentos sem conta que sofre. Sem o pobre e o oprimido não há Teologia da Libertação. Toda opressão clama por uma libertação. Por isso, onde há opressão concreta e real que toca a pele e faz sofrer o corpo e o espírito aí tem sentido lutar pela libertação. Herdeiros de um oprimido e de um executado na cruz, Jesus, os cristãos encontram em sua fé mil razões por estarem do lado dos oprimidos e junto com eles buscar a libertação. Por isso, a marca registrada da Teologia da Libertação é agora e será até o juízo final: a opção

pelos pobres contra sua pobreza e a favor de sua vida e liberdade (BOFF, 2011).

A importância que a vida tem

A música popular – *O que é? O que é?* – de Gonzaguinha – traduz muito bem a importância que a vida tem, mesmo quando está sendo violentada pela injustiça social: "Ah, meu Deus! Eu sei, eu sei, que a vida devia ser bem melhor. E será! Mas isso não impede que eu repita: É bonita, é bonita. E é bonita". Mas sabemos que, para ser bonita de fato, há necessidade de mediações como nos afirma Franz Hinkelammert: "A satisfação das necessidades torna possível a vida; a satisfação dos desejos a torna agradável. Mas para poder ser agradável, antes tem que ser possível" (HINKELAMMERT, 1984, p. 241). Este é o sentido primeiro da economia: proporcionar a possibilidade de vida real, através da satisfação das necessidades básicas da pessoa humana e de todas as pessoas humanas! (cf. *GS* 64-69). Em outras palavras, não se pode excluir ninguém. Não se nega o desejo, a festa, o belo, mas se afirma que, sem a satisfação das necessidades básicas, isto se torna impossível.

Também na perspectiva teológica do IV Fórum Mundial de Teologia e Libertação, em Dakar, no Senegal, em 2011, encontramos a vida na raiz de toda reflexão de fé:

> Acertamos entre nós que a vida de carne e osso de nossos povos é o "primeiro lugar teológico", desde o qual e para o qual existem nossas histórias, nossos textos, nossas tradições religiosas, nossas instituições. É, portanto, fonte de discernimento inclusive para interpretarmos bem os textos sagrados e para que eles ajudem a iluminar e alimentar a vida de nossos povos (FÓRUM MUNDIAL DE TEOLOGIA E LIBERTAÇÃO, 2011).

Luís Roberto Benedetti, ao analisar o ministério dos "novos padres", indica que a vida real deve estar presente em sua ação pastoral:

> Os presbíteros, embora ocupem muito do seu tempo em atividades propriamente intraeclesiais, não poderão desconhecer o mundo em que vivem. Frequentemente, acontece que nada conhecem das dificuldades cotidianas por que passam os leigos na manutenção da família, na luta pela sobrevivência, no empenho pela vida de fé num mundo muitas vezes hostil, marcado pelo rolo compressor do processo de urbanização. Os presbíteros, vivendo sem família, sem uma profissão que os coloque no mundo do trabalho, não estariam perdendo o contato com o mundo urbano, até mesmo com o mundo dos leigos, seus mais próximos colaboradores? Como poderão conhecer e experimentar "as alegrias e esperanças, as tristezas e angústias dos homens de hoje, sobretudo dos pobres e de todos

os que sofrem" (*GS* l)? Não estarão por demais confinados a um mundo criado pela própria ilusão de que ainda podem contar com privilégios, de que ainda dispõem de grande cabedal de sabedoria diante da massa do povo considerada inculta? Como amar o que não se conhece? (BENEDETTI, 1999, p. 115).

Frente a estas considerações que reafirmam a prática histórica de Jesus de Nazaré, preocupado com a fome do povo, com suas doenças e opressão no trabalho pelos altos tributos (impostos) exigidos pelo Templo e pelo Império Romano (cf. Mt 9, 35-36), as indicações de "uma prática religiosa a serviços de indivíduos, com respostas imediatas, como também a preocupação com os trajes e a estética na liturgia e uma Igreja sem profecia, com escasso compromisso com uma sociedade justa e solidária", parece carecer de sentido frente às grandes questões ligadas à fome, à saúde, à violência contra as mulheres, negros e negras e povos indígenas, à economia, à ecologia. Tem-se a impressão de se buscar uma "fuga do mundo real" ou mesmo negar as contradições presentes na sociedade e na Igreja. Esta prática não tem futuro.

Pode-se dizer com muita segurança que *"o que não tem futuro no modo dos "padres novos" exercerem o ministério"* é a rejeição *do "tradicionalismo, o devocionismo e milagrismos"* presente na resposta dos padres da perspectiva da "evangelização/libertação" com expressiva indicação de 34,7% e reforçada pelos "padres novos" da perspectiva "institucional/carismática" com 16,4%. Também *"uma pastoral de eventos e atividades isoladas, sem processos comunitários"* indicaria um descompromisso com a defesa da vida e a busca da justiça social.

A modo de conclusão

Estamos vivendo em um tempo de profundas transformações em todas as esferas da vida: do econômico ao social, do político ao cultural, do ecológico ao sem sentido da vida. Tempo de crise de paradigmas e de utopias, crise dos metarrelatos e crise também das instituições, das religiões, crise das ciências e da razão, conflitos de valores. Mas ao mesmo tempo, há sinais de esperança, na verdade sinais da esperança esperançada de que sempre nos falou Paulo Freire (1992).

Frente às angústias, aos sofrimentos e às esperanças (cf. *GS* 1) somos convidados a criar novos sonhos e novos horizontes no meio do lusco-fusco da história, partindo da força histórica dos pobres. Acredito que a utopia presente no discurso do Papa Francisco poderá servir de bússola para a superação dos conflitos que ficam na superfície dos verdadeiros problemas da humanidade e que, muitas vezes, são camuflados por linguagens, símbolos, ações presentes na ação pastoral e na ação evangelizadora das Igrejas. Em várias das perguntas feitas na pesquisa em análise e refletidas nas respostas, aparece no ministério presbiteral dos "novos padres" um distanciamento em relação à busca de uma transformação social que possa indicar caminhos para uma nova sociedade que possa apresentar os sinais do Reino de Deus se antecipando na história humana. Por isso, encontramos nas palavras do Papa Francisco a tentativa de retomar o anúncio do Reino de Deus anunciado por Jesus de Nazaré que historicamente se encarnaria no mito da Terra Sem Males – *yvy marane'ÿ*, na busca do Bem Viver e Bem Conviver – *Sumak Kawsay*, da Sociedade sem Classes. Deixemo-nos embeber desta utopia:

> Para concluir, quero dizer-lhes novamente: O futuro da humanidade não está unicamente nas mãos dos grandes dirigentes, das grandes potências e das elites. Está fundamentalmente nas mãos dos povos; na sua capacidade de se organizarem e também nas suas mãos que regem, com humildade e convicção, este processo de mudança. Estou convosco. E cada um, repitamos a nós mesmos do fundo do coração: nenhuma família sem teto, nenhum camponês sem terra, nenhum trabalhador sem direitos, nenhum povo sem soberania, nenhuma pessoa sem dignidade, nenhuma criança sem infância, nenhum jovem sem possibilidades, nenhum idoso sem uma veneranda velhice. Continuai com a vossa luta e, por favor, cuidai bem da Mãe Terra. Acreditai em mim, e sou sincero, de coração vos digo: Rezo por vós, rezo convosco e quero pedir a nosso Pai Deus que vos acompanhe e abençoe, e que vos cumule do seu amor e defenda no caminho concedendo-vos, em abundância, aquela força que nos mantém de pé: esta força é a esperança, a esperança que não decepciona. E peço-vos, por favor, que rezeis por mim. E se algum de vós não pode rezar, com todo o respeito, peço-te que me tenha em teus pensamentos e mande-me uma boa "onda". Obrigado! (FRANCISCO, 2015).

Referências

BENEDETTI, L.R. Novo clero: arcaico ou moderno? *REB*, Petrópolis: 59, p. 88-126, 1999.

BOFF, L. Quarenta anos da Teologia da Libertação. *Comissão Pastoral da terra*, 2011 [Disponível em https://www.cptnacional.org.br/publicacoes/noticias/artigos/751- quarenta-anos-da-teologia-da-libertacao – Acesso em/15/07/2021].

BOFF. L.; BETTO, F. *Mística e espiritualidade.* Rio de Janeiro: Rocco, 1994.

CONSELHO EPISCOPAL LATINO-AMERICANO (CELAM). *Documento de Puebla* – Texto conclusivo da IV Conferência Geral do Episcopado Latino--americano e do Caribe. São Paulo: Loyola, 1979.

CONSELHO EPISCOPAL LATINO-AMERICANO (CELAM). *Documento de Aparecida* – Texto conclusivo da V Conferência Geral do Episcopado Latino-americano e do Caribe. São Paulo: CNBB/Paulus/Paulinas, 2007.

CONFERÊNCIA NACIONAL DOS BISPOS DO BRASIL (CNBB). *Comunidades Eclesiais de Base na Igreja do Brasil*. Documentos da CNBB, 25. São Paulo: Paulinas, 1982.

CONFERÊNCIA NACIONAL DOS BISPOS DO BRASIL (CNBB). *Mensagem ao Povo de Deus sobre as Comunidades Eclesiais de Base*. Documentos da CNBB, 92. São Paulo: Paulinas, 2010, p. 18-19.

CONGREGAÇÃO PARA A DOUTRINA DA FÉ. *Instrução sobre alguns aspectos da "Teologia da Libertação"*. São Paulo: Paulinas, 1984.

CONGREGAÇÃO PARA A DOUTRINA DA FÉ. *Instrução sobre a liberdade cristã e a libertação*. São Paulo: Loyola, 1986.

ELLACURÍA, I. Historicidad de la salvación cristiana. In: ELLACURÍA, I.; SOBRINO, J. (eds.). *Mysterium Liberationis* – Conceptos fundamentales de la Teología de la Liberación. San Salvador: UCA, 1991.

FÓRUM Mundial de Teologia e Libertação – Relatório final. Dakar, 2011 [Disponível em https://fmtlofficio.org/fmtl-dakar/ – Acesso em 10/07/2021].

FREIRE. P. *Pedagogia da esperança*: um reencontro com a Pedagogia do Oprimido. Rio de Janeiro: Paz e Terra, 1992.

JOÃO PAULO II. Carta aos bispos do Brasil. *REB*, Petrópolis, v. 182, p. 396-402, 1986.

FRANCISCO. *Evangelii Gaudium* – A alegria do Evangelho: sobre o anúncio do Evangelho no mundo atual. São Paulo: Paulus/Loyola, 2013.

FRANCISCO. *Discurso no II Encontro Mundial dos Movimentos Populares*. Santa Cruz de la Sierra, 09/07/2015.

FRANCISCO. *Fratelli Tutti* – Sobre a fraternidade e a amizade social. São Paulo: Paulus, 2020.

FREI BETTO. É correto ainda falar de "opção pelos pobres"? *Dom Total*, 2020 [Disponível em https://domtotal.com/artigo/9064/2020/10/e-correto-ainda--falar-de-opcao-pelos-pobres/ – Acesso em 21/07/2021].

FREI BETTO. *Espiritualidade, amor e êxtase*. Petrópolis: Vozes, 2021.

GUTIÉRREZ, G. *A força histórica dos pobres*. Petrópolis: Vozes, 1981.

GUTIÉRREZ, G. *Teologia da Libertação*: perspectivas. São Paulo: Loyola, 2000.

HINKELAMMERT, F. *Crítica a la razón utópica*. São José: DEI, 1984.

JOÃO PAULO II. *Mensagem do Santo Padre ao Episcopado do Brasil*. Aparecida: Santuário, 1986.

MADURO, O. *Religião e luta de classes*: quadro teórico para a análise de suas inter-relações na América Latina. Petrópolis: Vozes, 1981.

MARINS, J. O ir e vir do método ver-julgar-agir – A metodologia ver-julgar-a-gir: um ícone da teologia e da pastoral latino-americana e caribenha. In: AME-RINDIA (org.). *V Conferência de Aparecida*: renascer de uma esperança. São Paulo: Amerindia/Paulinas, 2008.

NOUWEN, H.J.M.; McNEILL, D.P.; MORRISON, D.A. *Compaixão*: reflexão sobre a vida cristã. São Paulo: Paulus, 1998.

OLIVEIRA, P. Introdução. In: OLIVEIRA, P.R. (org.). *Opção pelos pobres no século XXI*. São Paulo: Paulinas, 2011.

SBARDELOTTO, M. *Comunicação, imperativo dos tempos presentes: o horizon-te comunicacional do Documento de Medellín, em 50 anos de Medellín* – Revisi-tando os textos, retomando o caminho. São Paulo: Paulinas, 2017.

STÉDILE, J. P. Uma porta de entrada para compreender o Movimento Sem Ter-ra. In: SUSIN, L.C. (org.). *Terra Prometida* – Movimento social, engajamento cristão e teologia. Petrópolis: Vozes/Soter, 2001, p. 109-110.

STÉDILE, J. P. João Pedro Stédile comenta encontro dos movimentos po-pulares com Papa Francisco. *MST*, 2016 [Disponível em https://mst.org.br/2016/11/04/joao-pedro-stedile-comenta-encontro-dos-movimentos-popu lares-com-papa-francisco/ – Acesso em 24/06/2021].

SUPERIORES PROVINCIAIS DA COMPANHIA DE JESUS DA AMÉRICA LATINA. *O neoliberalismo na América Latina – Carta dos Superiores Provinciais da Companhia de Jesus da América Latina*. Documento de Trabalho. São Paulo: Loyola, 1996.

2.
A VOCAÇÃO E A FORMAÇÃO DOS PRESBÍTEROS

O terceiro bloco de perguntas do questionário aplicado na pesquisa de campo segue com outras três questões relativas a como está o processo de formação dos futuros presbíteros hoje e o que parece motivar ou desmotivar um jovem a ser padre hoje.

Questão 5 Como está o processo de formação dos futuros presbíteros hoje?

1ª citação	Total	Perspectiva institucional/carismática					Perspectiva evangelização/libertação				
		Padres	Leigos	Jovens	Semina-ristas	Reli-giosas	Padres	Leigos	Jovens	Semina-ristas	Reli-giosas
Base:	743	61	83	45	70	45	96	127	44	52	81
Está bom, com bons formadores e bons cursos de filosofia e teologia	20,4%	34,3%	15,9%	55,9%	38,5%	15,6%	4,1%	13,0%	5,8%	29,8%	6,8%
Os padres novos são mais autoritários e tendem a se considerar mais importantes do que os leigos	12,3%	14,9%	5,2%	0,0%	2,6%	25,0%	22,4%	11,0%	24,6%	6,4%	17,8%
Parece que são formados para fazer funcionar a paróquia tradicional	11,5%	11,9%	5,0%	7,7%	2,6%	9,4%	10,2%	20,8%	12,5%	2,1%	19,2%
O grande desafio é a maturidade afetiva, emocional, com sexualidade assumida no celibato	11,4%	11,9%	4,6%	2,0%	15,4%	18,8%	15,3%	12,3%	5,8%	25,5%	6,8%
Está bom do ponto de vista humano e espiritual, mas fraco no intelectual e pastoral	9,7%	6,0%	10,4%	3,9%	2,6%	12,5%	18,4%	8,4%	19,6%	6,4%	12,3%
Difícil, pois a situação da sociedade e da família mudou o perfil dos candidatos	8,0%	4,5%	2,6%	11,5%	2,6%	3,1%	8,2%	12,4%	8,3%	10,6%	11,0%
Muitos candidatos vêm dos movimentos e depois vão trabalhar com movimentos	6,3%	3,0%	6,6%	3,8%	3,8%	0,0%	13,3%	3,6%	2,1%	2,1%	17,8%
É personalizado, com acompanhamento psicológico exigente	4,3%	9,0%	1,0%	3,9%	11,5%	6,3%	1,0%	0,7%	1,7%	12,8%	5,5%
Os candidatos recebem tudo pronto, há comodismo e distância da dureza da vida	3,5%	4,5%	12,2%	0,0%	6,4%	3,1%	5,1%	0,0%	0,0%	2,1%	2,7%
Faz-se vista grossa, sobretudo em relação ao homossexualismo de alguns candidatos	2,3%	0,0%	6,6%	0,0%	1,3%	6,3%	2,0%	2,1%	2,1%	0,0%	0,0%
Outro	1,2%	0,0%	6,6%	0,0%	1,3%	0,0%	0,0%	0,7%	0,0%	2,1%	0,0%
Não responderam	9,2%	0,0%	23,2%	11,3%	11,5%	0,0%	0,0%	15,0%	17,5%	0,0%	0,0%
Total	100,0%	100,0%	100,0%	100,0%	100,0%	100,0%	100,0%	100,0%	100,0%	100,0%	100,0%

Com relação ao processo de formação dos futuros presbíteros hoje, uma valoração positiva vem somente da perspectiva "institucional/carismática" e ainda com exceção das religiosas. Aparece que *está bom, com bons formadores e bons cursos de filosofia e teologia* para os "padres novos" (34,3%), leigos/as (15,9%), jovens (55,9%) e seminaristas (38,5%) da "institucional/carismática". Reforçam esta alternativa, nomeando-a, em segundo lugar, as religiosas da perspectiva "institucional/carismática" (16,6%) e os leigos/as da perspectiva "evangelização/libertação" (13,0%).

As religiosas da perspectiva "institucional/carismática" (25,0%) e os padres (22,4%) e os jovens (24,6%) da perspectiva "evangelização/libertação" indicam, em primeiro lugar, que os presbíteros *são mais autoritários e tendem a se considerar mais importantes que os leigos*. Esta alternativa é reforçada pela nomeação, em segundo lugar, pelos padres da perspectiva "institucional/carismática" (14,9%) e pelas religiosas da perspectiva "evangelização/libertação" (17,8%). Já os leigos/as (20,8%) e as religiosas (19,2%) da perspectiva "evangelização/libertação" nomeiam que *parece que são formados para fazer funcionar a paróquia tradicional*.

O que aparece com maior incidência em segundo lugar é que *o grande desafio consiste na maturidade afetiva, emocional, com sexualidade assumida no celibato*, alternativa esta indicada pelos seminaristas (15,4%) e religiosas (18,8%) da perspectiva "institucional/carismática" e pelos padres (15,3%) e seminaristas (25,5%) da perspectiva "evangelização/libertação". Nomeiam ainda em segundo lugar: os leigos da perspectiva "institucional/carismática" – *os seminaristas recebem tudo pronto, há comodismo e distância da dureza da vida* (12,2%) e os jovens da perspectiva "evangelização/libertação" que o processo de formação *está bom do ponto de vista humano, mas fraco no intelectual e pastoral* (19,6%).

Com relação ao que parece motivar um jovem a ser padre hoje, há a convergência de todas as categorias de agentes eclesiais consultados em apontar em primeira opção – *responder a um chamado de Deus, a uma vocação recebida*: padres (47,1%), leigos/as (27,2%), jovens (59,7%), seminaristas (59,7%) e religiosas (73,5%) da perspectiva "institucional/carismática"; e padres (29,9%), leigos/as (25,2%), jovens (45,3%), seminaristas (42,9%) e religiosas (18,3%) da perspectiva "evangelização/libertação". Dois aspectos chamam a atenção aqui: os índices são mais altos na perspectiva "institucional/carismática", sendo que o maior deles é o das religiosas desta perspectiva e o menor também das religiosas, mas da perspectiva "evangelização/libertação".

Questão 6 O que parece motivar um jovem ser padre hoje?

1ª citação	Total	Perspectiva institucional/carismática					Perspectiva evangelização/libertação				
		Padres	Leigos	Jovens	Seminaristas	Religiosas	Padres	Leigos	Jovens	Seminaristas	Religiosas
Base:	743	61	83	45	70	45	96	127	44	52	81
Responder a um chamado de Deus, a uma vocação recebida	39,0%	47,1%	27,2%	67,3%	59,7%	73,5%	29,9%	25,2%	45,3%	42,9%	18,3%
Viver mais profundamente a fé, com Deus e as pessoas	13,1%	11,8%	22,5%	20,5%	5,2%	5,9%	14,4%	11,9%	17,7%	16,3%	8,5%
Uma vida bonita, tranquila, confortável, morar bem	10,0%	11,8%	4,6%	2,0%	1,3%	8,8%	12,4%	21,7%	6,3%	4,1%	11,3%
O exemplo e o testemunho edificante de outros padres	8,3%	20,6%	4,0%	2,0%	14,3%	0,0%	4,1%	3,6%	0,0%	20,4%	16,9%
Uma missão importante, com prestígio e visibilidade	8,1%	2,9%	4,5%	2,1%	1,3%	2,9%	15,5%	12,6%	12,1%	2,0%	16,9%
Ser um pregador, levar a Palavra de Deus, orientar as pessoas	7,5%	2,9%	23,5%	2,0%	3,9%	2,9%	6,2%	5,0%	5,9%	6,1%	11,3%
A oportunidade de ser alguém, de sair de situações de carência e conflitos	5,0%	0,0%	5,1%	0,0%	6,5%	2,9%	6,2%	6,0%	10,7%	2,0%	5,6%
Tomar distância de uma sociedade materialista e de uma vida sem sentido	2,9%	1,5%	1,5%	2,1%	0,0%	0,0%	1,0%	7,0%	0,0%	6,1%	2,8%
O celibato como uma solução de dificuldades afetivas e em sua sexualidade	2,5%	1,5%	5,1%	2,1%	1,3%	2,9%	5,2%	0,0%	2,1%	0,0%	5,6%
Um modo de vida cômodo para esconder tendências sexuais como o homossexualismo	0,8%	0,0%	1,0%	0,0%	0,0%	0,0%	0,0%	0,7%	0,0%	0,0%	2,8%
Outro	0,6%	0,0%	0,0%	0,0%	0,0%	0,0%	5,2%	0,0%	0,0%	0,0%	0,0%
Não responderam	2,2%	0,0%	1,0%	0,0%	6,5%	0,0%	0,0%	6,5%	0,0%	0,0%	0,0%
Total	100,0%	100,0%	100,0%	100,0%	100,0%	100,0%	100,0%	100,0%	100,0%	100,0%	100,0%

Em segundo lugar, a maior incidência está em apontar que, o que parece motivar um jovem a ser padre hoje é *o exemplo e testemunho edificante de outros padres,* alternativa esta indicada pelos padres (20,6%) e seminaristas (14,3%) da perspectiva "institucional/carismática" e pelos seminaristas (20,4%) e religiosas (16,9%) da perspectiva "evangelização/libertação". Na sequência, a maior incidência na indicação em segundo lugar aparece *viver mais profundamente a fé, com Deus e as pessoas*: jovens (20,5%) da perspectiva "institucional/carismática" e os jovens (21,7%) da perspectiva "evangelização/libertação". Os leigos/as da perspectiva "institucional/carismática" são os únicos a indicar em segundo lugar ser pregador, levar a Palavra de Deus, orientar as pessoas (23,5%).

Por sua vez, indicam, em segundo lugar, *uma vida bonita, tranquila, confortável, morar bem* – as religiosas da perspectiva "institucional/carismática" (8,8%) e os leigos/as da perspectiva "evangelização/libertação" (21,7%). Finalmente, os padres (15,5%) e as religiosas (16,9%) da perspectiva "evangelização/libertação" nomeiam ainda, em segundo lugar, *uma missão importante, com prestígio e visibilidade*.

Questão 7 O que parece desmotivar um jovem a ser padre, hoje?

1ª citação	Total	Perspectiva institucional/carismática					Perspectiva evangelização/libertação				
		Padres	Leigos	Jovens	Semina-ristas	Reli-giosas	Padres	Leigos	Jovens	Semina-ristas	Reli-giosas
Base:	743	61	83	45	70	45	96	127	44	52	81
O celibato é uma possível vida de solidão, carência afetiva, desequilíbrio emocional	22,3%	9,1%	8,2%	30,6%	11,4%	15,6%	34,7%	25,1%	56,1%	19,6%	21,9%
Uma vida de muito sacrifício, sempre à disposição dos outros	18,3%	19,7%	32,0%	13,4%	16,5%	15,6%	6,3%	24,8%	12,2%	6,5%	17,8%
O contratestemunho de alguns padres, dinheiristas ou sem observância do celibato	13,8%	13,6%	20,7%	1,9%	21,5%	15,6%	8,4%	11,2%	8,7%	26,1%	12,3%
A sociedade e os meios de comunicação apontam para a felicidade em outras coisas	11,9%	9,1%	11,2%	22,3%	16,5%	12,5%	12,6%	5,6%	8,2%	19,6%	16,4%
A falta de ambiente religioso e de incentivo da família	9,8%	12,1%	9,2%	6,0%	5,1%	9,4%	10,5%	17,4%	6,5%	6,5%	8,2%
A vida frustrada de alguns padres, amargurados e solitários	8,6%	7,6%	4,0%	9,4%	15,2%	0,0%	14,7%	5,5%	1,7%	17,4%	4,1%
O desestímulo por parte de colegas e amigos	3,9%	0,0%	3,6%	10,4%	1,3%	6,3%	1,1%	4,8%	0,0%	0,0%	11,0%
O trabalho na paróquia, centrado na administração e na liturgia	3,7%	18,2%	3,1%	2,1%	0,0%	6,3%	2,1%	2,1%	1,7%	2,2%	4,1%
O escândalo da pedofilia por parte de certos padres	2,4%	7,6%	0,9%	0,0%	3,8%	15,6%	2,1%	0,7%	0,0%	0,0%	0,0%
Ganhar pouco, baixo poder de consumo, sem segurança na velhice	2,2%	3,0%	1,0%	1,9%	2,5%	0,0%	2,1%	1,4%	3,3%	2,2%	4,1%
Outro	0,8%	0,0%	0,0%	0,0%	0,0%	3,1%	5,3%	0,0%	0,0%	0,0%	0,0%
Não responderam	2,4%	0,0%	7,1%	2,1%	6,3%	0,0%	0,0%	1,4%	1,7%	0,0%	0,0%
Total	100,0%	100,0%	100,0%	100,0%	100,0%	100,0%	100,0%	100,0%	100,0%	100,0%	100,0%

Com relação ao que parece desmotivar um jovem a ser padre hoje, a maior incidência recai sobre *o celibato e uma possível vida de solidão, carência afetiva, desequilíbrio emocional*. Esta alternativa é indicada, em primeira opção, pelos jovens (30,6%) e religiosas (15,6%) da perspectiva "institucional/carismática" e pelos padres (34,7%), leigos/as (25,1%), jovens (56,1%) e religiosas (21,9%). Esta alternativa é reforçada pela indicação, em segundo lugar, por parte dos seminaristas da perspectiva "evangelização/libertação" (19,6%). Chama a atenção a unanimidade das categorias de agentes eclesiais desta perspectiva em indicar esta alternativa, com exceção dos seminaristas, que indicam *contratestemunho de alguns padres, dinheiristas ou sem observância do celibato* (26,1%).

Na sequência, *uma vida de muito sacrifício, sempre à disposição dos outros*, é o fator nomeado em primeiro lugar pelos padres (19,7%), leigos/as (32,0%) e religiosas (15,6%) da perspectiva "institucional/carismática". Esta alternativa é reforçada pela indicação, em segundo lugar, por parte dos seminaristas (16,5%) da perspectiva "institucional/carismática" e pelos leigos/as (24,8%), jovens (12,2%) e religiosas (17,8%) da perspectiva "evangelização/libertação".

Já seminaristas (21,5%) e religiosas (15,6%) da perspectiva "institucional/carismática" e, como frisamos, os seminaristas (26,1%) da perspectiva "evangelização/libertação" indicam *o contratestemunho de alguns padres, dinheiristas ou sem observância do celibato.* Esta alternativa é reforçada pela indicação em segundo lugar por parte dos leigos/as (20,7%) da perspectiva "institucional/carismática". Por fim, as religiosas desta mesma perspectiva nomeiam *o escândalo da pedofilia por parte de alguns padres* (15,6%).

Aparece ainda em segundo lugar como fator que desmotiva um jovem ser padre, hoje, *a sociedade e os meios de comunicação que apontam para a felicidade em outras coisas.* Esta alternativa é nomeada pelos jovens (22,3%), seminaristas (16,5%) e religiosas (12,5%) da perspectiva "institucional/carismática"; e pelos seminaristas (19,6%) da perspectiva "evangelização/libertação". Chama a atenção que os padres da perspectiva "evangelização/libertação" indiquem, em segundo lugar, *uma vida frustrada de alguns padres, amargurados e solitários* (14,7%) e que os "padres novos" indiquem *o trabalho na paróquia, centrado na administração e na liturgia* (18,2%).

Analisando os dados levantados

A FORMAÇÃO PRESBITERAL EM QUESTÃO

Das questões do presente à construção da eclesiologia do futuro

Alzirinha Rocha de Souza

A reflexão teológica, que ora apresentamos, nasce da análise dos dados levantados pelas questões 5, 6 e 7, conforme relatório apresentado anteriormente, que versam sobre o processo de formação dos futuros presbíteros hoje, seguido do que parece motivar e desmotivar um jovem a ser padre hoje.

Tenhamos presentes os dados mais sobressalentes como pano de fundo de nossa análise. Com relação à questão 5 – *Como anda o processo de formação dos futuros presbíteros hoje* – dos resultados apresentados, se destaca o aspecto positivo dado à primeira opção de resposta com a afirmação de que está "bom, com bons formadores e bons cursos de teologia". É curioso notar que nos agentes da perspectiva "institucional/carismática", o maior percentual recai sobre os jovens, seguidos dos seminaristas e dos padres. Em contrapartida, os agentes da perspectiva "evangelização/libertação" apresentam índices mais tímidos e compostos somente pelos leigos e seminaristas. Com relação à questão 6 – *O que parece motivar um jovem a ser padre hoje* – há a convergência de todas as categorias de agentes eclesiais consultados em apontar em primeira opção – responder a um chamado de Deus, a uma vocação recebida. Os índices de porcentagem, entretanto, dos agentes da perspectiva "evangelização/libertação" são mais baixos que dos da perspectiva "institucional/carismática", agregando motivações que vão além do "chamado de Deus" e até menos nobres. Com relação à questão 7 – *O que parece desmotivar a ser padre hoje* – a maior incidência recai sobre o celibato e uma possível vida de solidão, carência afetiva, desequilíbrio emocional. Chama a atenção a unanimidade das categorias de agentes eclesiais da perspectiva "evangelização/libertação" em indicar esta alternativa, com exceção dos seminaristas, que indicam contratestemunho de alguns padres, dinheiristas ou sem observância do celibato. Já "uma vida de muito sacrifício, sempre à disposição dos outros", é o fator nomeado em primeiro lugar pelos padres, leigos/as e religiosas da perspectiva "institucional/carismática". Aparece em segundo lugar como fator que desmotiva um jovem ser padre, hoje, a sociedade e os meios de comunicação que apontam para a felicidade em outras coisas.

Sobre os dados aqui em análise, efetuamos uma primeira aproximação no artigo Os "padres novos" no Brasil: aspectos históricos e formação identitária, publicado na revista *Pistis & Praxis*, v. 13, n. 3, p. 1.207-1.224, set.-dez./2021. Aqui o leitor perceberá ecos daquele texto, uma vez que o teremos por base. Avançamos, aqui, a reflexão sobre o tema dos impactos da formação refletidos nas questões concretas daqueles que habitam o mundo religioso, em especial dos que estão na formação com vistas ao presbiterato. Também teremos presente a importância dessa reflexão para a construção de uma nova perspectiva eclesiológica, que será tratada em especial na última parte de nosso texto. Em última instância, a partir da observação da realidade, queremos buscar em nossa análise elementos que possibilitem uma avaliação crítica sobre a insistência na manutenção do atual modelo de formação e indicar quais possíveis consequências práticas podemos esperar para a Igreja do Brasil.

Acreditamos que a análise da complexidade do tema e a gama de variáveis podem sempre ser refletidas em um escopo mais amplo. Nesse sentido, mantemos a reflexão teológica a partir dos elementos-chave de maior incidência nas respostas às três questões e desejamos, agora, jogar luzes sobre o entendimento das realidades relativas à formação, incluindo as chaves de "impacto" e de "perspectivas possíveis" para a Igreja do Brasil.

1 Mudanças na vida dos presbíteros nos pós-concílio

A partir dos dados apresentados, nossa análise teológica tem um escopo mais amplo. Não responda diretamente aos dados apresentados, mas emite luzes sobre os que advêm das questões 5 (*processo formativo, autoritarismos e funcionalismo*), 6 (*chamado de Deus, vivência da fé* e *testemunho de terceiros*) e 7 (*celibato, vida de sacrifícios* e *contratestemunho de padres*). Teremos presente o tempo histórico da realização da pesquisa: eventualmente, se ela tivesse sido feita há cem anos, os temas nela surgidos poderiam ser outros. Contudo, entendemos que os que se apresentaram são inerentes à formação sacerdotal em qualquer tempo.

Os "padres novos": conciliares ou pré-conciliares?

Não foram poucas as transformações demandadas e suscitadas pelo Concílio Vaticano II. Entretanto, ainda hoje nos permitimos levantar a questão sobre a efetividade da realização dessas demandas ao longo de mais de 50 anos. A perenidade de temas de fundo como os detectados reforça nossa questão.

No momento conciliar, o desafio maior era fazer transitar uma geração formada num estilo pré-concilar para os desafios pós-conciliares lançados à Igreja. Todavia, analisando os temas que se desvelam na pesquisa e considerando a realidade atual e os dados destacados anteriormente, assim como a perenidade desses temas, poderíamos propor duas perguntas imediatas. A primeira: estaríamos agora em um movimento de transformação às avessas, com "padres novos" tendo posturas próximas ao estilo pré-conciliar? E a segunda: onde o processo de formação não evoluiu, a ponto de não superar as questões apresentadas que são recorrentes ao longo do tempo? A nosso ver, essas duas proposições são significativas para pensarmos os impactos e as possíveis perspectivas para a configuração da atual Igreja do Brasil.

Em termos de tempo histórico, analisando o caminho da Igreja na América Latina, podemos pensar que os dois eventos marcantes de solidificação do Concílio no continente, Medellín (1968) e Puebla (1979), estão ainda muito próximos de nós. Os temas advindos da pesquisa, que nos remetem a uma perspectiva pós-conciliar, nos levam a questionar a expressão "transformação ou avanço".

De fato, ao longo dos anos pós-conciliares, desvelaram-se a tensão e a dificuldade existentes na Igreja geral – e principalmente no episcopado latino-americano –, relativas à "linha eclesiológica" a ser assumida no continente. Certamente, os documentos finais de Medellín e Puebla demonstram "avanços" relativos à "nova" linha eclesiológica que se propunha para o continente, a partir da contextualização da Igreja e da teologia latino-americanas; contudo, não se pode desmerecer o alto custo suportado por alguns bispos que se colocaram em linha profética nesse momento.

No tocante à formação presbiteral, a tensionalidade para definir como seria e qual papel exerceria o presbítero pós-conciliar nasce da indefinição primeira de como ser um bispo pós-conciliar. Em definitivo, a nova compreensão do exercício de autoridade não se encontrava na ordem do dia daqueles que mesclavam o conceito de autoridade com autoritarismo e não queriam deixar seu *status quo*, fosse por comodismo, fosse por limitação de aceitação das mudanças estabelecidas no mundo como um todo, que deveriam necessariamente concernir à Igreja. Aliados a isso, os padrões "normais" dos bispos, advindos do padrão de Trento, sustentaram muitas mentalidades eclesiásticas daquele momento e, eventualmente, ainda hoje são utilizados.

Nesse contexto, de caráter tridentino, a relação se dava entre bispos e Santa Sé, buscando o cumprimento estrito do Direito Canônico (COMBLIN, 1984, p. 25). Seu papel era reformar a Igreja, e não a sociedade. Um bispo desse modelo não deve se deixar condicionar pela situação específica ou concreta de seu povo: é Roma quem deve pensar. Essa perspectiva se chocava frontalmente com a expectativa pós-conciliar assumida por bispos como Paulo Evaristo, Helder Camara, Antônio Fragoso, José Maria Pires, entre outros, que desejavam uma autonomia eclesial pensada a partir da realidade latino-americana. Ora, a soma dos dois perfis, social e eclesiástico, revela o contexto herdado de constituição e compreensão do que era ser um bispo e qual era sua função durante os anos pré-conciliares (SOUZA, 2018).

Outro elemento determinante no contexto brasileiro foi a formação eclesiástica. Situemos que, até o período conciliar, o ensino de teologia e filosofia no Brasil não era marcado pelo exercício da produção de pensamento. Esse movimento e a instauração de universidades no Brasil vieram tardiamente com a primeira instituição de Ensino Superior, que foi a Escola de Cirurgia da Bahia, criada em 1808 (PRADO, 2011). Os futuros padres, até a metade do século XX, ou eram formados em seminários locais, ou enviados à Europa para receberem ali uma teologia quase que antagônica à realidade latino-americana. A consolidação, nos anos de 1950/1960, das "teologias de periferia" – principalmente da Teologia da Libertação na América Latina – permitiu um lento processo de transformação na formação, que em definitivo não atingiu a grande massa, mas proporcionou a formação de um núcleo que percebia a realidade desde outra perspectiva. Suportado pela primeira fase dos trabalhos do Celam, ao menos até a aprovação de Puebla, quando já se instaurara uma movimentação clara de fechamento configurada na pessoa do Cardeal Alfonso López Trujillo, esse núcleo apoiou os padres formados nas décadas de 1970/1980 (SOUZA, 2019).

Igualmente importante é considerar que os textos conciliares, por si sós, não suportavam claramente as expectativas de abertura necessárias à Igreja naquele momento. É significativo lembrar que, contrariamente a elas, Paulo VI entra nas disputas das maiorias e minorias do Concílio e realiza, em novembro de 1964, várias intervenções intempestivas sobre os temas do ecumenismo, da mariologia e da liberdade religiosa na chamada "semana negra de novembro de 64" (FOUILLOUX, 2011, p. 526). Tímidos, os textos conciliares exigiam o realizado por Medellín; isto é, uma releitura à luz dos diferentes continentes, regiões e culturas em que a Igreja estava. O profetismo expressado pelos bispos do Pacto das Catacumbas (SAUVAGE; SAAVEDRA, 2019), anunciado ao final do Concílio, precisava ser expresso na concretude da realidade, e a última aula conciliar precisava ser início e não fim de um processo de transformação.

Com esses elementos, aliados a uma mudança de época, política, social, econômica e moral, o processo termina por expressar muito mais uma crise do que um avanço, crise essa marcada pela chamada perda das "vocações sacerdotais e religiosas" que se efetivou nas décadas de 1960-1970, sobre a qual foram realizadas muitas análises e que Puebla denominará "crise de identidade" (PB, 676) na perspectiva teológica (PB 690-696; 711-714) (COMBLIN, 1981, p. 320)[10].

O "novo" padre pós-conciliar

Mesmo sem saber muito que esperar de um padre pós-conciliar, tomou-se por parâmetro eliminar os elementos que não mais contribuíam para a aproximação da Igreja com as novas demandas concretas do mundo. Pedia-se simplesmente que os presbíteros pós-conciliares fossem "eles

---

10. COMBLIN, J. Algumas reflexões sobre a formação sacerdotal hoje. *REB*, v. 41, fasc. 162, p. 320, jun./1981. Afirma Comblin: "A crise foi séria, sem dúvida. Foi quantitativa e qualitativa: quantitativamente porque no Brasil se secularizaram mais ou menos 4.000 sacerdotes (de um total de 12.000). [...] quanto aos seminários maiores, a imensa maioria desistiu antes de chegar à ordenação. [...] A crise foi também qualitativa: por entre os sacerdotes e seminaristas que se retiraram, estavam quase todos os que tinham a melhor preparação intelectual ou que tinham estudado na Europa e nos melhores institutos".

mesmos, na Igreja do mundo aqui e agora!" (CARVALHEIRA, 1966, p. 530).

Os elementos da realidade que tocam o coração de homens e mulheres de nosso tempo, bem como a docilidade do Espírito que permite perceber os novos sinais dos tempos destacados na Constituição *Gaudium et Spes*, denominados "mudanças profundas e rápidas" (*GS* 4), não foram suficientes para suportar a etapa de transição de dois momentos distintos da Igreja. Contudo, o contexto indicava que aqueles que desejassem acompanhar as mudanças deveriam abrir-se a elas e fazer forte contraponto ao modelo eclesiológico anterior. Realmente, nem todos conseguiram acompanhar a transformação; além disso, essa tensionalidade permanece clara até os dias atuais.

Era necessário superar o juridicismo da Igreja "sociedade perfeita", o triunfalismo, os privilégios, a moralidade da Cristandade, e passar à realidade, ao mundo concreto. A postura apologética do clero deveria dar lugar às transformações propostas por João XXIII, tão claras desde seu discurso de abertura do Concílio em 1962 (JOÃO XXIII, 1962).

No entanto, o despreparo para a mudança foi a grande marca, uma das causas do "grande desajustamento e da consequente crise do clero" (CARVALHEIRA, 1966, p. 531), o que felizmente não tomou a sua totalidade. Os mais jovens que viveram o Concílio, capitaneados pelos bispos das Catacumbas, perceberam seu intuito mais original e aderiram às mudanças, às vezes de forma tão entusiasmada que extrapolavam os limites impostos pela própria Igreja[11].

Em última instância, a contribuição do Concílio foi a séria intenção de restabelecer a aproximação da Igreja com os novos sinais do tempo presente, mas sem estabelecer ruptura com a rica tradição que a constituiu até aquele momento.

O documento conciliar *Presbyterorum Ordinis* (*PO* 1) afirma: "Os presbíteros são promovidos ao serviço do Cristo Mestre, Sacerdote e Rei. Participam do seu ministério que, dia a dia, constrói aqui na terra a Igreja para que Ela seja Povo de Deus, Corpo de Cristo e Templo do Espírito Santo". Dado que o documento mantém sua validade, poderíamos nos perguntar se,

---

11. Tivemos muitos exemplos nesse sentido. Na terceira divisão da Arquidiocese de São Paulo, a última paróquia da Região Episcopal Belém (divisa com Santo André), naquele momento confiada à congregação religiosa dos espiritanos, perdeu todas as imagens dos santos que ali estavam. A ida para outro extremo, elemento comum em tempos de mudanças, formou um contraste entre os padres "tradicionais" e os "modernos", que foram rapidamente associados à Teologia da Libertação.

ao longo dos anos e ainda hoje, há essa disposição por parte dos presbíteros e se eles são formados para essa dinâmica.

2 Elementos essenciais na formação *presbiteral* e as contradições do tempo presente

Nesse sentido, podemos elencar algumas características que seriam esperadas de um presbítero pós-conciliar que aderiu à exortação de mudanças na Igreja[12], o que, a nosso ver, deveria ser considerado de forma perene, dada sua importância para o exercício do magistério em qualquer tempo.

Primeiramente, temos *a práxis sobre a teoria*. Ser visto em vestes específicas não era mais suficiente para aquele momento, para uma sociedade que efetivava o direito, descoberto no Iluminismo, de pensar por si mesma. O ser humano moderno estava em mudança e o clero deveria demonstrar uma nova práxis que o acompanhasse. No tocante ao religioso, haveria que considerar a liberdade de escolha das pessoas, que levou ao grande crescimento das novas denominações cristãs e não cristãs nas periferias. Perdeu-se a "supremacia" da Igreja Católica, que havia de se importar primeiro com a realidade concreta de homens e mulheres, e depois com a religiosidade das pessoas.

Estando próximo e compreendendo as realidades por vezes tão duras, o presbítero pós-conciliar assume a função de apóstolo missionário e profeta de seu tempo. Não há mais como olhar para a realidade e calar-se sobre ela. Deverá "não expor apenas, de modo geral e abstrato, a Palavra de Deus, mas [...] aplicar a verdade perene do Evangelho às circunstâncias da vida" (*PO* 4). Em decorrência, é imperativo abrir mão dos privilégios advindos de uma "aura de sacralidade e misticismo" (CARVALHEIRA, 1966, p. 538). Afirmará brilhantemente o autor: "O padre do Concílio Vaticano II há de ser, portanto, o profeta no meio do povo. Verá aquilo que os outros não veem e dirá não somente as palavras que consolam, mas também as que incomodam por se dirigirem contra as desordens estabelecidas de toda sorte" (CARVALHEIRA, 1966, p. 538).

Colocando-se nessa posição, o presbítero conciliar torna-se pastor e homem de diálogo universal, postura tão marcante na pessoa de João XXIII. Talvez essa seja uma das maiores dificuldades naquela e em nossa época. No silêncio do autoritarismo e da manutenção do *status quo*, seguramente é mais fácil exercer e realizar a missão. Estabelecer diálogo com o mundo, com

---

12. Aqui, sem nos restringirmos a elas, seguiremos as intuições básicas, notadamente de Marcelo Carvalheira, em seu artigo anteriormente citado.

os diferentes atores sociais, exige desestabilizar-se e engajar-se em outra dinâmica pastoral, o que pressupõe não mais estar sobreposto, mas realizar uma Igreja que é *in acto*, que dialoga entre iguais. Ressalta Carvalheira: "O clima novo que se respira na Igreja de nossos dias deve condicionar a postura pastoral dos seus ministros" (CARVALHEIRA, 1966, p. 541)[13]. Não por acaso, o decreto sobre a formação presbiteral não deixa dúvida quando admoesta: "Que os alunos do Seminário conheçam de maneira exata a índole da época presente e se preparem convenientemente para o diálogo com os homens de seu tempo" (*OT* 15).

De fato, passados mais de 50 anos da publicação dos documentos conciliares, permanecem a tensão e as dúvidas quanto à formação e eleição eclesiológica do clero no contexto das demandas conciliares.

Parece-nos, entretanto, que nos tempos atuais esses presbíteros voltam revestidos de elementos pré-conciliares.

3 Considerações sobre a formação presbiteral no contexto atual

Com propósito, por ocasião do centenário da Faculdade de Teologia da Pontifícia Universidade Católica Argentina, em 2015, o Papa Francisco ainda escreve o que desejava para os processos de formação de "bons pastores":

> Por conseguinte, a teologia que elaborais seja radicada e fundada na Revelação, na Tradição, mas acompanhe também os processos culturais e sociais, em particular as transições difíceis. Neste tempo, a teologia deve enfrentar também os conflitos: não só os que experimentamos na Igreja, mas também os relativos ao mundo inteiro e que são vividos pelas ruas da América Latina. Não vos contenteis com uma teologia de escritório. O vosso lugar de reflexão sejam as fronteiras. E não cedais à tentação de as ornamentar, perfumar, consertar nem domesticar. Até os bons teólogos, assim como os bons pastores, têm o odor do povo e da rua e, com a sua reflexão, derramam azeite e vinho sobre as feridas dos homens (FRANCISCO, 2015).

Contudo, não há como considerar a consolidação das mudanças em qualquer tempo, sejam elas para avançar ou retroceder sem o processo de formação. Em escopo mais amplo, claro, está que a formação de um presbítero não passa apenas pela formação teológica e filosófica. E essa é uma primeira mensagem para a qual as respostas dadas pelos entrevistados nos

---

13. Citando PAULO VI. Decreto *Optatam Totius*, 28/10/1965 [Disponível em https://www.vatican.va/archive/hist_councils/ii_vatican_council/documents/vat-ii_decree_19651028_optatam-totius_po.html].

chamam a atenção, se considerarmos especialmente a pergunta 5 (*Como anda o processo de formação dos futuros presbíteros hoje?*), na qual somente 20,4% dos entrevistados, em valores globais, destacam a formação em filosofia e teologia, ao passo que os 79,6% restantes se diluem em nove outras questões. Além disso, o processo de formação ganha maior importância ainda se pensarmos que nele podem ser potencializados os fatores de "motivação" ou "desmotivação" refletidos nas questões 6 e 7 (*O que motiva e o que desmotiva um jovem a ser padre hoje?*), que traduzem em grande parte a realidade dos "padres novos" hoje.

Seguramente, a intelectualidade tem sua importância; no entanto, desde o nosso ponto de vista, ela somente cumpre seu papel se necessariamente associada ao desenvolvimento humano, emocional, psíquico, social e de referência que ajude a constituir uma identidade própria e capaz de assumir os desafios do exercício do sacerdócio.

A pergunta decorrente que se faz é se a qualidade da formação, em todos os âmbitos, é suficientemente capaz de produzir um resultado eficaz. O conhecimento da teologia e da filosofia não pode arcar sozinho com essa responsabilidade. Aliás, em tempos atuais de volta da clericalização no sentido mais negativo possível, o que se vê nas universidades é uma parte de alunos refratários e desinteressados pelo exercício de ambos os cursos.

Poderíamos, então, voltar à pergunta central: em que consiste, em última instância, a formação presbiteral? As respostas seriam muitas. Para o teólogo José Comblin:

> [...] a formação consiste nisso, que o seminarista vai se identificando, consciente e pessoalmente, com sua vocação, com a missão que lhe veio de Jesus Cristo; que o seminarista vai se identificando com um modelo de sacerdote não ideal, abstrato, teórico, mas concretamente existente na Igreja de hoje. [...] Por conseguinte, o verdadeiro formador ou educador é o próprio seminarista, o que não quer dizer, muito pelo contrário, que ele é quem deve fazer o programa de formação (COMBLIN, 1981, p. 323).

Nessa afirmação, gostaríamos de destacar a última parte da reflexão: "vai se identificando com um modelo de sacerdote não ideal". De fato, não existem modelos ideais, principalmente em se tratando de formação humana. E isso se dá não somente porque as ciências implicadas se transformam, mas, sobretudo, porque a história se transforma e o humano que guarda sua unicidade se transforma com ela. Afinal, se não afirmamos um modelo ideal de formação, talvez possamos dizer que o ideal da formação deveria centrar-se em fornecer elementos que suportassem a formação da identidade livre de adultos capazes de exercer o seguimento de Jesus, dialogando com as questões do tempo presente. Criar modelos de formação anacrônicos é concorrer para a "de-formação" de pessoas que serão incapazes de enfrentar a história.

O estudo realizado sobre a vida consagrada, a partir do instrumental de Comblin (SOUZA, 2017, p. 33), pode nos trazer alguns elementos sobre a formação da identidade, transportando-os ao presbiterato.

Um primeiro aspecto que o autor destaca é a sacralização da vida religiosa/sacerdotal, no sentido de que homens e mulheres passaram a ser considerados "semideuses/as" ou, no mínimo, aqueles que estão mais próximos de Deus. Ora, alguns foram considerados verdadeiros objetos religiosos e na Cristandade foram tratados efetivamente como objetos: pede-se a eles orações, bênçãos; pensa-se que sua palavra pode ser milagrosa, especialmente em contextos a que o clero secular não chega. Nesse sentido, a hierarquia secular se aproveitou desse fato e os religiosos igualmente souberam tirar proveito, comportando-se como tais (SOUZA, 2017, p. 34).

Em segundo lugar, não se deve confundir o que é vida religiosa com estrutura religiosa; os presbíteros igualmente não devem mesclar o que é exercício do presbiterato com a função estrutural que é atribuída a esse presbiterato. Para todo cristão, a única realidade, o único valor, é o amor. Nesse sentido, questiona-se Comblin: "A consagração da vida e os sinais não teriam substituído o amor essencial do cristianismo?" (SOUZA, 2017, p. 35). A consagração, tal como é posta atualmente para religiosos e presbíteros (dando-lhes privilégios de segurança total, autoridade, o *marketing* religioso, a disfunção de sua atuação, e o afastamento da caridade e por vezes da inserção no mundo dos pobres), não seria um sinal contraevangélico? É necessário sempre passar do nível do compromisso formalmente assumido ao nível da vivência da caridade e jamais permitir que o contrário aconteça.

Finalmente, o desafio para presbíteros hoje é quase "ontologicamente cristão": como ser cristão (viver a caridade) e ser presbítero ou religioso? Como equilibrar a estrutura formal e a inserção experiente da caridade? Parece-nos que o resultado da pesquisa sobre os "padres novos" aponta em alguns momentos para a constatação dos descompassos advindos da formação da identidade presbiteral, que exige uma ruptura com o modo anterior de vida e a configuração com novas exigências materiais e emocionais, que deveriam ser primeiramente suportadas pelo desejo consciente de engajamento a serviço do Reino de Deus.

4 Das questões do presente à construção de uma eclesiologia para o futuro

Contrariamente ao que se espera para o século XXI – isto é, maior abertura e modernização dos processos, considerando notadamente o avanço das ciências que compreendem com maior amplidão os processos humanos – os elementos por vezes contraditórios da pesquisa e a realidade atual parecem desvelar a insistência no que denominamos "não avanço". Analisando os dados gerais, podemos inferir que os padres formados nas décadas de 1970/1980 por vezes parecem ter se desanimado de alguma forma dos ideais de sua geração ou época de formação, ao passo que os "padres novos" ou excluem de seu horizonte antigas perspectivas ou as compreendem a partir de novas categorias e ressignificações conceituais.

O fato é que, nos últimos anos, sobretudo para fazer frente ao papado de Francisco, os grupos de identidade mais estrita/conservadora vêm se apresentando de forma mais clara no cenário eclesial, acadêmico e social. Parece-nos que a abertura dada a esses grupos, notadamente pelo Papa João Paulo II, levará alguns anos para ser redimensionada. Esses grupos instauraram-se na Igreja do Brasil, juntamente com os não menos representativos "novos movimentos religiosos" ou "novas comunidades de vida consagrada", nascidas em muitos casos da Renovação Carismática Católica. Nesse sentido, alguns que se encontram nessa dinâmica tendem a reforçar a dimensão de uma eclesiologia pautada pelo autoritarismo, tal como no período pré-conciliar anteriormente citado.

O efeito Francisco, ao recuperar em sua condução da Igreja a agenda do Concílio Vaticano II, trazendo o "novo" para nosso tempo, talvez tenha ajudado a impulsionar a manutenção desses movimentos (CAES; OLIVEIRA, 2012). Voltamos à tensionalidade pré e pós-conciliar dos anos de 1960, com o agravante de que naquele momento ela era legítima em relação aos fatos históricos, ao passo que hoje nos parece um anacronismo que insiste na dicotomia com a realidade e na construção de uma Igreja desintegrada do mundo atual. São notáveis as demandas de ação propostas pelo Papa Francisco – seja em nível mundial, seja em nível pessoal ou espiritual – e a disposição de padres novos e jovens em apartar-se delas.

Podemos encontrar diversas chaves de interpretação para esse movimento. No entanto, desde nossa perspectiva, uma das mais importantes é o processo de formação presbiteral. Tal como está estruturado hoje na maioria dos seminários diocesanos, ele leva ao formando a vivência de realidade paralela onde somente lhe é permitido encontrar-se com a realidade concreta aos fins de semana, quando há o trabalho pastoral. A conjugação das formações humana, espiritual, intelectual e pastoral, tal como recomendada pela Pontifícia Comissão para a América Latina, eventualmente não se efetiva como desejada.

São constatações que nos vêm da percepção da realidade e de pesquisas atuais. Em termos de formação humana, as questões existenciais ou as doenças da Modernidade instauraram-se no meio do clero, especialmente entre os mais jovens. Temas como suicídio, *burnout*, depressão e descompassos afetivos são recorrentes nos estudos. Fátima Moraes (2008) trata da questão em três chaves: estresse, *burnout* e *coping*. Este último termo, menos conhecido, quer dizer "enfrentamento" – isto é, a capacidade de encarar os diferentes níveis de limitação emocional –, que em geral se inicia pela manifestação do estresse, podendo eventualmente evoluir para *burnout*, que é a radical diminuição da elasticidade do limite humano, e, em casos extremos, para o suicídio.

A mesma situação se apresenta para os temas da formação intelectual e pastoral. No caso da primeira, chama a atenção a quase ausência do pensamento crítico no meio acadêmico teológico, o que foi observado em minha experiência de docente e colocado por muitos colegas. Em sua maioria, os alunos desejam reproduzir discursos, geralmente desconectados, tanto da interdisciplinaridade, essencial à formação do teólogo, quanto do contexto em que se encontram. Atropelados em vários sentidos pelas redes digitais, alguns escolhem cursar teologia paralela com padres destacados dos movimentos conservadores[14]. São refratários em sala de aula e cumprem o que lhes permitirá garantir os diplomas de teologia e filosofia exigidos para a ordenação (ZILLES, 2017). Quanto à segunda, a pastoral, podemos analisá-la em dois sentidos: o que trata da desconexão entre realidade e prática e do desinteresse por esses elementos, que deverão ser assumidos ao final da formação (BENELLI, 2008); e o que trata da linha teológica com que essa formação é exercida, muitas vezes sem identificação com a realidade local[15] (BRIGHENTI, 2021).

---

14. Na maioria das citações em sala de aula feita pelos alunos, surge o nome do Padre Paulo Ricardo. Um bom estudo encontra-se em: PY, F. Padre Paulo Ricardo: trajetória política digital recente do agente ultracatólico do cristofascismo brasileiro. *Revista Tempo e Argumento*, v. 13, n. 34, p. 2-28, dez./2021.

15. BRIGHENTI, A. O distanciamento do modelo pastoral do Vaticano II e da tradição libertadora. *Pistis & Praxis*, Curitiba, v. 13, n. 3, p. 1.130-1.153, 2021.

Conclusão

Nossa reflexão não pretendeu afirmar que somente a formação resolverá as opções eclesiológicas, litúrgicas e éticas dos padres, sejam eles "padres novos" ou aqueles que de alguma forma habitam o mundo religioso. Tampouco e cada vez menos o conhecimento de teologia e filosofia, rejeitado por muitos formandos, cumpriria esse papel.

Antes, quisemos levantar o debate a partir das questões concretas e sintomáticas que muitas pessoas do mundo religioso vêm apresentando, tais como alguns dados apresentados na pesquisa sobre os padres novos e para além deles. São essas situações que reafirmam nossa crença na urgência de enfrentarmos e ampliarmos com seriedade a reflexão não somente sobre uma remodelação – uma vez que, como vimos anteriormente, não haverá um modelo definitivo para esse processo –, mas também sobre uma ressignificação dos processos de formação. Dessa forma, espera-se que estes venham a ser integradores das dimensões humanas em sentido mais amplo ao longo de uma formação que gere uma compreensão real da opção de vida que se assume com maturidade. Seguramente, essa escolha de vida sempre implicará desafios e contemplará permanentemente um aprendizado; entretanto, cremos ser somente a partir de uma nova estrutura para enfrentá-los que poderemos ter expectativa de transformação mais efetiva no rosto da Igreja e no exercício do catolicismo no Brasil.

Referências

BENELLI, S.J. Estudo psicossocial de um seminário teológico: a formação do clero católico em análise. *Revista Estudos de Psicologia*, v. 13, n. 3, p. 203-211, 2008.

BENELLI, S.J. A formação do clero católico em análise. *Fragmentos de Cultura*, Goiânia, v. 18, n. 11/12, p. 1.001-1.024, 2008.

BRIGHENTI, A. O distanciamento do modelo pastoral do Vaticano II e da tradição libertadora. *Pistis & Praxis*, v .13, n. 3, p. 1.130-1.153, 2021.

CAES, A.L.; OLIVEIRA, R.M. Os novos movimentos católicos religiosos e a reação à Pós-modernidade. *Revista Brasileira de História & Ciências Sociais*, v. 4, n. 8, p. 95-116, 2012.

CARVALHEIRA, M. O tipo do padre que a Igreja espera após o Concílio Vaticano II. *REB*, v. 26, n. 3, p. 529-551, 1966.

COMBLIN, J. Algumas reflexões sobre a formação sacerdotal hoje. *REB*, v. 41, n. 162, p. 321-346, 1981.

COMBLIN, J. Dom Helder e o novo modelo episcopal do Vaticano II. In: BERNARDA, M. (org.). *D. Helder Camara, pastor e profeta*. São Paulo: Paulinas, 1984.

FOUILLOUX, E. Essai sur le devenir du catholicisme en France et en Europe occidentale de Pie XII à Benoît XVI. *Revue Théologique de Louvain*, v. 42, p. 526-557, 2011.

FRANCISCO. *Carta do Papa Francisco por ocasião do Centenário da Faculdade de Teologia da Pontifícia Universidade Católica Argentina* [Disponível em https://w2.vatican.va/content/francesco/pt/letters/2015/documents/Papafrancesco_20150303_lettera-universita-cattolica-argentina.html – Acesso em 21/02/2021].

JOÃO XXIII. *Discurso de Sua Santidade Papa João XXIII na abertura solene do SS. Concílio*. Roma, 11/10/1962 [Disponível em https://www.vatican.va/content/john-xxiii/pt/speeches/1962/documents/hf_j-xxiii_spe_19621011_opening-council.html – Acesso em 21/02/2021].

MORAES, M.F. *Stress, burnout e coping em padres responsáveis pela formação de seminaristas católicos*. Tese de doutorado. São Paulo: PUC, 2008.

NASCIMENTO, A. PAULA, A. ROAZZI, A. Autoconsciência, religiosidade e depressão na formação presbiteral em seminaristas católicos: um estudo ex-post-facto. *Gerais – Revista Interinstitucional de Psicologia*, v. 10, n. 1, p. 35-48, 2017.

PONTÍFICIA COMISSÃO PARA A AMÉRICA LATINA. *Recomendações pastorais da Assembleia Plenária da Pontifícia Comissão para América Latina – A formação sacerdotal dos seminários* [Disponível em https://www.vatican.va/roman_curia/congregations/cbishops/pcal/documents/rc_cbishops_pcal_20090220_pastorale_po.html – Acesso em 06/01/2022].

PRADO, M.L.C. Onde e quando surgiu a primeira universidade? *Revista Superinteressante*, 2011 [Disponível em https://super.abril.com.br/mundo-estranho/onde-e-quando-surgiu-a-primeira-universidade-2/2011 – Acesso em 21/02/2021].

PY, F. Padre Paulo Ricardo: trajetória política digital recente do agente ultracatólico do cristofascismo brasileiro. *Revista Tempo e Argumento*, v. 13, n. 34, p. 2-28, 2021.

SAUVAGE, P.; SAAVEDRA, L. *Le pacte des catacombes*: une Église pauvre pour les pauvres. Bruxelas: Lessius, 2019.

SOUZA, A. O olhar de Comblin sobre a vida religiosa consagrada. *Convergência*, v. 502, p. 32-36, 2017.

SOUZA, A. Do Recife a Medellín: aspectos históricos e pastorais. *REVER – Revista de Estudos da Religião da PUC-SP*, São Paulo, v. 18, p. 35-45, 2018.

SOUZA, A. Puebla 40 años. Resistencia y colegialidad sinodal en América Latina. In: LUCIANI, R.; SILVEIRA, M. P. *La sinodalidad en la vida de la Iglesia*: reflexiones para contribuir a la reforma eclesial. Madri, 2020, p. 277-292.

SOUZA, A. Os "padres novos" no Brasil – Aspectos históricos e formação identitária. *Revista Pistis & Praxis*, Curitiba, v. 13, n. 3, p. 1.207-1.224, 2021.

ZILLES, U. A formação intelectual dos futuros presbíteros. *Revista Teocomunicação*, v. 37, n. 155, p. 5-18, 2017.

3
PRESBITÉRIO, VESTE CLERICAL E PERFIL DOS "PADRES NOVOS"

O terceiro bloco de perguntas do questionário aplicado na pesquisa de campo termina com três questões relativas a como está a vida e a relação do presbitério entre seus membros e com o bispo, assim como veem os presbíteros em geral e qual o modo mais adequado de um presbítero vestir-se hoje.

Questão 8 Como está a vida e a relação do presbitério de sua diocese, entre seus membros e com o bispo?

1ª citação	Total	Perspectiva institucional/carismática					Perspectiva evangelização/libertação				
		Padres	Leigos	Jovens	Semina-ristas	Reli-giosas	Padres	Leigos	Jovens	Semina-ristas	Reli-giosas
Base:	743	61	83	45	70	45	96	127	44	52	81
O bispo é próximo, amigo dos padres e do povo, pastor	29,8%	34,8%	37,4%	24,0%	47,4%	33,3%	26,0%	17,6%	32,6%	30,4%	29,2%
Há ciúmes e competições; padres isolados que não participam de atos comuns	20,9%	15,2%	20,1%	11,9%	21,8%	9,1%	32,3%	29,1%	3,8%	21,7%	20,8%
Há relações fraternas, com presença maciça em todos os compromissos	16,8%	15,2%	23,1%	24,0%	10,3%	12,1%	17,7%	15,2%	16,2%	23,9%	16,7%
O bispo é distante, administrador, formal	6,5%	3,0%	5,2%	2,0%	5,1%	3,0%	5,2%	5,5%	23,2%	4,3%	6,9%
Os padres religiosos estão bem integrados com os outros presbíteros e na pastoral diocesana	5,5%	7,6%	2,5%	10,0%	1,3%	3,0%	6,3%	3,5%	10,7%	4,3%	8,3%
Sempre que há transferência de padres cria-se um mal-estar	4,1%	10,6%	6,5%	0,0%	1,3%	9,1%	4,2%	1,4%	2,1%	2,2%	5,6%
Os padres religiosos estão pouco integrados com os outros presbíteros e na pastoral diocesana	4,0%	9,1%	0,0%	22,0%	1,3%	6,1%	2,1%	3,5%	0,0%	0,0%	2,8%
Há associação dos presbíteros da diocese, mas com pouca adesão e participação	2,1%	0,0%	1,5%	0,0%	2,6%	15,2%	1,0%	0,0%	0,0%	10,9%	0,0%
Há associação de presbíteros da diocese, com boa adesão e participação	2,1%	3,0%	0,0%	0,0%	1,3%	3,0%	4,2%	0,7%	0,0%	2,2%	6,9%
Não há resistência para transferência de padres e para assumir serviços em âmbito diocesano	0,8%	0,0%	0,0%	0,0%	0,0%	3,0%	1,0%	1,4%	2,1%	0,0%	0,0%
Outro	0,4%	1,5%	0,0%	0,0%	0,0%	3,0%	0,0%	0,0%	0,0%	0,0%	0,0%
Não responderam	7,0%	0,0%	3,6%	6,0%	7,7%	0,0%	0,0%	22,1%	9,3%	0,0%	2,8%
Total	100,0%	100,0%	100,0%	100,0%	100,0%	100,0%	100,0%	100,0%	100,0%	100,0%	100,0%

Com relação a como está a vida e a relação do presbitério, entre eles mesmos e com o bispo, há convergência quase unânime em indicar, em primeira opção, que *o bispo é próximo, amigo dos padres e do povo, pastor* – "padres novos" (34,8%), leigos/as (37,4%), jovens (24,0%), seminaristas (47,4%) e religiosas (33,3%) da perspectiva "institucional/carismática"; e jovens (32,5%), seminaristas (30,4%) e religiosas (29,2%) da perspectiva "evangelização/libertação". Chama a atenção o alto índice dos seminaristas da perspectiva "institucional/carismática" neste particular, expressão do seguimento mais próximo dos bispos na formação do novo perfil de presbíteros nas últimas décadas, sobretudo depois da visita da Cúria Romana aos seminários já a partir do final da década de 1980. Esta proximidade dos bispos é reafirmada com a indicação, em segundo lugar, pelos padres (26,0%) e leigos/as (29,1%) da perspectiva "evangelização/libertação".

Na sequência, em primeira opção, a alternativa que *há ciúmes e competições, padres isolados, que não participam de atos comuns* é indicada pelos – padres (32,3%) e leigos/as (29,1%) da perspectiva "evangelização/libertação". Esta alternativa é reforçada pela nomeação, em segundo lugar, pelos padres (15,2%) e os seminaristas (21,8) da perspectiva "institucional/carismática", assim como as religiosas (20,8%) da perspectiva "evangelização/libertação".

Apenas os jovens da perspectiva "institucional/carismática" indicam em primeiro lugar que há *relações fraternas, com a presença de todos nos compromissos comuns* (24,0%). Essa alternativa é reforçada pela indicação, em segundo lugar, pelos padres (15,2%) e leigos (23,1%) da perspectiva "institucional/carismática" e pelos seminaristas (23,9%) da perspectiva "evangelização/libertação".

Chama a atenção que somente os jovens da perspectiva "evangelização/libertação" digam e, em segundo lugar, que *o bispo é distante, administrador, formal* (23,2%). Também que somente os jovens da perspectiva "institucional/carismática", igualmente em segundo lugar, nomeiem que *os padres religiosos estão pouco integrados no presbitério e na pastoral diocesana* (22,0%). Alternativa esta, diga-se de passagem, que nos "padres novos" tem um índice muito maior do que nos "padres das décadas de 1970/1980" (9,1% e 2,1%, respectivamente).

Questão 9 Como se vê os presbíteros em geral?

1ª citação	Total	Perspectiva institucional/carismática					Perspectiva evangelização/libertação				
		Padres	Leigos	Jovens	Semina-ristas	Reli-giosas	Padres	Leigos	Jovens	Semina-ristas	Reli-giosas
Base:	743	61	83	45	70	45	96	127	44	52	81
São pessoas abnegadas, trabalhadoras, boas para com o povo	21,9%	28,4%	13,8%	24,0%	20,5%	30,3%	43,8%	14,8%	14,7%	16,3%	15,1%
Nota-se alegria no servir e gosto pelo que fazem	18,8%	11,9%	28,8%	26,0%	41,0%	6,1%	10,4%	14,9%	22,6%	10,2%	15,1%
Há padres amargurados, frustrados, isolados, de poucas relações com o povo	11,6%	10,4%	11,8%	16,0%	5,1%	15,2%	10,4%	13,5%	10,3%	18,4%	8,2%
Não têm tempo para as pessoas, estão sempre apressados e atarefados	11,4%	22,4%	6,9%	6,0%	1,3%	21,2%	11,5%	7,9%	26,0%	4,1%	16,4%
Têm boas relações com o povo, presentes, visitam as famílias	9,7%	7,5%	4,9%	12,0%	11,5%	6,1%	12,5%	1,5%	1,7%	22,4%	26,0%
São pessoas de fé, piedosas, levam a sério o ministério	5,5%	4,5%	10,4%	6,0%	3,8%	3,0%	3,1%	7,1%	6,5%	8,2%	2,7%
Procuram se cultivar, estudar, aprimorar-se, renovar-se	4,9%	10,4%	2,0%	4,0%	2,6%	6,1%	4,2%	7,3%	0,0%	4,1%	5,5%
São acolhedores, pacientes, de bom trato	4,5%	0,0%	11,1%	2,0%	3,8%	3,0%	1,0%	5,6%	4,3%	10,2%	1,4%
Não se cultivam; poucos leem, estudam e buscam progredir	4,4%	4,5%	2,9%	2,0%	3,8%	3,0%	3,1%	10,8%	0,0%	2,0%	4,1%
São pouco acolhedores, impacientes, rudes no trato	2,7%	0,0%	1,4%	2,0%	0,0%	3,0%	0,0%	8,0%	1,7%	4,1%	4,1%
Outro	0,3%	0,0%	0,0%	0,0%	0,0%	3,0%	0,0%	0,0%	0,0%	0,0%	0,0%
Não responderam	4,3%	0,0%	6,0%	0,0%	6,4%	0,0%	0,0%	8,8%	12,1%	0,0%	1,4%
Total	100,0%	100,0%	100,0%	100,0%	100,0%	100,0%	100,0%	100,0%	100,0%	100,0%	100,0%

Quando questionados sobre como vê os presbíteros, em geral, as categorias de agentes eclesiais estão bastante dispersas nas respostas. A maior convergência está em indicar, em primeira opção, que *nota-se alegria no servir e gosto pelo que fazer* – leigos/as (28,85%), jovens (26,0%) e seminaristas (41,0%) da perspectiva "institucional/carismática"; e leigos/as (14,9%) da perspectiva "evangelização/libertação". Esta alternativa é reforçada pela nomeação, em segundo lugar, por jovens (22,6%) e religiosas (15,1%) dessa última perspectiva.

Na sequência, em primeira opção, a maior convergência está em apontar que os presbíteros *são pessoas abnegadas, trabalhadoras, boas com o povo.* Alternativa esta indicada pelos padres (28,4%) e religiosas (30,3%) da perspectiva "institucional/carismática"; e pelos padres (43,3%) da perspectiva "evangelização/libertação". Esta alternativa é reforçada pela indicação, em segundo lugar, por parte dos leigos/as (13,8%), jovens (24,0%) e seminaristas (20,5%) da perspectiva "institucional/carismática" e por leigos/as (14,8%) da perspectiva "evangelização/libertação".

Por sua vez, os jovens da perspectiva "evangelização/libertação" indicam em primeira opção que os presbíteros *não têm tempo para as pessoas, estão sempre apressados e atarefados* (26,0%), alternativa esta reforçada pela indicação, em segundo lugar, pelos padres (22,4%) e religiosas (21,2%) da perspectiva "institucional/carismática". Já os seminaristas (22,4%) e as religiosas (26,0%) da perspectiva "evangelização/libertação", nomeiam que os presbíteros *têm boas relações com o povo, são presentes e visitam as famílias*, alternativa esta reafirmada pela indicação, em segundo lugar, pelos padres desta perspectiva. Os seminaristas da perspectiva "evangelização/libertação" são os únicos em indicar, em segundo lugar, que *há padres amargurados, frustrados, isolados, de pouca relação com o povo* (18,4%). Também chama a atenção a disparidade nos índices relativos à alternativa – *procuram se cultivar, estudar, se aprimorar, se renovar* – os "padres novos" (10,4%) e os "padres das décadas de 1970/1980" (4,2%).

Questão 10 Para cumprir sua missão, qual é o modo mais adequado para um presbítero se vestir hoje?

	Total	Perspectiva institucional/carismática					Perspectiva evangelização/libertação				
		Padres	Leigos	Jovens	Semina-ristas	Reli-giosas	Padres	Leigos	Jovens	Semina-ristas	Reli-giosas
Base:	743	61	83	45	70	45	96	127	44	52	81
Com vestes de padre: batina	12,7%	9,1%	36,9%	27,5%	20,5%	9,4%	1,0%	1,4%	5,5%	10,6%	6,9%
Com veste clerical: *clergyman*	24,1%	39,4%	25,6%	37,3%	51,3%	18,8%	6,3%	19,1%	12,1%	34,0%	9,7%
Com trajes civis, com bom gosto e simplicidade	34,9%	30,3%	24,9%	23,5%	6,4%	40,6%	47,9%	42,7%	41,9%	34,0%	56,9%
Cada um escolha o que melhor lhe convier	25,7%	21,2%	6,5%	11,7%	15,4%	31,3%	38,5%	36,8%	40,5%	21,3%	25,0%
Outro: Cada traje para seu lugar	0,9%	0,0%	0,0%	0,0%	0,0%	0,0%	6,3%	0,0%	0,0%	0,0%	0,0%
Não responderam	1,8%	0,0%	6,0%	0,0%	6,4%	0,0%	0,0%	0,0%	0,0%	0,0%	1,4%
Total	100,0%	100,0%	100,0%	100,0%	100,0%	100,0%	100,0%	100,0%	100,0%	100,0%	100,0%

Perguntou-se às categorias de agentes eclesiais, qual seria o modo mais adequado para um presbítero se vestir, hoje, para cumprir sua missão. Fica evidente como o modo de vestir-se expressa também uma visão de Igreja e de mundo. Todas as categorias de agentes eclesiais da perspectiva "evangelização/libertação" nomeiam, em primeira opção – *com trajes civis, com bom gosto e simplicidade:* padres (47,9%), leigos/as (42,7%), jovens (41,9%), seminaristas (34,0%) e religiosas (56,0%). Esta alternativa é reforçada pelas religiosas (40,0%) da perspectiva "institucional/carismática", a única categoria dessa perspectiva a não indicar trajes clericais. Os "padres novos" também são os únicos a indicar esta alternativa em segundo lugar (30,3%).

Por sua vez, julgam que o modo mais adequado para um presbítero se vestir, hoje, para cumprir sua missão seja *com veste clerical: clergyman* – os "padres novos" (39,4%), jovens (37,3%) e seminaristas (51,3%) da perspectiva "institucional/carismática", assim como pelos seminaristas (34,4%) da perspectiva "evangelização/libertação". Esta alternativa é reforçada pela indicação, em segundo lugar, pelos leigos/as desta perspectiva (25,6%). Os leigos/as da "institucional/carismática" são os únicos a indicar, em primeira opção, que os presbíteros devam se apresentar *com vestes de padre: batina* (36,9%). Interessante constatar que reforçam a alternativa da batina os jovens (27,5%) e os seminaristas (20,5%) desta mesma perspectiva. A alternativa – *cada um escolha o que melhor lhe convier* – é nomeada em segundo lugar pelas religiosas da perspectiva "institucional/carismática" (31,3%) e pelos padres (38,5%), leigos (36,8%), jovens (40,5%), seminaristas (21,3%) e religiosas (25,0%) da perspectiva "evangelização/libertação".

Em resumo, em primeira opção, todas as categorias de agentes eclesiais da perspectiva "evangelização/libertação" indicam em primeira opção que o modo mais adequado para um presbítero se vestir, hoje, para cumprir sua missão é *com trajes civis, com bom gosto e simplicidade.* Já nas categorias de agentes da perspectiva "institucional/carismática", indicam *com veste clerical: clergyman* – padres, jovens e seminaristas; os leigos/as, a *batina*; e as religiosas que cada um escolha *o que melhor lhe convier.* Chama a atenção que os jovens e seminaristas da perspectiva "institucional/carismática" também indiquem, em segundo lugar, a batina. Na perspectiva "evangelização/ libertação", a batina tem índices mínimos, sendo que o mais alto é dos seminaristas, mas ainda em quarto lugar. Também cabe mencionar que os seminaristas de ambas as perspectivas indicam o *clergyman.*

Analisando os dados levantados

OS "PADRES NOVOS" FRENTE AOS PARADIGMAS ECLESIAIS

Manoel José de Godoy

Os dados das três questões aqui em análise constituem nas últimas do último bloco do questionário aplicado na pesquisa de campo, que focou nos "padres novos", mas que sondou a esse propósito padres das décadas de 1970/1980, leigos/as, jovens, religiosas e seminaristas. Como já foi feito o relatório dos dados figurados nas tabelas, evitaremos repeti-los ao longo de nossa narrativa. Mas, vale a pena se debruçar sobre eles, pois, são eles que dão sustentação aos nossos comentários. No instrumento aplicado no levantamento de dados, nas cinco regiões do país, as três últimas perguntas do terceiro bloco, relativo à vida e exercício do ministério dos presbíteros na Igreja e no mundo de hoje, dizem respeito a como está a vida e a relação do presbitério entre seus membros e com o bispo (questão 8), assim como veem os presbíteros em geral (questão 9) e qual o modo mais adequado de um presbítero vestir-se hoje (questão 10). Trata-se de questões que originaram dados que revelam características da vida e ministério dos "padres novos" no seio do catolicismo brasileiro, retratado no ponto de vista de padres, leigos/as, jovens, seminaristas e religiosas.

Começaremos a abordagem, retomando os dados mais sobressalentes, relativos a cada uma das três questões, chamando a atenção para determinados aspectos que vão ser a base de uma análise mais global, que faremos em seguida. O que vamos aqui apresentar, em grande parte recolhe o que se elaborou em forma de artigo para o Dossiê publicado pela revista *Pistis & Praxis*, v. 13, n. 3, p. 1.225-1.247, set.-dez./2021. Tendo presente o foco da pesquisa que é o perfil dos "padres novos" no Brasil, no seio do catolicismo e da sociedade atual, o resultado do levantamento dos dados das três questões em pauta me induziram a levantar uma hipótese de análise. Trata-se da influência do projeto de restauração eclesial, empreendido pelos dois pontificados anteriores ao atual, tanto na constituição do novo perfil do clero como na percepção que os agentes eclesiais têm dele, assim como na visão que o próprio tem de si mesmo. Sabe-se que a renovação do Concílio Vaticano II, assumida na forma de uma "recepção criativa" na América Latina em torno à Conferência de Medellín (1968), a partir de meados da década de 1980, entrou em um processo de "involução eclesial". O Sínodo dos Bispos de 1985, convocado para celebrar os vinte anos do Concílio, mostrava que o consenso em torno às suas intuições básicas e eixos fundamentais já não mais existia entre os bispos. Dentro e fora dele se começa a ouvir vozes que responsabilizavam o Vaticano II por determinadas crises na Igreja, vistas como fruto de uma valoração demasiadamente otimista ou mesmo ingênua da Modernidade e suas conquistas.

E foi assim que durante as três décadas que precederam o atual pontificado reformador de Francisco, de par com o distanciamento de segmentos da Igreja em relação à Modernidade, foram ganhando terreno posturas de grupos de corte tradicionalista, nostálgicos da segurança de um passado sem retorno. A pesquisa, de fato, comprova a configuração no catolicismo brasileiro de duas perspectivas sociopastorais: a perspectiva "evangelização/ libertação", composta pelos segmentos da Igreja alinhados à renovação do

Vaticano II e à tradição eclesial libertadora da Igreja na América Latina e Caribe; e a perspectiva "institucional/carismática", dos que tomam distância da anterior, apostando seja em tradicionalismos, seja em emocionalismos como nos meios neopentecostais.

1 Retomando os dados mais sobressalentes

Uma pesquisa com significativas variantes como essa, aqui objeto de nossa análise, oferece várias portas de entrada para nos acercarmos da realidade. É claro que o nosso foco são os "padres novos", mas nos atendo às respostas dos padres das décadas de 1970/1980; de seminaristas, rapazes e moças e religiosas temos uma visão muito mais ampla, que até transcende as duas perspectivas propostas pela pesquisa, a "institucional/carismática" e a "evangelização/libertação".

As três últimas questões aqui em análise se entrelaçam e se relacionam com todas as demais questões da pesquisa. Há uma lógica entre elas, ainda que algumas se restrinjam a aspectos bem pessoais e outras mais institucionais. Podemos desprender das tabelas colocadas aqui no início desta seção, algumas porcentagens que nos ajudam a dar um caráter científico, fugindo de visões superficiais.

Com a pergunta de número 8 sobre como está a vida e a relação do presbitério, entre eles mesmos e com o bispo, há convergência quase unânime, dentro da perspectiva "institucional/carismática", em indicar, em primeira opção, que *o bispo é próximo, amigo dos padres e do povo, pastor.* Chama a atenção, porém, o alto índice dos seminaristas da perspectiva "institucional/carismática" neste particular, expressão do seguimento mais próximo dos bispos na formação do novo perfil de presbíteros nas últimas décadas, sobretudo depois da visita da Cúria Romana aos seminários, já a partir do final da década de 1980. Esta proximidade dos bispos é reafirmada com a indicação, em segundo lugar, pelos padres e leigos/as perspectiva "evangelização/libertação". Importante ressaltar que tal proximidade não garante uma influência efetiva no modelo dos "padres novos". Há um fenômeno curioso que nos chama a atenção. De seminários bem fechados, cá e acolá, saem padres abertos e antenados com a realidade. O contrário também procede; ou seja, de seminários bem abertos podem sair padres fechados e saudosos de um passado que não viveram.

Os dados levantados por esta questão apontam, em primeira opção, que *há ciúmes e competições, padres isolados, que não participam de atos comuns.* Há alguns anos vimos assistindo a um fenômeno bastante preocupante de suicídio no meio do clero. No geral, isto acontece entre os padres mais novos. Um caso específico, um padre já idoso deixou uma carta levantando as razões do seu gesto extremo. Questões como solidão, mal relacionamento entre os padres da mesma comunidade paroquial, certa competição estão entre os motivos alegados. Em todo o caso, trata-se de uma questão que requer uma análise mais acurada, pois suicídio sempre envolve uma aura de mistério pessoal também. De acordo com os dados figurados nas tabelas acima, apenas os jovens da perspectiva "institucional/carismática" indicam em primeiro lugar que há *relações fraternas, com a presença de todos nos compromissos comuns*. Chama a atenção que somente os jovens da perspectiva "evangelização/libertação" digam e, em segundo lugar, que *o bispo é distante, administrador, formal*. Também que somente os jovens da perspectiva "institucional/carismática", igualmente em segundo lugar, nomeiem que *os padres religiosos estão pouco integrados no presbitério e na pastoral diocesana.*

O relacionamento entre padres pertencentes às Igrejas Locais e à vida consagrada também merece uma análise bem aprofundada. O documento do magistério, conhecido como *Mutuae Relationes*, que oferece critérios diretivos para as relações mútuas entre os bispos e os religiosos na Igreja data de 1978. De lá para cá muito se debateu, mas não se produziu um texto substitutivo. Há reclamações de ambos os lados e já se ouviu entre os bispos a seguinte expressão: "graças a Deus minha diocese não depende das congregações". O que denota que há problemas não enfrentados e muito menos resolvidos.

Observando a questão 9, como se vê os presbíteros em geral, os dados revelam uma significativa dispersão nas respostas das diferentes categorias de agentes eclesiais. A maior convergência está em indicar, em primeira opção, que se nota alegria no servir e gosto pelo que se faz, sobretudo os leigos/as, os jovens e seminaristas da perspectiva "institucional/carismática"; e leigos/as da perspectiva "evangelização/libertação". Esta alternativa é reforçada pela nomeação, em segundo lugar, por jovens e religiosas dessa última perspectiva. Na sequência, em primeira opção, a maior convergência está em apontar que os presbíteros *são pessoas abnegadas, trabalhadoras, boas com o povo*. Alternativa esta indicada pelos padres e religiosas da perspectiva "institucional/carismática"; e pelos padres da perspectiva "evangelização/libertação". Por sua vez, os jovens da perspectiva "evangelização/libertação" indicam em primeira opção que os presbíteros *não têm tempo para as pessoas, estão sempre apressados e atarefados*. Já os seminaristas e as religiosas da perspectiva "evangelização/libertação" nomeiam que os presbíteros *têm boas relações com o povo, são presentes e visitam as famílias.* Os seminaristas da perspectiva "evangelização/libertação" são os únicos em indicar, em segundo lugar, que *há padres amargurados, frustrados, isolados, de pouca relação com o povo.* Também chama a atenção a disparidade nos índices relativos à alternativa – *procuram se cultivar, estudar, se aprimorar, se renovar* – os "padres novos" (10,4%) e os "padres das décadas de 1970/1980" (4,2%). Enfim, percebe-se que as categorias eclesiais identificadas com a perspectiva "institucional/ carismática" têm, no geral, uma visão mais otimista sobre os padres e que as categorias identificadas com a perspectiva "evangelização/libertação" são mais críticas quando revelam sua visão sobre os padres. Pode-se dizer que há um mal-estar no ar, mas que a pesquisa não deixou bem claro do que se trata. É certo, por outro lado, que escândalos envolvendo o clero nos quesitos da moral sexual e na administração financeira estão a indicar que são setores não bem resolvidos e que estão a exigir tratativas mais sérias, sobretudo agora que a Igreja se prepara para um debate profundo sobre a sinodalidade.

Por fim, com a questão 10, perguntou-se às categorias de agentes eclesiais qual seria o modo mais adequado para um presbítero se vestir, hoje, para cumprir sua missão. Fica evidente como o modo de vestir-se expressa também uma visão de Igreja e de mundo. Conferindo a tabela acima, pode-se destacar que todas as categorias de agentes eclesiais da perspectiva "evangelização/libertação" nomeiam, em primeira opção – *com trajes civis, com bom gosto e simplicidade.* Esta alternativa é fortemente reforçada pelas religiosas da perspectiva "institucional/carismática", a única categoria dessa perspectiva a não indicar trajes clericais. Os "padres novos" também são os únicos a indicar esta alternativa em segundo lugar. Por sua vez, julgam que o modo mais adequado para um presbítero se vestir, hoje, para cumprir sua missão seja *com veste clerical: clergyman* – os "padres novos", jovens e seminaristas da perspectiva "institucional/carismática", assim como os seminaristas da perspectiva "evangelização/libertação". Os leigos/as da "institucional/ carismática" são os únicos a indicar, em primeira opção, que os presbíteros devam se apresentar *com vestes de padre: batina.* Interessante constatar que reforçam a alternativa da batina os jovens e os seminaristas desta mesma perspectiva. Em resumo, em primeira opção, todas as categorias de agentes eclesiais da perspectiva "evangelização/libertação" indicam que o modo mais adequado para um presbítero se vestir, hoje, para cumprir sua missão é *com trajes civis, com bom gosto e simplicidade.* Já, nas categorias de agentes da perspectiva "institucional/carismática", indicam *com veste clerical: clergyman* – padres, jovens e seminaristas; os leigos/as, a *batina*; e as religiosas que *cada um escolha o que melhor lhe convier.* Chama a atenção que os jovens e seminaristas da perspectiva "institucional/carismática" também indiquem, em segundo lugar, a batina. Na perspectiva "evangelização/libertação", a batina tem índices mínimos, sendo que o mais alto é dos seminaristas, mas ainda em quarto lugar. Também cabe mencionar que os seminaristas de ambas as perspectivas indicam o *clergyman*. Hoje, o que se vê bastante espalhado nas mais diversas regiões do país é uma volta às alfaias antigas, o que levou um pastoralista a afirmar que se difunde em todas as partes uma "teologia do pano". E recentemente um bispo do interior da Bahia publicou um decreto na sua diocese, limitando o uso de rendas, batinas, barretes, solidéus e outros aparatos da parte dos padres e até de alguns seminaristas.

As experiências de presbíteros morando em barracos ou bairros mais simples e periféricos, com uma identificação muito forte com a população simples e pobre, sofreram um arrefecimento significativo. E esses presbíteros eram os que mais se identificavam com as lutas dos movimentos populares, da classe trabalhadora e até com os partidos políticos mais de esquerda. Nas periferias das grandes cidades ajudavam a multiplicar as comunidades eclesiais de base, tão estigmatizadas no meio eclesial de hoje. Tudo isso revelava uma visão da Igreja mais identificada com o espírito do Concílio Vaticano II e, sobretudo, com a perspectiva da segunda Conferência do Episcopado Latino Americano de Medellín.

2 Concílio de Trento e Concílio do Vaticano II: paradigmas presentes na atualidade

Refletindo sobre as respostas dadas a essas questões propostas pela pesquisa, a meu ver, emerge uma problemática bastante instigante para quem analisa as posturas da Instituição Católica ao longo dos anos. Inevitavelmente, surge uma questão mais estrutural: será que o "paradigma tridentino" foi verdadeiramente superado e suplantado pelo paradigma da renovação do Vaticano II? Sobretudo durante o período dos dois pontificados que precederam ao atual, traços do "paradigma tridentino" se insurgiram contra o processo de renovaçao inspirado no Concílio Vaticano II. Ao longo desta abordagem, vou procurar mostrar os passos de retrocessos ocorridos, que, penso, favoreceram o ressurgimento de um clero alinhado com propostas restauracionistas, nos moldes do Concílio de Trento. O que vemos hoje, conforme comprova a pesquisa em questão, é que estamos numa conjuntura eclesial de embaralhamento de paradigmas eclesiásticos. As perspectivas do Concílio Vaticano II, com suas inúmeras iniciativas, continuam e, agora, reforçadas pelo pontificado do Papa Francisco. Porém, as de Trento seguem firmes e, em alguns setores da Igreja, praticamente intocadas. Daí que as duas óticas da pesquisa, a perspectiva sociopastoral "institucional/carismática" e a perspectiva "evangelização/libertação" convivem em espaços apertados, nos mais diversos rincões do país. Numa mesma diocese podemos ter as duas vertentes disputando a hegemonia do processo eclesial. Mesmo em ambientes que já foram profundamente avançados na implementação das conclusões do Vaticano II, vemos diversos sinais de presença atuante da perspectiva tridentina. Creio que nessa ótica entendemos melhor o resultado da pesquisa, e, sobretudo, constatamos o vigor da tendência institucional nas respostas dos seminaristas, que emergem como uma categoria mais conservadora, frente aos demais seguimentos entrevistados. Na verdade, eles se configuram como um grupo bem definido no viés da volta ao passado. É bom lembrarmo-nos de que é desse seguimento que virão os novos padres, que assim sendo continuarão impregnando a instituição católica com seu estilo de exercício do ministério, mais alinhado ao Concílio de Trento do que ao Vaticano II. Recomendo o artigo de Solange do Carmo, publicado no site do Instituto Humanitas/Unisinos (IHU), sob o título – *Padres Ornamentados: o que isso nos diz?* É bastante iluminador desta tendência identificada como adeptos da "teologia do pano, da fumaça e do prestígio". As vestimentas têm sido um sinal forte de alinhamento do novo clero com as perspectivas de uma instituição mais tridentina e clericalista.

Para corroborar esse embaralhamento de paradigmas, vou fazer uma retrospectiva histórica dos últimos anos, na tentativa de detectar os elementos eclesiológicos mais fortes, capazes de emitir uma luz na interpretação do fenômeno do crescimento da perspectiva "institucional/carismática", em detrimento da perspectiva "evangelização/libertação".

Desde o longo pontificado do Papa João Paulo II, somado ao período do Papa Bento XVI, temos na Igreja uma inversão de protagonistas de maneira bastante forte. Depois do Concílio Vaticano II, tivemos um papel bastante preponderante da vida consagrada, por meio de ordens e congregações religiosas, inclusive algumas até então bastante tradicionais, que buscaram a renovação à luz das iluminações dos textos conciliares e do seu espírito. Junto com um impulso dado à vida consagrada, tivemos também um grande reforço no papel dos leigos e leigas na Igreja. Portanto, estavam sendo empoderados novos protagonistas nos processos eclesiais. O Papa João XXIII marcou o início do tempo conciliar com a palavra *aggiornamento*, impulsionando novos caminhos eclesiais e novos ares em todos os segmentos eclesiásticos. Paulo VI também seguiu na mesma perspectiva, apesar de percebermos já algumas mudanças no final do seu pontificado, quando a preocupação com a disciplina começou a ganhar campos cada vez mais vastos na Igreja. Precisamos levar em conta que o catolicismo mundial está centrado em Roma. Como afirmou o teólogo Franz-Xaver Kaufmann, "como nenhuma outra religião, o catolicismo romano cativa pelo grau de sua hierarquização organizacional e sua centralização" (KAUFMANN, 2013, p. 124). Daí a importância fundamental nas posturas dos pontífices, que acabam por influenciar todo o ritmo da Instituição católica. Como o *aggiornamento* proposto pelo Papa João XXIII previa, a abertura da Igreja ao mundo seria uma consequência normal que os processos pelos quais as sociedades passavam repercutissem fortemente no interior da instituição. Kaufmann constata: "na segunda metade do século XX, o progresso científico e a mudança social se aceleram. Os princípios da democracia e dos direitos humanos se impuseram como modelos de convivência humana" (KAUFMANN, 2013, p. 125). Esses processos causariam furor dentro da instituição, pois aceleram processos críticos sobre o estilo, a forma e a estrutura da Igreja. Para conter uma onda renovadora e crítica no seio da instituição, sobretudo no pontificado do Papa João Paulo II, ganha importância a Congregação da Doutrina da Fé, para a qual o papa nomeia o teólogo Joseph Ratzinger como Prefeito deste Dicastério e seu teólogo mais próximo e de confiança.

É no clima da defesa da "grande disciplina" que surgirão inúmeros grupos que mesclam esse objetivo com um estilo de vida que, em muitos aspectos, buscam recuperar o espírito do Concílio de Trento que, no afã de defender a identidade da Igreja, declaravam anátema a qualquer voz discordante da doutrina católica por eles definida. Tais grupos abriram guerra ao processo hermenêutico aberto pelo Concílio Vaticano II. O Teólogo João Batista Libanio, em sua obra – *A volta à grande disciplina* (LIBANIO, 1983), afirma que "não se pode fechar o processo hermenêutico, como se a história dependesse de um desejo e vontade nossos" (LIBANIO, 1983, p. 162). Porém, a perspectiva fundamentalista declara a morte da hermenêutica e se aferra à defesa cega da ortodoxia, como se aí estivesse o único caminho de salvação.

Por outro lado, é interessante observar a articulação de elementos pós-modernos com essa perspectiva fechada e tacanha. Cria-se algo bastante curioso, para dizer o mínimo. Para ilustrar, tenho uma imagem que me chamou a atenção: um jovem de batina pilotando um celular de última geração, com extrema habilidade. Luiz Roberto Benedetti, em relação a esses grupos que nasceram nessa perspectiva na Igreja, já tinha afirmado que tal combinação pode ser identificada como "arcaico-*fashion*" (BENEDETTI, 2009, p. 29). Boa comparação se pode fazer com os movimentos neopentecostais de corrente evangélica. Eles apostam nos festivais gospel, com um aparato de luz e som equiparado ao dos grandes shows artísticos. É um investimento imenso que fazem, combinando o conteúdo fundamentalista e doutrinário com o que há de mais avançado em tecnologia.

É preciso desenvolver a prática do discernimento para entender os processos atuais no seio da instituição católica, pois, como em tudo na história, uma época não substitui a outra de maneira mágica e, por longo tempo, vários processos convivem, se sobrepondo e disputando espaços. O que vemos na atualidade é a mistura do paradigma forjado por dois importantes concílios: de um lado, os Concílios IV Lateranense e Trento, e de outro, o Concílio Vaticano II. Fala-se que há entre estes paradigmas uma linha de "continuidade", que é muito mais forte do que a da "ruptura" ou da descontinuidade. De fato, mesmo nos textos do Concílio Vaticano II, percebe-se o embaralhamento desses paradigmas eclesiais. O que não é de se estranhar, pois, em todo texto eclesiástico escrito a muitas mãos, há uma tentativa de compaginar concepções diferentes e até antagônicas. Tomando a Constituição Dogmática *Lumen Gentium*, é possível rastrear as visões contrárias, num esforço de agradar a todas as tendências conciliares. Por isso, é importante que, junto à letra do texto, se respire seu espírito em seu contexto, que sempre emite uma luz e favorece o processo hermenêutico.

3 Um primeiro livro sobre esta pesquisa: "o novo rosto do clero"

Neste contexto descrito acima, vemos emergir um novo sujeito bastante incômodo no catolicismo brasileiro: os "padres novos". Foi lançado recentemente um livro significativo que contém a análise de outros dados que os aqui abordados, desta mesma pesquisa, atendo-se mais aos dois seguimentos de padres: os das décadas de 1970/1980, representando a perspectiva "evangelização/libertação", e o novo clero, da perspectiva "institucional/ carismática" (BRIGHENTI, 2021). Mal o livro veio a lume, já encontrou comentários desta *perspectiva* se defendendo e, como é de praxe, acusando seus autores de que seriam teólogos de gabinete. É bom sinal, pois significa que o livro incomodou a quem devia mesmo incomodar.

Na obra, acompanhado de outros oito analistas, Agenor Brighenti afirma com precisão os nós de inflexão provocados pelo clero novo: "A nova perspectiva de presbíteros, por suas práticas pastorais e comportamentos pessoais, ao se vincularem ao recente deslocamento do profético para o terapêutico e do ético para o estético na esfera da experiência religiosa, tem provocado tensões e entraves nos processos pastorais em curso, tanto nas dioceses entre os presbíteros como nas paróquias onde atuam frente a religiosas, leigos e leigas" (BRIGHENTI, 2021, p. 17).

Verdadeiramente, constata-se um mal-estar bastante generalizado nas dioceses do país, devido à atuação de presbíteros muito preocupados com vestimentas litúrgicas, ostentação na mídia e nas redes, e busca de muito conforto. Distanciam-se dos mais pobres e das comunidades mais engajadas, onde o confronto com leigos e leigas se dá mais na pele, no convívio mais próximo. Ignoram sistematicamente as orientações e perspectivas do Papa Francisco.

Vivem como se a conjuntura social e política não lhes apresentasse qualquer desafio. O país está mergulhado numa crise imensa, com 116 milhões de pessoas que sofrem de insegurança alimentar, pessoas que não sabem se vão ter o que comer no dia seguinte. O Brasil volta ao mapa da fome e o novo clero continua vivendo como se nada estivesse acontecendo, gastando com vestimentas litúrgicas caríssimas e, quando não usam batina ou se vestem com roupas de grife. A alienação dos padres novos foi comprovada na pesquisa, de acordo com a análise dos dados feita pela pesquisadora Brenda Carranza. Ela constatou como "dissonante na visão de mundo dos "padres novos", a indicação de que a melhora no mundo é o acesso à educação, moradia, saúde e trabalho" (28,8%), quando "o próprio IBGE registra que os indicadores sociais, que analisam a qualidade de vida e os níveis de bem-estar das pessoas, famílias e grupos populacionais, apontam para a não efetivação dos direitos humanos e sociais da sociedade brasileira" (CARRANZA, 2021, p. 71).

Para os "padres novos", os problemas se concentram na união de pessoas do mesmo sexo, no faltar às missas aos domingos, nas investidas do demônio sobre as pessoas, nas lutas por direitos humanos de populações aviltadas pelo governo atual, aos quais acusam de serem todos comunistas. Basta alguém ou um movimento defender qualquer direito, em qualquer circunstância, pessoal ou coletiva, para ser taxados de comunistas. Desta forma, esquivam-se de suas obrigações com os mais vulneráveis da sociedade.

Em defesa de um projeto de retorno ao velho paradigma que conferia ao clero um *status* de relevância na sociedade, o clero novo se defende dizendo que são os guardiões da ortodoxia. Se a prática não é reta, não importa, o que tem de ser reta é a doutrina. Porém, mergulhemos um pouco na história das últimas décadas da instituição católica, onde encontraremos raízes para tais posicionamentos e sustentação de nossa hipótese de que o clero novo é fruto do embaralhamento de paradigmas eclesiásticos.

4 Nova evangelização: projeto de restauração eclesial

Muito já se escreveu desse projeto. Por isso, para efeito de corroborar com nosso escopo, que é o de sustentar que ele oferece um quadro bastante interessante para se entender o novo clero, bastam alguns pontos mais significativos. Nada mais elucidativo que perscrutar o pensamento do Cardeal Josepf Ratzinger, quando prefeito da Congregação para a Doutrina da Fé. Em 1985, às vésperas do Sínodo Extraordinário dos Bispos, convocado por João Paulo II para um balanço ou mais com o objetivo de uma revisão do Concílio Vaticano II vinte anos depois de seu encerramento, o Cardeal Ratzinger cedeu uma entrevista, na qual temos as linhas mestras do projeto de restauração eclesial que, eufemisticamente, recebeu o nome de Nova Evangelização. Destaco apenas alguns pontos do que está nesta entrevista, como o pensamento do Cardeal Ratzinger:

> O Vaticano II encontra-se hoje em uma luz crepuscular. Pela chamada "ala progressista", há muito tempo ele é considerado superado e, por conseguinte, um fato do passado, sem importância para o presente. Pela parte oposta, a "ala conservadora", ele é julgado responsável pela atual decadência da Igreja Católica, e até se lhe atribui a apostasia com relação ao Concílio de Trento e ao Vaticano I: de tal forma que alguns chegaram a pedir a sua anulação ou uma revisão que equivaleria a uma retirada (RATZINGER; MESSORI, 1985, p. 15).

Para Ratzinger, não havia dúvidas de que o Concílio era responsável pela situação decadente da Igreja. Ele, na mesma entrevista supracitada, afirma: "É incontestável que os últimos vinte anos foram nitidamente desfavoráveis para a Igreja Católica" (RATZINGER; MESSORI, 1985, p. 16) e, ainda: "Esperava-se um salto para frente e, em vez disso, chegou-se a um processo progressivo de decadência, que veio se desenvolvendo, em larga medida, sob a bandeira de um suposto espírito do Concílio e, desse modo, o desacreditaram" (RATZINGER/MESSORI, 1985, p. 17). Essa perspectiva vai marcar o projeto de restauração, profundamente depreciativo em relação ao Concílio e a todas as iniciativas eclesiais inspiradas nos seus documentos conclusivos. E é nesse espírito que começará uma vigilância maior sobre os agentes eclesiais, sobretudo os bispos e padres. O enquadramento do clero acabou se tornando um objetivo muito forte do projeto de restauração. O cardeal-prefeito do antigo "Santo Ofício" ainda diz que a restauração é "a busca de um novo equilíbrio, após os exageros de uma abertura indiscriminada ao mundo, depois das interpretações por demais positivas de um mundo agnóstico e ateu" (RATZINGER; MESSORI, 1985, p. 53).

Fica evidente que o ataque vai direto a um dos pilares do Concílio Vaticano II – a busca de diálogo com o mundo. Desde os tempos dos racionalistas, a Igreja vinha numa postura de entrincheiramento identitário e gestando uma espécie de ideologia da conspiração. O cardeal-prefeito do antigo "Santo Ofício" parecia ter saudades daqueles tempos e dizia que era preciso buscar um equilíbrio no entendimento e na relação da Igreja sobre o mundo. Esse é um dado importante, pois o clero jovem insiste nesta postura, com discursos eivados de uma moral fechada e obtusa.

Todo projeto, seja para avançar seja para retroceder, necessita de agentes convencidos da eficácia de seus indicadores. Os dois pontífices que precederam a Francisco apostaram suas fichas nos movimentos espiritualistas e/ou integralistas. Dizia o cardeal-prefeito: "o que se abre à esperança, em nível de Igreja universal, é o surgimento de novos movimentos que ninguém projetou, mas que brotaram espontaneamente da vitalidade interior da própria fé" (RATZINGER; MESSORI, 1985, p. 54).

Na realidade, o que outros haviam afirmado sobre o Concílio, de que se tratava de um novo Pentecostes na Igreja, agora é aplicado aos novos movimentos. Interessante observar que em relação a estes, o prefeito do antigo "Santo Ofício" expressa muita tolerância, bastante desproporcional aos sentimentos que tem quando se trata de expressões eclesiais mais avançadas. Depois de dizer que se referia ao Movimento Carismático, aos Cursilhos, aos Focolari, ao Neocatecumenato, à Comunhão e Libertação, afirma: "certamente todos estes movimentos levantam algum problema; comportam também, em maior ou menor medida, perigos. Mas isto acontece em qualquer realidade vital" (RATZINGER; MESSORI, 1985, p. 54). E com essa condescendência, tudo foi permitido a essas expressões no seio da Igreja. Interessante observar que vários movimentos inspirados nessa mesma perspectiva apresentaram problemas bastante sérios, com suas lideranças, como Legionários de Cristo, o *Opus Dei*, *os Soldalicios,* a Comunidade Missionária Villaregia, os Arautos do Evangelho, a Toca de Assis e alguns ramos menores de cunho carismático.

Tais movimentos ou organizações eclesiais, mesmo os que apresentam um grande contingente de leigos e leigas em suas fileiras, são extremamente clericais. Conquistaram muitos membros do clero, aos quais manifestam uma veneração bastante exacerbada. Criam um clima adequado para muitos membros do clero jovem, que se sentem acolhidos e até paparicados no meio deles. Como afirmou Gordon Urquhart, esses movimentos acabaram por se constituir na "Armada do papa", como uma força apologética incomum. Na sua descrição, ele diz: "Independentes e autossuficientes, esses grupos são comandados por um líder carismático, foco de um fanático culto de personalidade. Hierarquizadas e bem administradas, estas organizações estão engajadas em atividades missionárias que ultrapassam todos os limites do catolicismo tradicional" (URQUHART, 2002, p. 158).

Talvez, o que vai limitar a ação desses grupos seja os inúmeros casos de desvios da ordem moral, pois como afirma o Papa Francisco: "por trás da rigidez, há sempre alguma coisa escondida; em inúmeros casos, uma vida dupla" (FRANCISCO, 2016). A situação é mais grave do que podemos pensar. O jornalista-escritor Frédéric Martel chega a enumerar dentre os motivos que levaram o Papa Bento XVI a renunciar os inúmeros escândalos de pessoas renomadas da Igreja (MARTEL, 2019, p. 477). Acrescento que, dentre elas, muitas pertencem aos novos movimentos e seus simpatizantes, inclusive pessoas influentes no Vaticano.

Outra perspectiva do "projeto de restauração", sob o nome de Nova Evangelização, é o controle nas nomeações dos bispos. Na ocasião, o cardeal afirmou que "nos primeiros anos do pós-Concílio, o candidato ao episcopado parecia ser um sacerdote que fosse, antes de tudo, aberto ao mundo; em todo o caso, esse requisito era posto em primeiro plano" (RATZINGER; MESSORI, 1985, p. 55). Entretanto, era preciso corrigir essa rota, pois o mundo era visto pelo cardeal e pela ala que ele representa como uma realidade hostil e inimiga da Igreja. Frente a isso, o controle nas nomeações seria mais acirrado, escolhendo, portanto, "bispos dispostos a opor-se ao mundo e a suas tendências negativas" (RATZINGER; MESSORI, 1985, p. 55).

Vale a pena destacar, ainda, que o próprio cardeal, depois de assumir o pontificado, fez inúmeras e duras críticas ao carreirismo. Porém, ele não reconheceu que tal postura tenha sido incentivada pelo processo de seleção daqueles que ele julgava de confiança, examinados pelos Núncios Apostólicos, também homens rigorosamente alinhados com a política vaticana. Tratava-se de um sistema extremamente fechado, que gerava um ambiente pouco evangélico, segregando os que pensavam diferente do "projeto de restauração". É ruim, pois dessa maneira emerge uma perspectiva danosa, que separa o corpo clerical em amigos e inimigos. Quando a classificação se dava entre progressistas e conservadores, pelo menos se tinha um ideal em jogo, algo que apresentava formas diferentes de manifestar o amor à Igreja. Porém, nessa política de amigos e inimigos, o que antes tinha substância, se transforma em questões de afeto, de simpatia, subjetivando o que deveria ser objetivo e efetivo.

O espírito do carreirismo acaba fomentando uma instituição onde os subalternos procuram agradar a cúpula, mesmo que não represente no interior aquilo que julga valer a pena dar a vida. E pior, o carreirismo subjuga os critérios éticos aos seus objetivos, usando, inclusive, seus próprios irmãos de presbitério para alcançar seus objetivos.

No domingo do Bom Pastor de 2006, o Papa Bento XVI afirmou com força que não se pode ser "sacerdote" visando "fazer carreira" ou "ocupar um alto cargo na Igreja". Disse que o "sacerdote" deve pautar sua vida por um desejo sincero de serviço aos outros, à imagem de Jesus Cristo. Em sua homilia, na celebração eucarística, na Basílica de São Pedro, em que ordenou quinze novos presbíteros para a Diocese de Roma, fez críticas ao "homem que, pelo sacerdócio, quer ser importante", repudiando que se possa ter como objetivo, na vida presbiteral, "a exaltação pessoal e não o servir humildemente Jesus Cristo". Como critério hermenêutico, podemos afirmar que o papa faz críticas deste nível porque a situação constatada por ele é grave (PAPA BENTO XVI, 2006, p. 1).

E em 2010, celebrando São Domingos de Gusmão, no dia 3 de fevereiro, o Papa Bento XVI diz que a busca por poder pessoal está também na Igreja. Numa audiência geral, realizada na Sala Paulo VI, questionou "se os sacerdotes, que têm um papel de animação e de governo na Igreja, estariam imunes aos males do carreirismo e da busca pelo poder pessoal". E afirmou: "A carreira e o poder não serão uma tentação? Uma tentação da qual não estão imunes nem aqueles que têm um papel de animação e de governo na Igreja?" (PAPA BENTO XVI, 2010, p. 1).

Porém, faltou tirar conclusões mais contundentes desse clima de carreirismo que estava minando o espírito de fraternidade e colegialidade que deveria vigorar no meio do clero. O acento dado no ministério presbiteral e episcopal pelos dois pontificados que precederam o Papa Francisco incentivava um estilo de padre e bispo bastante individualista e com ânsia por cargos de poder. As críticas que o Papa Bento XVI fazia ao carreirismo se tornaram uma forma concreta de reconhecer que algo errado estava acontecendo com a estrutura clerical, que favorecia esse tipo de comportamento.

Ao privilegiar um tipo de padre capaz de se opor ao mundo, incentivou-se um movimento centrípeto, de retorno à sacristia, como se ela fosse um *bunker* a proteger aqueles aos quais o mundo persegue. Voltando-se para o seu interior, esfumaçando o ideal de ser sacramento da salvação, acabava-se trazendo todos seus membros para disputa interna. E o que vemos é o esforço de agradar e seguir uma perspectiva de Igreja autocentrada e autorreferenciada, negligenciando sua missão que deve ser sempre centrífuga, a modo de luz, sal e fermento, para fora de si mesmos.

O outro lado da mesma questão está no fato de os membros do clero se sentirem superiores aos demais cristãos no corpo eclesial. Outro dia, um militar me disse que no quartel ele aprendeu que ele estava sendo formado não somente para ser militar, mas para ser superior a qualquer outro ser humano. Acima dele haveria somente a hierarquia da farda. O pior é que ele acreditava mesmo ser superior aos demais. *Mutatis mutandis* é algo correlato o que se passa entre os clérigos no seio deste projeto restaurador. E se para visibilizar a sua superioridade for preciso recorrer a algo bem exterior, vem a vestimenta e outros costumes como recursos.

5 A formação do novo clero: modelo falido?

O presbítero de Londrina, Manuel Joaquim dos Santos, foi categórico ao apontar o modelo de formação do novo clero, como um ponto fundamental no reforço do clericalismo, tão em voga nos dias de hoje:

> O nosso modelo formativo não é somente arcaico, mas está falido. Não se sustenta mais! Apesar de experiências pós-conciliares (em alguns países ou até entre nós, no Recife) a Igreja com S. João Paulo II reforçou o modelo tridentino de Seminários e é o que temos hoje. Jovens retirados de seus meios, vivendo uma vida artificial, repleta de "mordomias" e perdendo completamente a capacidade de dialogar com o diferente ou até de experimentarem as derrotas, inerentes a qualquer debate. Eles são "preparados" para dizer a última palavra! E isso é um desastre em termos atuais! Saem da formação considerando-se garantidores da ortodoxia eclesiástica, conhecedores da doutrina e *experts* em quase tudo! Para vincarem esta postura anacrônica eu diria, fatal, apostam nas vestes e adornos litúrgicos, que evidentemente os distanciam do sacerdócio comum (JOAQUIM, 2021, p. 1).

De fato, dentro do projeto de restauração supracitado, um dos alvos a ser vigiado e transformado totalmente eram os seminários. No pontificado de João Paulo II foi empreendida uma visitação às casas de formação, com subsequente fechamento ou enquadramento de todas as experiências que não se alinhavam aos padrões do projeto. Assim aconteceu com os seminários do Recife, de Belém, da Paraíba e outros.

Não é por acaso que numa pesquisa realizada nos Estados Unidos, em 2014, o seguimento da instituição católica que nela revelou mais medo em relação ao pontificado de Francisco foi o dos seminaristas. Segundo o Padre Luís Erlin, "tais seminaristas (não todos, mas a maioria dos Estados Unidos) veem com desconfiança algumas atitudes do papa. Sobretudo alguns pronunciamentos, em que ele convoca os padres a não ser clericalistas, a não viverem o presbiterato como um *status* social ou religioso" (ERLIN, 2014, p.1). Ele ainda comentou que "alguns seminaristas confessaram ter medo do futuro da Igreja, de forma mais específica, sobre o futuro da função sacerdotal que eles irão assumir" (ERLIN, 2014, p. 1).

Nossa pesquisa também revela que os seminaristas alimentam uma imagem de presbítero que não se coaduna bem com o indicado pelo Papa Francisco e, claro, mais grave, com o ideal evangélico, pois Jesus Cristo apontava como única hierarquia admitida entre os seus discípulos a do serviço: "o maior dentre vós deve ser aquele que vos serve" (Mt 23,11).

Padre Erlin estende seu comentário sobre o resultado da pesquisa, dizendo:

> Embora o resultado da pesquisa cause certo estranhamento, se fizermos uma análise profunda das muitas instituições formativas (seminários, conventos etc.), veremos, de forma lamentável, que ainda prevalece o carreirismo. As consequências dessa atitude são inquestionáveis: falta de misericórdia pastoral; falta de compromisso com as fragilidades da humanidade; uma vaidade exacerbada, apegada mais ao rito e ao poder do que ao serviço (ERLIN, 2014, p. 1).

Lamentavelmente, esse fenômeno ocorre de maneira bastante generalizada, o que nos provoca um sentimento diferente daquele dos seminaristas norte-americanos. Se eles têm medo do futuro em relação ao presbiterato, diante das críticas do Papa Francisco ao carreirismo, nós nos entristecemos, pois, a busca por esse tipo de ministério que confere *status* e poder vai exatamente no sentido contrário do ideal de padre numa Igreja em saída, como nos pede o papa.

O Padre José Antônio de Oliveira, do clero de Mariana, partindo da mesma pesquisa, levantava outro tipo de problema, relacionado mais com a pastoral vocacional. Comentava ele:

> Quando estava na CNBB, atuando justamente no então Setor de Vocações e Ministérios, nosso companheiro José Lisboa, a quem muito prezo e admiro, demonstrava uma enorme preocupação com certos tipos de "propaganda" vocacional. Deparávamos com inúmeros cartazes, *folders*, páginas na internet de campanhas vocacionais. Uma grande parte desse material trazia fotos de casas bonitas, ou até luxuosas, quartos confortáveis, áreas de desporto, piscinas etc. Tudo para "atrair" candidatos (OLIVEIRA, 2015).

Reportando-se aos textos do Padre Lisboa, Oliveira comentava:

> se alguém entra para um seminário ou casa de formação por causa desses atrativos, como esperar desse candidato o desejo de servir, a gratuidade, o ardor missionário? Será que aceitará trabalhar numa periferia, entre excluídos ou num país de missão? Terá a mística do serviço ao próximo, do lava-pés? Quase impossível! Claro, como os adeptos dos novos movimentos gostam de repetir: para Deus, tudo é possível. Porém, se continuamos a formar os novos padres na atual forma, estamos, na verdade, desafiando a Deus com nossa negligência (OLIVEIRA, 2015).

6 Espiritualidade da ostentação

O Papa Francisco já fez alertas sérios também a outro elemento da mesma questão que estamos comentando, à qual ele chamou de mundanismo espiritual. Ele elencou essa questão dentro de uma lista de problemas que ele denominou de tentações dos agentes de pastoral. Ele se referia ao excesso de exibição por parte de alguns nos meios de comunicação. Sobre isso, Oliveira comentou:

> Outro elemento que pesa bastante são os padres mediáticos. Pessoas que fazem sucesso na TV, no mercado da música, nas redes sociais. A própria comunicação social coloca esses padres como modelo e referência. Nunca aqueles que estão nas periferias, nas áreas de missão, nas paróquias mais simples. Muitos jovens procuram o presbiterato, motivados por essa visibilidade, esse "sucesso". Aí, entra fatalmente: o carreirismo, o estrelismo, o uso da religião para se promover. Não é a busca de um Deus a quem quero servir, mas o servir-se de Deus e da fé unicamente para a realização pessoal (OLIVEIRA, 2015).

Interessante observar que essa tendência junto ao clero cresceu na esteira do testemunho do Papa João Paulo II, que chegou a ser chamado de Papa *Pop Star*. Com suas andanças pelos mais diversos países, o Papa João Paulo II conseguia reunir enormes multidões, com as quais ele se comunicava de maneira vibrante e próxima. Li o testemunho de uns destes presbíteros da mídia, que foi exatamente com esse exemplo do Papa João Paulo II que ele percebeu que podia fazer muito mais para a evangelização do que ficar restrito ao território de uma paróquia. É claro que o incremento que a mídia recebeu nas últimas décadas também contribuiu enormemente para esse estilo de evangelização. O surgimento de canais de TV católicos se constitui um dado de suma importância para entender tal fenômeno. Popularmente, diz-se que houve "um encontro entre a fome e vontade de comer"; isto é, o ambiente midiático encontrou uma força que estava represada junto ao clero jovem, de investimento no "modelo ostentação" em linha de evangelização.

O Papa Francisco foi enfático ao criticar o uso da religião para a promoção pessoal, que se constitui numa expressão religiosa autorreferenciada. Afirmou que o mundanismo espiritual leva os agentes de pastoral a buscar a glória pessoal acima de tudo, mesmo mantendo uma aparência de religiosidade e até mesmo de amor à Igreja. Tal tendência se exacerba no cuidado das aparências em detrimento de uma espiritualidade profunda e capaz de dar sentido à vida. Ele afirma que tal mundanismo se alimenta de uma fé fechada no subjetivismo ou numa perspectiva de quem "confia nas suas próprias forças e se sente superior aos outros por cumprir determinadas normas ou por ser irredutivelmente fiel a certo estilo católico próprio do passado" (*EG* 93). O problema é que esse comportamento leva a uma falsa segurança doutrinal ou disciplinar, que induz o agente de pastoral a se julgar mais fiel à instituição católica do que os outros irmãos.

Há diversas formas de manifestação desse mundanismo espiritual e o Papa Francisco destaca: em alguns, um cuidado exibicionista da liturgia, da doutrina e do prestígio da Igreja; em outros, um fascínio de poder mostrar conquistas sociais e políticas; em outros, ainda, o mundanismo espiritual se manifesta em dinâmicas de autoestima e de realização autorreferencial. Continua o papa, dizendo que também se pode traduzir tal mundanismo, em várias formas de se apresentar a si mesmo, envolvido numa densa vida social cheia de viagens, reuniões, jantares, recepções. Por fim, o Papa Francisco diz que o mundanismo espiritual se desdobra num funcionalismo empresarial, carregado de estatísticas, planificações e avaliações, onde o principal beneficiário não é o povo de Deus, mas a Igreja como organização (*EG* 94-95). Entende-se, por tudo isso, a rejeição de parte do clero jovem ao Papa Francisco e sua insistência em continuar tratando o Papa Bento XVI como a referência maior na condução da Igreja. Na verdade, percebemos que, sobretudo no clero adepto da tendência carismática deu-se, aos poucos, a montagem de uma espécie de "combo" com seus santos de devoção: São Pio Pietrelcina, Santa Faustina Kowalska, Nossa Senhora de Fátima e de Medjugorje, Santa Faustina Kowlska, São Luís de Montfort, Carlo Acutis, São João Paulo II e, embora não tenha sido canonizado, Bento XVI também entra nesta combinação. Neste combo entram alguns santos de devoção mais antiga, que foram resgatados, tais como São Judas Tadeu, Santa Edwiges, Santo Expedito, o Arcanjo São Miguel, Santa Rita de Cássia e outros.

Conclusão prospectiva: essa Igreja tem futuro?

Apesar de estarmos, já há algumas décadas, com esses dois polos eclesiais – as perspectivas "institucional/carismática" e "evangelização/libertação" – não temos condições precisas de fazermos uma constatação prospectiva. É sabido que quanto mais a sociedade mergulha no caos, nos mais diversos âmbitos, emerge uma população carente e depressiva, fomentando a busca por socorro psicológico, que se confunde com as demandas espirituais. As fronteiras entre a problemática psicológica e os anseios do campo espiritual não são tão nítidas, exigindo de quem trabalha nos dois campos um esforço por um profissionalismo sério. Não se deve embaralhar essas duas áreas, pois o não discernimento transparente pode resultar em problemas sérios às pessoas. Quem se apresenta com surto psicótico não deve ser induzido a pensar que está possuído pelo demônio. Há quem apresente graus diversos de esquizofrenia ou de outro mal psicológico sendo tratado como presa de satanás, resultando em agravamento muito sério em ordem psíquica. O Papa Francisco vê o esvaziamento da verdadeira espiritualidade, até mesmo entre agentes pastorais, que "confundem a vida espiritual com alguns momentos religiosos que proporcionam algum alívio, mas não alimentam o encontro com os outros, o compromisso no mundo, a paixão pela evangelização" (*EG* 78).

Estamos acompanhando a multiplicação de casos de pessoas com quadro depressivo nestes tempos pandêmicos. Aproveitar-se disso para expandir o campo religioso é charlatanice. Se vivêssemos num país com bases democráticas mais sólidas, inúmeras manifestações religiosas seriam simplesmente proibidas. Confunde-se liberdade religiosa com falta de fiscalização em todo e qualquer empreendimento que leve o selo de religião. São inúmeros os sites que dão o passo a passo para abertura e gestão de Igrejas e ou grupos religiosos. Neste quesito, inúmeras comunidades alinhadas à perspectiva "institucional/carismática" se servem desta orientação empreendedora para se estabelecer. Até onde vai essa tendência, é muito difícil de prever. Porém, pode-se levantar hipóteses. Pela situação social e política que o país atravessa, a perspectiva religiosa da autoajuda tem vida longa. Multiplica-se geometricamente o número de pessoas necessitadas de amparo de todos os tipos. Campo fértil para quem investe na dimensão terapêutica da religião.

Como o Papa Francisco costuma afirmar, o tempo é superior ao espaço, e, por isso, mais importante do que fazer demarcação de área de poder, é desencadear processos que deem frutos a longo prazo. Cabe perguntar-se se todos os processos iniciados neste pontificado sobreviverão à mudança de papa e se ainda veremos uma Igreja mais sinodal e voltada para Jesus e seu amor pelo Reino.

Referências

BENEDETTI, L.R. Novos rumos do catolicismo. In: CARRANZA, B.; MARIZ, C.; CAMURÇA, M. *Novas comunidades católicas* – Em busca do espaço pós--moderno. Aparecida: Ideias & Letras, 2009.

BENTO XVI. *Homilia do Papa Bento XVI*. Vaticano: Libreria Editrice Vaticana, 2006 [Disponível em https://www.vatican.va/content/benedict-xvi/pt/homilies/2006/documents/ hf_ben-xvi_hom_20060507_priestly-ordination.html – Acesso em 20/11/2021].

BRIGHENTI, A. *O novo rosto do clero* – Perfil dos padres novos no Brasil. Petrópolis: Vozes, 2021.

CARMO, S. Padres ornamentados: o que isso nos diz? *Revista IHU on-line*, 2017 [Disponível em http://www.ihu.unisinos.br/78-noticias/566835-padres--ornamentados- o-que-isso-nos-diz – Acesso em 14/11/2021].

CARRANZA, B. Visão do mundo e concepção social dos padres novos no Brasil. *O novo rosto do clero* – Perfil dos padres novos no Brasil. Petrópolis: Vozes, 2021.

ERLIN, P.L. Quem tem medo do Papa Francisco – Resultado de uma pesquisa. *Revista Ave Maria*, ano 116, 2014.

FRANCISCO. *Exortação Apostólica* – A alegria do Evangelho. São Paulo: Paulinas, 2013.

FRANCISCO. A rigidez esconde alguma coisa. *Revista IHU on-line*, 2016 [Disponível em http://www.ihu.unisinos.br/185-noticias/noticias-2016/561681-papa-francisco-a-rigidez-esconde-alguma-coisa – Acesso em 20/11/2021].

JOAQUIM, M. S. *Seminários e a cultura do clericalismo* [Disponível em http://ihu.unisinos.br/6d12074 – Acesso 18/08/2021].

KAUFMANN, F.-X. *A crise na Igreja*: como o cristianismo sobrevive? Trad. de Milton Camargo Mota. São Paulo: Loyola, 2013.

LIBANIO, J.B. *A volta* à *grande disciplina* – Reflexão sobre a atual conjuntura da Igreja. São Paulo: Loyola, 1983.

MARTEL, F.M. *No armário do Vaticano*: poder, hipocrisia e homossexualidade. Trad. Artur Lopes Cardoso. Rio de Janeiro: Objetiva, 2019.

MESSORI, V.; RATZINGER, J. *A fé em crise?* – O Cardeal Ratzinger se interroga. Trad. Pe. Fernando José Guimarães. São Paulo: E.P.U., 1985.

OLIVEIRA, J.A. *Quem tem medo do Papa Francisco* [Inédito, 2015; arquivo pessoal].

URQUHART, G. *A armada do papa* – O segredo e o poder das novas seitas da Igreja Católica. Rio de Janeiro: Record, 2002.

Considerações finais relativas à vida e ao ministério dos presbíteros

PADRES NOVOS E MODOS NOVOS DE SER PROFETA, PASTOR, SACERDOTE

Luiz Carlos Susin

O ministério presbiteral tem uma longa história, intrinsecamente integrada e articulada com a história da Igreja e do mundo em que a própria Igreja se encarna, e isso apesar ou para além da consciência dos próprios presbíteros e da Igreja. Quando consideramos o ministério presbiteral na longa duração da história, se compararmos um presbítero do terceiro século com outro do final do primeiro milênio, com outro do século XVII e finalmente com o presbítero na virada para o terceiro milênio, encontramos presbíteros "de planetas distintos"! Então, em primeiro lugar, não há por que estranhar que a última geração de padres, os "padres novos" – e os atuais seminaristas – sejam diferentes da geração imediatamente pós-conciliar. Claro, há singularidades nesse tempo; por exemplo, a aceleração mesma da história, a atual globalização por força da tecnologia, a nova abordagem do pluralismo graças ao alargamento dos direitos humanos e à internet, as diferentes posturas diante dos sinais cada vez mais preocupantes de mudanças climáticas no planeta. Isso foi bem constatado e comentado pelos diversos analistas que me precederam. São sinais dos tempos, sinais maiores do que a Igreja Católica e, consequentemente, maiores do que o ministério presbiteral, mas, como foi apontado pelos analistas dos resultados da pesquisa, incidem no atual modelo de presbítero, e constituem a singularidade dos "padres novos"[16].

Aqui tomamos os resultados e as análises desta grande e exaustiva pesquisa em torno da visão de mundo, de Igreja e sobretudo do próprio ministério presbiteral, para algumas reflexões de fundo, apelando para uma interdisciplinaridade de olhares, de forma bastante livre e apelando para a própria expe-

---

16. Um analista que examinasse esta questão ecumenicamente confrontando com a figura do pastor protestante de uma Igreja histórica, além de ajudar no reconhecimento da singularidade do padre novo, apontaria para muitas coincidências contemporâneas, contextuais, dos "pastores novos" ao lado dos padres novos.

riência. Primeiro em torno do significado do Concílio para uma geração que nasceu bem depois (1). Em segundo lugar, a incidência da "volta do sagrado" no Ocidente, em seu percurso de secularização, e o quanto posturas e pregações de "padres novos" se põem nesse retorno com suas ambiguidades (2). Examinamos, depois, as relações de poder que implicam necessariamente o ministério na sua relação hierárquica e na atual busca de sinodalidade, incluindo a questão do clericalismo (3). Em quarto lugar, no deslocamento da pastoral social para a pastoral do rito e do altar, a linguagem simbólica, em especial da veste litúrgica e eclesiástica (4), e finalmente a grande novidade do tempo, a emergência da internet, dos padres *youtubers* e *influencers*, suas pregações e a questão da relação entre fé e razão; ou seja, entre religião e ciência – e o fundamentalismo (5). Essas são todas questões antropológicas que têm – exceto a internet – longa história. Mas há singularidades históricas que, justamente por isso, perfazem e marcam o percurso peregrino e histórico da Igreja e dos seus ministérios. No final, abrimos breve espaço para um epílogo para além da pesquisa: a visão de celibato presbiteral, de grande importância, que não pode ser esquecida, mas que não é propriamente objeto da pesquisa.

1 O Concílio Vaticano II, a linha de fundo

Em termos específicos de Igreja Católica, o Concílio Vaticano II está implícito nas diferenças seja de interpretação seja de importância quando se trata de examinar esta nova geração, *millenial*, nascida no final do século XX, em comparação com a geração dos anos de 1970/1980. O Concílio é referência maior, tanto da continuidade e desdobramento conciliar como da diferença, seja por desconhecimento seja por reinterpretação, e da forma como atualmente se joga hermeneuticamente no campo presbiteral com esta *linha de fundo conciliar*, especialmente em termos de legitimação de posturas atuais. Afinal, se alguém jogar para trás da linha de fundo ou muito distante do seu traçado, invalida o seu jogo![17]

No entanto, como pertenço, assim como praticamente a totalidade dos analistas, àquela geração imediatamente pós-conciliar – com perspectiva

---

17. Vamos tomar aqui apenas implicitamente os quatro grandes textos conciliares, *Lumen Gentium, Dei Verbum, Gaudium et Spes* e *Sacrosanctum Concilium.* Ou seja: a compreensão de Igreja, a Palavra de Deus, a relação com o mundo e a forma da celebração litúrgica. Os documentos *Presbyterorum Ordinis, Optatam Totius* e, de alguma forma, *Christus Dominus*, que dizem respeito a padres, seminaristas e bispos, são aqui supostos. Já os documentos *Nostra Aetate, Dignitatis Humanae* e *Unitatis Redintegratio* são linha de fundo para a análise de posturas das diferentes gerações de padres em relação ao ecumenismo, ao diálogo inter-religioso e à consideração da subjetividade moderna, especialmente a liberdade.

"evangelizadora/libertadora" nos dados desta pesquisa – é necessário considerar o impacto diferenciado do Concílio com os dentes roedores do tempo.

Para quem se tornou padre depois do ano de 2000, o Concílio – justamente os *millenials* – é um evento de um passado relativamente tão longínquo como para a geração de padres dos anos imediatamente pós-conciliares já era a Segunda Guerra Mundial, um evento de um passado do qual não fomos contemporâneos, de um passado anterior à nossa própria existência, que não sentimos na pele. A geração de padres dos anos de 1960, sobretudo 1970 e começo de 1980, em termos de renovação conciliar – a maior renovação dos tempos modernos – foi pioneira, desbravadora, criativa, linha de frente na batalha da renovação global, com riscos e perdas dolorosas, mas com sonhos e esperanças epocais. Já a geração dos "padres novos" vê tudo isso, inclusive o movimento generoso e esforçado dos pioneiros, como algo anterior a eles, num passado mais ou menos distante, só alcançável por outros, por ouvir dizer ou por ler, e não por sua própria experiência. Ou seja, desde o ponto de partida, desde o nascimento, há uma diferença básica de posição que se tornou cada vez maior. Além disso, é bom lembrar que cada geração, na aurora juvenil da sua vida, pensa estar chegando ao mundo para finalmente torná-lo diferente e melhor do que recebeu. Não fosse assim, estaria doente.

Na geração pós-conciliar pioneira se juntavam a bispos com liderança renovadora os padres *Fidei Donum,* vindos como padres diocesanos missionários para o Brasil e para toda a América Latina, provindos do Norte, Europa e Canadá ou Estados Unidos. E nas congregações e ordens religiosas era ainda marcante a presença de padres vindos desse mesmo Norte. Muitos bispos provinham destes segmentos missionários das congregações. Eles conheciam melhor do que os nativos "os dois lados" do mundo, viviam o "choque da diferença". Experimentavam um inevitável dilema que os obrigava a uma decisão, a uma das duas posturas possíveis: ou uma postura colonizadora, com desconhecimento e desprezo da cultura e espiritualidade nativas, ou uma postura de crítica decolonial – que não precisava de Marx, pois bastava o choque da realidade para que se tornassem "mais latino-americanos" do que os próprios nativos na confrontação com as metrópoles. A Igreja do Brasil teve, desde antes e durante o Concílio, na teologia e na pastoral, excelentes lideranças proféticas que tinham feito esta conversão decolonial com o deslocamento facilitador para uma recepção criativa e nativa do Concílio Vaticano II.

O Concílio, que provocou um enorme movimento de renovação, como todo movimento social, estabeleceu uma dinâmica *datada.* Convém que nos alertemos com um ensinamento da sociologia dos movimentos sociais, que constata a temporalidade de todo movimento social: tem uma incubação, um começo cheio de energia, uma eclosão e depois um desenrolar que, ao passar o tempo, como na lei de entropia, também vai perdendo energia até – enquanto movimento – se extinguir. Se nesse tempo – o tempo da energia dos pioneiros até seu esgotamento – não conseguir os resultados para os quais eclodiu, tende a se tornar retórico e burocrático, e o movimento se reduz a uma organização, uma instituição entre outras[18]. Em que medida esta lição se aplica ao "movimento" eclesial na origem e em decorrência do Concílio? É uma pista a seguir. Sabemos a respeito dos movimentos que convergiram no Concílio e sabemos que, além do grande movimento suscitado pelo próprio Concílio, houve também a "volta à grande disciplina". Este retorno ao menos formal, ao menos como provocação vinda da autoridade romana, para os "padres novos" é mais recente do que o Concílio. Seus papas São João Paulo II e Bento XVI, não João XXIII e Paulo VI. O que isso indica para compreender os resultados desta grande pesquisa?

O Concílio, é importante repetir, se tornou naturalmente um critério de legitimação eclesial. Inclusive do exercício do ministério presbiteral. A necessidade de legitimação, mesmo onde houvesse discordâncias, constrangeu o clero todo – padres e bispos – a se referirem ao Concílio. Mas à medida que este ia ficando mais distante no tempo, a legitimação foi sendo assentada sobre hermenêuticas conciliares diferentes, desde a permanência de um apelo de renovação ampla e radical, ou passando para uma renovação moderada, depois crítica, até um silenciamento tático. Foram emblemáticas as discussões em torno do ano de 2005 sobre *hermenêutica da continuidade* e *hermenêutica da ruptura* ou *descontinuidade*. Na verdade, a Escola de Bologna – e o Papa Bento XVI lhe dava razão – interpretou o Concílio como um *evento* eclesial de *reforma*, a mais profunda e abrangente dos tempos modernos. A sua interpretação e a sua efetivação, no entanto, não só em contextos variados, plurais, mas inclusive nos mesmos contextos em gerações que vão se sucedendo, portaram consigo tensões, estranhezas e insuficiências.

2 Os padres novos e a "revanche do sagrado"

Muita religião e pouco evangelho? Muito rito e pouca fé? Muito altar e pouca ação? O ministério presbiteral, examinado no contexto dos sinais dos tempos da Modernidade e da Pós-modernidade (ou dito com outras

---

18. Esta análise foi feita por ocasião da comemoração de vinte e cinco anos do Movimento dos Trabalhadores Sem Terra (MST).

nuances), porta uma questão antropológica de todos os tempos, a relação entre fé e religião – ou entre espiritualidade e religião. Ora distinta, com radicalização na *sola fides*, ora relacionada a ponto de se confundir, absorvendo a fé na religião, como se praticar atos religiosos já fosse por si mesmo garantia de fé, essa relação, na Modernidade secularizante pendeu para uma grande sobriedade de expressões religiosas, a ponto de se ter falado de desaparecimento gradual da religião, e mesmo de um cristianismo sem religião[19]. Na Igreja marcada pela Contrarreforma, pelo barroco e pela romanização, se desconfiou de uma "protestantização". Mas há um "retorno do sagrado", como se constata às vezes diretamente e outras vezes indiretamente nesta pesquisa. E a dimensão do sagrado veio incrementando, ainda que com aumento do pluralismo as práticas religiosas. Os "padres novos", de modo geral, em confronto com a geração imediatamente pós-conciliar, parecem se preocupar mais com os atos de religião e rituais bem feitos, com os sinais religiosos, com imagens e roupas que se referem à religião, com palavras e emoções evocadoras de religião. São mais positivos – e acríticos? – na recepção deste retorno do sagrado que tem um certo sabor de revanche[20].

Na curvatura do século XX – em cujo centro aconteceu o Concílio Vaticano II – amadureceu com fadiga e certa profundidade a compreensão teológica da secularização não como negação da transcendência, mas, ao contrário, como expressão da encarnação do transcendente – o Verbo que se faz carne – e como valorização das realidades terrestres e sua autonomia – *creatio ex nihilo* –, de tal forma que se buscou respeitar o espaço secular, mas também, por outro lado, superar o fácil recurso ao dualismo que persegue a religião no Ocidente e suas colonizações. Agora o dualismo está de volta, e muitos "padres novos" – a ficar com os resultados da pesquisa – tendem a aprofundar este dualismo nos diversos âmbitos da existência humana, especialmente da moral e da religião enquanto rituais e expressões estéticas, o "mundo da religião". Estão assim de volta não só as batinas, mas as imagens de santos, especialmente, claro, de Nossa Senhora, a devoção e a piedade ritual, o fascínio pela estética que promete experiência religiosa. Quando se evoca "padres novos" – e a pesquisa confirma – se evoca mais fervor e menos racionalidade, uma compreensão do sagrado

---

19. Segundo Charles Taylor em *A era secular* e José Casanova em *Public Religions in the Modern World*, esta foi a forma mais europeia do que americana da Modernidade, pois enquanto na Europa se produzia menos religião com o avanço da secularização, na América do Norte, sobretudo Estados Unidos, a Modernidade em sua secularidade permitiu um incremento do pluralismo religioso e mais religião. Mas o Brasil, como a América Latina em geral, foi mais dependente do movimento europeu, também nisso sua cópia colonial.

20. Cf. KEPEL, G. *A revanche de Deus*. São Paulo: Siciliano, 1991.

como separado do mundo, uma quase "desencarnação", e por isso sem receio de exotismo e anacronismo.

Tornou-se comum a afirmação de que o Concílio teria sido exageradamente otimista em relação à cultura moderna, à ciência e ao progresso, permitindo assim abusos e perdas. Examinando a *Gaudium et Spes* esta visão não confere. O que de fato ocorreu foi uma culpabilização do Concílio com uma interpretação superficial e generalizante que foi assumida pelos incomodados e se impôs sobretudo nos que o veem de longe, de tal forma que serviu de álibi para uma retomada da postura pré-conciliar de conflito com a Modernidade, o antimodernismo da primeira metade do século XX[21]. Em termos brasileiros esta interpretação não está separada da avaliação negativa ou cheia de reservas em relação à Teologia da Libertação, associada em sua real originalidade à visão crua da realidade latino-americana e à opção preferencial pelos pobres, de caráter intrinsecamente cristológico e evangélico, e à emergência eclesiológica das Comunidades Eclesiais de Base como verdadeiro sujeito eclesial, assunto que na análise desta pesquisa se reiterou, mas que então acabou na mesma generalização superficial de marxismo trasvestido, álibi para um distanciamento do caminho pós-conciliar da Igreja do Pacto das Catacumbas e de Medellín. É preciso reconhecer que a repetição à saciedade de afirmações prontas e sem exame real dos originais abriu caminho entre "padres novos".

Convém uma nota de José Casanova, que observou, desde a sociologia do cristianismo, uma curiosa tendência a uma "inversão" recente na formação do clero entre padres diocesanos (clero secular) e padres de congregações e ordens religiosas (clero regular), acrescentando que 80% da parte masculina da Vida Religiosa Consagrada é formada de padres, clero regular[22]. Enquanto padres diocesanos jovens retomam o enraizado modelo monacal na formação de clero em seminários disciplinados, com liturgia das horas comunitária, direção espiritual etc. Aliás, seguindo as orientações e os documentos do magistério, os padres religiosos, pelo compromisso das ordens e congregações religiosas com os pobres e periferias, e pela inserção em meios populares para cumprir seu carisma, formam-se parecendo-se mais

---

21. Quando um grande *influencer* digital entre seminaristas e padres novos sugeria, em torno de 2007, a campanha "Menos cem", ele sugeria, consciente ou não, a volta ao antimodernismo justamente aos cem anos da Carta Encíclica *Pascendi Dominici Gregis*, que se tornou marco da luta antimodernista. Entre este documento de Pio X e a *Gaudium et Spes* ou *Lumem Gentium* e *Medellín,* há, de fato, uma mudança de 180º na postura em relação ao contexto histórico, social, cultural e religioso contemporâneo, como também em relação à autocompreensão da Igreja. Mas a história só se repete como farsa, e a pregação do impossível retorno se torna um sofisma, mesmo que fascine os desavisados.

22. A observação foi feita em conferência proferida na PUCRS, em 2012.

com padres "seculares". Se isto diz alguma coisa, trata-se de interpretações da encarnação cristã e do ministério "religioso" que decorre daí – a relação entre evangelho e religião.

Em conexão com o dito acima, como explicar a observação nos resultados da pesquisa de que os padres de congregações e ordens religiosas se integram menos, inclusive pouco, na vida e pastoral diocesana? Não parece difícil explicar que a estrutura missionária do carisma das congregações e ordens as tornam mais movediças e menos interessantes para conduzir de forma estável as estruturas e planos diocesanos. Mas esta questão não é a mais profunda, pois "padres novos" mais "religiosos" e outros mais "seculares" encontram-se entre diocesanos e entre congregações religiosas igualmente. A questão mais séria é a redução da fé cristã a um mundo de signos religiosos, distraindo-se do essencial, tornando menos eficaz e relevante o Jesus narrado nos evangelhos em seu aspecto mais característico de superação da religião ritual e do templo, trazendo um evangelho de misericórdia e liberdade de filhos e filhas de Deus para além dessa religião formal, ainda que esta seja parte da necessidade humana de expressar a fé. Paulo compreendeu bem esta superação e esta liberdade de religião. Uma conclusão da pesquisa é de que os "padres novos", com seu acento institucional e religioso, ainda que mais fervorosos, parecem ter mais dificuldade de compreender e viver esta verdade do que os padres da perspectiva evangelizadora e libertadora; e por isso é entre os "padres novos" que se encontra maior rigidez e o paradoxo do "jovem conservador".

3 Os padres novos, a hierarquia e a sinodalidade: quem tem poder?

A pesquisa aqui apresentada é fortemente conclusiva em relação ao "retorno do poder". A tendência ao autoritarismo, ao clericalismo, ao carreirismo, quando se baixa a guarda, volta a galope por ser a sombra que acompanha a hierarquia, mesmo quando ela é compreendida como ministério, serviço, e, portanto, uma hierarquia invertida, em que o maior é o menor e aquele que serve. Mas não é uma novidade ou uma singularidade dos "padres novos". A diferença é que as crises da época e o próprio Concílio e seus desdobramentos – lembrando, por exemplo, novamente o Pacto das Catacumbas e Medellín –, a geração conciliar e imediatamente pós-conciliar exercitaram o "despojamento" não só de símbolos, imagens, ritos, mas também de si mesmos, do exercício da autoridade e do poder.

A "queda de paradigma" – no caso do paradigma barroco e romanizante que dominou os últimos séculos precedentes ao século XX – levou tudo consigo, o que é fatal em toda queda de paradigma. No caso, inclusive o modo de exercer a autoridade e o poder, além do modo de rezar, de vestir, de se relacionar etc. Em poucos anos ruíram os livros nas bibliotecas, nos bancos das igrejas, o missal e, inclusive, o código do Direito Canônico. O que estava sendo segurado em pé, embora já artificialmente como um morto sem alma, veio abaixo com a simples aragem inicial da abertura conciliar da Igreja. Entrou-se literalmente num tempo de *vacatio legis*, numa travessia da fé e da esperança sem apoios, com necessidade urgente de criatividade e experimentação. Foi, por isso, um tempo de angústia e de receios, de desencanto e desistências às vezes em massa. Quando desaba um paradigma, um modelo de vida que se tornou disfuncional, tudo volta a zero, e mesmo os protagonistas e especialistas, as autoridades e os executivos dentro do velho paradigma, todos se tornam analfabetos e aprendizes[23]. Aos bispos e aos padres o apelo ao despojamento, ao aprendizado, à busca em todos os sentidos, se impôs. Isso é exemplar no Pacto das Catacumbas. Paulo VI sugeriu que os padres refizessem sua opção com a necessária liberdade que antes muitos não tinham tido. E acabou se assustando ele mesmo com tanto pedido de laicização. A urgência não permitia que o discernimento fizesse muitas voltas.

O Concílio, claro, estava do lado da busca de solução, não do lado do causador de problemas. Podia-se ainda tentar culpar os tempos, a história, a humanidade, o pecado original de Adão. Ao invés disso, o Concílio ensinou a buscar nos sinais dos tempos os sinais de Deus, do Espírito que renova a face da terra. Buscar, aprender, mas também animar, coordenar, enfim exercer o tríplice ministério – profeta, pastor, sacerdote –, mais na forma de empoderamento dos demais, foi um caminho seguro de superação.

No entanto, a pesquisa mostra como o clericalismo – e com ele o autoritarismo, a autoconsciência de hierarquia e de poder sobre outros – é persistente e espreita as novas gerações. Para compreender este dado preocupante, sobre o qual se manifestou reiteradamente o Papa Francisco, novamente é necessário ter um olhar longo para a antropologia social. Nos grupos humanos não há vazio de poder, ele sempre emerge. E normalmente se legitima com alguma forma de sacralização. Hannah Arendt, a filósofa judia que conheceu o horror do exercício do poder na Segunda Guerra Mundial, cuidou da necessidade de um poder que

---

23. O exemplo que se costuma apresentar é a mudança do mecanicismo de uma máquina de datilografar para a inteligência do computador na era digital. Quando pai e filho estão diante do computador, normalmente não é o pai que ensina o filho, mas o filho, nativo digital, que está ajudando o pai a sair dos ruídos de seus escombros mecanicistas.

controle a violência, o poder público exercido em público, transparente e sob a autoridade do público. Quando, em nome de uma fonte sagrada de legitimação, o exercício do poder se recusa a isso, o perigo é iminente. Sobretudo quando ele se torna populista, na verdade narcisista, fascinante e sedutor, exercido com doses de libido às vezes deslocada da sexualidade e da fecundidade para o apetite de poder, de carreira e controle de outros, a violência e a destruição serão seus frutos. Esse narcisismo impenitente, essa libido deslocada, pode contaminar na realidade o poder da hierarquia religiosa de forma sutil e brutal ao mesmo tempo, e desemboca em abusos de diversas ordens.

Hierarquias não necessariamente precisam ser pensadas de forma vertical e piramidal, em que os que estão em cima valem mais do que os que estão em baixo. Na Igreja nem se chega a afirmar tal disparate. Pode-se pensar uma hierarquia de forma circular, em torno de um centro, ou, como convida o evangelho, de forma invertida: maior é o que serve. Mas para isso é necessário sempre de novo uma conversão hierárquica. A perseverança na hierarquia, segundo o pensamento neoplatônico ou segundo a eficácia da legião romana, segundo a estrutura feudal – tornando os clérigos senhores feudais com legitimação teológica e eclesiológica – desemboca num clericalismo maciço. Em última análise o clericalismo se assenta na convicção e no axioma implícito de que não só fora da Igreja não haveria salvação, mas "fora do clero não há salvação". O raciocínio é até simplório: fora dos sacramentos não há salvação, e quem administra os sacramentos é o clero, ponto-final. Aí reside o seu poder, o desfiladeiro e a porta estreita pela qual tudo deve passar. Está aí o supremo narcisismo, legitimado pela urgência e sacralidade da salvação e dos meios de salvação.

Não deve surpreender que a pesquisa confirme um retorno mais cruamente sincero ou na forma de insinuações de clericalismo entre os "padres novos". O despojamento desse narcisismo do exercício do poder, arrancado e quase arrasado pela queda de paradigma e pela *vacatio legis* que, embora não sem dor, renúncia e insegurança, foi mais facilitado nos anos imediatamente pós-conciliares; tornou-se uma conversão mais difícil e exigente para quem não conheceu na própria pele a turbulência daqueles anos.

É recomendável, para compreender já com certa distância onde viemos parar, a revisitação da tese doutoral sobre o clero brasileiro de Kenneth Serbin, historiador brasilianista, em *Padres, celibato e conflito social*[24]. Em sua

---

24. SERBIN, K.P. *Padres, celibato e conflito social*: uma história da Igreja Católica no Brasil. São Paulo: Companhia das Letras, 2008. O autor transcreve como epígrafe um parágrafo de Frei

história dos padres brasileiros, o autor começa afirmando que "a vocação para o sacerdócio católico incorpora a mais generosa aspiração e as mais profundas contradições do ser humano"[25]. Do período colonial ao império e à república, dá atenção ao esforço frequentemente frustrado para que a disciplina do Concílio de Trento seja observada, e se volta especialmente ao relativo sucesso da romanização[26] e à batalha antimodernista – batalha um tanto artificial, levada adiante conjuntamente com uma "modernização conservadora" – até a crise crescente e insustentável de relevância social que se refletiu nos seminários desde a década de 1940 até 1970. Pequenas comunidades formativas ao invés de seminários enormes, ativismo social ao invés de sacristia, e psicoterapias diversas, individuais ou em grupos e em cursos e encontros de atualização, desde a psicanálise clássica junto com espiritualidade no então famoso curso *Christus Sacerdos*, coordenado pelo padre jesuíta húngaro Géza Kövecses, em São Leopoldo para todo o Brasil, surgiram como brechas nos impasses e crises vocacionais.

Com os documentos do Concílio em mão, o clero passou a ser atualizado e treinado em novo modelo, ao menos de princípio, em "cursos de atualização". Os Ispacs (Instituto Superior de Pastoral e Catequese) e Ispals (Instituto Superior de Pastoral e Liturgia) e a proximidade da Ação Católica renovada pela sua segmentação francesa, especialmente JUC e JOC, ajudaram o clero em formação justo nos momentos mais complicados e contraditórios para a Igreja – o endurecimento do regime militar no final dos anos de 1960 e inícios de 1970[27]. Serbin, no entanto, apesar da nova militância do clero jovem de então, afirma que a "psicologia da libertação", à qual dedica um

---

Betto, de 1970, que vale a pena ler para compreender a dor com que se empreendia um novo caminho, despojado e "desempoderado", de então: "Nós nos afastamos do convívio normal com as pessoas, sob pretexto de estar mais disponíveis para a pregação do Evangelho. Muitos de nós nascemos em famílias operárias, e há mesmo cardeais filhos de camponeses. O ingresso precoce no seminário tirou-nos da realidade de nosso meio e deu-nos condições de vida que serviram como promoção para melhores categorias sociais. A cultura clássica modificou-nos o raciocínio e a linguagem; os tempos prolongados de formação enclausurada nos afastaram dos problemas reais que são problemas vivos e dramáticos de todo mundo, menos dos ricos e dos padres. É possível agora construir uma ponte entre o nosso mundo e o mundo que está fora de nossas instituições eclesiásticas? É possível modificar nossa maneira de ver e de viver?"

25. Ibid., p. 19.

26. Segundo a pesquisa de Serbin, a clericalização do ministério de padre atingiu seu ápice no Brasil no triunfo da romanização, no final do século XIX e na primeira metade do século XX.

27. Dom Vicente Scherer, bispo de referência para esses institutos e para a Ação Católica, com reta consciência fechou tudo, assustado com o andamento e sobretudo com muitas desistências de clérigos envolvidos. O curso *Christus Sacerdos* e assemelhados seguiram o destino do então célebre Mosteiro de Santa María Ahuacatitlán, na Diocese de Cuernavaca, no México, sancionado por introduzir psicanálise para os monges, tendo uma grande parte deles se afastado da vida monástica.

capítulo de seu livro, fez tanto ou mais do que a Teologia da Libertação para o clero brasileiro[28]. Esta incursão no passado tem aqui a intenção de ajudar a compreender que a geração de padres dos anos de 1970/1980 comporta um número significativo de "sobreviventes", sem tempo para se cultivar na estética do cargo e dos ritos e nem ilusões no cultivo da ética: são, em sua maioria, padres do essencial simplesmente, despojados sobretudo em relação ao poder[29].

4 Os padres novos, e a "nobre simplicidade" – o teste das roupas e dos ritos

Em diversas análises da pesquisa há referências à forma da liturgia, à estética dos rituais e, sobretudo, à questão do vestuário clerical, inclusive explicitamente provocado pela própria pesquisa. Também neste aspecto a geração imediatamente pós-conciliar se caracterizou pelo despojamento e pelo retorno ao tempo mais primordial da história cristã, em que não há notícia de vestes especiais para presidir a liturgia ou para distinguir os líderes. As vestes barrocas pré-conciliares, cuja origem principal é o século XVII, auge das cortes dos reis na Europa, que a corte papal acompanhava por questão até de se manter *inter pares*, foram radicalmente depostas, permanecendo uma túnica branca ainda sem decorações de tipo quadro mural, e a estola, uma casula inspirada no tempo patrístico para a presidência em celebrações especiais. As casulas barrocas estilo violão, as estolas e manípulos em forma de pata de elefante, os pluviais ou capas magnas, as dalmáticas e sobrepelizes, os barretes e chapéus saturnos... sem falar de uma porção de vestes episcopais, desde as luvas até as *cáligas* (sapatos vermelhos ou brancos), roupas em sedas e rendas, fartamente bordadas – e às vezes com fios dourados – enfim a festa colorida do barroco, foram devidamente encaminhadas ao museu, lugar da memória e da história, aliás uma história repleta de ambiguidades. A "nobre simplicidade" exigida pela *Sacrosanctum Concilium*, n. 124 aconselhou a superar tantas superposições típicas do barroco, assim como, com Paulo VI, o papado depôs o uso de tiara com três coroas. Normalmente as

---

28. Ele reafirmou enfaticamente esta conclusão em colóquio informal comigo, em 2011, em seu gabinete na Universidade de San Diego.

29. Outra publicação útil para revisitar ou conhecer a história do clero brasileiro em diferentes etapas, e sobretudo nos "anos de chumbo", é o trabalho instigante, com uma visão muito detalhada, do deputado federal por Minas cassado pela ditadura, Márcio Moreira Alves, *A Igreja e a política no Brasil*. Brasília: Brasiliense, 1979 [Disponível em chrome-extension://efaidnbmnnnibp cajpcglclefindmkaj/viewer.html?pdfurl= http%3A%2F%2Fwww.dhnet.org.br%2Fverdade% 2Fresistencia%2Fmarcio_alves_a_igreja_politica_no_brasil.pdf&clen=1273074&chunk=true].

irmãs em clausura continuaram a oferecer seus serviços de confecção inspirada na nobre simplicidade.

No entanto, em 2016, ao assessorar um congresso de presbíteros convocado pelo Conselho Nacional de Presbíteros, foi-me pedido pela presidência que tratasse do assunto, das roupas eclesiásticas e litúrgicas. Na ocasião surpreendeu a reviravolta na oferta de produtos no fundo do anfiteatro: o que em nem uma década anterior seriam apenas livrarias com oferta de literatura; já naquela ocasião as lojas de paramentos e objetos litúrgicos eram maioria, e mesmo algumas livrarias diversificaram com objetos de culto e vestuário. Havia uma expressão irônica para a troca de livros por roupas: "teologia do pano". A tendência não é inocente, e aparece agora com clareza na pesquisa de forma reiterada. Se tomarmos como referência a "nobre simplicidade", entre "padres novos" há a observação de que os padres da geração anterior cultivam simplicidade sem nobreza, descuido para com a sacralidade da liturgia. E os segundos, por sua vez, apontam decepcionados que entre os "padres novos" reina uma nobreza sem simplicidade, um exagero de cuidados estéticos e um retorno à teatralidade do barroco que ofusca a simplicidade do Evangelho. Para onde vamos?

Roupas, de fato, não são apenas elementos úteis, assim como objetos de festa: são uma linguagem cheia de simbolismo. Há três tipos de roupas simbólicas na evolução histórica da tradição da Igreja:

1) As roupas eclesiásticas, como os *clergymans*, de origem protestante, caracterizado pelo colarinho branco, uma simplificação das batinas com golas em "V" invertido usadas pelos nobres e profissões liberais, inclusive padres, a partir do século XVI. As batinas, assim como as conhecemos, foram uniformizadas a partir das orientações do Concílio de Trento, embora no Brasil somente a disciplina romanizante, já no final do século XIX, conseguiu uniformizar[30]. Como se trata de uma veste de uma classe ou profissão, essas batinas vão se distinguindo em detalhes e cores de acordo com a posição na hierarquia, não apenas no clero, mas também onde subsistem, por exemplo, na academia, na magistratura.

2) Os hábitos de ordens e de congregações religiosas, indicando pertença comum a um carisma, que ainda são usados sobretudo quando se encontram juntos. As ordens que têm sua origem até o final da Idade Média têm hábitos relativamente simples, mas as inúmeras fundações de congregações em tempos modernos, ao contrário da uniformização da batina do padre

---

30. Cf. SERBIN, K. Op. cit., p. 78ss.

diocesano, levaram a uma multiplicação de detalhes até curiosos em hábitos para se distinguir umas das outras.

3) Os paramentos litúrgicos, de acordo com ocasiões, lugares, funções, posição hierárquica em cerimônias, uma profusão de roupas que, na verdade, só foi aumentando entre os séculos XVI e XVIII, no tempo do barroco teatral e no auge das cortes europeias, em que de símbolo a veste se tornou ornamento, "ornamentos sacros" com nomes arcaicos[31].

A questão dessas roupas todas é, em primeiro lugar, a sua intelegibilidade simbólica enquanto linguagem. O que elas dizem às pessoas de nosso tempo? Uma lição de Wittgenstein sobre a linguagem é que ela é "jogo linguístico"; ou seja, é expressão de uma "comunidade de linguagem" na qual ela ganha seus significados. É inútil, por exemplo, assignar artificialmente que o colarinho clerical ou o nó do cordão do hábito significam a castidade do usuário. Quem vê isso na rua compreende ao ver? Ou é necessário, como em desenhos mal feitos, escrever sob o desenho da vaca que é uma vaca? Se é suficiente que o usuário saiba, e não os demais, então deixa de ser linguagem, e já tanto faz um colarinho ou um arco de barril ou simplesmente nada, pois comunica nada. Atribuir uma dimensão ética à roupa – "onde minha batina não entra eu também não entro"[32] – também é um grande mal-entendido, pois é delegar a uma roupa a decisão ética que só pode ser da pessoa. Seria mais inteligível se a afirmação fosse ao contrário, "onde eu não entro, minha batina também não entra". Mesmo assim resta a questão principal: qual a transparência simbólica que a comunidade de linguagem capta nas roupas eclesiásticas e litúrgicas? Tudo o que precisa ser muito explicado é grego, ou seja, língua morta. A teatralidade barroca pode passar quanto muito da estranheza e da esquisitice para a curiosidade. Quando um símbolo, seja uma veste ou um objeto artístico, uma imagem ou mesmo a arquitetura de uma igreja, inspira transcendência sem artificialidade e sem muita explicação?

A nobre simplicidade e a autenticidade cultural de qualquer cultura humana, requeridas pela *Sacrosanctum Concilium*, se aproximam dos três critérios da liturgia romana em suas origens: *simplicidade, sobriedade, funcionalidade*. Nesse sentido, menos é mais: a beleza simples e sóbria produz leveza e transparência. Se os paramentos chamam mais atenção do que o mistério do sacramento que se realiza ou as vozes do coral chamam mais a

---

31. Disponível em https://www.ihu.unisinos.br/171-noticias/noticias-2013/517264-qual-e-a-mensagem-do-desfile-de-moda-barroca-na-igreja – Acesso em 23/02/2022.

32. Tornou-se um refrão em alguns meios de padres novos a partir de uma autoridade que fazia apologia da batina.

atenção do que as palavras do salmo que está sendo proclamado pelo coral, se está perdendo o rumo. Elegância é harmonia em que nenhuma parte chama mais a atenção que o todo. Se uma roupa ou um sinal fora do comum não é claramente entendido por pessoas comuns, mais intimida e separa do que inspira edificação. E será inútil fazer a própria apologia ou apoiar-se na bolha de seu grupo para justificar o que deveria falar por si.

Enfim, aqui, um pouco de Freud e a linguagem do inconsciente também podem esclarecer: as roupas podem estar dizendo outra coisa, elas falam também de classe e de gênero, de vontade de poder e de desejos e fantasias. Um exemplo francamente sincero são as *Drag Queens*, os transformistas, que mostram ostensivamente seu empoderamento exibindo-se montadas em roupas vistosas.

Jesus foi um crítico da religião de vestes. Foi duro contra a espetacularização para parecer mais do que outros e o uso dos objetos e símbolos religiosos para intimidar ou fascinar os demais. Ele condenou o uso da religião para se autoafirmar, ser notado ou inclusive ser separado acima da maioria das pessoas: "Os escribas e os fariseus [...] fazem todas as suas ações para serem vistos pelos outros. Vejam como eles usam faixas largas na testa e nos braços, e como põem na roupa longas franjas, com trechos da Escritura [...] sepulcros caiados que por fora parecem bonitos, mas por dentro estão cheios de ossos de mortos e podridão" (Mt 23,5-6; 27).

Convém, portanto a advertência do místico e militante americano do século XIX, Henry David Thoreau: "Eu vos digo, cuidado com todos os empreendimentos que exigem roupas novas, e não, ao invés, um novo usuário de roupas". Ou a advertência mais positiva do salmista: "Que teus sacerdotes se vistam de justiça, e teus fiéis assim exultem de alegria" (Sl 132,9).

5 Os padres novos na internet: a convicção da fé entre a dúvida da ciência e o fundamentalismo religioso

Uma novidade contextual, apontada na pesquisa, que põe em evidência, sobretudo "padres novos", são as plataformas e redes digitais: pregadores que se tornam *youtubers* e *influencers*. E dão uma nova *performance* a uma porção de padres individualmente. Elas permitem agora ir além dos confins da paróquia física e do contato presencial, virtualmente por todo o planeta, como estamos experimentando. A pandemia acelerou esta nova modalidade de relacionamento e de interação. Por um lado, houve crescimento enorme do potencial da comunicação de massa, a *mass media* – que é comunicação de um, de um centro emissor, para muitos, para uma multidão receptora – mas criou uma novidade radical, a *comunicação de muitos com muitos*, a conectividade totalmente aberta e totalmente distribuída, de forma totalmente descentralizada e horizontal. Nela pode acontecer toda forma de sobreposição, de atalho, de confrontação, de oposição etc. Enfim, intervenção praticamente sem hierarquia, sem barreira, desde a adesão entusiasta até a agressão e toda forma de expressão de paixão ou/e ódio, inclusive no mesmo espaço. Basta examinar, para isso, os espaços de comentários a postagens. É uma verdadeira vertigem, uma sensação de caos, que obriga se autolimitar e ser seletivo, o que conduz ao fechamento em bolhas, em planetas separados. Como isso modela o "padre novo" e sua pastoral?

Em termos pastorais, os "fiéis" não são mais apenas os frequentadores assíduos da paróquia física, mas os "seguidores", os "inscritos", os "amigos" – *fiéis virtuais*. Já estão chegando ao presbitério os "padres novos" que são "nativos digitais", diante dos quais a geração dos anos de 1970/1980 se sente dinossáurica. Esta expressão "padres novos" logo mais poderia ser sinônimo de "padres virtuais" ou "padres digitais"? É claro que a virtualidade pode conduzir a formas de relação e interação presenciais, mas isso significa necessariamente escolha e autolimitação – o corpo não é virtual.

O espaço virtual, por ser horizontal e interativo, é absolutamente pluralista, e mesmo o combate ao pluralismo cria ainda mais pluralismo. É, portanto, também um espaço "em disputa", tem concorrência, e não apenas de corporações, mas virtualmente de muitos em concorrência com muitos. Quem se comunica melhor tem chance de influenciar mais, ter mais seguidores e inscritos, mais "fiéis" em sua paróquia virtual, e até possibilidade de neutralizar ou derrotar oposições. É espaço, por isso, de solidariedade, mas também de ódio, de ressentimento e de divisões, do melhor e do pior que há no coração humano, criado e necessitado de vínculos, de conexão. Este, afinal, é o significado de internet – conexão global – que está vinculando e modelando uma nova sociedade global, ainda que "a trancos e barrancos". O que temos à frente nessa viagem sem retorno enquanto ministério presbiteral, olhando para os padres que estão na linha de frente, os "padres virtuais"?

Chama a atenção a transmissão das pregações que disputam mais os corações do que as inteligências. Elas têm muitas qualidades, geralmente são coloquiais, têm simplicidade, narratividade, sentimento, entusiasmo e emoção. Elas também têm uma dimensão moral, que às vezes soa como *coaching* – oferta de autoajuda – e pode derrapar para juízos moralistas. A pesquisa revelou a tendência à pregação "terapêutica", dirigida diretamente ao indivíduo, à pessoa, ao mesmo tempo que diminuiu muito o apelo ao engajamento nas questões sociais em comparação com a geração imediatamente pós-conciliar. Até, pelo contrário, assuntos de compromisso transformador que exijam engajamento em movimentos sociais são suspeitos de Teologia da Libertação, que por sua vez está rotulada de comunista ou marxista, um dado suposto sem real informação e reflexão, como um vestido *prêt-a-porter* cômodo para a preguiça intelectual, conhecido ou lido normalmente em terceira mão, sem contato com os originais. A internet potencializou estas "críticas acríticas". Tudo somado, há um crescimento de comunicação, um pluralismo até caótico, muita oferta terapêutica, e formação de bolhas, inclusive na Igreja, com a tendência a selecionar e se limitar a conexões com os iguais. É um imenso desafio.

Em termos de conteúdo, as pregações na bolha dos inscritos retornam com certa dose de batalha identitária às "três brancuras" e ao famoso sonho de Dom Bosco chamado de "sonho das duas colunas", sonho em que, em tempos de romanização, no século XIX, Dom Bosco vê Pio IX, secundado por cardeais, a pilotar um imenso transatlântico em mar agitado e cheio de pequenos barcos de guerra – maçons, protestantes, racionalistas – que atacam o grande navio, mas dirigindo-se seguro e triunfal ao porto por entre duas colunas como faróis que têm como luz Nossa Senhora Auxiliadora e a Eucaristia no ostensório. Nas três brancuras – da Eucaristia, de Maria e do papa, ou seja, dos sacramentos, da devoção mariana (e aos santos) e do magistério – está o enraizamento moderno da identidade católica[33].

O que mais chama a atenção ao analista, desde a irrenunciável teologia, é a intensidade da convicção, a importância da transmissão da convicção nas pregações. E dialeticamente a necessidade de algum inimigo, de uma heterodoxia, um "protestante", um comunista, ou, afinal, o diabo em suas diversas versões, para o fortalecimento da própria convicção como uma batalha no inevitável campo pluralista alargado pela internet. Troca-se assim o diálogo e a reflexão por afirmações de princípios inquestionáveis. O risco dessas pregações, que conduzem a um dualismo do tipo "sagrado" *versus* "profano" e que tem sabor de "fanatismo", com acento onipotente e oblitrante do sagrado, é a criação de "esquizocrentes", a dissociação entre cristão e cidadão, e o fundamentalismo ou fideísmo, a dissociação entre conhecimento objetivo e fé. Ou, em outras palavras, pregações que, em favor da devoção e da fidelidade,

---

33. Yves Congar, em sua obra sobre o Espírito Santo, comenta a expressão "três brancuras" como forma expressiva da identidade católica. Atualmente, com o magistério conciliar e sinodal do Papa Francisco, o acento está matizado mais na "doutrina da Igreja", na ortodoxia, invocando uma Tradição a-histórica, não datada, sem nomear este papa.

desconhecem a ciência na relação dialogante entre fé e razão, relação que caracterizou o conhecimento cristão desde os primeiros séculos.

É que as ciências, especialmente as ciências humanas, supõem uma boa dose de limitação e precariedade do conhecimento, de inacabamento e provisoriedade, e, portanto, de busca, de pesquisa. Em outras palavras, supõem a dúvida cartesiana, a dúvida como método. De qualquer forma, como viu bem Santo Agostinho, a própria pesquisa supõe também uma dose de confiança em encontrar. Ou seja, se a fé supõe conhecimento, o conhecimento também supõe fé. Desta forma, a convicção, que não é da ordem da afetividade e da fidelidade, mas da consciência e do conhecimento que supõem inclusive a experiência – sempre humanas, sempre limitadas – está aberta a ulteriores buscas, ao aperfeiçoamento e até à correção, sem que isso traia a fé [34]. No entanto, o fanatismo que se erige em convicção fechada sobre seus *slogans* e doutrinas, passa a temer e combater novas possibilidades de conhecimento, sobretudo a partir de experiências e testemunhos de outros. Confunde convicção com certeza, que é de ordem do conhecimento e por isso sempre limitada. E descamba, afinal, para a prepotência de quem tem a certeza absoluta diante do outro que está em erro, e daí pode desencadear violência verbal e injustiça com o que é diferente de sua experiência e convicção.

A internet possibilita que seminaristas e "padres novos" encontrem subsídios em abundância para suas pregações, sem precisar recurso aos seus estudos formais de teologia e Escritura. A teologia do século XX se caracterizou por um passo irreversível em seu método: a introdução dos métodos histórico-críticos e das aproximações hermenêuticas contextuais. Esta teologia ajudou decisivamente o Concílio a consagrar indicações de teologia católica no contexto do mundo moderno, como desejou Paulo VI ao abrir a segunda sessão conciliar. Os métodos histórico-críticos foram assumidos pela Teologia da Libertação como teologia decolonial e abertura a novas possibilidades de teologia. Mas há "padres novos" com muito sucesso em suas pregações estéticas e morais, com boa retórica e boa literatura, que desconhecem olimpicamente este caminho, e se assentam na simplificação teológica que soa fundamentalismo católico. Afinal, os métodos histórico-críticos introduzem não só contextos que complicam uma transposição hermenêutica simplista,

---

34. A Unesco patrocina uma feliz iniciativa nascida no sul da França, chamada *G3i* – Grupo intercultural, inter-religioso, interconviccional. Como também agnósticos começaram a participar, a Unesco modificou para Grupos internacionais, interculturais e interconviccionais, incluindo espiritualidade e religião no espaço da convicção. Importante e novo é o neologismo interconviccional e o exercício de diálogo de convicções. Desde o grupo original, desenvolveu-se um verdadeiro método para isso.

mas introduzem margens de dúvida, de necessidade de busca. Mas a dúvida, que também faz parte da indefinição e da liquidez pós-modernas, pode se tornar insuportável, ameaça corroer a convicção quando esta se passa por certeza. E como a cultura pós-moderna não prima pela historicidade e pela razão crítica, assim como exalta o estético e estreita o ético, assim como aceita o arcaico como *fashion*, charmoso, sem se importar com anacronismo e exotismo, há quem considere mais proveitosa uma mensagem de uma aparição mariana do que o contexto bíblico profético do Cântico de Maria. E há quem interprete o texto bíblico do *Magnificat* tomando a citação do versículo a partir da aparição mariana.

Um epílogo sem conclusão: e o celibato?

A pesquisa que comentamos buscou detectar e compreender, em duas perspectivas, a *evangelizadora/libertadora* dos padres das décadas de 1970/1980 e a *institucional/carismática* dos "padres novos", ordenados nas últimas duas décadas, três aspectos fundamentais para compreender o perfil dos padres novos: a visão de mundo, a visão de Igreja e a visão do próprio ministério presbiteral. A pesquisa implicou mais de mil envolvidos por todo o Brasil, tanto de padres, novos ou não, como de leigos adultos e jovens, seminaristas e irmãs de congregações, portanto uma amostragem cientificamente excelente.

O questionário com escolhas múltiplas sobre estas três grandes áreas não visou um aspecto ao mesmo tempo específico e de grande peso: o celibato dos padres. Este exigiria por si mesmo uma pesquisa específica. Mas este aspecto tem grande importância porque com ou sem celibato o ministério apareceria em formas muito distintas não só na vida prática, no exercício do ministério. Como analisava um psiquiatra italiano há algumas décadas, o celibato é, ao mesmo tempo, a glória e a miséria da Igreja Católica. É, antropologicamente, o caminho da perfeita inteireza singular de cada pessoa, como a etimologia indica, junto com a palavra "monge" – *monacus, monas, uno*. Inteireza inclusive em suas relações: revela que a pessoa não é uma metade desesperada em busca de sua outra metade. Mas é um caminho com possibilidades de percalços que complicam e contaminam sua beleza e perfeição. Especialmente a do deslocamento da libido para o poder e o autoritarismo, para uma sublimação indevida e sutil do narcisismo, ou para apegos a coisas até se tornar a figura caricata de um padre dinheirista, ou mero administrador e seco burocrata do ofício; enfim o risco da solidão despovoada de espiritualidade e de compaixão.

Como está a vida celibatária dos padres? Já houve, no âmbito recente da Igreja, alguma tentativa de conhecer melhor a realidade concreta e específica do celibato. E qualquer leigo, ao comentar a vida dos padres, dificilmente passa por alto este assunto. O modo como viveram o celibato e qual sentido deram ao seu celibato os padres que agora já alcançaram a terceira idade ou os "padres novos" cheios de energia possivelmente ganha nuanças diversas.

A ordenação presbiteral de *viri probati* – homens casados e com família já estabelecida – ou mesmo de mulheres, apesar da carta apostólica de João Paulo II *Ordinatio Sacerdotalis*, de 1994, tem uma longa discussão, quase tão longa quanto a presente disciplina do celibato, que os documentos só momentaneamente acalmam. Por outro lado, os arranjos de relações maritais fora da disciplina eclesiástica são conhecidos desde o primeiro milênio como *nicolaismo*, ao lado do velho problema da *simonia*, a comercialização dos bens sacramentais. Santa Hildegarda de Bingen, do século XII, que o diga. As soluções já foram diversas, não há historicamente o "foi sempre assim", como não há a "liturgia de sempre", e talvez não haja soluções ideais e universais, mas pastorais e contextuais. O combate ao relativismo, bandeira de Bento XVI, não pode se tornar um absolutismo, e uma sadia relativização, "caminho do meio", evita o extremo de uma fé desencarnada, pois o absoluto se fez carne, e é na carne que se vive a transcendência sem transcendentalismo. Este é o regime da fé no Verbo Encarnado.

As questões de fundo da pesquisa que aqui foram abordadas – a historicidade do caminho da Igreja e o Concílio Vaticano II como linha de fundo, a relação entre o sagrado e o profano, entre religião e secularidade, o exercício da autoridade e do poder e a relação entre hierarquia e sinodalidade, a relação de fé e razão e a pregação fundamentalista que despreza a ciência, enfim a vida e a espiritualidade celibatária incluída no ministério, tudo isso tem raízes de ordem antropológica, portanto ultrapassa as duas gerações examinadas, afeta todas as gerações, ainda que de modos diferentes, e pode ser estudado pelas diversas ciências humanas. Portanto o que se buscou é examinar como isso afetou diferentes gerações recentes, especialmente em busca do perfil epocal dos "padres novos" e sua aventura, o caminho que terão pela frente, que é, em boa medida, aventura da Igreja. Mas nessa peregrinação santa estamos todos.

Referências

ALVES, M.M. *A Igreja e a política no Brasil*. São Paulo: Brasiliense, 1979 [Disponível em chrome-extension://efaidnbmnnnibpcajpcglclefindmkaj/viewer.html?pdfurl=http%3A%2F%2Fwww.dhnet.org.br%2Fverdade%2Fresistencia%2Fmarcio_alves_a_igreja_politica_no_brasil.pdf&clen=1273074&chunk=true].

CASANOVA J. *Public religions in the modern world*. Chicago: University of Chicago Press, 1994.

KEPEL, G. *A revanche de Deus*. São Paulo: Siciliano, 1991.

O'MEARA, T. Qual é a mensagem do desfile de moda barroca na Igreja? *National Catholic Reporter*, 26/01/2013 [Disponível em https://www.ihu.unisinos.br/171-noticias/noticias-2013/517264-qual-e-a-mensagem-do-desfile-de-moda-barroca-na-igreja].

PIO X. Carta Encíclica *Pascendi Dominici Gregis*, 1907.

SERBIN, K.P. *Padres, celibato e conflito social*: uma história da Igreja Católica no Brasil. São Paulo: Companhia das Letras, 2008.

TAYLOR, C. *Uma era secular*. São Leopoldo: Unisinos, 2010.

CONCLUSÃO

Agenor Brighenti

Com este segundo livro, demos a conhecer mais uma parte dos dados de uma ampla pesquisa, levada a cabo em Igrejas Locais nas cinco regiões do país, em busca do perfil dos "padres novos" no seio do catolicismo brasileiro e do mundo de hoje. No primeiro livro, *O novo rosto do clero – Perfil dos padres novos no Brasil*, partilhamos e fizemos uma análise preliminar de determinadas categorias de dados: a) dados das amostras das duas perspectivas sociopastorais às quais se alinham as categorias de agentes eclesiais consultados – a perspectiva *institucional/carismática* e a perspectiva *evangelização/libertação*; b) dados de cada categoria de agentes eclesiais consultados das duas perspectivas juntas – presbíteros, leigos/as, jovens, seminaristas e religiosas; c) e de dados dos presbíteros de cada uma das perspectivas em separado. Já nesta segunda obra que ora concluímos, apresentamos e analisamos dados de cada uma das categorias de agentes eclesiais consultados por perspectiva sociopastoral em separado, com foco nos dados relativos aos "padres novos", pois se está buscando caracterizar seu perfil no seio do catolicismo brasileiro.

Há ainda outros dados a partilhar, o que faremos em publicações futuras, já previstas. Além do que já apresentamos, se pode caracterizar o perfil dos "padres novos" no seio do catolicismo brasileiro e do mundo de hoje, também a partir de dados coletados em relação às características sociorreligiosas das amostras ou das cinco categorias de agentes que compõem seu perfil: por idade, escolaridade, gênero, cor/raça, por região do país ou por tipo de pertença ou vinculação com a comunidade eclesial etc. São aproximações distintas e possíveis, assim como necessárias para poder abarcar a complexidade de um fenômeno que precisa ser abordado com seriedade.

Tal como na obra anterior, também nesta, os dados nos levam a tomar como chave de leitura na composição do catolicismo brasileiro a existência de duas perspectivas sociopastorais, que têm marcado a Igreja Católica no período pós-conciliar: a perspectiva "evangelização/libertação", composta por aqueles segmentos eclesiais em sintonia com a renovação do Concílio Vaticano II e a tradição libertadora da Igreja na América Latina, em torno às Conferências de Medellín, Puebla, Santo Domingo e Aparecida; e a perspectiva "institucional/carismática", que toma distância da renovação do Vaticano II e da tradição eclesial libertadora, pelo atrelamento a modelos de Igreja pré-conciliares ou a uma religiosidade de corte pentecostal e secularista. À primeira perspectiva se vinculam os "padres das décadas de 1970/1980" e, à segunda, estão alinhados os "padres novos". Estas duas perspectivas têm a ver, por um lado, com o nosso contexto sociocultural, que inevitavelmente causa um impacto sobre a Igreja e, por outro, com a postura que os cristãos assumem frente a um mundo que passa por profundas transformações, deixando a uns perplexos e a outros amedrontados diante do novo que irrompe debaixo e das periferias.

Os dados coletados comprovam que os segmentos alinhados à perspectiva sociopastoral "evangelização/libertação", no imediato pós-concílio, eram maioria. Entretanto, com o gradativo processo de distanciamento da renovação do Vaticano II e da tradição libertadora da Igreja na América Latina que se instaurou nas três décadas que precederam o atual pontificado, esta perspectiva perdeu terreno, encolheu muito, como é visível nos processos pastorais em curso. Em contrapartida, ganharam visibilidade e espaço os segmentos alinhados à perspectiva "institucional/carismática", sobretudo a experiência religiosa neopentecostal, também no seio do catolicismo, tanto que se pode dizer que houve certa "carismatização" da Igreja católica no Brasil, ainda que esta tendência, nos últimos anos, dê sinais de cansaço. Mesmo com o novo pontificado, o processo de involução eclesial em relação à renovação conciliar não está estancado, tanto que a oposição tácita ou aberta ao Papa Francisco aparece com frequência, aqui ou acolá, de cardeais a seminaristas, sobretudo. O laicato tem se mostrado mais aberto e esperançoso que o clero, em especial os "padres novos", que muitas vezes têm buscado segurança em comportamentos clericalistas.

Entretanto, é preciso reconhecer a importância de uma experiência religiosa menos racionalista e mais simbólica, que integre o tempo presente e as necessidades reais das pessoas, também enquanto indivíduos, ou que preze pela tradição, a doutrina e a instituição. Mas, está se pagando um preço alto por não termos estado suficientemente atentos ao deslocamento do profético para o terapêutico e do ético para o estético, assim como à entrada desavisada no mercado do religioso ou numa midiatização da religião, em detrimento de relações mais comunitárias e presenciais. O Documento de Aparecida já alertava para a necessidade de um discernimento sério sobre a necessidade e a legitimidade de determinadas "comunidades de vida", um fenômeno de ampla proliferação no seio da Igreja nas últimas décadas. Ao lado do zelo missionário e o forte sentido de pertença à instituição eclesial de bom número de leigas e leigos consagrados, não tem sido poucos os escândalos provocados por um perfil institucional, nem sempre pautado pela transparência e a santidade, inclusive por parte de seus fundadores ou dirigentes. Sob a rigidez de institucionalismos e fundamentalismos, o clericalismo de clérigos e leigos clericalizados tem levado a abusos de ordem econômica, sexual e de manipulação da consciência de seus membros.

A introdução na Igreja de uma experiência religiosa de corte tradicionalista de um lado e, neopentecostalista, de outro, com a tolerância e quando não com a anuência e apoio de bispos e outras instâncias da instituição eclesial, não só tem contribuído para o distanciamento da renovação do Vaticano II e da tradição libertadora, como também para o avanço do neopentecostalismo evangélico. Determinados segmentos católicos vivem uma experiência religiosa muito próxima de neopentecostalismos, assim como de tradicionalismos e entrincheiramentos identitários. Inclusive com ampla visibilidade na grande mídia. E o que é pior, determinados segmentos católicos e evangélicos têm usado ideologicamente o cristianismo para apoiar projetos político-governamentais anticristãos, de direita e mesmo de extrema-direita. São verdadeiras ameaças à democracia, aos avanços na década passada das políticas de inclusão social e de pautas das minorias, assim como do cuidado e proteção da ecologia. Tudo em nome de Deus e de uma suposta moral cristã protetora dos ditos valores da família, pátria e propriedade. Em torno a estas bandeiras, católicos e neopentecostais evangélicos convergem e se unem para libertar a sociedade, segundo eles, sequestrada por uma "esquerda comunista", destruidora dos valores da família, abortista e promotora da ideologia de gênero. Sem escrúpulos, combinam uma pauta conservadora nos costumes e ultraliberal na economia, tutelados por instâncias de poder que se dizem livres da "velha política".

Diante disso, onde está a Igreja do Vaticano II e da tradição libertadora, tão fortes e atuantes nas décadas de 1970/1980? Como frisamos nesta obra, ela está aí, já foi maioria, mas hoje é quase uma minoria e, em muitos lugares, brasas sob cinzas. Ultimamente, com o resgate da renovação conciliar por *Aparecida* e o Papa Francisco, a chama voltou a arder, mas muito tímida, pois são muitas as adversidades. Por um lado, se tem consciência que as intuições básicas e eixos fundamentais do Vaticano II e da tradição libertadora continuam válidos, mas, por outro, se sabe que o contexto mudou, com a emergência de novos desafios e novos valores. Sente-se que houve uma "primeira recepção" do Vaticano II no contexto da Modernidade, mas que, hoje, apresenta-se o grande desafio de uma "segunda recepção" no novo contexto, sem renunciar as conquistas ou os passos dados durante a "primeira recepção". O mesmo vale para a "recepção criativa" do Vaticano II, feita em torno a *Medellín* e Puebla, principalmente. Sem renunciar opção pelos pobres, Igreja em pequenas comunidades inseridas profeticamente na sociedade, evangelização integral e libertadora, profetismo, pastoral social etc., é preciso ir além, buscando dar novas respostas às novas perguntas, bem como criando novas mediações para aterrissar os mesmos ideais no novo contexto.

Sem dúvidas, depois de décadas muito difíceis e sem perspectiva de futuro, vivemos um momento eclesial novo e promissor. O Sínodo da Amazônia, a Primeira Assembleia Eclesial e o Sínodo sobre a sinodalidade convergem nesta perspectiva. Entretanto, como em grande medida, a renovação do Vaticano II é ainda uma tarefa pendente, as dificuldades para avançar não são poucas. Implica a superação de três décadas de involução eclesial em relação à renovação do Vaticano II, processo ainda não estancado. O próprio Papa Francisco encontra resistências às suas iniciativas, inclusive mais dentro da Igreja do que fora dela, mais na Cúria Romana do que nas Igrejas Locais.

A resistência maior vem do medo de vários segmentos da Igreja de inserir-se no mundo em atitude de diálogo e serviço. Daí o escapismo do emocionalismo ou a busca de segurança em um passado sem retorno, em fundamentalismos, tradicionalismos e devocionismos, em uma postura apologética frente ao mundo. Isso tem redundado na retração das formas de presença e de atuação da Igreja na sociedade, no encolhimento da pastoral social, assim como no refúgio em uma Igreja autorreferencial, centrada no padre e na paróquia. Com esta postura, a opção pelos pobres deriva a assistencialismos, fazendo dos excluídos objetos de caridade e não sujeitos de uma sociedade inclusiva de todos. Tal como denunciou *Aparecida*, na atualidade, há a volta de espiritualidades e eclesiologias pré-conciliares, acompanhadas do clericalismo (*DAp* 100b), fenômeno ao qual o Papa Francisco tem se oposto duramente, propondo bispos e padres no meio do povo, com "cheiro de ovelha", presentes nas periferias.

O estancamento do processo de involução eclesial implica, em última instância, a superação de uma "Igreja autorreferencial". A "nova evangelização", uma categoria de *Medellín* para dizer da necessidade de mudanças no agir da Igreja para levar adiante e renovação do Vaticano II, durante as décadas de involução eclesial que se instaurou na Igreja, passou a caracterizar uma missão nos moldes da Neocristandade – sair para fora, para trazer de volta para dentro da Igreja os que se distanciaram dela. Entretanto, em lugar de uma missão centrípeta, *Aparecida* propõe uma missão centrífuga – uma Igreja missionária, descentrada de si mesma, em saída para as periferias; uma missão que tem como centro a periferia – as periferias geográficas e existenciais; uma Igreja presente nas fronteiras, mas sem a tentação de domesticá-las, rompendo com mentalidades e posturas colonizadoras; uma Igreja na qual todo batizado é "discípulo missionário", na continuidade da missão do Mestre; "discípulos missionários", membros de "comunidades eclesiais em estado permanente de missão" (*DAp* 226); uma missão que tem como meta tornar presente o "Reino de Vida" no mundo (*EG* 176).

Em resumo, o estancamento do processo de involução eclesial, ainda em curso, implica o exercício do *sensus fidelium*, uma Igreja sinodal fundada em "uma cultura eclesial marcadamente laical" (*QAm* 94). É o melhor antídoto ao clericalismo, seja de clérigos, seja de leigos clericalizados, uma marca da perspectiva sociopastoral "instituição/carismática", à qual estão alinhados os "padres novos". Mas, também não se pode descuidar das mudanças necessárias no campo da formação presbiteral, começando pelos critérios de recrutamento dos candidatos, passando pelo perfil dos seminários e o teor dos conteúdos da formação humana, espiritual, intelectual e pastoral. No Sínodo da Amazônia, a formação presbiteral e os seminários foram uma especial preocupação, sobretudo expressada pelo Papa Francisco. Carecem de maior proximidade e convergência com a renovação conciliar e o magistério latino-americano e do Papa Francisco. E por que não seminários situados nos meios populares e os seminaristas engajados em processos pastorais nestes espaços? Teríamos, quem sabe, outro perfil de "padres novos", atores imprescindíveis para reimpulsionar a renovação do Vaticano II e a tradição eclesial libertadora no novo contexto, a marca de nossos mártires latino-americanos, os novos santos das causas sociais.

ANEXO

QUESTIONÁRIO DA PESQUISA DE CAMPO

Perfil dos "padres novos" no Brasil

I – QUAL É A ÓTICA DA GERAÇÃO DE PRESBÍTEROS DE SUA PERSPECTIVA SOBRE O MUNDO DE HOJE?

1. O que está piorando no mundo de hoje? Enumere, em ordem de importância, três opções (1, 2, 3), dentre a seguintes alternativas:

( ) A agressão à natureza e a situação do planeta

( ) O distanciamento da religião e dos valores cristãos por parte das pessoas

( ) O crescimento do relativismo, a falta de ética, de limites

( ) O aumento do individualismo e a fragmentação do tecido social

( ) O crescimento do materialismo e do consumismo

( ) As condições de vida dos mais pobres, migrantes, favelados

( ) A crise de sentido da vida e o vazio existencial

( ) A política, os partidos e os políticos

( ) A corrupção e o desleixo com o bem comum

( ) A tendência à legalização do aborto, da eutanásia, de uniões homossexuais

( ) Outro: ...

2. O que está melhorando no mundo de hoje? Enumere, em ordem de importância, três opções (1, 2, 3), dentre a seguintes alternativas:

( ) Mais espaço para a liberdade pessoal, a subjetividade, menos controle social

( ) O acesso à educação, moradia, saúde, trabalho

( ) A busca de um outro mundo possível

( ) A volta da religião, às tradições, aos valores cristãos

( ) O fortalecimento da sociedade civil

( ) A preocupação e o cuidado com a ecologia

( ) A ascensão de governos populares na América Latina

( ) O acesso da população à internet, telefone celular

( ) Menos preconceitos e maior liberdade no campo da sexualidade

( ) Mais conforto e bem-estar para as pessoas

( ) Outro: ...

3. Quais os maiores problemas de nosso povo, hoje? Enumere, em ordem de importância, três opções (1, 2, 3), dentre a seguintes alternativas:

( ) O isolamento, cada um por si, a solidão, o egoísmo e o individualismo

( ) O consumismo, o materialismo, a perda dos valores familiares e culturais

( ) A violência, a pobreza, a falta de acesso à saúde e à educação

( ) A falta de Deus, de fé, de religião, o distanciamento da Igreja, da comunidade

( ) A desintegração da família, separações, uniões livres

( ) A falta de oportunidade de trabalho, especialmente para os jovens

( ) A corrupção da classe política e no poder judiciário

( ) O narcotráfico, as drogas

( ) O sistema capitalista, os interesses das grandes empresas e dos países ricos

( ) O endividamento interno e externo e as dificuldades dos países pobres

( ) Outro: ...

4. Quais os maiores desafios que o mundo nos coloca para a vivência da fé cristã? Enumere, em ordem de importância, três opções (1, 2, 3), dentre a seguintes alternativas:

( ) Viver comunitariamente, diante de tanto individualismo e egoísmo

( ) Conservar a fé e os valores cristãos

( ) Manter a moral familiar e ser exemplo para os filhos

( ) Haver jovens que queiram viver a fé, ser padres ou abraçar a vida religiosa

( ) A influência dos meios de comunicação social, maior do que a família e a escola

( ) A vigência do sistema liberal-capitalista, o consumismo e o hedonismo

( ) A desintegração da família e as consequências na educação dos filhos

( ) O distanciamento dos jovens da Igreja e dos valores cristãos

( ) A tentação de uma vida cômoda, confortável, de muita liberdade pessoal

( ) A oferta de grande número de opções religiosas, num mercado do religioso

( ) Outro: ...

5. Quais os principais antivalores reinantes na sociedade atual? Enumere, em ordem de importância, três opções (1, 2, 3), dentre a seguintes alternativas:

( ) Cada um achar que pode fazer o que bem entender de sua vida

( ) Valorizar as pessoas pelo que têm e pelo que podem consumir

( ) Achar que religião é para pessoas atrasadas ou pobres

( ) Dar tanta ênfase ao bem-estar, a uma vida cômoda, confortável

( ) Valorizar tanto o prazeroso, o que é mais agradável

( ) Cada um pensar em si, na própria felicidade e bem-estar

( ) A supervalorização da estética, do corpo, da beleza

( ) Colocar como meta da vida acumular bens, ser importante, ser rico

( ) Ter poder, prestígio, ser reconhecido pelos outros

( ) Evitar todo tipo de sofrimento, de dificuldades e obstáculos

( ) Outro: ...

6. Quais os principais valores que emanam na sociedade atual? Enumere, em ordem de importância, três opções (1, 2, 3), dentre a seguintes alternativas:

( ) A afirmação da dignidade pessoal, da liberdade e da subjetividade

( ) A valorização da gratuidade, da festa, do tempo livre

( ) A importância do presente e do momentâneo

( ) Viver em harmonia com a natureza e saber cuidar dela

( ) A importância da felicidade pessoal, de cuidar mais de si mesmo

( ) A sensibilidade diante dos que sofrem, dos esquecidos e excluídos

( ) A busca de Deus, de sentido para a vida, de religião

( ) Ter acesso a muita informação, quase em tempo real, pela mídia e internet

( ) Maior liberdade para escolher, decidir e optar

( ) Menos discriminação, mais respeito às diferenças e ao pluralismo

( ) Outro: ...

7. Que novas realidades positivas estão emergindo no mundo de hoje? Enumere, em ordem de importância, três opções (1, 2, 3), dentre a seguintes alternativas:

( ) A internet e os novos meios de comunicação virtual

( ) Maior aceitação do divórcio e da homossexualidade, por parte da sociedade em geral

( ) A sensibilidade com a ecologia, o cuidado da natureza e defesa da biodiversidade

( ) A volta do religioso, de procura por espiritualidade

( ) O enfraquecimento de países poderosos como os Estados Unidos

( ) A ascensão da América Latina, em especial do Brasil, no cenário mundial

( ) O fortalecimento da sociedade civil e da consciência cidadã

( ) Menos racismo, discriminação, preconceito

( ) Os pobres ficando menos pobres e o aumento da classe média no Brasil

( ) Mais acesso aos cuidados da saúde, educação, moradia, alimentação

( ) Outro: ...

8. Que novas realidades são consideradas negativas no mundo de hoje? Enumere, em ordem de importância, três opções (1, 2, 3), dentre a seguintes alternativas:

( ) Achar que cada um pode fazer de sua vida o que bem entender

( ) Busca para si de uma vida burguesa, cômoda, prazerosa

( ) Viver a vida sem religião, sem fé, sem Deus

( ) A falta de sentido para a vida, angústias e depressões

( ) A legalização do aborto, da uniões homossexuais, da eutanásia

( ) O aquecimento global, a destruição da biodiversidade e a manipulação genética

( ) A violência, que banaliza a vida, e a falta de segurança

( ) A falta de controle dos conteúdos veiculados na internet

( ) A crescente corrupção do poder público e a impunidade dos ricos

( ) A falta de preocupação com os pobres, insignificantes e descartáveis

( ) Outro: ...

9. Qual deve ser a posição da Igreja frente ao mundo de hoje? Enumere, em ordem de importância, três opções (1, 2, 3), dentre a seguintes alternativas:

( ) O mundo conspira contra a Igreja, é preciso reagir com força e coragem

( ) A missão da Igreja é espiritual; não importa o que o mundo pensa da Igreja

( ) Sem confrontações, exercer o profetismo, anunciando e denunciando

( ) Inserir-se no mundo, em uma postura de diálogo e serviço

( ) Mais espiritualidade e oração, catequese, do que busca de inserção social

( ) Evangelizar os centros de poder, os governantes, os intelectuais

( ) Dar seu exemplo e testemunho, sendo mais missionária e presente no mundo

( ) Fortalecer a pastoral social e preparar leigos para sua missão no mundo

( ) Atrair os católicos afastados que migram para as Igrejas pentecostais

( ) Evangelizar, utilizando sobretudo os meios de comunicação social

( ) Outro: ...

10. Como a sociedade em geral vê a Igreja, hoje? Enumere, em ordem de importância, três opções (1, 2, 3), dentre a seguintes alternativas:

(   ) Uma prestadora de serviços religiosos, como tantas outras Igrejas e religiões

(   ) Uma instituição com credibilidade e influência na sociedade

(   ) Uma instituição rica, defendendo seus próprios interesses

(   ) Uma instância ética, defensora da vida e dos direitos humanos

(   ) Entre religiões e Igrejas, a que tem maior credibilidade

(   ) Uma instituição atrasada, defendendo coisas ultrapassadas

(   ) Que teve grandes bispos e padres, mas que agora se enfraqueceu

(   ) Metendo-se em questões que não lhe compete: indígenas, ecológicas e políticas

(   ) Manchada pelo escândalo da pedofilia

(   ) Defendendo o celibato obrigatório para os padres, que poderia ser opcional

(   ) Outro: ...

II – QUAL É A ÓTICA DA GERAÇÃO DE PRESBÍTEROS DE SUA PERSPECTIVA SOBRE A IGREJA HOJE

1. A renovação do Vaticano II está (assinale uma alternativa):

(   ) Avançando, ainda que muito devagar, pois foi preciso corrigir abusos

(   ) Estancada, pois a reforma do Concílio está emperrada, sobretudo na Cúria Romana

(   ) Retrocedendo, com a volta de tradicionalismos e devocionismos pré-conciliares

(   ) Outro: ...

2. Na prática, a tradição latino-americana (Medellín, Puebla, Santo Domingo, Aparecida) está (assinale uma alternativa):

(   ) Avançando, sobretudo com a Conferência de Aparecida

(   ) Estancada, sobretudo com a nomeação de novos bispos e o fortalecimento dos movimentos

(   ) Retrocedendo, com a desqualificação da teologia latino-americana, dos mártires c das Ccbs

(   ) Outro: ...

3. A Teologia da Libertação (enumere, em ordem de importância, três opções (1, 2, 3), dentre a seguintes alternativas):

(   ) Politiza a fé, colocando o pobre como fundamento e não Jesus Cristo

(   ) Explicita a dimensão sociotransformadora do Evangelho

( ) Precisa corrigir certos desvios, mas continua "útil, oportuna e necessária"

( ) Leva a um militantismo social, sem mística e espiritualidade

( ) Ajuda os cristãos a contribuir com uma sociedade mais justa e solidária

( ) É expressão da opção pelos pobres, a qual "radica na fé cristológica"

( ) Reduz Jesus Cristo a um ativista político e revolucionário

( ) É uma das expressões do marxismo, que faliu

( ) Caiu com o "muro de Berlin"; acabou, é coisa do passado

( ) Continua válida não só para a América Latina, como também para toda a Igreja

( ) Outro: ...

4. Que ações do "modelo de pastoral" dos anos de 1970/1980 já não respondem mais na ação da Igreja, hoje? Enumere, em ordem de importância, três ações (1, 2, 3), dentre a seguintes alternativas:

( ) Formar comunidade e fazer funcionar a comunidade, tornou-se impossível

( ) Dar ênfase às pastorais sociais; as pessoas querem resolver seus problemas pessoais

( ) Privilegiar as Cebs e pequenas comunidades em relação aos movimentos

( ) Equipes de Coordenação, Conselhos e Assembleias de Pastoral nas comunidades

( ) Celebrações litúrgicas que acentuam o compromisso comunitário e social

( ) Fazer planejamento e adir com planos de pastoral

( ) Os preconceitos em relação à renovação carismática

( ) Formar os leigos sobretudo para o compromisso social

( ) Muitas pastorais, reuniões, eventos de formação

( ) Implantar Grupos de Reflexão ou de Família

( ) Outro: ...

5. Que ações do "modelo de pastoral" dos anos de 1970/1980 continuam válidas na ação da Igreja, hoje? Enumere, em ordem de importância, três ações (1, 2, 3), dentre a seguintes alternativas:

( ) Escolas de formação de leigos e leigas, com cursos sistemáticos e longos

( ) Uma pastoral social consistente e estruturada, expressão do Evangelho social

( ) Formação bíblica, celebração e compromisso em grupos de reflexão ou de família

( ) Dar mais importância às pequenas comunidades eclesiais que aos movimentos

( ) Caminhadas e romarias em torno a questões ou problemas da atualidade

( ) Comunidades eclesiais com planejamento, conselhos e assembleias de pastoral

( ) Menos centralização na matriz e no padre e mais autonomia aos leigos e leigas

( ) Presença pública da Igreja: Grito dos Excluídos, Conselhos Tutelares, Campanha da Fraternidade

( ) Padres e leigos proféticos, críticos, inconformados diante das injustiças e da miséria

( ) Celebrações litúrgicas que levam para o compromisso comunitário e social

( ) Outro: ...

6. Quais a maiores lacunas ou vazios na ação pastoral, hoje? Enumere, em ordem de importância, três opções (1, 2, 3), dentre a seguintes alternativas:

( ) A baixa do profetismo e o esfriamento da opção pelos pobres

( ) A centralização na paróquia e no padre, burocracia e clericalismo

( ) Apostar numa Igreja de Movimentos e Novas Comunidades de Vida e Aliança

( ) A centralização da vida cristã na liturgia, festivas, com pouco compromisso

( ) Uma fé com pouca sensibilidade ecológica

( ) O esfriamento das pastorais sociais e da inserção profética na sociedade

( ) A falta de acolhida pessoal e desconhecimento da situação da pessoa

( ) Muito insistência no compromisso e pouco espaço para a gratuidade e a festa

( ) Liturgias frias, sem convencimento, sem valorização da afetividade

( ) O deslocamento do profético para o terapêutico e do ético para o estético

( ) Outro: ...

7. Quais os serviços pastorais mais importantes a serem desenvolvidos, hoje? Enumere, em ordem de importância, três opções (1, 2, 3), dentre a seguintes alternativas:

( ) Implantar os movimentos de Igreja em todas as paróquias

( ) Processo de iniciação à vida cristã, especialmente com adultos, e catequese permanente

( ) Implantar nas dioceses das Novas Comunidades de Vida e Aliança

( ) Um consistente programa de formação dos leigos e leigas

( ) Promover a animação bíblica da vida cristã e de toda a pastoral

( ) Pastoral da Visitação e da Acolhida (Igreja Samaritana)

( ) Despertar para a missão, missão populares e comunidades missionárias

( ) Dar oportunidade de missas de cura e libertação, novenas, devoções

( ) O funcionamento das pastorais sociais e o trabalho direto com os pobres

( ) Criar escola de ministérios leigos e instituí-los para o serviço nas comunidades

( ) Outro: ...

8. Que novas frentes pastorais precisam ser abertas, hoje? Enumere, em ordem de importância, três opções (1, 2, 3), dentre a seguintes alternativas:

( ) Aconselhamento pastoral e orientação espiritual

( ) Pastoral da Acolhida e da Visitação

( ) Escola de ministérios e instituição de ministérios para leigos e leigas

( ) Implantar as Novas Comunidades de Vida e Aliança

( ) Implementar o Diaconato Permanente

( ) Escola de Fé e Compromisso Social

( ) Pastoral Missionária, com formação e experiências missionárias

( ) Escolas de Bíblia, para formação de agentes de pastoral bíblica e outros

( ) Escola de Catequese, para formação de catequistas

( ) Pastoral dos Meios de Comunicação Social

( ) Outro: ...

9. Como a ação da Igreja tem contribuído para uma sociedade mais justa e fraterna? Enumere, em ordem de importância, três opções (1, 2, 3), dentre a seguintes alternativas:

( ) Educando para a justiça, a partilha e o serviço aos pobres

( ) Apoiando projetos de lei como o da Anticorrupção Eleitoral e da Ficha Limpa

( ) Realizando campanhas de agasalho e cestas básicas

( ) Promovendo as Campanhas da Fraternidade e consequente criação de projetos específicos

( ) Através da *Caritas*, das Ações Sociais e assistência regular aos pobres

( ) Levantando sua voz profética diante de situações de injustiça e desrespeito de direitos

( ) Rezando pelos governantes e as autoridades em geral

( ) Criando suas próprias obras sociais: escolas, hospitais, asilos, abrigos de menores etc.

( ) Formando a consciência política e cidadã

( ) Atuando em parceria com outras organizações da Sociedade Civil e outras Igrejas

( ) Outro: ...

10. Que mudanças na estrutura da Igreja são mais urgentes, hoje? Enumere, em ordem de importância, três opções (1, 2, 3), dentre a seguintes alternativas:

( ) A renovação da paróquia, especialmente sua setorização em unidades menores

( ) O funcionamento de conselhos e assembleias de pastoral em todas as comunidades

( ) A criação de pequenas comunidades eclesiais, a exemplo das Cebs

( ) Repensar o modelo de ministério ordenado na Igreja

( ) Instituição de ministérios para as mulheres

( ) Maior rotatividade dos padres nas paróquias

( ) Não multiplicar paróquias e criar redes de comunidades, com padres trabalhando em conjunto

( ) Dar o direito das comunidades eclesiais terem a celebração eucarística semanalmente

( ) Rever os critérios e forma de nomeação de bispos

( ) Maior autonomia para as Conferências Episcopais Nacionais

( ) Outro: ...

III – O EXERCÍCIO DO MINISTÉRIO DOS PRESBÍTEROS NA IGREJA E NO MUNDO DE HOJE

1. O que está superado, hoje, do modelo de ministério dos presbíteros da "geração 1970-1980"? Enumere, em ordem de importância, três opções (1, 2, 3), dentre a seguintes alternativas:

( ) A linguagem: falar de libertação, pobres, luta, compromisso social, comunidade

( ) As pastorais sociais, quando as pessoas querem resolver seus problemas pessoais

( ) Implantar Cebs, que as pessoas não querem e nem funcionam

( ) A desconfiança nos movimentos de Igreja, primavera para a Igreja

( ) Uma liturgia mais para o compromisso, do que festa, vivência pessoal

( ) Não tirar tempo para si, para o lazer e o cuidado pessoal

( ) Os preconceitos em relação à renovação carismática

( ) Não acolher e promover as devoções tradicionais e novenas

( ) Desleixo na liturgia, com os paramentos, o modo de vestir-se

( ) O engajamento nas lutas e reivindicações dos movimentos sociais

( ) Outro: ...

2. O que continua válido do modelo de ministério dos presbíteros da "geração 1970-1980"? Enumere, em ordem de importância, três opções (1, 2, 3), dentre a seguintes alternativas:

( ) Insistir na dimensão comunitária e social da fé, contra todo intimismo e espiritualismo

( ) Uma pastoral social consistente e estruturada, expressão do Evangelho social

( ) Nada ficou, tudo fracassou, o mundo é outro e a pastoral deve ser outra

( ) Priorizar as pequenas comunidades eclesiais em relação aos movimentos

( ) Vestir-se com mais simplicidade e sem pompas na liturgia

( ) Comunidades eclesiais com planejamento, conselhos e assembleias de pastoral

( ) Menos centralização na matriz e no padre e mais autonomia aos leigos e leigas

( ) Compromisso com a opção pelos pobres, com uma sociedade justa e solidária

( ) O testemunho dos mártires das causas sociais

( ) Foi válido o testemunho de entrega e dedicação, mas hoje é preciso fazer outra coisa

( ) Outro: ...

3. Quais as principais novidades que os "padres novos" trazem no exercício de seu ministério? Enumere, em ordem de importância, três opções (1, 2, 3), dentre a seguintes alternativas:

( ) A valorização do afetivo, da emoção, do sentimento e das relações interpessoais

( ) Maior atenção às pessoas e aos problemas pessoais, afetivos, de saúde, econômicos

( ) A sensibilidade à dimensão terapêutica da religião (novenas milagrosas, missas de cura)

( ) Sensibilidade pela qualidade de vida, com tempo para a vida pessoal, o lazer e o convívio

( ) O uso dos meios de comunicação social para seus eventos e atividades

( ) Uma ação pastoral mais de eventos do que de processos comunitários

( ) Liturgias mais animadas, pregação mais voltadas para a situação da pessoa

( ) Valorização do sagrado, expressada na maneira de vestir-se na liturgia e fora dela

( ) Apoio aos movimentos e novas comunidades de vida

( ) Há mais tradicionalismo e volta ao passado do que novidades

( ) Outro: ...

4. O que não tem futuro no modo dos "padres novos" exercerem o ministério? Enumere, em ordem de importância, três opções (1, 2, 3), dentre a seguintes alternativas:

( ) O tradicionalismo, o devocionismo e o milagrismo, pois a história caminha para frente

( ) Uma prática religiosa a serviço dos indivíduos, com respostas imediatas

( ) Uma pastoral de eventos e atividades isoladas, não de processos comunitários

( ) A preocupação com trajes eclesiásticos, a estética da liturgia

( ) O modelo de vida e de ação dos "padres novos", hoje, será o amanhã da Igreja

( ) Estar focado nos problemas pessoais e colocar em segundo plano os sociais e estruturais

( ) Uma Igreja sem profecia, com escasso compromisso com uma sociedade justa e solidária

( ) Ficará a atenção ao emocional, às pessoas, mas não a falta de compromisso com o social

( ) Entrar no mercado do religioso e adotar tudo o que agrada e reúne gente

( ) Como as respostas de ontem já não respondem, é normal que estejam buscando inovar

( ) Outro: ...

5. O processo de formação dos futuros presbíteros, hoje (enumere, em ordem de importância, três opções (1, 2, 3), dentre a seguintes alternativas):

( ) Está bom, com bons formadores e bons cursos de filosofia e teologia

( ) É personalizado, com acompanhamento psicológico, exigente

( ) Está bom do ponto de vista humano e espiritual, mas fraco no intelectual e pastoral

( ) Parece que são formados para fazer funcionar a paróquia tradicional

( ) Muitos candidatos vêm dos movimentos e depois vão trabalhar com movimentos

( ) Os padres novos são mais autoritários e tendem a se considerar mais importantes que os leigos

(　) O grande desafio é a maturidade afetiva, emocional, com sexualidade assumida no celibato

(　) Os candidatos recebem tudo pronto, há comodismo e distância da dureza da vida

(　) Difícil, pois a situação da sociedade e da família mudou o perfil dos candidatos

(　) Faz-se vista grossa, sobretudo em relação ao homossexualismo de alguns candidatos

(　) Outro: ...

6. O que parece motivar um jovem ser padre, hoje? Enumere, em ordem de importância, três opções (1, 2, 3), dentre a seguintes alternativas:

(　) Responder a um chamado de Deus, a uma vocação recebida

(　) Uma vida bonita, tranquila, confortável, morar bem

(　) Viver mais profundamente a fé, com Deus e as pessoas

(　) Uma missão importante, com prestígio e visibilidade

(　) Tomar distância de uma sociedade materialista e de uma vida sem sentido

(　) Ser um pregador, levar a Palavra de Deus, orientar as pessoas

(　) O celibato como uma solução a dificuldades afetivas e em sua sexualidade

(　) O exemplo e o testemunho edificante de outros padres

(　) A oportunidade de ser alguém, de sair de situações de carência e conflitos

(　) Um modo de vida cômodo para esconder tendências sexuais como o homossexualismo

(　) Outro: ...

7. O que parece desmotivar um jovem a ser padre, hoje? Enumere, em ordem de importância, três opções (1, 2, ,3), dentre a seguintes alternativas:

(　) Uma vida de muito sacrifício, sempre à disposição dos outros

(　) O celibato e uma possível vida de solidão, carência afetiva, desequilíbrio emocional

(　) O trabalho da paróquia, centrado na administração e na liturgia

(　) Ganhar pouco, baixo poder de consumo, sem segurança na velhice

(　) A vida frustrada de alguns padres, amargurados e solitários

(　) O contratestemunho de alguns padres, dinheiristas ou sem observância do celibato

(　) A falta de ambiente religioso e de incentivo na família

(　) O desestímulo por parte de colegas e amigos

(　) A sociedade e os meios de comunicação se apontam para a felicidade em outras coisas

( ) O escândalo da pedofilia por parte de certos padres

( ) Outro: ...

8. Como está a vida e a relação do presbitério de sua diocese, entre seus membros e com o bispo? Enumere, em ordem de importância, três opções (1, 2, 3), dentre a seguintes alternativas:

( ) Há relações fraternas, com presença de todos em todos os compromissos comuns

( ) O bispo é próximo, amigo dos padres e do povo, pastor

( ) Há Associação dos Presbíteros na diocese, com boa adesão e participação

( ) Há ciúmes e competições, padres isolados, que não participam de atos comuns

( ) O bispo é distante, administrador, formal

( ) Há Associação dos Presbíteros na diocese, com pouca adesão e participação

( ) Sempre que há transferências de padres, cria-se um mal-estar

( ) Os padres religiosos estão pouco integrados no presbitério e na pastoral diocesana

( ) Não há resistências para transferências e para assumir serviços em âmbito diocesano

( ) Os padres religiosos estão bem integrados no presbitério e na pastoral diocesana

( ) Outro: ...

9. Como vê os presbíteros, em geral? Enumere, em ordem de importância, três opções (1, 2, 3), dentre a seguintes alternativas:

( ) São pessoas abnegadas, trabalhadoras, bons com o povo

( ) Nota-se alegria no servir e gosto pelo que fazem

( ) Há padres amargurados, frustrados, isolados, de poucas relações com o povo

( ) São poucos acolhedores, impacientes, rudes no trato

( ) Têm boas relações com o povo, presentes, visitam as famílias

( ) São acolhedores, pacientes, de bom trato

( ) Sao gente de fé, piedosos, levam a sério o ministério

( ) Procuram se cultivar, estudar, se aprimorar, se renovar

( ) Não se cultivam, poucos leem, estudam e buscam progredir

( ) Não têm tempo para as pessoas, estão sempre apressados e atarefados

( ) Outro: ...

10. Para cumprir sua missão qual o modo mais adequado para um presbítero vestir-se, hoje? Assinale uma alternativa.

(   ) Com vestes de padre: batina

(   ) Com veste clerical: *clergyman*

(   ) Com trajes civis, com bom gosto e simplicidade

(   ) Cada um escolha o que melhor lhe convier

(   ) Outro: ...

OS AUTORES

Agenor Brighenti
Doutor em Ciências Teológicas e Religiosas pela Universidade Católica de Louvain/Bélgica, pesquisador do CNPq, membro da Equipe de Reflexão Teológica do Celam, professor-convidado no Cebitepal do Celam, em Bogotá.

Alzirinha Rocha de Souza
Doutora em Ciências Teológicas e religiosas pela Universidade Católica de Louvain, professora na Universidade Católica do Pernambuco (Unicap).

Antônio Manzatto
Doutor em Ciências Teológicas e Religiosas pela Universidade Católica de Louvain, professor na Pontifícia Universidade Católica de São Paulo (PUCSP).

Benedito Ferraro
Doutor em Teologia e professor na Pontifícia Universidade Católica de Campinas. Assessor nacional da Cebs e da Pastoral Operária.

Celso Pinto Carias
Doutor em Teologia e professor na Pontifícia Universidade Católica do Rio de Janeiro (PUC-Rio). Assessor nacional das Cebs.

César Kuzma
Teólogo leigo, casado e pai de dois filhos. Doutor em Teologia pela PUC-Rio, onde atua como professor-pesquisador do Departamento de Teologia, no Programa de Pós-graduação. Presidente da Soter (Sociedade de Teologia e Ciências da Religião, de 2016-2022).

João Décio Passos
Livre-docente em Teologia pela Pontifícia Universidade Católica de São Paulo, professor na Pontifícia Universidade Católica de São Paulo (PUC-SP).

Luiz Carlos Susin
Doutor em Teologia pela Universidade Gregoriana de Roma, professor permanente do programa de teologia PUCRS e da Escola Superior de Teologia e Espiritualidade Franciscana, em Porto Alegre. Cofundador e ex-presidente da Associação de Teologia e Ciências da Religião do Brasil, membro da direção da Revista Internacional de Teologia *Concilium*.

Manfredo Araújo de Oliveira
Mestre em Teologia pela Pontifícia Universidade Gregoriana de Roma e doutor em Filosofia pela Universidade Ludwig Maximilian de Munique.

Manoel José de Godoy
Mestre em Teologia pela Faculdade Jesuíta de Filosofia e Teologia (Faje), professor no Instituto São Tomás de Aquino (Ista) e na Faje, professor-convidado no Cebitepal do Celam, em Bogotá.

Paulo Sérgio Gonçalves
Doutor em Teologia e professor na Pontifícia Universidade Católica de Campinas (PUC-Campinas).

Vítor Hugo Mendes
Doutor em Educação e em Teologia pela Universidade Pontifícia de Salamanca (Upsa), Espanha. Lages/SC.

Conecte-se conosco:

 facebook.com/editoravozes

 @editoravozes

 @editora_vozes

 youtube.com/editoravozes

 +55 24 2233-9033

www.vozes.com.br

Conheça nossas lojas:
www.livrariavozes.com.br

Belo Horizonte – Brasília – Campinas – Cuiabá – Curitiba
Fortaleza – Juiz de Fora – Petrópolis – Recife – São Paulo

EDITORA VOZES LTDA.
Rua Frei Luís, 100 – Centro – Cep 25689-900 – Petrópolis, RJ
Tel.: (24) 2233-9000 – E-mail: vendas@vozes.com.br